Conexiones

Conexiones
Comunicación y cultura

THIRD EDITION

Eduardo Zayas-Bazán
East Tennessee State University

Susan M. Bacon
University of Cincinnati

Dulce M. García
The City College of New York, C.U.N.Y.

PEARSON
Prentice
Hall

Upper Saddle River, New Jersey 07458

Library of Congress Cataloging-in-Publication Data
Zayas-Bazán, Eduardo.
    Conexiones : comunicación y cultura / Eduardo Zayas-Bazán, Susan M. Bacon,
Dulce M. García.—3rd ed.
        p. cm.
    Includes index.
    ISBN 0-13-193314-0
    1. Spanish language—Textbooks for foreign speakers—English.   I. Bacon,
Susan M.   II. García, Dulce M.   III. Title.

PC4112.Z39 2004
468.2'421—dc22

                                                                    2004059995

Pearson Prentice Hall™ is a trademark of Pearson Education, Inc.
Pearson® is a registered trademark of Pearson plc.
Prentice Hall® is a registered trademark of Pearson Education, Inc.

Student text ISBN 0-13-194460-6
7 8 9 10 CKV 15 14 13 12

Annotated Instructor's Edition ISBN 0-13-221559-4
2 3 4 5 6 7 8 9 10   08 07 06

Brief Contents

SCOPE AND SEQUENCE

ESTRUCTURAS	CULTURA

CAPÍTULOS	OBJETIVOS COMUNICATIVOS	VOCABULARIO

Preface

Conexiones: Comunicación y cultura, Third Edition, continues to be an exciting upper level Spanish course that features **high-interest topics, an effective and uniquely sequenced review of selected grammatical points,** and **a thorough integration of language and culture.** Chapter topics reflect issues of interest and concern to today's high school students, providing students with many opportunities to make connections with what they're discussing in other courses. Each chapter of the student text synthesizes the development of language skills and cultural awareness through the active use of art, music, and literature from the Spanish-speaking world. Activities are designed to foster involvement, participation, and exchange in discussion and compositions. Active, personalized, and real communication about actual issues and experiences is at the heart of *Conexiones*.

We trust that you will enjoy the third edition of *Conexiones: Comunicación y cultura*. In its previous editions (1999, 2002) *Conexiones* became a popular choice for upper level Spanish courses at high schools across the country. As authors, we are delighted with the favorable reviews, e-mails, and comments received from colleagues and students. In the preparation of the third edition, we have made good use of users' feedback. Many of their suggestions have been incorporated into this new edition, and we are delighted to share them with you.

Scope and Sequence

The sequence and organization of grammatical topics in *Conexiones* is motivated by concerns expressed by upper level Spanish instructors from around the country. Many instructors have pointed out that most upper level Spanish programs present verbal moods and tenses in a sequence that echoes that of texts from Spanish 1–3. We agree with them in believing that the repetition of this typical first-year sequence results in students progressing to advanced levels without a thorough understanding of the indicative and subjunctive moods and without a concrete grounding in the forms and usage of certain tenses.

Conexiones offers an alternative. It starts with a preliminary *Lección* that reacquaints students with the Spanish they have learned and prepares them for the transition to a higher level. *Lección 1* then reviews the preterit and imperfect tenses, enabling students to shift back and forth naturally between the present and the past as they speak, read, and write throughout the course. The review of the present subjunctive begins in *Lección 2*; students are exposed to and use the subjunctive mood alongside the indicative all through the program, refining their understanding of both the concept and usage of mood—essential to Spanish and other languages—throughout the intermediate level of study. This approach results in a classroom language environment that reflects the way in which Spanish is spoken by millions of people around the world.

Highlights of the Third Edition

Scope and Sequence. The Scope and Sequence has been restructured to include the new review section (*A repasar*), and to highlight the *Vocabulario, Estructuras,* and *Cultura* subsections. *Lección preliminar* has been included in the Scope and Sequence chart (see pp. vi–vii) alongside all the remaining chapters, and its elements have similarly been itemized and displayed.

Lección preliminar. This warm-up chapter helps prepare students for advanced-level Spanish and serves as a bridge between the intermediate and the advanced levels in terms of theme (*¡Hagamos conexiones!*), vocabulary, and grammar.

Lección 1. As suggested by our users, we have chosen the theme of the twentieth century, a topic that will appeal to everyone and can be easily discussed.

Curiosidades. Each lesson now starts with several trivia questions related to the chapter theme. These questions serve as a springboard for discussing topics in the chapter. The *Fondo cultural* feature is an additional theme-related reading activity that can be accessed through PHSchool.com and entering a Web Code.

¡Así es la vida!. We have changed, updated, and/or simplified several of the chapter openers to make them more relevant and interesting and easier for students to understand.

¡Así lo decimos! We have revised and shortened the vocabulary lists to facilitate the learning process.

Aplicación. We have revised, changed, and updated activities, and we have sequenced them to ensure that students will have an opportunity to practice forms before they use them creatively.

¡A repasar! Each lesson now has two *¡A repasar!* activities, designed to review important grammatical structures presented in previous chapters of the book. This is an exciting new feature that reviews challenging content in creative activities, which are thematically linked to each chapter.

Listening sections. The listening comprehension activities have been integrated into the *Aplicación* section and are no longer highlighted as a separate section called *A escuchar*.

Ritmos. We have included five new songs, which are thematically and grammatically related to the chapter.

Páginas. We have chosen six new literary selections and have edited others to make them more accessible to fourth year students.

¡A explorar! We have added links between the text and the Internet to encourage students to explore further topics presented in the lesson. Each lesson has several *¡A explorar!* activities. Links to support the *¡A explorar!* activities are provided in the *Conexiones* Web site <*www.PHSchool.com*>.

Conexiones Web site. The Web site has been updated to include new activities and links. Students may practice the vocabulary and grammar of each chapter through activities that provide instant grading. Guided Web activities offer opportunities to further explore the chapter topic and the cultural materials presented in *Ritmos, Imágenes,* and *Páginas.*

Video program. The video program has been updated to include more engaging and authentic clips from Spain and Latin America. Each video clip addresses the theme presented in the corresponding chapter, providing authentic listening practice and a basis for class discussion. Activities based on the video clips, along with the video transcript, are included in the Video Manual.

Chapter Organization and Pedagogy

Written entirely in Spanish with the exception of grammar review explanations, the third edition of *Conexiones* consists of a *Lección preliminar*, followed by 12 *lecciones*. Each of the 12 *lecciones* is divided into three parts: *Primera parte, Segunda parte,* and *Conexiones.* Each *parte* maintains the following consistent structure:

¡Así es la vida! A variety of language models (newspaper and magazine articles, interviews, dialogues, letters, illustrations, advertisements, and other types of realia) set the stage for the assimilation of communicative functions, previewing vocabulary grammatical structures presented and reviewed in the *lección* and providing relevant, interesting content and cultural information. Very rich in content, *¡Así es la vida!* is not merely a language sample; it is a forum where students discover new things about the world around them from a Hispanic perspective.

¡Así lo decimos! A thematically organized presentation of words and expressions follows the chapter-opening text. First, *Vocabulario primordial* provides a list of review vocabulary related to the chapter theme. These cognates and words with which students should be familiar at the fourth-year level are presented without an English translation. *Vocabulario clave* then presents new words and expressions relevant to the chapter's theme, drawing vocabulary from *¡Así es la vida!* New items are organized by part of speech and presented with their English equivalents. Finally, *Ampliación* provides an opportunity to learn patterns of noun, verb, and adjective formation using familiar words and new items presented immediately before. Following many of the *¡Así lo decimos!* vocabulary lists, a section called *¡Cuidado!* presents "tricky" cognates, discusses differences in usage between Spanish and English, and alerts students about false cognates and groups of words such as *salvar, guardar*, and *ahorrar* that translate as a single word in English. *Aplicación* activities that follow the vocabulary presentation relate to the chapter theme and give students the opportunity to use the new vocabulary in meaningful and communicative contexts. These activities range from guided to communicative.

¡Así lo hacemos! Grammar explanations are clear and concise with examples closely linked to the chapter topic, and they review and expand on explanations found in introductory texts. Activities follow a progression from mechanical to more meaningful and communicative, increasing student output sequentially through the different activities. From learning new content, students proceed to recognizing it, using it, and making it their own. Important points are illustrated with art and realia, and abundant practice opportunities are provided.

A special section of the accompanying Student Activities Manual reviews very basic first and second-year material, allowing for appropriate coverage of more complex points in the main text. Students can use this special review section on their own, and instructors may suggest specific exercises for students who need a more guided review.

Comparaciones. These brief topical discussions highlight and explore aspects of Hispanic culture in terms of customs and traditions, history, and daily life. The *En tu experiencia* activity that precedes this exploration of relevant and interesting topics in the Spanish- and English-speaking worlds prepares students to find similarities, differences, and, most importantly, understanding and appreciation. The *Comparaciones* sections are written entirely in Spanish and make use of art, photographs, and realia that can serve as a point of departure for class discussion beyond what is discussed in the brief essay and *En tu experiencia* activity. Finally, in the *En tu opinión* activity that follows the brief reading, students are guided to discuss in pairs what they learned about Hispanic culture and civilization and to compare it with their own culture.

Conexiones. Each chapter concludes with the *Conexiones* section, formerly called *¡Así lo expresamos!*, which encompasses *Ritmos, Páginas*, and *Imágenes* and further develops listening, speaking, reading, and writing skills by engaging students with traditional and popular songs, paintings, short stories, poems, and short plays from a variety of Spanish-speaking cultures, all within a cultural framework—a feature that distinguishes the *Conexiones* program from similar sections in other texts.

Ritmos. The lyrics of popular and traditional songs—related to the chapter's theme, vocabulary, and structures—are printed in the *Ritmos* section of each chapter, along with suggested activities. Recordings of these songs, by original artists from Spain and the Americas, are available on a CD for instructors to play in class. Students will surely enjoy this feature of *Conexiones* as they get a feel for the kinds of music their Spanish and Latin American counterparts might listen to.

Imágenes. Each chapter includes a painting or other graphic image by a Hispanic artist. In addition to exposing students to Hispanic art and enhancing their overall experience with Spanish, the images in *Imágenes* serve as a springboard for class discussions and compositions. Each image is accompanied by discussion questions *(Perspectivas e impresiones)* that invite students to express their reactions to the paintings by making creative use of the Spanish they have learned.

Páginas. Literary selections are presented with pre- and postreading information and activities, including biographical information about the selected writers. Prereading activities set the stage by encouraging students to think about issues raised in the selection, then *Estrategias de la lectura* discusses strategies to develop good reading skills. Postreading activities are designed to generate an appreciation for Hispanic literature while introducing students to basic techniques for analysis and interpretation. All readings have been selected for their relevance to students' lives and experience, as well as for reflection on the themes and topics explored in the corresponding *lección*.

Taller. Students are guided through the writing process as they begin to write paragraphs, short compositions, and essays on topics that stem from the wealth of information presented and ideas explored in the chapter. A mix of process writing techniques and traditional approaches to composition make *Taller* an effective tool for a variety of students and instructors alike.

In addition, the location of the following two sections varies from chapter to chapter:

Listening activities. The in-text listening sections contain recordings of language samples without in-text scripts (scripts are printed in the Annotated Instructor's Edition) to ensure that students truly practice and hone their aural comprehension skills instead of reading. Students complete listening exercises in class, in the language lab, or at home before progressing to subsequent activities.

A explorar. This section directs students to the *Conexiones* Web site where they can explore and react to cultural topics related to the theme of the chapter. Designed to expand students' cultural knowledge, the *A explorar* activities for each chapter are related to the cultural material in the *Ritmos, Páginas*, and *Imágenes* sections.

Program Components

For Students

Student Activities Manual (0-13-193403-1)

The Student Activities Manual, organized by chapter, consists of Workbook activities and Lab Manual activities.

Workbook activities The organization of the Workbook materials for each chapter parallels that of the main text. It also provides a useful review that students may use at any time. The Workbook offers further practice of each chapter's vocabulary and grammatical structures through form-based exercises, including sentence-building activities, completion exercises, fill-ins, and realia-based activities. Reading and writing skills are developed in a series of interesting and personalized activities that require students to draw on each chapter's vocabulary, grammatical structures, and theme. Additional activities encourage students to make connections and comparisons with the Hispanic world.

Lab Manual activities The Lab Manual activities are designed to be used in conjunction with the audio program recordings of listening comprehension passages. Listening strands include recordings of authentic conversations, interviews, announcements, and news reports. An assortment of comprehension-check and information-processing activities follows each listening passage.

Answer Key to Accompany Student Activities Manual (0-13-193535-6)

A separate Answer Key to the SAM activities is available for instructors who want students to check their own work.

Audio CDs to Accompany Student Text (0-13-193523-2)

The Audio CDs to Accompany the Student Text contain recordings for the in-text listening activities.

Audio CDs to Accompany Student Activities Manual (0-13-193534-8)

The Audio CDs to Accompany the Student Activities Manual consist of 6 CDs. These CDs contain the audio recordings that accompany the Lab Manual portion of the SAM.

Student Video CD-ROM (0-13-193519-4)

The *Conexiones* Video presents authentic clips from Spain and Latin America. For each chapter, an interesting video segment expands on the chapter themes, providing authentic listening practice and a basis for class discussion, while further engaging students with the peoples and cultures of the Spanish-speaking world.

Community-Based Learning Manual (0-13-194319-7)

Fully integrated with the chapter theme, grammar, vocabulary, and communication goals, the Community-Based Learning Manual helps students put the language to use in their community. Through a series of questions and activities the students connect their culture with the culture of the Hispanic community. A semester-final project that asks students to respond to one community need is encouraged.

Supplementary Activities (0-13-193521-6)

New to this edition, this component provides additional activities to be used in class to increase student interest and motivation. With games, crossword puzzles, and other engaging activity formats, it is a rich resource for the classroom experience.

For Instructors

Annotated Instructor's Edition (0-13-193493-7)

Marginal notations in the Annotated Instructor's Edition include responses to convergent activities, teaching tips, and hints on effective classroom techniques. Additional notations include audioscripts for the listening activities and notes for expanding on in-class activities.

Instructor's Resource Manual (0-13-193522-4)

The Instructor's Resource Manual contains an introduction to the text, providing information for instructors on how to teach with *Conexiones*. A complete Integrated Syllabus and corresponding complete Lesson Plan are also included, as well as guidance on integrating the Web site and Student Video CD-Rom into the course. In addition, the IRM contains a Video Manual providing not only activities to accompany the *Conexiones* video but also tips for using the video successfully in the classroom. Lastly, the IRM includes a full Testing Program with two versions for each chapter exam and final exam.

Instructor's Music CD (0-13-193511-9)

The Instructor's Music CD contains the songs in the *Ritmos* section of each chapter. The songs on this CD represent a variety of musical styles from a range of Spanish-speaking countries.

Audio to Accompany Testing Program (0-13-193529-1)

These recordings accompany the listening activities in the Testing Program.

Image Resource CD (0-13-193527-5)

The Image Resource CD contains all of the line art images from the text as well as the fine art found in the *Imágenes* section of *Conexiones*. The instructor will be able to incorporate these images into PowerPoint slides, transparencies, and exams.

Video on VHS Cassette (0-13-193520-8)

The *Conexiones* Video consists of original clips from Spain and Latin America. Providing authentic listening practice and a basis for class discussion, the Video's 12 segments address the themes in the corresponding textbook chapter.

Online Resources

Companion Website™ www.PHSchool.com

The *Conexiones* Web site contains a wealth of practice and expansion exercises for students. Each chapter of the Web site complements a chapter in the text, and contains automatically graded exercises that practice and reinforce the vocabulary and grammar information in each chapter. The section *A explorar* includes link-based activities that take the student to a wealth of Spanish-language Web sites for linguistic and cultural discovery. In addition, the complete audio program to accompany the text and the Student Activities Manual is available, as well as an interactive soccer game and flashcard module.

Online Student Activities Manual Powered by Quia (0-13-196344-9)

Complete online version of the print Student Activities Manual including audio activities. It allows students to complete their workbook and lab manual assignments online and have their scores tracked by both a student and instructor gradebook. Students will recieve an Online Access Card to activate the online workbook.

Online Teacher Access Card for Student Activities Manual Powered by Quia (0-13-196346-5)

Teacher Access Card with code to activate instructor access to online Students Activities Manual.

Acknowledgments

The third edition of *Conexiones* is the result of careful planning between us and our publisher and ongoing collaboration with students and you—our colleagues—who have been using the first and second editions of *Conexiones*. We are indebted to all those people whose ideas, suggestions, and criticisms have helped shape this program. The authors and publishers would especially like to acknowledge and thank:

Rebecca A. Anderson, Santa Monica College

Judith Arnold, University of Mary Hardin-Baylor

Tiffany Belka, Miami University

Alan Bell, University of Maryland, Baltimore County

Susana Blanco-Iglesias, Macalester College

Miriam Bornstein, University of Denver

Angela Carlson-Lombardi, University of Minnesota

Gabriela Carrión, Bard College

Robert Chávez, West Valley College

Pamela Chumpitaz-Furlan, Miami University

Chyi Chung, Northwestern University

Llorenc Comajoan, Middlebury College

Craig Conrad, University of Minnesota, Twin Cities

Rifka Cook, Northwestern University

Louise A. Detwiler, Butler University

Susan Dobrian, Coe College

Diana L. Dorantes de Fischer, Concordia College

Erica Fischer-Dorantes, University of Florida

Oscar Flores, SUNY—Plattsburgh

Mónica Flori, Lewis & Clark College

Katherine Fowler, University of Miami

Bonnie L. Gasior, California State University, Long Beach

Zeferino Gómez, University of Iowa

James Grabowska, Minnesota State University

Leland Guyer, Macalester College

Carolyn L. Hansen, University of South Carolina

Josef Hellebrandt, Santa Clara University

Kerry Kautzman, Alfred University

Monica Kenton, University of Minnesota

Paul Larmeu, Sinclair Community College

Zulema López, University of Denver

Gillian Lord, University of Florida, Gainesville

Maria Lucas-Murillo, Black Hawk College

Lynne Flora Margolies, Manchester College

Courtney Matthews, American University

Yolanda Mead, Miami University of Ohio

Silvia Milosevich, Butte College

Jennene Minera, Miami University

Deborah E. Mistron, Middle Tennessee State University

Elizabeth Nichols, Drury University

Kelly Noe, Miami University

Marcela Ochoa-Shivapour, Cornell College

Mary E. O'Donnell, University of Iowa

Milagros Ojermark, Diablo Valley College

Manuel Ossers, University of Wisconsin, Whitewater

Mercedes Palomin, Smith College

Jennifer Parrack, University of Central Arkansas

Dolores Peláez, Simmons College

Marie Piñeiro, American University

Anne Porter, Ohio University

Joel Pouwels, University of Central Arkansas

Mary Rice, Concordia College

Anthony Robb, Roman University

Nohelia Rojas-Miesse, Miami University

Saul Roll, Simmons College

Pascal Rollet, Carthage College

René Vacchio de Capra, Austin Community College

Leonor Valderrama de Sillers, Concordia College

Emma M. Widener, Austin Community College

Tanya Wilder, Washington State Community College

Helga Winkler, Moorpark College

Michelle Yrigollen, Bethune-Cookman College

We are indebted to our friends and colleagues at Prentice Hall, especially **Julia Caballero,** Director of Editorial Development, World Languages, for her dedication, insight, and thoughtful advice throughout the editorial process of the third edition, and to **Bob Hemmer,** Executive Editor, for his encouragement in the third edition of *Conexiones.* We would also like to thank **Samantha Alducin,** Media Editor, for all her great work on the Student Video CD-ROM and Web site; **Meriel Martínez Moctezuma,** Supplements Editor, for her efficient and careful work in managing the preparation of the Student Activities Manual and other supplements; **Peter Ramsey,** Editorial Assistant, for his hard work and efficiency obtaining reviews and attending to many administrative details. Furthermore, we would like to sincerely thank **Phil Miller**, Publisher, World Languages, for his support and commitment to the success of the text, and the World Languages Sales Directors for their creativity and efforts in coordinating marketing and promotion for the new edition.

The authors would also like to thank **Heidi Allgair**, Production Editor, GGS Book Services, Atlantic Highlands, and **Nancy Stevenson**, Prentice Hall liaison. The work of **Guadalupe Parras-Serradilla** as copy editor and **Lucy Delacruz-Gibb** as proofreader has been indispensable, and we thank them for their careful and professional work. We also want to thank **Héctor Torres** for his knowledge and advice in helping us choose the music and for his tenacity in obtaining permissions for *Ritmos*.

We are grateful, as well, to the College of Arts and Sciences and the Department of Romance Languages at the University of Cincinnati for supporting and recognizing the value of this project. We thank the graduate students, instructors, and professors at the University of Cincinnati, particularly Noris Rodríguez, Cristina Kowalski, María Paz Moreno, Carlos Gutiérrez, Connie Scarborough, Kirstin Nigro (now at the University of Texas at El Paso), and Sandro Barros for their reactions to materials and their support throughout. We also want to thank Erica Oshier, Natalia Jacovkis, Aixa Said-Mohand, and Dania Abreú-Torres, graduate students at the University of Florida at Gainesville. We thank Camille Warren and Alexis Bacon for offering undergraduate perspectives on many of the materials and activities. We also thank the instructors and undergraduate students of the SILC Program, Pitzer College, for their enthusiastic participation and testing of many of the activities. We are grateful to Aitor Bikandi Mejias, Saint Louis University in Madrid, and Francisco Jiménez, Santa Clara University, for their insights and advice. We also express our appreciation to Carlos Eire for allowing the authors to translate and include an excerpt from "Waiting for Snow in Havana." Most important we thank our friends and families for their patience and support, as ever.

Conexiones is dedicated to Lourdes, Eddy, Cindy, Lindsey, Ed, Elena, Lauren, Will, Wayne, Alexis, Camille, Chris, Sandro, Ozzie, and Jackie Rey.

Conexiones

¡Hagamos conexiones!

Cada día el mundo es más pequeño. Según un estudio de Gallup, para el 69 por ciento de los norteamericanos hablar más de una lengua es importante. Sin embargo, sólo el 26 por ciento puede tener una conversación simple en una segunda lengua.

Curiosidades

¿SABES?

- ¿Cuáles son las lenguas que más se hablan en el mundo? ¿Puedes ordenar éstas del 1 al 6 según el número de hablantes?

  el árabe   el indostánico
  el chino (mandarín)   el inglés
  el español   el ruso

Lengua	Número de hablantes
1. _____	1.075.000.000
2. _____	514.000.000
3. _____	496.000.000
4. _____	425.000.000
5. _____	277.000.000
6. _____	256.000.000

- El español es una lengua oficial de un país africano, ¿de cuál?
- ¿Cuál es el Producto Interior Bruto (*GDP*) de los países de habla española?
- En un estado de los Estados Unidos el español es una lengua oficial, ¿en cuál?

For: *Fondo cultural* reading
Visit: PHSchool.com
Web code: jpd-0000

3

¡Hagamos conexiones!

¿Sabías que el español que estás aprendiendo será una de las destrezas más importantes en tu futuro profesional? No importa lo que vayas a estudiar: psicología, medicina, derecho, educación, negocios, ciencias, ¡lo que sea!...¡saber español te llevará más lejos!

5   El español, después del inglés, es la lengua que más se habla en los Estados Unidos y la cuarta más hablada en el mundo. Y son las personas bilingües las que más ventaja sacan de que el mundo es cada día más pequeño. Por ejemplo, según un estudio llevado a cabo por investigadores de la Universidad de la Florida y de la Universidad de Miami, las personas que hablan y escriben español, además de
10   inglés, en el condado de Miami-Dade, en San Antonio, en Jersey City y en otras ciudades de la nación, tienen más posibilidades de encontrar empleo con más rapidez. Además, según este estudio, los empleados bilingües inglés-español ganan más en estas ciudades que las personas que sólo hablan inglés. Muchos expertos preven que el resto de la nación mostrará estadísticas similares, sobre
15   todo en los estados con mayores concentraciones de hispanos como Nueva York, la Florida, Texas y California. Según Jeff Sparshott, director de comunicaciones de la Cámara de Comercio Méxicoamericana con sede en Washington, D.C., las compañías que no emplean personal bilingüe inglés-español sufren pérdidas económicas y la oportunidad de hacer negocios. En algunas ciudades de los
20   Estados Unidos, como Los Ángeles y San Diego, sobre todo en el campo de servicio público, se ofrecen bonos anuales para el personal que hable inglés y español.

El español, después de la internacionalización de la economía, cada día se hace más y más esencial hablar otras lenguas además del inglés. Como se sabe, el español se habla
25   en diecinueve países de nuestro continente además de en España, Guinea Ecuatorial y los Estados Unidos, donde actualmente residen más de 40 millones de hispanohablantes con un poder adquisitivo de 542 billones de dólares. Por esta razón, muchas de las compañías estadounidenses, sobre todo hoy con la red informática, se proponen expandir sus intereses a nivel global. Emplear personal
30   bilingüe, sobre todo en inglés y español, es crucial para poder competir en un mercado internacional. Algunos expertos en mercadeo y otras profesiones opinan que emplear personal bilingüe inglés-español es más que una ventaja en el siglo XXI: es, y será cada vez más, una necesidad.

Aplicación

P-1 Curiosidades. Lean la lista de las lenguas que más se hablan en el mundo. Conversen entre ustedes sobre el número de hablantes que hay en cada lengua e identifiquen dónde se hablan esas lenguas. ¿Cuáles hablan ustedes?

MODELO: *El mandarín es la lengua más hablada. Se habla en China. Hay más de mil millones (un billón) de hablantes. Yo lo hablo un poco.*

P-2 ¿De qué país vinieron y dónde viven ahora? Como saben, éste es un país de inmigrantes. La mayoría de nuestros antepasados (*ancestors*) emigró de varias regiones geográficas. Miren los siguientes gráficos. Háganse las preguntas siguientes y den su opinión sobre esos temas.

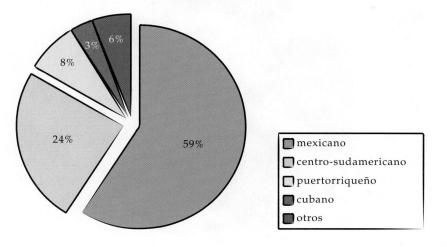

Población hispana según el origen, 2002

- mexicano
- centro-sudamericano
- puertorriqueño
- cubano
- otros

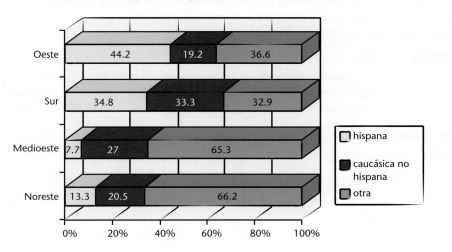

Población según la región de los EE.UU., 2002

- hispana
- caucásica no hispana
- otra

1. ¿De qué país vino la mayoría de los hispanos a los EE.UU.?
2. ¿En qué región vive la mayoría? ¿En qué estados? ¿Saben en qué ciudades?
3. Intenten dar una razón histórica y geográfica.

P-3 Conexiones. El español no sólo es importante en los Estados Unidos sino también en el Canadá. Visita el sitio de *Conexiones* en la red *www.PHSchool.com* e inserta el Web Code jpd-0000 para leer sobre la importancia del español en el Canadá y también sobre el comercio de ese país con el mundo hispano. Escribe tres razones del incremento en la popularidad del español en el Canadá.

P-4 La importancia del español en el mundo. Según las estadísticas, el PBI (*GDP*) de los países hispanos es de 2,6 trillones de dólares. Éste constituye un mercado inmenso para las compañías norteamericanas. Decidan qué profesiones de la lista siguiente requieren personal bilingüe. Expliquen por qué.

MODELO: Ingeniería

> *Los ingenieros de empresas internacionales necesitan comunicarse con sus colegas. Hoy en día es posible hacer prácticas profesionales (internships) en compañías norteamericanas con sede (headquarters) en otros países.*

Especialidad	Profesiones
Artes plásticas o gráficas	pintor/a, escultor/a, diseñador/a
Banca y finanzas	banquero/a, asesor/a financiero/a
Ciencias	científico/a, técnico/a
Ciencias sociales	psicólogo/a, sociólogo/a, político/a
Comunicación	asesor/a, periodista, reportero/a, locutor/a
Contabilidad	contador/a (contable)
Derecho	abogado/a, asistente legal, secretario/a legal
Educación	profesor/a, director/a, rector/a
Ingeniería	ingeniero/a
Informática	programador/a
Medicina	médico/a, enfermero/a, investigador/a
Música	músico/a, compositor/a, director/a
Negocios y ventas	comerciante, vendedor/a

2 **P-5 El español en su futuro.** Hablen sobre la importancia del español en su futuro profesional. Pueden usar las siguientes preguntas como guía.

1. ¿Para qué profesión te preparas?
2. ¿Dónde vivirás cuando termines tus estudios?
3. ¿Hay muchos hispanohablantes en ese lugar?
4. ¿Tendrás oportunidades para trabajar en el extranjero (*abroad*)?
5. ¿Conoces a alguien en tu área que use el español en su trabajo?
6. ¿Has usado el español en tu trabajo o en tu vida personal? ¿Cuándo?

Saludos y presentaciones. Cuando hablas español, no sólo en el colegio sino también en otras ocasiones, hay muchas formas de saludar, iniciar y terminar una conversación. A continuación tienes frases útiles para una conversación informal. Practícalas cada vez que te encuentres con un/a compañero/a de clase.

Para saludarse	**Para presentar un tema**	**Para despedirse**
¿Qué hay?	¿Sabes qué?/¿Sabes una cosa?	Nos vemos.
¿Qué pasa?	A que no sabías que...	Nos estamos viendo.
¿Cómo andas?	Oye, ...	Hasta la próxima.
¿Qué tal?	Mira, te quería contar...	Cuídate.
¿Qué novedades hay?	¿Has oído lo de...?	Adiós.
¿Qué hay de nuevo?		Te llamo mañana.
¿Qué cuentas?		Chau.
Para cerrar la conversación		Hasta luego.
Pues, me tengo que ir...		Hasta pronto.
¡Mira la hora!		
Bueno, es hora.		
Bueno, me voy.		

3 **P-6 Salúdense.** Salúdense, inicien una conversación y cuéntense alguna novedad sobre la vida en el colegio o durante el fin de semana. Creen la conversación según las situaciones siguientes.

Lugar	**Personas**
en la clase	con sus compañeros y profesor/a
en la playa	con sus amigos
en casa	con su familia
en una plaza	con sus amigos

P-7 Una invitación. Túrnense para invitarse a hacer algo juntos este fin de semana. Inicien la conversación, expliquen qué quieren hacer y quiénes estarán, el día, la hora, etc. Luego, terminen la conversación.

P-8 En la universidad. En el contexto universitario necesitas hacer las siguientes cosas. Con tu compañero/a, combina las acciones con su significado.

1._____ matricularse
2._____ darse de baja
3._____ la materia
4._____ el título
5._____ la maestría
6._____ el doctorado
7._____ la conferencia

8._____ la beca
9._____ el seminario
10._____ ingresar

a. dos o más años de estudio de posgrado
b. lo que se recibe al graduarse
c. inscribirse en un curso
d. un curso académico
e. abandonar el curso
f. el acto de incorporarse a una organización
g. una clase pequeña en la que participan todos los estudiantes
h. un discurso dado por una sola persona
i. cinco o más años de posgrado
j. un premio monetario que ayuda a pagar los estudios

P-9 En su universidad. Túrnense para hacerse las siguientes preguntas:

1. ¿Cuándo es necesario darte de baja de una clase? ¿Cómo te sientes si lo tienes que hacer? ¿frustrado/a? ¿aliviado/? ¿enojado/a?...
2. ¿En cuántas clases vas a matricularte el próximo semestre?
3. ¿Prefieres las clases de tipo seminario o conferencia? ¿Depende del nivel o de la materia?
4. ¿Hay becas para estudiar en tu especialidad? ¿Es más común recibir becas en las ciencias o en las humanidades?
5. ¿Piensas hacer un posgrado? ¿Una maestría? ¿Un doctorado? ¿Será un título profesional, como arquitecto, médico o abogado?

P-10 Y ahora hagamos más conexiones. Escribe una lista de tres a cinco aspectos interesantes sobre el mundo hispano. ¿Cuáles vas a incluir en tu futuro profesional?

MODELO: *Me interesa la política, la historia y el arte del mundo hispano. Voy a ser abogado; por eso la política y la historia son importantes. Tener mejor conocimiento del arte es una meta personal.*

1

El siglo XX: Así fue

Objetivos comunicativos

- Saying what occurred in the past
- Describing in the past
- Narrating in the past

Contenido

Curiosidades

¿SABES?

- ¿Cuál es el nombre del general norteamericano que persiguió a Pancho Villa pero que nunca lo capturó?
  - **a.** John ("Black Jack") Pershing
  - **b.** Douglas MacArthur
  - **c.** Ulysses Grant
- ¿Quién era el presidente en 1916 cuando Pancho Villa invadió los Estados Unidos?
  - **a.** Woodrow Wilson
  - **b.** Teddy Roosevelt
  - **c.** Herbert Hoover
- ¿Por qué algunos le llamaban el «Robin Hood» mexicano a Pancho Villa?
  - **a.** Su esposa se llamaba Mariana.
  - **b.** Se decía que les robaba a los ricos y les daba el botín a los pobres.
  - **c.** Era originalmente de Inglaterra.

En 1916, Pancho Villa, el legendario guerrero mexicano, invadió los Estados Unidos y atacó el pueblo de Columbus, Nuevo México. Meses más tarde tropas norteamericanas de 150.000 soldados atacaron México.

Go Online PHSchool.com

For: *Fondo cultural* reading
Visit: PHSchool.com
Web code: jpd-0001

¡Así es la vida!

Los inventos del siglo XX

LAVADORA (1901)

La primera lavadora eléctrica apareció en 1901, gracias a Alva Fisher. Éste puso agua y jabón en polvo en un tambor que hizo girar con un motor.

BOMBILLAS DE LUZ (1934)

En 1913 el estadounidense Irving Langmuir puso nitrógeno y argón en las bombillas para hacer más lenta la evaporación. En 1934 se empezó a utilizar el filamento de enrollado doble. Éste dio origen a las bombillas actuales con sus múltiples modelos y formas.

TELEVISIÓN A COLOR (1940)

El mexicano Guillermo González Camarena creó un sistema de tres colores. Éste se usó luego en la transmisión de señales para la televisión a color.

BOLÍGRAFO (1940)

El húngaro (nacionalizado argentino) Ladislao Josef Biro inventó el bolígrafo moderno, desechable (*disposable*), práctico y económico. Los primeros bolígrafos costaban más de $80.

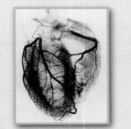

PUENTE CORONARIO (*bypass*) (1967)

El argentino René Favaloro perfeccionó el procedimiento de puente de las coronarias, que crea rutas alternativas que pueden prolongar la vida a personas con bloqueo en las arterias del corazón.

TELÉFONO MÓVIL (1983)

El concepto de una red de radio celular nació en los laboratorios Bell en 1947, pero los primeros equipos se fabricaron en 1983.

¡Así lo decimos! VOCABULARIO

Vocabulario primordial

el teléfono móvil   el jabón

Vocabulario clave

Verbos

aparecer	to appear
desechar	to throw away
fabricar	to manufacture
girar	to spin

Sustantivos

la bombilla	light bulb
el equipo	equipment
el invento	invention
el tambor	drum

Para expresarte

según una encuesta	according to a survey
ya lo sabía	I already knew it

Ampliación

Verbos	Sustantivos	Adjetivos
desechar	los desechos	desechable
equipar	el equipo	equipado/a
fabricar	la fábrica	fabricado/a
inventar	el invento	inventado/a
ingresar	el ingreso	ingresado/a

¡Cuidado!   solo(a)/sólo/realizar/darse cuenta

- **solo/a** (adj.)

  El astronauta salió de la nave **solo**.   *The astronaut left the space shuttle alone.*

- **sólo** (adv.)

  Hay **sólo** un personaje en esta historia.   *There is only one character in this story.*

- **realizar**

  El científico **realizó** su sueño de ganar el Premio Nobel.   *The scientist realized (carried out) his dream of winning the Nobel Prize.*

- **darse cuenta**

  Me di cuenta de que ése era un gran invento.   *I realized it was a great invention.*

Aplicación

1-1 Los inventos del siglo XX. Combina los inventos con su descripción o uso.

1. _____ la lavadora
2. _____ la bombilla
3. _____ la televisión
4. _____ el procedimiento *bypass*
5. _____ el teléfono móvil
6. _____ el bolígrafo

a. nos conecta cuando estamos de viaje.
b. alumbra cuando no hay luz natural.
c. es útil para escribir o para firmar un documento.
d. se usa con agua y jabón para limpiar la ropa.
e. se dice que corrompe a los menores de edad.
f. le da esperanza a uno que padece de enfermedad coronaria.

1-2 En familia. Completa las siguientes oraciones usando una variación de cada palabra en itálica. Si necesitas ayuda, consulta la sección llamada **Ampliación**.

MODELO: Hay **una fábrica** en mi ciudad donde se *fabrican* teléfonos móviles.

1. El *inventor* del corazón mecánico espera _____ otro aparato que sea más útil que el original.
2. Es mejor no _____ los artículos *desechables* porque contaminan el medio ambiente.
3. La *fabricación* del tractor revolucionó la producción de comestibles en este país. Hoy en día son _____ más de 500.000 tractores al año.
4. La inventora _____ su laboratorio con el *equipo* más moderno.

1-3 ¡Cuidado! Completa las frases con la forma correcta de una de las siguientes expresiones:

darse cuenta de	realizar	solo/a	sólo

1. Cuando los científicos fabricaron el nylon, no _____ los muchos usos que iba a tener en el futuro.
2. Aunque Barney Clark _____ vivió poco tiempo, el corazón artificial hizo posible cambios importantes en la biotecnología.
3. Con el invento del avión los hermanos Wright _____ su sueño de volar.
4. Con el teléfono móvil, los viajeros nunca se sienten _____.

 1-4 ¿Ya lo sabían? Contesten estas preguntas sobre algunos hechos del siglo XX. Tengan cuidado con las expresiones en itálica.

1. ¿Cuándo *te diste cuenta* de que un hombre había pisado la Luna?
2. ¿Cuántos viajes hemos *realizado* a la Luna? ¿*Sólo* uno o más de uno?
3. ¿Qué sueño *realizó* el Dr. Jarvik en 1982? ¿Lo hizo *solo* o en equipo?
4. Cuando se inventó el tractor, ¿de qué *se dieron cuenta* los agricultores?

1-5 En tu opinión. Según una encuesta de seis mil personas, éstos son los catorce inventos más importantes del siglo XX. Hablen para decidir si están de acuerdo con ese orden de importancia. Justifiquen su opinión.

1. la penicilina
2. los transplantes
3. el automóvil
4. el chip de silicio
5. la televisión
6. el avión
7. la Internet
8. los plásticos
9. el láser
10. la insulina
11. la ingeniería genética
12. la píldora anticonceptiva
13. los satélites artificiales
14. la computadora

1-6 A explorar: Inventos del siglo XX. Visita el sitio de *Conexiones* en la red *www.PHSchool.com* e inserta el Web Code jpd-0001 para ver otros inventos del siglo XX. Elige dos y explica por qué son importantes para ti y para la sociedad.

A repasar

El presente de indicativo
Soy un invento

Imagina que eres un invento importante del siglo XX (el teléfono móvil, el televisor, el horno de microondas, etc.). Escribe una autodescripción y léesela a tus compañeros/as. ¡A ver si adivinan qué eres!

MODELO

— *Soy de plástico, pero puedo ser de madera o de metal.*

— *Tengo muchos números en mi memoria.*

— *Grito o canto a la misma hora todos los días.*

— *Mi dueño dice "¡No! ¡Es demasiado temprano!"*

— *No trabajo los sábados ni los domingos.*

— *Etc.*

— *¿Qué soy? (El reloj despertador)*

Recuerda: para escribir tu auto descripción debes usar el presente de indicativo (*Lección preliminar*).

¡Así lo hacemos! ESTRUCTURAS

1. The preterit

¿Quién se comió mi sándwich?

Uses of the preterit

The **preterit** is one of two simple past tenses in Spanish. It narrates an event or a series of events at a particular point in time and events or actions with a specified or implied beginning, end, or both. It is used to indicate the following:

- completed past actions or events

  Anoche **leí** cómo se inventó
  la penicilina.

  *Last night I read about how
  penicillin was invented.*

- actions that began or finished (either explicitly or implicitly)

  Entró en la Internet a las 6:00 p.m.
  y **salió** a las 9:00 p.m.

  *She logged onto the Internet at
  6:00 p.m. and logged off at 9:00 p.m.*

- abrupt changes of emotions or physical or mental states in the past

  El científico **se asustó** cuando **vio**
  las posibilidades de su proyecto.

  *The scientist became (got) scared
  when he saw the possibilities of
  his project.*

- events that took place in an instant or in a limited period of time (whether stated or not)

  El novelista **se tomó** una aspirina.

  The novelist took an aspirin.

- a series of events in a narration (to advance the plot)

  Carlos **encendió** la bombilla, **entró**
  en el garaje y **arrancó** el auto.

  *Carlos turned on the light, entered the
  garage, and started the car.*

Regular forms of the preterit		
	tomar	**comer**	**vivir**
yo	tom**é**	com**í**	viv**í**
tú	tom**aste**	com**iste**	viv**iste**
Ud., él, ella	tom**ó**	com**ió**	viv**ió**
nosotros/as	tom**amos**	com**imos**	viv**imos**
vosotros/as	tom**asteis**	com**isteis**	viv**isteis**
Uds., ellos, ellas	tom**aron**	com**ieron**	viv**ieron**

Aplicación

1-7 Una mujer notable del siglo XX. Lee la siguiente descripción de una investigadora importante y subraya los verbos en el pretérito.

Una descubridora poco reconocida

¿A quién imaginas si piensas en inventores y descubridores del siglo XX? ¿En un hombre o en una mujer? Generalmente pensamos en nombres de hombres, no de mujeres. Sin embargo, la contribución de mujeres al mundo de la ciencia es importante. Barbara McClintock es una de las figuras más notables por su descubrimiento de los genes "intercambiables".

Barbara McClintock nació el 16 de junio de 1902 en Hartford, Connecticut. En 1919 empezó a estudiar Agronomía en la Universidad de Cornell. Como estudiante se dedicó totalmente a la investigación. Desarrolló un método para la identificación de los cromosomas del maíz y dedicó toda su vida a perfeccionar esa técnica.

Las investigaciones de Barbara McClintock se centraron en el campo de la genética. Como en el caso de Mendel, el creador de esta especialidad, los trabajos de McClintock no tuvieron reconocimiento durante su vida profesional. McClintock recibió el Premio Nobel en 1983, treinta años después de haber publicado sus descubrimientos. Murió el 3 de septiembre de 1992.

1-8 ¿Quién fue Barbara McClintock? Ahora contesta las preguntas a continuación.

1. ¿Cuándo y dónde nació Barbara McClintock?
2. ¿Dónde estudió?
3. ¿Qué investigó?
4. ¿Qué honor recibió en 1983?
5. ¿En qué año murió?
6. En tu opinión, ¿por qué sus descubrimientos no se reconocieron hasta treinta años después de su publicacion?

1-9 La científica. Completa el párrafo sobre Barbara McClintock usando la forma correcta del pretérito del verbo más apropiado de la lista.

decidir	reconocer	aceptar	publicar	dedicar
descubrir	desanimar	notar	evidenciar	llegar

Cuando era joven, a Barbara McClintock le fascinaba ver el mundo a través de su microscopio. No era común que una mujer se dedicara a la investigación científica. Sin embargo, sus padres la incentivaban mucho. Por eso (1)_____ seguir su sueño y estudiar agronomía. Cuando (2)_____ a la universidad, (3)_____ que la mayoría de los estudiantes de su clase eran hombres. Pero no se (4)_____ , sino que se (5)_____ a sus estudios y a sus investigaciones. Su vida fue solitaria, pero emocionante cuando (6)_____ la estructura de las células del maíz. Cuando (7)_____ sus datos, pocos (8)_____ su hipótesis. Sin embargo, el verdadero mérito de sus investigaciones se (9)_____ muchos años después cuando el comité Nobel la (10)_____ por sus descubrimientos.

1-10 Pancho Villa en Nuevo México. Túrnense para hacer y contestar estas preguntas sobre la invasión del general Pancho Villa. Usen frases completas.

1. _____ ¿En qué año nació Pancho Villa?
2. _____ ¿Dónde nació?
3. _____ ¿Cómo perdió la vida?
4. _____ ¿En qué año invadió los Estados Unidos?
5. _____ ¿Hasta dónde llegó?
6. _____ ¿Quiénes nunca lo capturaron?
7. _____ ¿Cuántas tropas se prepararon para atacar México?
8. _____ ¿Quién dirigió la invasión?

a. 1916
b El general Pershing
c. 150.000
d. Fue asesinado
e. Las tropas norteamericanas
f. 1878
g En Hacienda de Río Grande, San Juan del Río, México
h. Columbus, Nuevo México

1-11 Desafío (*challenge*). Túrnense para contestar estas preguntas usando el pretérito.

1. ¿Quién perfeccionó el procedimiento del puente coronario?
2. ¿Dónde vivió el inventor del bolígrafo?
3. ¿Dónde se fabricó el teléfono móvil?
4. ¿Por qué no se desecharon los primeros bolígrafos?
5. ¿Por qué se inventó la lavadora?
6. ¿Cómo se revolucionó la vida en 1913?
7. ¿Cuándo se empezó a ver programas de televisión en color?
8. ¿Qué se usó para firmar la Declaración de Independencia?

1-12 A explorar: El corrido de Pancho Villa. El *corrido* es una canción que narra las hazañas de una persona legendaria. Visita el sitio de *Conexiones* en la red *www.PHSchool.com* e inserta el Web Code jpd-0001 para escuchar un corrido sobre Pancho Villa. ¿Te parece que presenta una imagen positiva o negativa de Pancho Villa? ¿Por qué?

Common irregular verbs in the preterit

-ar with **-er/-ir** forms:

	dar	ser	ir
yo	di	fui	fui
tú	diste	fuiste	fuiste
Ud., él, ella	dio	fue	fue
nosotros/as	dimos	fuimos	fuimos
vosotros/as	disteis	fuisteis	fuisteis
Uds., ellos, ellas	dieron	fueron	fueron

- The verbs **ser** and **ir** have the same forms in the preterit. The context will clarify the meaning.

  Fuimos al planetario. *We went to the planetarium.*
  Edison **fue** un inventor famoso. *Edison was a famous inventor.*

- **Dar** uses the same forms as the **-er** and **-ir** verbs, but without accents.

  El astronauta le **dio** su autógrafo al niño. *The astronaut gave his autograph to the child.*

With the exception of a few spelling changes, the verbs below follow a common pattern. Note that there are no accents on these endings:

-e	-imos
-iste	-isteis
-o	-ieron

u in stem:

	estar	tener	andar	poder	poner	saber
yo	estuve	tuve	anduve	pude	puse	supe
tú	estuviste	tuviste	anduviste	pudiste	pusiste	supiste
Ud., él, ella	estuvo	tuvo	anduvo	pudo	puso	supo
nosotros/as	estuvimos	tuvimos	anduvimos	pudimos	pusimos	supimos
vosotros/as	estuvisteis	tuvisteis	anduvisteis	pudisteis	pusisteis	supisteis
Uds., ellos, ellas	estuvieron	tuvieron	anduvieron	pudieron	pusieron	supieron

i in stem:

	hacer	querer	venir
yo	hice	quise	vine
tú	hiciste	quisiste	viniste
Ud., él, ella	hizo	quiso	vino
nosotros/as	hicimos	quisimos	vinimos
vosotros/as	hicisteis	quisisteis	vinisteis
Uds., ellos, ellas	hicieron	quisieron	vinieron

-ieron → eron:

	decir	traer
yo	dije	traje
tú	dijiste	trajiste
Ud., él, ella	dijo	trajo
nosotros/as	dijimos	trajimos
vosotros/as	dijisteis	trajisteis
Uds., ellos, ellas	dijeron	trajeron

- When the verb **haber** means *there was/were*, always use the third person singular.

| **Hubo** varios ingenieros en la reunión. | *There were several engineers at the meeting.* |
| **Hubo** un ingeniero en la reunión. | *There was an engineer at the meeting,* |

Verbs with spelling changes in the preterit

- Verbs that end in -**er** and -**ir** preceded by a vowel (for example, **creer, caer, leer,** and **oír**) change the **i** to **y** in the third person.

-í	-imos
-iste	-isteis
-yó	-yeron

| Mi abuelo **creyó** que el tractor era de mi papá. | *My grandfather believed the tractor belonged to my father.* |
| Ese año se **cayeron** varios aviones. | *Several planes fell that year.* |

Paqué menos de cien dólares por este microscopio.

● Verbs that end in **-car, -gar,** and **-zar** have a spelling change in the first person singular of the preterit in order to maintain the original sound. All other forms of these verbs are conjugated regularly. Some verbs that follow this pattern are: **abrazar, almorzar, buscar, comenzar, empezar, explicar, llegar, obligar, pagar, practicar,** and **tocar.**

c → qu	buscar	bu**sq**ué, buscaste, buscó...
g → gu	llegar	lle**gu**é, llegaste, llegó...
z → c	almorzar	almor**c**é, almorzaste, almorzó...

Busqué una lavadora nueva.   *I looked for a new washing machine.*
Llegué tarde a la conferencia.   *I arrived late for the conference.*

Aplicación

1-13 Así fue... Combina las dos columnas para decir qué ocurrió en el siglo pasado.

1. _____ El invento de la lavadora...

2. _____ Los revolucionarios mexicanos...

3. _____ En Nicaragua...

4. _____ En 1989 finalmente cayó el muro de Berlín...

5. _____ La Organización de las Naciones Unidas

6. _____ En 1957, los rusos pudieron...

7. _____ Al Gore propuso...

8. _____ En 1950, los policías empezaron a...

a. no pudo garantizar la paz.

b. hubo un terremoto devastador.

c. lanzar el satélite Sputnik.

d. les hizo más fácil la vida a las amas de casa.

e. usar el radar para detener a conductores que excedían el límite de velocidad.

f. y se unieron las dos Alemanias.

g. quisieron retomar el territorio de Nuevo México.

h. la red informática en 1988.

1-14 Según un ingeniero en materiales. Usa la forma correcta del pretérito para completar el discurso que pronunció Samuel Gómez, un ingeniero de materiales.

En mi opinión, la persona más importante del siglo XX (1. ser)_____ Leo Baekeland, el inventor del plástico en 1907. Lo que él (2. llamar) _____ "bakelite" y que se destinaba a usar en prendas como pulseras y prendedores, pronto se (3. hacer)_____ indispensable para toda clase de usos. Los científicos (4. darse)_____ cuenta de que el plástico sería el material del futuro, y así (5. empezar)_____ muchos inventos que nos (6. facilitar)_____ la vida. Con ciertas partes de plástico, el automóvil (7. ser)_____ más veloz y más económico. Con lentes de plástico, el miope (8. poder)_____ ver mejor.

1-15 Una entrevista con René Favaloro, el pionero del procedimiento del puente coronario. Completa el diálogo de una manera lógica con la forma correcta del pretérito del verbo de la lista. Puedes usar los verbos más de una vez.

dar	empezar	pedir	ser
decidir	hacer	poder	tener
decir	ir	querer	ver

Reportera: Buenas tardes, Dr. Favaloro. ¿Cuándo (1)_____ a interesarle la medicina?

Dr. Favaloro: Bueno, cuando era joven, me gustaba leer sobre la fisiología humana, especialmente sobre el corazón. Por eso, (2) (yo) _____ dedicarme a buscar una manera de aliviar el bloqueo cardiaco que afectaba a tantas personas. Les (3) _____ a mis padres que mi sueño era especializarme en la medicina cardiaca. Después de terminar mis estudios, (4) _____ a la Clínica de Cleveland donde (5)_____ mis investigaciones.

Reportera: Después de llegar a la Clínica de Cleveland, ¿qué (6)_____ lo primero que usted (7)_____?

Dr. Favaloro: Vi toda la tecnología y el apoyo médico que me iba a facilitar la investigación. Hablé con el director y le (8)_____ un laboratorio y un equipo de técnicos para trabajar conmigo.

Reportera: Y usted (9)_____ éxito, ¿verdad?

Dr. Favaloro: Sí, desde la primera operación en 1967, el procedimiento ha salvado miles de vidas de todas edades.

1-16 ¿Qué pasó? Túrnense para preguntarse qué hicieron ayer. Usen los siguientes verbos en el pretérito.

abrazar	empezar	llegar	querer
almorzar	estar	pagar	decir
buscar	hacer	poner	traer
dar	leer	oír	venir

MODELO: **E1:** *¿Con quién almorzaste ayer?*

E2: *Almorcé con mis amigos.*

Preterit of stem-changing verbs

● Stem-changing **-ir** verbs in the present tense also have stem changes in the preterit. The changes are:

e → i

o → u

● These changes only occur in the third person singular and plural.

	pedir	**dormir**
yo	pedí	dormí
tú	pediste	dormiste
Ud., él, ella	p**i**dió	d**u**rmió
nosotros/as	pedimos	dormimos
vosotros/as	pedisteis	dormisteis
Uds., ellos, ellas	p**i**dieron	d**u**rmieron

The following verbs follow a similar pattern:

divertirse (i)	**preferir (i)**	**seguir (i)**
mentir (i)	**reírse (i)**	**sentir (i)**
morir (u)	**repetir (i)**	**servir (i)**

Murieron varios astronautas en el siglo XX.	*Several astronauts died in the twentieth century.*
Mi sobrino **sintió** que la insulina era buena para él.	*My nephew felt that the insulin was good for him.*

Aplicación

1-17 La fiesta del siglo. Combina las preguntas con respuestas lógicas.

MODELO: *¿Por qué hubo fiesta?   Porque el presidente cumplió años.*

1. _____ ¿Dónde fue la fiesta?
2. _____ ¿Quiénes estuvieron?
3. _____ ¿Qué pidieron tus amigos de tomar?
4. _____ ¿Qué se sirvió de comida?
5. _____ ¿Cuándo se rieron todos?
6. _____ ¿Quién se durmió?
7. _____ ¿Por qué se fueron algunos temprano?
8. _____ ¿Cómo se sintieron todos al día siguiente?

a. Refrescos y agua mineral.
b. En casa de los amigos del presidente.
c. Cuando llegó la primera dama (*the First Lady*) de sorpresa.
d. El vicepresidente, en el sofá.
e. Una tortilla muy sabrosa.
f. Cansados pero felices.
g. Muchas personas que no conocía.
h. Tenían que levantarse temprano para trabajar.

1-18 Ahora Uds. Túrnense para hacerse preguntas sobre una fiesta. Usen las mismas preguntas de **1-17** y otras nuevas. Usen frases completas en las respuestas y prepárense para presentar un resumen al resto de la clase.

MODELO: **E1:** *¿Dónde fue la fiesta?*
         E2: *Fue en la casa de Jorge.*

1-19 ¡Expediente X! Uno de los programas más populares de fines del siglo XX fue "Expediente X" en Fox TV. Los protagonistas, Scully y Mulder, se defendían de fuerzas misteriosas todas las semanas frente un público de 14 millones de personas. Túrnense para entrevistarse sobre uno de esos episodios o inventen una visita con un extraterrestre.

1. ¿Cuándo viste al extraterrestre por primera vez?
2. ¿Cómo llegó?
3. ¿Cómo te comunicaste con él?
4. ¿Qué le dijiste al extraterrestre?
5. ¿Qué te contestó?
6. ¿Qué te pidió él?
7. ¿Cuándo se fue el extraterrestre?
8. ¿Qué hiciste después?

1-20 El/La adivino/a. Imagínense que saben cómo leer las manos. Túrnense para adivinar cinco cosas que su compañero/a hizo el año pasado.

MODELO: *Veo en tus manos que el año pasado hiciste un viaje a...*

2. The imperfect

Uses of the imperfect

The imperfect is another simple past tense in Spanish. The Spanish imperfect has four common English equivalents:

- the simple past
- the past progressive
- either "would" or "used to" + infinitive (for habitual actions in the past)

La profesora **hablaba** de los inventos.
}
*The teacher **talked** about the inventions.*
. . . was talking . . .
. . . would talk . . .
. . . used to talk . . .

- The imperfect is used to describe a continuous past action or state. It makes no reference as to the exact beginning, duration, or end of the action.

  Cuando **estaba** en el colegio, **pasaba** mucho tiempo en el laboratorio.
  When I was at school, I spent a lot of time in the lab.

- The imperfect is used to describe repeated, habitual, or continuous actions in the past.

  Cuando **era** niña, **leía** artículos científicos.

  When I was a child, I used to read scientific articles.

- The imperfect is used to describe two simultaneous activities.

  La investigadora nos **contaba** de su descubrimiento mientras nosotros la **escuchábamos** atentamente.

  The researcher told us about her discovery while we listened attentively.

- When one action interrupts another, the action that interrupts is expressed in the preterit, and the interrupted action in the imperfect.

  Buscaba el satélite cuando **vio** el cometa.

  She was looking for the satellite when she saw the comet.

The imperfect forms

Most verbs in the imperfect are regular.

Regular forms of the imperfect			
	hablar	**comer**	**vivir**
yo	habl**aba**	com**ía**	viv**ía**
tú	habl**abas**	com**ías**	viv**ías**
Ud., él, ella	habl**aba**	com**ía**	viv**ía**
nosotros/as	habl**ábamos**	com**íamos**	viv**íamos**
vosotros/as	habl**abais**	com**íais**	viv**íais**
Uds., ellos, ellas	habl**aban**	com**ían**	viv**ían**

Note that the three verbs listed end in **-ar, -er,** and **-ir,** respectively.

- Only the first person plural of **-ar** verbs has a written accent mark. All **-er** and **-ir** verbs have the same endings in the imperfect tense and all forms have a written accent mark.

- There are only three irregular verbs in the imperfect.

Irregular verbs in the imperfect			
	ir	**ser**	**ver**
yo	iba	era	veía
tú	ibas	eras	veías
Ud., él, ella	iba	era	veía
nosotros/as	íbamos	éramos	veíamos
vosotros/as	ibais	erais	veíais
Uds., ellos, ellas	iban	eran	veían

● Only the first-person plural forms of **ir** and **ser** have a written accent mark; all forms of **ver** require an accent mark.

Todos los años íbamos al planetario donde veíamos los planetas por el telescopio.

● The imperfect of the verb **ir** plus the infinitive is used to express immediate future in the past, especially if the action was interrupted or not completed.

Yo **iba** a escribir sobre el descubrimiento de la insulina.

I was going to write about the discovery of insulin.

Aplicación

1-21 Los primeros astronautas. Antes de viajar al espacio, los primeros astronautas tenían que estar preparados y en muy buena forma para volar en una nave espacial. Lee sobre lo que tenían que hacer y subraya todos los verbos en el imperfecto. Identifica también el infinitivo de cada verbo.

Los primeros astronautas norteamericanos y rusos tenían que prepararse para lo inesperado. Por eso, se preparaban físicamente y mentalmente para sus viajes. Madrugaban y corrían diez kilómetros todos los días. Levantaban pesas y hacían otros ejercicios. Desayunaban un batido especial, lleno de vitaminas y proteínas y así se acostumbraban a tomar la comida líquida. Cuando iban a la base militar, se ponían un traje espacial y pasaban tiempo en cámaras que simulaban la gravedad cero. En su tiempo libre, estudiaban los manuales de la nave espacial.

1-22 ¿Cómo se entrenaban? Contesta con una frase completa las preguntas basadas en el párrafo anterior y en tu conocimiento previo.

1. ¿Qué hacían los astronautas para mantenerse en forma?
2. ¿Qué hacían para conocer bien la aeronave?
3. ¿Por qué crees que tomaban la comida en forma líquida?
4. El satélite Sputnik fue el primero en entrar en órbita. ¿Sabes qué país lo puso en órbita?
5. ¿Sabes cómo se llamó el primer astronauta norteamericano?
6. ¿Y la primera mujer astronauta?

1-23 Un evento importante. Piensa en un evento importante en tu vida y contesta las preguntas siguientes por escrito.

1. ¿En qué año pasó?
2. ¿Qué ocurrió?
3. ¿Dónde estabas?
4. ¿Qué hacías?
5. ¿Quiénes estaban contigo?
6. ¿Cómo te sentías? ¿Por qué?

 1-24 Cuenten su experiencia. Cuéntense la información de la actividad anterior (**1-23**).

MODELO: *En 1988, cuando vivía en Alabama, vi por primera vez la película "La guerra de las galaxias"...*

 1-25 A explorar: Los años cincuenta. Visita el sitio de *Conexiones* en la red *www.PHSchool.com* e inserta el Web Code jpd-0001 para ver fotos de los estilos de los años 50. Elige una de las fotos, y describe la moda y la vida de esa década.

 1-26 Una persona legendaria del siglo XX. A continuación vas a escuchar datos biográficos sobre una persona que vivió durante la mayor parte del siglo XX. ¿Puedes identificar de quién habla el pasaje? Completa estas frases para recontar su historia.

1. El mundo estaba en guerra cuando esta persona...
   a. cumplió veinte años.
   b. nació.
   c. se inscribió en el ejército.

2. A la edad de dieciséis, esta persona abandonó sus estudios y...
   a. viajó por el mundo.
   b. se enamoró de una actriz famosa.
   c. empezó a trabajar.

3. Su carrera duró...
   a. hasta que cumplió treinta y siete años.
   b. hasta su muerte.
   c. hasta que se lastimó.

4. En 1954, se casó con una famosa actriz, pero...
   a. su matrimonio duró menos de un año.
   b. ella se enfermó y se murió.
   c. los padres de ella se opusieron.

5. Esta persona legendaria se llamaba...
   a. Ty Cobb
   b. Babe Ruth
   c. Joe DiMaggio

COMPARACIONES

1-27 En su experiencia. ¿Cuáles son algunos de los logros científicos del siglo XX?

El siglo XX

El siglo XX fue prolífico en inventos. El automóvil, el avión, el helicóptero y las naves espaciales acortaron distancias. Se llegó a la Luna y al planeta Marte. Las travesías transatlánticas y los vuelos comerciales estuvieron al alcance del ciudadano común. El *Concorde* posibilitó el cruce del Atlántico en poco más de tres horas. Se perfeccionaron los medios de comunicación como el teléfono, la radio, la televisión, el fax, la Internet y los satélites. Gracias a ello las personas pueden comunicarse aunque estén en los lugares más lejanos del mundo. La medicina avanzó a pasos agigantados (*took giant steps*) en la erradicación casi total de enfermedades terribles como la peste bubónica, la tuberculosis, la fiebre amarilla, la tifoidea y la sífilis. Estas enfermedades mataban a cientos de miles de personas todos los años.

1-28 En su opinión. Den su opinión sobre las siguientes declaraciones y justifíquenla.

1. El SIDA es el reto (*challenge*) médico más importante del siglo XXI.
2. Dentro de veinte años será común viajar en una nave espacial.
3. La comunicación del siglo XXI será más fácil por medio de la telepatía que del teléfono.
4. La guerra no será necesaria porque todos seremos ciudadanos del mundo y no de una nación en particular.

SEGUNDA PARTE

¡Así es la vida!

El hombre llegó a la Luna en 1969
El estadounidense Neil Armstrong comprobó el 20 de julio de 1969 que en la Luna sólo había piedras y arena

En el siglo XVI Torcuato Tasso afirmó que los objetos perdidos de la Tierra estaban en la Luna. El 20 de julio de 1969 el astronauta Neil Armstrong vio personalmente que eso no era cierto. Armstrong descubrió que allí sólo hay piedras y arena.

El alunizaje de Armstrong fue el fruto de 500 años de progreso científico y del sueño de muchos. Los intentos de llegar a la Luna empezaron (*began*) cuando la Unión Soviética puso en órbita el satélite artificial Sputnik. En esa época,

cada progreso ruso daba lugar a (*triggered*) un avance tecnológico norteamericano.

El Apolo XI alunizó y sus tripulantes caminaron por la Luna. Los astronautas tomaron notas, medidas (*measurements*), y hasta muestras del suelo lunar. Para orgullo de la NASA, Estados Unidos plantó allí su bandera. NASA cumplió (*accomplished*) así con la misión que el Presidente Kennedy le dio poco antes de su trágica muerte.

¡Así lo decimos! VOCABULARIO

Vocabulario primordial

la arena   la luna
el astronauta

Vocabulario clave

Verbos

almacenar   *to store*
alunizar   *to land on the moon*
comprobar   *to verify*
perderse   *to be lost*

Sustantivos

la medida   *measurement*
la muestra   *sample*
el rayo   *beam; ray*
el suelo   *soil*
el tripulante   *crew member*

Para expresarte

en mi opinión   *in my opinion*
era de esperar   *it was to be expected*

Ampliación

Verbos	Sustantivos	Adjetivos
almacenar	el almacén	almacenado/a
aterrizar	el aterrizaje	aterrizado/a
despegar	el despegue	despegado/a

¡Cuidado! dejar / dejar de

- **dejar**

  Dejé mi libro de ciencia ficción en el coche.

  I left my science fiction book in my car.

- **dejar** + infinitive

  Mi madre no me **dejaba** leer libros fáciles.

  My mother didn't let me read easy books.

- **dejar de** + infinitive

  ¿**Dejaste de** leer sobre el alunizaje?

  Did you stop reading about the landing on the moon?

Aplicación

1-29 El hombre llegó a la Luna. Completa las siguientes frases según lo que has leído en **¡Así es la vida!**

1. La carrera para llegar a la Luna era entre los norteamericanos y los ____.

2. En el siglo XVI, se creía que la Luna era un lugar para almacenar cosas____.

3. En la Luna, se encontraron _____.

4. Los astronautas pasaron su tiempo ___.

5. Como símbolo de su logro, los norteamericanos plantaron ____.

6. La expedición lunar tuvo lugar ____ años después de la muerte del presidente Kennedy.

 1-30 Un telescopio valioso. Escucha el texto sobre el telescopio más importante del siglo XX y completa las frases siguientes.

1. Con este telescopio, se estudian...
   a. las galaxias.
   b. los océanos.
   c. la atmósfera.

2. Se puso en funcionamiento en la década de...
   a. los ochenta.
   b. los setenta.
   c. los noventa.

3. Cuando los científicos quisieron repararlo, lo hicieron...
   a. bajo agua.
   b. en el espacio.
   c. bajo tierra.

4. Se puede afirmar más que nada que el proyecto...
   a. fue un éxito.
   b. costó mucho más de lo esperado.
   c. va a terminar cuando haya un cambio de administración.

5. Se espera un aparato aún mejor para...
   a. el próximo siglo.
   b. la primera década del siglo XXI.
   c. fines del siglo XXI.

1-31 En familia. Completa las siguientes oraciones con una variación de la palabra en itálica. Si necesitas ayuda, consulta la sección llamada **Ampliación**.

MODELO: Es necesario *medir* la distancia entre la Tierra y los planetas. Las **medidas** son impresionantes.

1. El avión *despegó* a las ocho en punto durante una tempestad y el _____ fue bastante turbulento.

2. Sin embargo, el _____ fue tranquilo. *Aterrizó* a las 10:30.

3. Los astronautas vieron que la Luna no era para _____ las cosas perdidas de la Tierra. Ese *almacén* estará en Venus.

1-32 En su opinión. A continuación tienen una lista de eventos e inventos que marcaron el progreso en el siglo XX. Decidan cuál es el orden de importancia de estos eventos e inventos para la humanidad. Justifiquen su opinión.

_____ la exploración lunar   _____ los satélites de comunicación

_____ el telescopio Hubble   _____ la estación espacial internacional

_____ la exploración de la Antártica

1-33 A explorar: el Lunojod. Visita el sitio de _Conexiones_ en la red _www.PHSchool.com_ e inserta el Web Code jpd-0001 para encontrar una foto del Lunojod. Explica por escrito qué era, cómo era, por qué era importante y quiénes lo fabricaron.

1-34 La pura verdad. Háganse preguntas indiscretas usando las siguientes expresiones:

dejar	dejar de + infinitivo	dejar + infinitivo

MODELO: **E1:** _¿Cuándo fue la última vez que **dejaste** el teléfono móvil en casa?_

        E2: _Lo **dejé** ayer porque no lo necesitaba._

        E1: _¿Cuándo **dejaste de** fumar?_

Algunas posibilidades:

ACCIONES	OBJETOS
ir a una fiesta	libro
comer comida rápida	dinero
leer novelas de ciencia ficción	carné de conducir
hacer preguntas en clase	llaves
ver películas de acción	coche
¿...?	¿...?

A repasar

El pretérito
Figuras del siglo XX

¿Conoces alguna anécdota relacionada con la historia o las figuras más importantes del siglo XX? ¡Puedes investigar más en la red! Diseña una página de un libro de historia para la escuela superior. En tu página, incluye una lista cronológica de los eventos más importantes relacionados con tu anécdota o tu biografía. ¡Puedes usar fotos!

MODELO: La transición de la dictadura a la democracia en España.

- 1975: **Murió** Francisco Franco.
- 1975: **Se proclamó** rey de España a Juan Carlos de Borbón.
- 1976: **Se celebraron** las primeras elecciones municipales.
- 1977: El rey **decretó** una amnistía que liberó a los presos políticos.
- 1977: **Se celebraron** las primeras elecciones generales libres en 41 años. **Ganó** Adolfo Suárez de la Unión de Centro Democrático, UCD.

Recuerda: Para escribir el texto de tu página necesitas utilizar el pretérito (Lección 1, Primera parte).

¡Así lo hacemos! ESTRUCTURAS
3. Preterit vs. imperfect

Había luna llena cuando de pronto apareció una bruja que volaba en una escoba... un lobo empezó a aullar.

- The **preterit** and the **imperfect** reflect the way the speaker views an action or event. The **preterit** informs about a finished action. The **imperfect** describes people, objects, or situations and informs about unfinished actions in the past.

- When used together, the **preterit** mentions the action that takes place while the **imperfect** describes the surroundings or what was happening.

- The underlined verbs are in the imperfect tense and the verbs in bold are in the preterit.

  Todo <u>estaba</u> oscuro. A lo lejos unos perros <u>aullaban</u>. **Entré, abrí** la verja y **me encontré** con un extraterrestre.

  *Everything <u>was</u> dark. In the distance some dogs <u>were barking</u>. **I entered, opened** the iron gate, and **met** an extraterrestrial.*

- An action may take place while another one is under way. In that case, the first is expressed in the preterit, while the imperfect is used for the second.

  <u>Caminaba</u> hacia la nave espacial cuando alguien me **tapó** la boca y me **arrastró** hacia los árboles.

  *<u>I was walking</u> toward the space ship when someone **covered** my mouth and **dragged** me toward the trees.*

Preterit

1. **completed actions**

   El astronauta **estudió** las piedras.
   The astronaut studied the stones.

2. **beginning/end**

   Neil Armstrong **entró** en la cabina de la nave espacial y **desapareció.**
   Neil Armstrong entered the cabin of the spaceship and disappeared.

3. **series of completed actions**

   Me acerqué a la Luna, **vi** su cara y me **maravillé** ante su belleza.
   I approached the Moon, I saw her face, and I marveled at her beauty.

4. **time frame/weather event**

   El satélite le **dio** la vuelta al planeta durante cinco años.
   The satellite orbited the planet for five years.

5. **mental, emotional, and physical changes**

   El héroe **se convirtió** en político.
   The hero turned himself into a politician.

Imperfect

1. **background/description**

   Todos **escuchaban** noticias del alunizaje con interés y asombro.
   Everyone listened to news about the landing on the moon with interest and amazement.

2. **ongoing action**

   Mientras **comíamos, veíamos** en la televisión a los astronautas caminar por la Luna.
   While we were eating, we watched (were watching) on TV the astronauts walk on the Moon.

3. **habits**

   Todas las noches **estudiábamos** los avances tecnológicos de los EE.UU.
   Every night we studied the technological advances of the U.S.

4. **time/weather as background**

   Eran las dos de la tarde y **llovía** mucho.
   It was two in the afternoon and it was raining hard.

5. **mental, emotional, and physical conditions**

   El cometa **era** muy largo y bello.
   The comet was very long and beautiful.
   La pobre **estaba** completamente desolada.
   The poor thing was absolutely heartbroken.

The preterit and imperfect used in the progressive forms emphasize an action in progress. Unlike the more common imperfect progressive, the preterit progressive implies the action has ended.

El perro le **estuvo aullando** a la Luna hasta que lo metí en la casa.
The dog was howling at the Moon until I put him in the house.

Mis amigos y yo **estábamos charlando** en el jardín cuando oímos la noticia.
My friends and I were chatting in the garden when we heard the news.

Aplicación

1-35 Los Einstein. Albert Einstein fue uno de los genios más importantes del siglo XX. Pocos saben que su esposa también fue científica y una investigadora brillante. Lee sobre su vida juntos y subraya los verbos en el pretérito y el imperfecto.

Mileva Maric tenía veintiún años cuando conoció a Albert Einstein. Para entonces ya era una investigadora con futuro. Albert tenía diecisiete años y era estudiante. Tuvieron una hija en 1902 y se casaron en 1905. Aunque Mileva era ama de casa, se sabe que también colaboraba en la investigación de Albert. Durante su matrimonio, Einstein publicó varios trabajos, incluso su famosa teoría de la relatividad. Se separaron en 1914, pero Einstein prometió que si recibía el premio Nobel, se lo daría a ella. Según buenas fuentes (*sources*), los primeros trabajos de Einstein también incluían el nombre de Mileva. Finalmente, en 1987, se publicó una serie de cartas escritas entre Einstein y Maric que sugieren que ellos trabajaron juntos en lo que él publicó. Hoy nadie duda que el período más productivo de Einstein fue el de su turbulento matrimonio con Mileva Maric.

1-36 Mileva y Albert. Ahora, contesta las preguntas basadas en el fragmento anterior.

1. ¿Cuántos años tenían Mileva Maric y Albert Einstein cuando se conocieron?
2. ¿Cuál era la profesión de ella antes de casarse?
3. En tu opinión, ¿por qué Mileva fue ama de casa durante su matrimonio?
4. ¿Por qué se dice que ella colaboró en el trabajo de Einstein?
5. ¿Qué dicen que le prometió Einstein a Mileva Maric?
6. En tu opinión, ¿por qué no publicó mucho Einstein después de su separación?

1-37 Los jefes de estado que vivieron la historia. Identifica quién era el presidente de los EE.UU. cuando tuvieron lugar los siguientes acontecimientos. Combina las dos columnas para formar frases completas.

MODELO: *Dwight D. Eisenhower **era** presidente cuando los rusos **lanzaron** el primer satélite.*

1. _____ John F. Kennedy
2. _____ Franklin D. Roosevelt
3. _____ Theodore Roosevelt
4. _____ Woodrow Wilson
5. _____ Gerald Ford
6. _____ Harry Truman
7. _____ Ronald Reagan
8. _____ Richard Nixon
9. _____ Bill Clinton
10. _____ Jimmy Carter

a. (*Caer*) el Muro de Berlín.
b. (*Proponer*) un programa para llegar a la Luna.
c. Se (*establecer*) el programa de Seguro Social en 1935.
d. (*Proponer*) un presupuesto federal equilibrado.
e. Se (*declarar*) la Primera Guerra Mundial.
f. (*Perdonar*) al presidente Nixon.
g. Se (*reconciliar*) los gobiernos de Israel y Egipto en el convenio de Camp David.
h. Los primeros astronautas (*pisar*) la Luna.
i. (*Mandar*) hacer la construcción del Canal de Panamá.
j. Se (*ordenar*) el bombardeo nuclear del Japón.

1-38 La primera astronauta de origen hispano. Lee sobre esta pionera del siglo XX y prepara cinco preguntas sobre ella.

MODELO: *¿Cuántos astronautas hispanos había cuando Ellen hizo su primera misión?*

Ellen Ochoa, astronauta de origen hispano y la primera en volar en una nave espacial, recuerda los tiempos en que no había astronautas hispanos en la NASA. Hoy en día, veintisiete miembros del cuerpo de astronautas son mujeres, y nueve de ellos son de origen hispano. Ochoa pasó casi un total de 1.000 horas en el espacio en las cuatro misiones en las que participó. Éstas incluyen dos vuelos para estudios atmosféricos y dos misiones a la Estación Espacial Internacional. Su primer proyecto tuvo lugar en abril del año 1993. Éste consistió en una misión científica en el trasbordador "Discovery" que duró nueve días. Aunque Ochoa dedicó la mayor parte de su tiempo al estudio de los efectos del ciclo solar en el planeta Tierra, la astronauta también le dedicó algunos ratos a un instrumento de otra índole, su flauta. Ochoa, quien es una flautista clásica, descubrió que tocar este instrumento musical en el espacio no es muy distinto de tocarlo en la Tierra. La flauta funcionó bien debido a que la cabina del trasbordador se encuentra presurizada.

1-39 Ellen Ochoa. Completa cada oración de una manera lógica según la vida de Ellen Ochoa. Usa la forma apropiada del pretérito y el imperfecto.

1. Cuando Ochoa _____ (empezar) a entrenarse para ser astronauta, _____ (estudiar) en Stanford.
2. Ochoa _____ (tener) su doctorado en ingeniera cuando _____ (hacer) su primera misión.
3. Una vez que _____ (estar) en el trasbordador, _____ (completar) varios experimentos.
4. Ella no _____ (escuchar) mucha diferencia en el sonido de la flauta porque la cabina _____ (estar) presurizada.
5. Desde el espacio Ochoa _____ (ver) que la Tierra _____ (ser) redonda.
6. Ella _____ (repetir) el viaje tres veces más.

1-40 ¿Qué saben de Ellen Ochoa? Háganse algunas preguntas sobre la información de 1-38.

1-41 ¿Qué hacías cuando...? Piensa en cinco momentos importantes de tu vida. Describe qué hacías, cómo eras y dónde estabas entonces.

MODELO: *Tenía cinco años cuando mi familia compró una casa nueva y nos mudamos.*

1-42 Otro pasado juntos. Inventen una vida compartida con sus compañeros/as. ¿Qué o quiénes eran? ¿Cómo eran? ¿Qué hicieron juntos? ¿Qué les pasó? Después, formen un grupo de cuatro personas para contarse sus historias.

3   **1-43 Otro siglo.** Imagínense que se conocieron en una fiesta del fin de milenio. Contesten estas preguntas para recrear y contar lo que pasó.

1. ¿Dónde fue la fiesta?
2. ¿Qué hora era cuando llegaron?
3. ¿Quiénes estaban?
4. ¿Qué hacían cuando llegó la medianoche?
5. ¿Qué resoluciones hicieron para el nuevo milenio?
6. ¿Quién salió primero?

Different meanings: Preterit vs. imperfect

Certain Spanish verbs change meaning in the preterit due to the focus on the beginning of the action or the effort put forth.

Preterit: Beginning of an action or effort

1. **conocer**
   Conocí a la investigadora en una conferencia en el observatorio.
   I met the researcher at a conference at the observatory. (beginning of knowing her)

2. **costar**
   El viaje a la Luna **costó** muchísimo dinero.
   The trip to the Moon cost a lot of money. (and it was completed)

3. **poder**
   Pudimos acercarnos al satélite sin problemas.
   We managed to approach the satellite without problems. (could and did—effort put forth)

4. **no poder**
   No pudo acostumbrarse a la soledad del espacio.
   He couldn't (failed to) get used to the loneliness of space. (a specific effort and failure implied)

5. **querer**
   Quiso recoger la roca.
   She tried to pick up the rock. (wanted and acted upon it)

6. **no querer**
   La científica **no quiso** predecir el resultado del vuelo.
   The scientist refused to predict the result of the flight. (acted upon the desire not to)

7. **saber**
   Supimos que él era el primero que desembarcaría.
   We found out he was the first one to disembark. (beginning of knowing about it)

8. **tener**
   Tuve una noticia muy perturbadora.
   I received (beginning of having) very disturbing news.

9. **tener que**
   La inventora **tuvo que** contarme sus planes.
   The inventor had to tell me her plans. (she acted upon it)

Imperfect: Ongoing action (no particular beginning or end)

1. **conocer**
   Conocía a varios escritores de ciencia ficción.
   I used to know (was acquainted with) several science fiction writers.

2. **costar**
   El libro de ciencias **costaba** 50 dólares.
   The science book cost (was) $50. (implies not bought)

3. **poder**
   La investigadora **podía** hablar con el jefe de la NASA todos los días.
   The researcher could talk to the head of NASA every day. (had the ability and/or opportunity, no reference to a specific effort or incident)

4. **no poder**
   El asistente **no podía** acostumbrarse a la oscuridad.
   The assistant couldn't get used to the dark. (no reference to a specific effort or failure)

5. **querer**
   Mi consejero **quería** aconsejarme.
   My counselor wanted to advise me. (no reference to effort or success)

6. **no querer**
   No querían hablar con el técnico.
   They didn't want to talk to the technician. (but perhaps did)

7. **saber**
   Sabíamos que era un extraterrestre.
   We knew that he was an extraterrestrial.

8. **tener**
   Mi mamá **tenía** talento para adivinar el futuro.
   My mom had a talent for predicting the future.

Aplicación

1-44 La expedición al Polo Norte. Robert E. Peary y Frederick A. Cook afirmaron que llegaron al Polo Norte en 1909. Combina las preguntas con la respuesta más adecuada. Luego, explica por qué usas el pretérito o el imperfecto.

1. _____ ¿Cuándo **supo** Peary que Cook **quería** hacer una excursión al Polo Norte?
2. _____ ¿Se **conocían** antes del viaje?
3. _____ **¿Pudieron** llegar los dos?
4. _____ ¿Por qué **querían** los dos hacer un viaje tan difícil?
5. _____ ¿Cuánto **costó** el viaje?
6. _____ ¿Quién de verdad **llegó** antes?

a. Miles de dólares y varias vidas.
b. Según los historiadores, parece que ninguno de ellos **pudo**.
c. No, pero Cook dijo que **pudo** llegar el año anterior.
d. Un poco antes de embarcar.
e. Era una cuestión de honor para los dos.
f. Sí, se **conocieron** en una reunión científica.

1-45 La historia de Albert Einstein y Mileva Maric. Completa la conversación con la forma correcta del pretérito o del imperfecto del verbo más apropiado.

conocer	costar	poder	querer	saber	tener

Luci: Yo no (1)_____ la historia de Albert y Mileva. ¡Me fascinó!

Héctor: Ni yo tampoco. (2)_____ la oportunidad de escucharla ayer por primera vez.

Luci: (3)_____ que Mileva era investigadora.

Héctor: Necesitaba saber más. Fui a la librería porque (4)_____ comprar un libro que hablara de su relación, pero (5)_____ demasiado y no lo compré.

Luci: Creo que en la biblioteca hay algunos libros buenos. (6)_____ encontrar uno que me gustó mucho.

Héctor: ¿(Ellos) (7)_____ más de uno?

Luci: Sí, tienen varios ejemplares.

1-46 Preguntas discretas e indiscretas. Preparen una lista de ocho preguntas para entrevistar a un personaje famoso del siglo XX. Usen los verbos de la lista en el pretérito o en el imperfecto según convenga. Luego túrnense para entrevistarse.

conocer	costar	(no) poder	(no) querer	saber	tener (que)

MODELO: (a Roberto Clemente)

Reportero/a: *¿Cuándo supo Ud. que quería ser beisbolista?*

RC: *Cuando asistí a un partido de béisbol.*

R: *¿Conoció Ud. a mucha gente famosa?*

RC: *...*

1-47 A explorar: Roberto Clemente. Visita el sitio de *Conexiones* en la red *www.PHSchool.com* e inserta el Web Code jpd-0001 para obtener más información sobre Roberto Clemente. Toma nota de algunos de sus logros personales y profesionales. ¿Qué pudo hacer en su corta vida?

1-48 Un logro (*achievement*) personal. Cuéntense alguna experiencia en la que hayan tenido que superar ciertas dificultades. Usen algunos de los verbos siguientes. Averigüen también cómo se sentía su compañero/a en ese momento.

conocer	(no) poder	(no) querer	saber	tener (que)

MODELO: *Desde niña, **quería** jugar al béisbol en el mismo equipo de mi hermano mayor. Cuando ingresé a la preparatoria, **quise** jugar en el equipo del colegio, pero el entrenador **no quiso** dejarme jugar por ser una muchacha. Mi hermano y yo **supimos** que en otra escuela sí **podían** jugar las muchachas, y **tuvimos que** cambiar de colegio para jugar juntos en el mismo equipo.*

Conexiones

2 **1-49 ¿Un milenio de amor?** ¿Creen que el amor de una pareja puede durar (*last*) toda la vida? ¿Qué puede destruir el amor? ¿Qué puede hacerlo durar? ¿Qué opinan Uds?

 Ritmos

Alejandro Filio

Alejandro Filio es un cantautor mexicano que se ha destacado (*stood out*) en toda Suramérica por su capacidad de expresar grandes sentimientos en sus canciones. Alejandro dice que apoya a los artistas verdaderos que tienen un canto honesto.

Antes de escuchar

1-50 ¿Cuánto tiempo dura el amor? Esta canción trata del amor y del tiempo que éste dura. Antes de escuchar la canción, subraya las expresiones temporales que incluye la letra. ¿Qué expresión indica la mayor duración de tiempo?

A escuchar

Un milenio después

Cómo fueron los hombres en el	
novecientos noventa	
descubrieron acaso° el por qué	*perhaps*
de luchar por su estrella	
Quién buscaba cantar esa vez	
al milenio y al sueño	
como si recordar el ayer°	*pasado*
nos dijera qué cosa es el tiempo	
Soy yo, después de unos siglos	
soy yo, dispuesto° al idilio de amarte otra vez	*ready*
y dejarte de lado y volverte a tener	
para darte un milenio, un milenio después	
Cómo cuento las horas después	
del abrazo de un viernes	
me imagino que el tiempo nos ve	
y sé la cura por siempre.	
No me pidas el tiempo que no	
se quedó en mi guitarra	
es que sólo un milenio pasó	
sin voltearnos° a ver a la cara.	*turn*
Soy yo, después de unos siglos,	
soy yo, dispuesto al idilio de amarte otra vez	
y dejarte de lado y volverte a tener	
para darte un milenio, un milenio después	
Soy yo, después de unos siglos	
soy yo, dispuesto al idilio de amarte otra vez	
y dejarte de lado y volverte a tener	
para darte un milenio, un milenio después.	

Después de escuchar

 1-51 Impresiones. Den su opinión sobre la canción.

1. ¿Qué impresión les da esta canción? ¿Es alegre o triste? ¿Optimista o pesimista? ¿Por qué?

2. ¿Cuál es el punto de vista del cantante? ¿Creen que el amor que expresa es mutuo?

3. Dice el cantautor que le daría un milenio a su amada. ¿Cuánto le darían Uds. a una persona que quieren?

1-52 A explorar: Alejandro Filio. Visita el sitio de *Conexiones* en la red *www.PHSchool.com* e inserta el Web Code jpd-0001 para escuchar otra canción de Alejandro Filio. ¿Con qué artista norteamericano lo comparas? ¿Por qué?

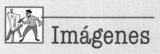 Imágenes

Diego Rivera

Al muralista mexicano Diego Rivera (1886–1957) se le considera un maestro en su género. Durante su inmensa vida artística, pintó excelentes murales que cuentan la historia de México, del mundo y del hombre.

Perspectivas e impresiones

1-53 Hombre en una encrucijada (*crossroads*). En el Museo del Palacio de Bellas Artes en la Ciudad de México se conserva este mural de Diego Rivera. Observen cuidadosamente el mural y contesten las siguientes preguntas.

Hombre en una encrucijada, 1934

1. ¿Cúales son los colores predominantes?
2. ¿Cuáles son los temas?
3. ¿Qué personajes puedes descubrir en el mural?
   - los personajes simbólicos
   - los personajes de la historia mundial
   - los personajes de la historia de México
4. ¿Qué imagen usa Rivera para representar la "encrucijada"?
5. ¿Qué simboliza la encrucijada para el hombre? ¿para ti?

1-54 Un mural tuyo. Diseña un mural que incluya objetos, figuras o eventos representativos del siglo XX.

 1-55 A explorar: Diego Rivera. Visita el sitio de *Conexiones* en la red *www.PHSchool.com* e inserta el Web Code jpd-0001 para ver más cuadros y murales de Diego Rivera. Elige uno y describe fielmente la escena. Luego, inventa un contexto en el pasado para explicarlo.

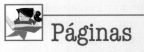

Páginas

Kianny Antigua

Kianny Antigua nació en la República Dominicana y desde los quince años vive en Nueva York, donde estudia literatura hispánica. En 2001 publicó "De tal astilla tal palo" en la *Antología de cuentos dedicada al escritor Virgilio Díaz Grullón*. Actualmente la escritora dominicana está preparando un libro de cuentos titulado *El expreso* que será publicado en la República Dominicana.

Antes de leer

1-56 Estrategias de lectura. El título de un cuento y su ilustración nos dan a menudo una idea de lo que sigue: el tema, el tono, los personajes y la trama. Mira el título y la ilustración de este cuento para orientarte y anticipar el contenido.

1-57 ¿Dónde estabas en ese momento? Háganse las siguientes preguntas. Luego respondan. ¿Dónde estabas a las doce de la noche el 31 de diciembre de 1999? ¿Qué hacías cuando el reloj dio las doce y entramos al milenio 2000? ¿Cómo te sentías? ¿Ocurrió algo inesperado?

A leer

Y2K

Después de más de cinco años en los *Top 40* de dos continentes, Ana terminó su carrera de cantante°. A los treinta años decidió ser profeta. Anunció su nuevo nombre: Fátima. Entonces decidió que no se iba a casar nunca ni tener hijos.

    Su nueva obsesión fue el futuro en los próximos tres años. Abandonó los
5 escenarios, las grabaciones° y las entrevistas en televisión y devoró libros de historia de la religión, astrología, culturas milenarias y códigos° ocultos de textos sagrados°.

    Abrió un sitio en la red donde explicaba con detalle sus predicciones para el año 2000. También explicaba allí cómo prepararse para el gran evento. Luego comenzó a dar conferencias, a repartir panfletos...

10   Desde sus mejores amigos hasta el último fanático al otro lado del mundo se burlaban de ella y la despreciaban°. Nadie quería ni escucharle hablar ni oírle cantar. Se quedó sola.

    A Fátima no le importaba el ridículo. Estaba segura de que tenía la razón: el mundo iba a terminar pronto. Su nueva misión era preparar a la humanidad para el
15 gran final, para la próxima dimensión.

    El Gran Día estaba cerca. Vendió sus casas, sus autos y todas sus joyas°. Con ese dinero organizó la Gran Ceremonia de Graduación. Compró un enorme lote lejos de la ciudad. Puso cientos y cientos de mesas elegantes, sillas, flores, cornetas para la música y una tarima° con una enorme pantalla de televisión. Presentó una
20 comida exquisita, con el mejor champán y unos postres sensacionales. Esa noche, el 31 de diciembre de 1999, Fátima ofreció una gran cena: comida y bebida gratis° para todos los pobres del lugar.

singer

recordings
codes, sacred

felt disdain for her

jewels

stand

sin costo

personas con hambre
gente que come mucho

pan
sin gente
whistles

Miles de hambrientos° fueron a la gran cena. Todos comían y bebían alegres
cuando Fátima dijo "¡Atención, atención!". Miraba feliz a la multitud de comilones°
25   desde la tarima- —¡Disfruten! ¡Disfruten!... ¡Aún hay tiempo para el postre!".
Cuando pronunció sus apocalípticas palabras los invitados le tiraron tomates y
panecillos°. Nadie quería escuchar que el mundo terminaría en menos de dos
horas. Media hora después el lugar quedó totalmente vacío° .
Y en Times Square la gran bola de cristal bajó del cielo. Hubo confeti, pitos° y
30   alegría. Hubo fiesta. El mundo no se acabó (para los demás).

Después de leer

1-58 ¿Quién es quién? ¿Qué información corresponde a Ana? ¿Y a los
invitados? Marca tus respuestas con una cruz (X) en el siguiente cuadro. Después
forma frases completas con los verbos en el pretérito (para las acciones terminadas)
y en el imperfecto (para las acciones continuas sin terminar).

MODELO: tener hambre

*Los **invitados** tenían hambre.* (Imperfecto, porque la acción no está completa.)

	ANA	LOS INVITADOS
1. tener hambre		X
2. tener fe en el futuro		
3. anticipar el fin del mundo		
4. temer lo que iba a pasar		
5. decir "pase lo que pase" (*come what may*)		
6. no tener razón		
7. ser feliz		
8. ser pesimista		
9. celebrar sin pensar en las consecuencias		
10. no preocuparse de nada		

1-59 Entrevista. Entrevístense para descubrir los motivos de Ana. Luego
cámbiense los papeles.

MODELO: **Reportero/a:**   *Ana, ¿por qué cree usted que el mundo va a terminar?*

Ana: *No soy Ana, sino Fátima.*

1-60 Y luego... Hablen sobre Ana, de cómo se sentía y qué hizo el dos de enero
de 2000.

MODELO: **E1:** *Ese día, Ana estaba un poco triste y decidió irse de compras...*

E2: *Fue a...*

Taller

Una narración en el pasado

Antes de escribir

Examinar. Vuelve a leer los primeros párrafos de "Y2K". Identifica el uso del imperfecto y del pretérito. Subraya el pretérito y haz un círculo al imperfecto. Haz una lista de las acciones que terminaron (pretérito). Haz otra lista de las acciones sin terminar (imperfecto). ¿Para qué sirve cada tiempo verbal en esta narración?

Crear un contexto. Crea una narración corta con uno de estos temas. Sigue los pasos en **Describir** e **Inventar los eventos.**

- una experiencia de tu juventud
- un cuento original
- una leyenda (*legend*)
- una película de ficción

A escribir

Describir. Usa el imperfecto en cinco o seis oraciones que describan el evento. Incluye tus impresiones del ambiente, de los participantes y del tiempo. Describe lo que veas y sientas.

Inventar los eventos. Usa el pretérito para narrar qué pasó, qué hicieron los participantes, cómo reaccionaron, etc. Usa las siguientes expresiones para dar continuidad a la acción.

al día (mes, año) siguiente	de repente	en seguida
al final	después de que	finalmente
al mismo tiempo	durante	de pronto
al principio	entonces	tan pronto como
al rato	inmediatamente	

Ampliar el estado psicológico, el suspenso. Indica, al mismo tiempo que narras los eventos, cómo se sentían los participantes, qué pensaban, qué iban a hacer, qué pensaban que iba a pasar, etc.

Resolver y concluir. Usa el pretérito para indicar cómo se resolvió la situación.

Después de escribir

Revisar. Revisa tu narración para verificar los siguientes puntos:

- ❏ el uso del pretérito y el imperfecto
- ❏ la concordancia y la ortografía

Intercambiar. Da tu trabajo a tu compañero/a. Lee su trabajo. Escribe comentarios y sugerencias sobre el contenido, la estructura y la gramática.

Entregar. Pasa tu trabajo a limpio. Incorpora las sugerencias de tu compañero/a y entrega tu trabajo a tu profesor/a.

MODELO: *Era el treinta de junio, el día en que cumplí veintiún años...*

El progreso y la ecología

Objetivos comunicativos

- Saying how things used to be
- Describing people and things
- Discussing future issues
- Expressing hopes and desires

Contenido

Curiosidades

¿SABES?

- ¿Cuántos galones de petróleo se gastan el mundo en un día?
  - **a.** 1.000.000.000
  - **b.** 500.000.000
  - **c.** 250.000.000
- ¿Cuántos árboles se tienen que cortar para producir el periódico de este domingo?
  - **a.** 750.000
  - **b.** 500.000
  - **c.** 1.000.000
- ¿Cuál es el material que más abunda en los basureros?
  - **a.** el papel
  - **b.** el aluminio
  - **c.** el plástico
- ¿En qué ciudad de los Estados Unidos se estableció el primer programa de reciclaje?
  - **a.** Nueva York
  - **b.** Los Ángeles
  - **c.** Miami Beach
- ¿Qué porcentaje de basura puede reciclarse?
  - **a.** 25%
  - **b.** 45%
  - **c.** 75%

Go Online
PHSchool.com

For: *Fondo cultural* reading
Visit: PHSchool.com
Web code: jpd-0002

¡Así es la vida!

OPB
Organización para la Protección de la Biosfera

Somos una organización sin fin lucrativo (*non-profit*) que lucha por la conservación del medio ambiente. Apoyamos todo proyecto cuya meta sea una de las siguientes:

- rehabilitación del hábitat de animales o plantas en peligro de extinción
- limpieza de áreas afectadas por contaminantes
- reciclaje en zonas rurales y urbanas
- desarrollo de nuevas fuentes de energía
- programas de conservación

Nuestro esfuerzo y el de nuestras organizaciones asociadas han salvado cientos de especies de animales y plantas por medio de la conservación o la rehabilitación de su hábitat por todo el mundo.

Únete a OPB
Siente el orgullo
www.OPB.org

¡Así lo decimos! VOCABULARIO

Vocabulario primordial

la contaminación	la lluvia ácida
la destrucción	el petróleo
la energía eléctrica, nuclear, solar	el plástico
las especies en peligro de extinción	

Vocabulario clave

Verbos

calentar (ie)	*to warm*
dañar	*to damage*
prevenir (ie)	*to prevent*
quemar	*to burn*
rescatar	*to rescue*

Sustantivos

el acero	*steel*
la basura	*trash*
el bosque	*forest*
la capa de ozono	*ozone layer*
el carbón	*coal*
el combustible	*fuel*
el efecto invernadero	*greenhouse effect*
el humo	*smoke*
la madera	*wood*
el medio ambiente	*environment*
el plomo	*lead*
la selva	*jungle*
la sequía	*drought*

Adjetivos

dañino/a	*damaging*
potable	*safe to drink*

Ampliación

Verbos	Sustantivos	Adjetivos
conservar	la conservación	conservado/a
contaminar	la contaminación	contaminado/a
desechar	el desecho	desechable
destruir (y)	la destrucción	destruido/a
extinguir	la extinción	extinto/a
purificar	la purificación	puro/a, purificado/a
reciclar	el reciclaje	reciclado/a

Aplicación

2-1 La Organización para la Protección de la Biosfera (OPB). Identifica la meta (*goal*) de cada una de las siguientes actividades de la OPB. Puedes usar la misma meta más de una vez.

Actividad

1. _____ Los investigadores estudian el costo de generar electricidad de quemar basura.

2. _____ Los científicos protegen los huevos que ponen las tortugas marinas.

3. _____ Los voluntarios recogen basura en la costa del Golfo de México.

4. _____ Los niños coleccionan envases de aluminio en las escuelas.

5. _____ Un equipo planta árboles en la República Dominicana.

6. _____ Hay una campaña para prohibir lanchas de motor en los ríos donde hay manatíes en la Florida.

7. _____ Los maestros diseminan información sobre el uso excesivo de agua en los Estados Unidos.

8. _____ Los voluntarios quitan pintura con base de plomo de las casas de un centro urbano.

Meta

a. Rehabilitación de los hábitats de animales o plantas en peligro de extinción

b. Limpieza de áreas contaminadas

c. Reciclaje en zonas rurales y urbanas

d. Desarrollo de nuevas fuentes de energía

e. Programas de conservación

2-2 El origen, el uso y el efecto. Lee las siguientes definiciones y di a qué producto de la lista siguiente se refieren.

| la madera | la capa de ozono | el humo |
| el carbón | el plástico | la lluvia ácida |

MODELO: Es un producto de la tierra. Se usa para producir combustible para autos y todo tipo de máquinas. El humo contamina el aire y destruye la capa de ozono. **Respuesta:** *el petróleo*

1. Resulta de quemar carbón. Ensucia y contamina el aire.

2. Es un producto sintético a base de petróleo. Prácticamente no se descompone, por eso dura muchos años. Tiene múltiples usos. Lo contienen muchos productos que usamos diariamente.

3. Es un producto del árbol. Es una fuente renovable. Se usa en la construcción de casas y también es un combustible.

4. Resulta de la combinación del humo con el agua. Es dañina para las plantas.

5. Es un producto de la tierra y normalmente se encuentra en el subsuelo. Se usa para producir electricidad y para fabricar acero. Su humo contamina el aire.

6. Es la capa de la atmósfera que nos protege de los dañinos rayos solares. Está en peligro de extinción por el efecto invernadero.

2-3 En familia. Completa las siguientes oraciones usando una variación de cada palabra en itálica. Si necesitas ayuda, consulta la sección llamada **Ampliación**.

MODELO: La tuberculosis es una enfermedad *contagiosa*. La tos de una persona con tuberculosis nos puede **contagiar**.

1. Los *contaminantes* causan mucho daño en la salud de la gente joven. Pueden _____ el aire, el agua y la tierra.

2. Muchas ciudades tienen un programa de *reciclaje* obligatorio. Usan camiones especiales que recogen las latas, el papel y el cristal para llevarlos a _____.

3. Muchas sustancias químicas contribuyen a la *destrucción* de la capa de ozono. Se dice que para el año 2010 el área sobre el Polo Sur estará totalmente _____.

4. Es necesario proteger los animales en peligro de _____ antes de que se *extingan* por completo.

5. En muchas partes del mundo es necesario *purificar* el agua, por eso allí se vende agua _____ en botella.

6. La *conservación* del medio ambiente es la meta de varias organizaciones ecológicas. Esperan _____ los recursos de la Tierra para futuras generaciones.

2-4 Causas y consecuencias. Completa los espacios en blanco del cuadro con las siguientes afirmaciones.

- El costo del seguro médico es cada vez más alto.
- Hay cada vez más barrios pobres en las afueras de las ciudades grandes.
- Hay menos árboles que purifiquen el aire y produzcan el oxígeno necesario para vivir.
- Muchas familias tienen más de un coche.
- Muchos jóvenes piesan fumar a pesar de (*in spite of*) las campañas antitabaco.
- No hay controles estrictos de los gases de escape de los automóviles.
- No siempre se regulan bien los desechos industriales.
- Pronto vamos a tener que llevar la basura al espacio.

Problema	Causa	Consecuencia
MODELO: *En algunos países del tercer mundo todavía se usa gasolina con plomo.*	*Esto es porque la gasolina con plomo cuesta menos que la gasolina sin plomo.*	*Hay más incidencia de atraso mental entre los niños.*
1. Las ciudades grandes tienen polución.	_____ _____	Mucha gente sufre de enfermedades respiratorias.
2. Los árboles que rodean la Ciudad de México están muriéndose.	Hay demasiados coches que circulan por el centro de la ciudad.	_____
3. El tabaco es relativamente económico.	En el futuro, habrá más casos de enfisema y cáncer pulmonar.	_____
4. Hay muchas personas que no consultan al médico cuando están enfermas.	_____ _____	Cuando van al médico ya es demasiado tarde.
5. Las ciudades de las naciones tercermundistas son cada vez más grandes.	La gente cree que hay más oportunidades en las grandes ciudades que en el campo.	_____ _____
6. Cada vez hay más coches y camiones en las carreteras.	_____ _____	Hay más accidentes y más contaminación. Toma más tiempo llegar a la oficina. Hay más interés en trabajar desde casa por medio de la computadora.
7. Los lagos y los ríos están contaminados.	_____ _____	Es peligroso comer pescado y hay mucha agua contaminada.
8. Hay mucha basura y pocos basureros (*landfills*).	No reciclamos lo suficiente.	_____ _____

2-5 Respirar en México DF puede perjudicar seriamente la salud. La Ciudad de México tiene uno de los niveles más altos de emisiones atmosféricas tóxicas del mundo. Subrayen en el cuadro las ciudades más saludables y menos congestionadas de cada región. ¿Dónde vivirían si sufrieran de asma o de otra enfermedad respiratoria? Justifiquen su respuesta.

MODELO: Viviría en... porque (hay menos vehículos por kilómetro de carretera).

Ciudad	Vehículos motorizados privados por kilómetro de carretera	Emisiones anuales por hectárea urbana (Kg)	Emisiones anuales de CO per cápita (Kg)
América Latina			
México DF	354	20.909	152,61
Río de Janeiro	129	2.648	38,40
Bogotá	50	6.641	51,79
EE.UU.			
Nueva York	92	3.006	127,47
Los Ángeles	142	2.916	106,71
Houston	72	3.169	243,70
Atlanta	86		399,69
Europa Occidental			
Madrid	256	6.727	55,44
Barcelona	733	10.380	37,83
París	226	6.312	100,82
Berlín	241	3.509	45,57
Londres	174	6.087	73,00
Asia			
Tokio	84	1.483	10,65
Hong Kong	172	7.602	13,53
Singapur	132	7.171	45,87

2-6 A explorar: La calidad del aire. Visita el sitio de *Conexiones* en la red *www.PHSchool.com* e inserta el Web Code jpd-0002 para saber cuál es la calidad del aire en alguna ciudad de habla española. ¿Es un buen día para pasear al aire libre, o es mejor quedarse en casa en esa ciudad?

2-7 Mejoremos nuestro futuro. Diseñen un cartel con un anuncio publicitario para invitar a la gente a usar transporte público en vez de su auto. Pueden usar uno de estos modelos o algún otro.

MODELO: 1. *Proteja el medio ambiente. Use... y no...*

2. *Prefiera... a... por la futura generación.*

3. *Use... por el bien de sus hijos y nietos.*

4. *...es mejor que...para la ecología.*

2-8 ¿Cuánto dura la basura? Preparen una campaña para reciclar los desperdicios. Presenten razones convincentes. Pueden usar la siguiente información e incluir razones económicas, sociales, políticas y/o personales.

MODELO: *Debemos ... (verb) porque si no ... en el futuro.* OR *Si no ... ahora, en el futuro no tendremos...*

¿Cuánto dura la basura?

Pedazo de papel	➤	2-4 semanas
Tela de algodón	➤	1-5 meses
Pedazos de madera	➤	13 años
Lata de hojalata	➤	100 años
Plástico	➤	450 años
Botella de vidrio	➤	más de 500 años

¡A repasar!

El imperfecto
Así era.

Piensa en una de las zonas más industrializadas y comercializadas que conoces. Descríbela primero brevemente usando el presente. Después imagina cómo era esta zona antes, consulta en la red o con alguien que la recuerde. Descríbela en una página: ¿Cómo era antes la naturaleza en esta zona? ¿y el aire? ¿el agua? ¿el nivel de ruido? ¿Qué se podía hacer allí? ¿Qué había antes en esa zona que ya no hay?

MODELO: *Cabo Blanco **es** una zona playera que **está** llena de hoteles, restaurantes, cafeterías, tiendas y clubes nocturnos. Ya no **se puede** nadar pues el agua está contaminada. El agua del mar **es** gris y **hay** basura por todos lados. Etc.*

*Antes, Cabo Blanco **era** una playa bellísima. **Había** muchas palmeras y la arena **era** blanca y siempre **estaba** limpia. El agua **era** transparente y pura. Varias especies de pájaros **volaban** y **hacían** nidos en esta zona. Otros animales también **vivían** tranquilamente allí. Se **podía** nadar, respirar aire puro, observar los animales y disfrutar tranquilamente de la naturaleza. Etc.*

Recuerda: Para hacer tu descripción debes emplear el imperfecto. Consulta la Lección 1.

Reto (challenge): Trata de hacer tu descripción en forma de poema. Usa muchas palabras de **¡Así lo decimos!**

¡Así lo hacemos! ESTRUCTURAS

1. Uses of ser, estar, and haber

El agua es la vida.

Use ser:

- with a noun or pronoun that identifies the subject.

Juan **es** una persona feliz.	*John is a happy person.*
Nosotros no **somos** atletas.	*We are not athletes.*

- with adjectives or nouns that identify the nationality, religious and political affiliations, or occupation of the subject.

Somos americanos.	*We are Americans.*
Los expertos **eran** científicos.	*The experts were scientists.*
Mi novia **es** hindú.	*My girlfriend is a Hindu.*

- with adjectives to express characteristics of the subject such as size, color, and shape.

La selva amazónica **es** inmensa.	*The Amazon jungle is immense.*
El petróleo **es** negro.	*Oil is black.*
El mundo **es** redondo.	*The world is round.*

- with the preposition **de** to indicate origin or possession, and to tell what material something is made of.

Héctor **es de** Guatemala.	*Héctor is from Guatemala.*
Las bolsas de plástico **son de** Luisa.	*The plastic bags are Luisa's.*
El tanque **es de** acero.	*The tank is made of steel.*

- to indicate where and when events take place.

La conferencia **fue en** el auditorio.	*The conference was in the auditorium.*
Las entrevistas **son** a las ocho.	*The interviews are at eight.*

- to express dates, days of the week, months, and seasons of the year.

Era jueves, 13 octubre de 2004.	*It was Thursday, October 13, 2004.*
Es invierno y hace mucho frío.	*It's winter and it's very cold.*

- to express time.

Son las cinco de la tarde.	*It's five o'clock in the afternoon.*
Era la una de la mañana.	*It was one in the morning.*

- with the preposition **para** to tell for whom or for what something is intended.

¿**Para** quién es el tanque de oxígeno?	*For whom is the oxygen tank?*
Es para el señor Ramírez.	*It's for Mr. Ramírez.*

- in impersonal expressions.

Es alarmante que en México haya tanta contaminación.	*It is alarming that there is so much pollution in Mexico.*

- with a past participle to express the passive voice. (Notice that in the passive voice, the subject is acted upon by a person or persons introduced by **por**, and that the past participle agrees in gender and number with the subject.)

Las playas **fueron contaminadas por** la gente.	*The beaches were contaminated by the people.*

Use estar:

- to indicate the location of objects and persons.

El agujero de la capa de ozono **está** sobre el Polo Sur.	*The hole in the ozone layer is over the South Pole.*

- with progressive (**-ndo** form) constructions.

La fábrica petroquímica **estaba reciclando** sus desechos.	*The petrochemical factory was recycling its waste.*

- with adjectives to express a physical or mental/emotional state or condition of the subject.

El paciente **estaba** deprimido cuando llegué.	*The patient was depressed when I arrived.*
El agua del mar **está** fría para ser agosto.	*The ocean water is cold for August.*

- with a past participle to describe the resultant condition of a previous action.

  La playa **está contaminada**.   *The beach is contaminated.*

- to express change from the norm, whether perceived or real.

  Estás muy flaca. ¿Comes bien?   *You're (you look) thin. Are you eating well?*

  El director del programa **está** muy simpático hoy.   *The program director is (being/acting) very nice today.*

- Some adjectives have different meanings when used with **ser** or **estar**.

with *ser*	adjective	with *estar*
to be boring	**aburrido/a**	to be bored
to be good, kind	**bueno/a**	to be good (tasting), in good condition
to be funny	**divertido/a**	to be amused
to be clever	**listo/a**	to be ready
to be bad, evil	**malo/a**	to be sick, ill
to be handsome	**guapo/a**	to look handsome
to be pretty	**bonito/a**	to look pretty
to be ugly	**feo/a**	to look ugly
to be smart, lively	**vivo/a**	to be alive

Use haber:

- as the auxiliary verb in the perfect tenses.

  Nunca **he cortado** un árbol.   *I have never cut down a tree.*
  Habían recogido la basura en su calle.   *They had picked up the trash in their street.*

- in the special third person singular form, **hay** (**había/habrá**, etc.), to signal the existence of one or more nouns (there is/was/are/were/will be, etc.).

  Hay bosques pluviales en el Ecuador.   *There are rain forests in Ecuador.*

  Había aire puro en esa montaña.   *There was pure air on that mountain.*

  Habrá aun más problemas ecológicos para nuestros nietos.   *There will be even more ecological problems for our grandchildren.*

- in the expression **hay** (**había/habrá**) **que** + infinitive to convey to be necessary to… or one (we) must…

  Hay que conservar electricidad.   *We must conserve electricity.*
  En el futuro **habrá que** iniciar un programa de reciclaje.   *In the future it will be necessary to begin a recycling program.*

Aplicación

2-9 Cuestiones del medio ambiente. Combina las frases de una manera lógica para crear oraciones relacionadas con el medio ambiente.

MODELO: El gobierno está…*preparando una campaña antitabaco.*
             La campaña antitabaco está…*dirigida a los jóvenes.*

1. ___ En las Galápagos, unos voluntarios están …

2. ___ Los animales en peligro de extinción están…

3. ___ Muchos ríos están sucios porque son…

4. ___ Desafortunadamente, muchas hectáreas de bosques fueron…

5. ___ Después de un incendio, es una lástima ver que los bosques están…

6. ___ Para proteger el medio ambiente, todos estamos…

7. ___ Afortunadamente, muchas plantas eléctricas mejoran la condición de los ríos porque están…

a. destruidas por incendios.

b. purificando el agua que usan para generar la electricidad.

c. reciclando materiales ahora más que en el pasado.

d. contaminados por desechos industriales.

e. rescatando los animales que quedaron atrapados en el derrame de petróleo.

f. protegidos por la ley federal.

g. quemados.

2-10 ProIguana. Completa el anuncio con la forma correcta de **ser, estar** o **haber**.

Esta noche (1)_____ una reunión de ProIguana en el salón 28 del centro estudiantil. ProIguana (2)_____ una organización que trabaja para proteger el medio ambiente de los países centroamericanos. Los miembros (3)_____ estudiantes, profesores y otros que (4)_____ interesados en nuestra causa. La reunión va a (5)_____ a las 8:30. El centro estudiantil (6)_____ cerca del estadio y el salón 28 (7)_____ en el segundo piso. La persona que da el discurso (8)_____ la Dra. Sánchez-Blanco, que (9)_____ la directora del programa aquí en los Estados Unidos. Todos los interesados en la protección del medio ambiente (10)_____ especialmente invitados a la reunión.

2-11 La mejor energía. Lee el cuadro sobre las fuentes renovables de energía y contesta las preguntas siguientes basadas en la información que presenta.

1. Según el cuadro, ¿cuál es la mayor razón por la que no se usa más la energía renovable?

2. En tu opinión, ¿qué fuente de energía es la más factible para el futuro?

3. La energía biocombustible se produce de desperdicios vegetales, como la caña de azúcar. ¿En qué país se usa el alcohol en los automóviles? ¿Sería posible usarlo en los Estados Unidos o en el Canadá, también?

4. ¿Cuál es la energía renovable que contamina más? ¿La usas en tu casa?

5. ¿Dónde estás si hay molinos de viento para producir electricidad?

6. ¿Dónde estás si hay una presa hidroeléctrica?

Fuentes renovables de energía

Fuente	Renovación	Contamina	Importancia
el viento	continua, pero variable	–	✓✓
las olas (*waves*)	continua, pero variable	–	No se usa todavía
la hidroelectricidad	depende de la cantidad de lluvia	–	✓✓✓✓
el sol–recolectores	todos los días, cielos claros o nublados	–	✓✓
la leña (*wood*)	7 años o más	✓✓✓	✓✓✓✓✓
el musgo (*peat*)	varios siglos	✓	✓
energía mareamotriz (*tidal*)	dos veces al día	–	✓✓✓✓✓
biocombustibles (p. ej. la caña de azúcar)	varios meses	✓	✓✓ en el Brasil
gas metano (de animal)	siempre que haya	✓	✓
termal (océano)	continua	–	No se usa todavía

2-12 ¿Dónde? ¿Cómo? Piensen en un lugar y descríbanlo sin identificarlo. Expliquen dónde está, qué hay en él, por qué es famoso y/o por qué ha recibido atención últimamente. Pueden ser sus ciudades o pueblos, una ciudad hispana o de los Estados Unidos, o donde está su colegio. Hagan que su compañero/a adivine qué lugar es.

MODELO: **E1:** *Está en la Argentina. Es la capital. Es una ciudad grande y cosmopolita. Hay teatros, museos, bares y buenos restaurantes. Es famosa por los barrios étnicos, la carne, el tango y las comunidades artísticas.*
E2: *Buenos Aires*

2-13 ¿Qué hay? Imagínense que se encuentran en una playa costarricense. Elaboren una descripción de lo que hay en la playa, quiénes están y qué están haciendo. Usen los verbos **ser, estar** y **haber (hay)** en su descripción.

MODELO: *Hay muchas personas que están…*

2-14 Impresiones. ¿Qué impresión tienen cuando ven u oyen algo sobre estos problemas ecológicos por primera vez? Primero escriban sus impresiones. Luego hagan una lista de las posibles soluciones a ese problema. Usen varias de las estructuras en negrilla (*bold*).

MODELO: el aire de la Ciudad de México

Está horriblemente contaminado. Es importante reducir las emisiones de los autos. Además, hay que buscar maneras de reducir la contaminación industrial.

1. el desecho nuclear
2. el derrame de petróleo
3. la deforestación con el objeto de construir nuevas viviendas
4. el uso excesivo de gasolina de los vehículos grandes (*SUV*)

2-15 Una crisis ecológica. A continuación tienen algunas situaciones que pueden causar desastres ecológicos. Elijan una y explíquenla. Usen los verbos **ser**, **estar** o **haber** para comunicar la seriedad del problema.

MODELO: el uso excesivo de fertilizantes

El uso excesivo de fertilizantes es peligroso porque puede dañar los animales y también a las personas que habitan la región. Hay una campaña para controlar la cantidad y tipo de fertilizantes que se emplean.

- el uso excesivo de pesticidas
- las plantas nucleares
- la bioingeniería
- la construcción de tuberías para llevar petróleo por el Canadá

2. The future tense

- The Spanish future tense, like the English *will* + *verb* structure, expresses what will happen in the future.

- The Spanish future tense is formed with the present tense endings of the verb **haber**. The silent **h** is dropped. There is only one set of endings for the -**ar**, -**er**, and -**ir** verbs. Note that all endings, except for the **nosotros** form, have a written accent mark.

	tomar	**comer**	**vivir**
yo	tomar**é**	comer**é**	vivir**é**
tú	tomar**ás**	comer**ás**	vivir**ás**
Ud., él, ella	tomar**á**	comer**á**	vivir**á**
nosotros/as	tomar**emos**	comer**emos**	vivir**emos**
vosotros/as	tomar**éis**	comer**éis**	vivir**éis**
Uds., ellos, ellas	tomar**án**	comer**án**	vivir**án**

| Mañana **hablaremos** con el científico. | *Tomorrow we will talk with the scientist.* |
| **¿Asistirás** a la conferencia conmigo? | *Will you come to the lecture with me?* |

- The Spanish future tense never expresses the idea of willingness, as does the English future.

| ¿Quieres ayudarme/Me ayudas a dejar de fumar? | *Will you help me stop smoking?* |

- There are several Spanish verbs that have irregular stems in the future. The irregular stems can be grouped into three categories:

1. The future stem is different from the stem of the regular verb.

| decir | dir- | diré, dirás, dirá... |
| hacer | har- | haré, harás, hará... |

2. The **e** of the infinitive is dropped to form the stem of the future.

haber	habr-	habré, habrás, habrá...
poder	podr-	podré, podrás, podrá...
querer	querr-	querré, querrás, querrá...
saber	sabr-	sabré, sabrás, sabrá...

3. The **e** or the **i** of the infinitive is replaced by **d** to form the stem of the future.

poner	pondr-	pondré, pondrás, pondrá...
salir	saldr-	saldré, saldrás, saldrá...
tener	tendr-	tendré, tendrás, tendrá...
venir	vendr-	vendré, vendrás, vendrá...

A que ya sabías

The future to express probability or conjecture

The future tense can often express probability or conjecture in the present in Spanish.

—**¿Estará** contaminado el aire?
Could the air be contaminated?

—Sí, **será** por el plomo de la gasolina.
Yes, it's probably because of the lead in the gasoline.

¿Habrá vida en Marte?

Aplicación

2-16 La población envejece. Lee el artículo sobre unas predicciones demográficas para España y subraya todos los verbos en el futuro. Después escribe el infinitivo de cada verbo.

Según las predicciones demográficas, en el año 2010, España contará con una población de ancianos (+65 años) de más de seis millones, lo cual representa el 15% de la población. La sociedad española tendrá que solucionar este gran problema de forma inmediata. Es intolerable que cada tres días muera una persona en soledad en su domicilio. Y esto es lo que pasará si no hay suficiente apoyo (*support*) de la comunidad. Una correcta planificación y el uso de tecnología permitirá preparar una sociedad mejor para las personas mayores. Todos los miembros de la sociedad podrán cooperar en programas comunitarios para dar mayor calidad de vida a los ancianos. Habrá que implementar en España sistemas de asistencia médica, económica y social en el futuro inmediato.

2-17 Cuestiones demográficas de España. Ahora, contesta las preguntas basadas en el artículo de la actividad 2-16.

1. ¿Cuántos ancianos vivirán en España para el año 2010?
2. ¿Por qué será esto un problema?
3. ¿Qué recursos se usarán para manejar la población de ancianos?
4. ¿Qué habrá que implementar en España?

2-18 Una campaña ecológica. Completa el párrafo con la forma correcta en el futuro de uno los siguientes verbos.

estar	poder	querer	ser	trabajar	vivir

Compañeros, ¿(1) _____ (nosotros) preparados para el año 2010? ¿(2) _____ posible prevenir un desastre nuclear? ¿(3) _____ (nosotros) vivir sin todas las comodidades que tenemos hoy en día? ¿(4) _____ (nosotros) encontrar la solución a la contaminación? ¿(5) _____ (ustedes) conmigo para asegurar un futuro seguro para nuestros hijos y nietos? Si todos cooperamos en esta campaña, ¡(6) _____ felices en un mundo más sano!

2-19 Metas (*goals*) para el Año Nuevo. Usa el futuro para escribir una lista de tus metas para el próximo año.

MODELO: *Me graduaré e iré a la universidad.*

2-20 Predicciones. Hagan un mínimo de diez predicciones para el mundo en el año 2015. Preséntenlas luego a la clase.

MODELO: *Las clases del colegio se tomarán en casa por computadora. Los estudiantes conocerán a los profesores sólo por correo electrónico. Sólo verán su imagen en la pantalla.*

2-21 ¿Quién será? En grupos, describan a una persona famosa o a un compañero/a de clase. Usen **ser** y **estar** con adjetivos. Sus compañeros de grupo deben adivinar quién es.

MODELO: **E1:** *Es un actor español muy guapo. Está casado con Melanie Griffith. ¿Quién será?*
E2: *Será Antonio Banderas.*

2-22 Profesiones para el futuro. A continuación verán algunas profesiones que se consideran importantes para el año 2025. En su grupo, decidan si están de acuerdo o no y expliquen por qué. ¿Qué otras profesiones incluirán? Presenten sus conclusiones a la clase.

Profesiones con futuro

No habrá crisis para biotecnólogos, ópticos e informáticos, pero sí la notarán los futuros médicos, abogados y periodistas.

2-23 Debate. Preparen en grupo su posición a favor o en contra de uno de estos temas para presentarla a la clase.

Temas de debate

- Seremos vegetarianos para el año 2030.
- Dejaremos de usar el automóvil dentro de los próximos veinticinco años.
- No se permitirá la producción de ningún artículo que no sea reciclable.

Frases comunicativas

En mi opinión, ...

Con todo respeto, ...

(No) estoy de acuerdo...

2-24 El canal del consumidor. ¿Les gusta ver el canal de televisión en que se vende toda clase de artículos, como anillos, aretes y otra joyería? ¿Les gusta comprar cosas que se subastan (*auction*) en la red? ¿Cuáles? ¿Qué tipo de artículos compran por la red o por teléfono? Si no lo han hecho nunca, ¿cuál es la razón?

2-25 ¿Comprarás? El canal del consumidor ofrece artículos para el consumo doméstico y también servicios para los consumidores. ¿Comprarás algo? Escucha los anuncios e indica si los artículos o servicios te interesan o no bajo las siguientes condiciones.

1. ¿Comprarás esa computadora si...?
   _____ es tu primera computadora y no sabes usarla
   _____ quieres sólo una computadora para que tus hijos pequeños usen sus videojuegos
   _____ trabajas en casa y envías tu correspondencia y documentos por correo electrónico
   _____ te gusta conocer el mundo a través de la red informática
   _____ tienes una colección de discos digitales

2. ¿Vivirás en este lugar si...?
   _____ te gusta la soledad
   _____ tienes problemas en las rodillas
   _____ te gusta ir al teatro y a los buenos restaurantes
   _____ te fascinan las vacas y otros animales
   _____ te gusta caminar a tu trabajo que se encuentra en el centro de la ciudad

3. ¿Te inscribirías en esta universidad si...?
   _____ te gusta el contacto personal con tus profesores
   _____ vives muy lejos de la universidad
   _____ no te gusta la tecnología
   _____ te pones nervioso/a cuando tienes que hablar en público
   _____ no tienes mucho dinero en efectivo

2-26 ¿Y ustedes? Vuelvan a escuchar los tres anuncios y expliquen con detalle por qué les interesa o no el artículo o servicio.

COMPARACIONES

2-27 En tu experiencia. Indica con qué frecuencia haces las siguientes actividades.

5: siempre   4: muchas veces   3: de vez en cuando   2: raramente   1: nunca

1. reciclar papel, plástico, cristal y aluminio _____
2. ir caminando o en transporte público en vez de usar el auto _____
3. apagar las luces al salir de un cuarto _____
4. comprar artículos empaquetados en cartón en vez de plástico _____
5. ducharse por menos de diez minutos _____
6. cerrar bien la llave (*tap*) para no desperdiciar agua _____

                                                        Total _____

2-28 Ecología costarricense. Ahora lee sobre el movimiento ecológico en Costa Rica. ¿Dónde hay un mayor interés por la protección del medio ambiente, en tu localidad o en Costa Rica?

El movimiento ecológico costarricense

En Latinoamérica, hasta los años ochenta, no había gran preocupación por la contaminación del aire, los ríos, los lagos y los océanos. La tala (*felling*) de las selvas tropicales abría paso a la civilización. Sin embargo, esa tala fue indiscriminada. Cientos de especies de plantas, animales, pájaros e insectos desaparecieron en el proceso. Estas especies contribuían al equilibrio ecológico de las selvas.

Costa Rica es el país que más se esforzó en cambiar esta situación. El Ministerio de Recursos Naturales de Costa Rica comenzó un plan de repoblación forestal. En 1988 este Ministerio auspició (*sponsored*) por primera vez la limpieza de basura de cuatro playas del Atlántico y del Pacífico de Costa Rica. En esa ocasión

más de 2.000 voluntarios recogieron la basura de estas playas. La mayoría de ellos eran estudiantes.

Tiempo después se formó una comisión nacional de limpieza. Ahora todos los años se incluye la limpieza de los parques de las ciudades, además de las playas. En Costa Rica se enseña a la juventud a apreciar la naturaleza. Allí existen numerosos proyectos para la conservación de las especies y el mejoramiento del medio ambiente. Algunos de estos proyectos incluyen el establecimiento de centros ecológicos, la protección de las selvas, la siembra (*planting*) de árboles y el reciclaje de papel, aluminio, plástico, cartón (*cardboard*) y cristal (*glass*).

2-29 En su opinión. De los siguientes problemas ecológicos, decidan cuáles son los más graves para Uds. y expliquen por qué. ¿Pueden ofrecer alguna solución a esos problemas?

- el efecto invernadero
- los desechos nucleares
- la desaparición de las especies
- los derrames de petróleo
- ¿algún otro?

- la sobreexplotación de recursos naturales
- el uso excesivo de antibióticos
- los animales con deformaciones genéticas
- el agujero en la capa de ozono

2-30 A explorar: El arte y el progreso. Visita el sitio de *Conexiones* en la red *www.PHSchool.com* e inserta el Web Code jpd-0002 para investigar cómo algunos artistas hispanos expresan su preocupación por los efectos del progreso en la naturaleza.

¡Así es la vida!

EL CENTINELA

Futurólogos anuncian nuevas predicciones para mediados de siglo
La vida en 2050

Los futurólogos no adivinan el futuro ni tienen habilidades sobrenaturales. Por el contrario, son científícos y sociólogos que analizan el estado de la ciencia y la sociedad actual y su evolución a través del tiempo. Crean sus predicciones con esa base información.

Según estos profetas de la ciencia, un día normal del año 2050 comenzará con un saludable desayuno. Éste incluirá huevos y carnes que son el resultado de la manipulación de moléculas.

La realidad virtual nos permitirá visitar cualquier lugar en segundos o visitar a un amigo al otro lado del mundo. Los avances en la cibernética nos permitirán vivir experiencias auténticas mucho más emocionantes que las reales, pero sin riesgo (*risk*).

Los ciudadanos podrán votar desde su casa por computadora o con el control a distancia de su televisor. Se establecerá una especie de "teledemocracia". Éste será un mecanismo donde muchos asuntos políticos se decidirán por cable o fibra óptica.

El futurólogo alemán Gerd Gerken anuncia también muchos cambios sociales. Según Gerken, el matrimonio desaparecerá porque será reemplazado por parejas cambiantes. Ya no existirá eso de "hasta que la muerte nos separe". Se podrá cambiar de pareja cuando cambie la personalidad.

La prensa escrita desaparecerá casi por completo. Todo material impreso será reemplazado por pequeños aparatos digitales.

Las cadenas televisivas, también desaparecerán. La programación televisiva será totalmente personalizada o "a la carta". Así la TV se podrá adaptar a las preferencias y a los gustos de cada televidente.

En cuanto al mundo del trabajo, Gerken afirma que el día laboral será de sólo 20 horas a la semana. Más y más personas trabajarán desde su casa gracias a la computadora (que será mucho más sofisticada).

Con respecto a la salud, los futurólogos ven el año 2050 con optimismo. Para mediados de este siglo, habrá anillos que controlarán la salud. También pronostican mejoras para muchos males que afectan el cerebro gracias al implante de chips electrónicos.

El control de la división del ADN podría también evitar muchas enfermedades contraídas en el período fetal. Los "diseñadores de bebés" podrían reproducir los rasgos físicos de Brad Pitt, el talento de Barbra Streisand para el canto o la habilidad de Picasso para la pintura.

¡Así lo decimos! VOCABULARIO

Vocabulario primordial

Campos (y profesiones) importantes en el futuro

la astrofísica
(el/la astrofísico/a)
la bioquímica
(el/la bioquímico/a)
la cibernética
la genética
(el/la genetista)

la ingeniería
nuclear/genética
(el/la ingeniero/a...)
la microbiología
(el/la microbiólogo/a)
la programación
(el/la programador/a)

Vocabulario clave

Verbos

apagar	*to turn off*
encender (ie)	*to turn on*
predecir (i)	*to predict*

Sustantivos

el ADN	*DNA*
el aparato	*device*
la jornada laboral	*workday*
la onda	*(radio) wave*
a mediados	*halfway through*
el ocio	*leisure time*
la predicción	*prediction*

Adjetivos

beneficioso/a	*beneficial*
grave	*serious*

Ampliación

Verbos	Sustantivos	Adjetivos
agravar	la gravedad	grave
avanzar	el avance	avanzado/a
construir (y)	la construcción	construido/a
desaparecer	la desaparición	desaparecido/a
fabricar	la fabricación	fabricado/a
predecir (i)	la predicción	predicho/a
prever	la previsión	previsto/a

¡Cuidado! Calidad / cualidad

Calidad and **cualidad** are both cognates of the English word *quality,* but have different meanings.

- **calidad** *quality,* as in a measure of worth

Todo depende de la **calidad** de los materiales.

Everything depends on the quality of the materials.

- **cualidad** *quality,* as in characteristic of a person or thing.

Su dedicación es la **cualidad** que más admiro en él.

His dedication is the quality I most admire in him.

Aplicación

2-31 Información clave. Vuelve a leer rápidamente el artículo «La vida en 2050» y subraya todos los cognados que encuentres. Usa esos cognados para escribir cuatro predicciones relacionadas con la carrera (*major*) que te interese.

2-32 Nuevas predicciones. Combina lógicamente elementos de las dos columnas para formar oraciones completas basadas en la lectura.

1. _____ Los futurólogos…
2. _____ El afirmar que en el futuro la semana laboral será más corta que ahora…
3. _____ Se dice que estas predicciones…
4. _____ Las relaciones entre la gente…
5. _____ Los quehaceres de la casa…
6. _____ Los que quieren un bebé perfecto…

a. es una predicción.
b. serán más fáciles por los aparatos electrónicos.
c. predicen el futuro de una manera científica.
d. serán más informales.
e. se materializarán en menos de 45 años.
f. podrán diseñarlo.

2-33 En familia. Completa las siguientes oraciones usando una variación de cada palabra en itálica. Si necesitas ayuda, consulta la sección llamada **Ampliación**.

MODELO: El gobierno *ha agravado* la crisis del medio ambiente porque ha permitido más excavaciones de petróleo. Ignora **la gravedad** de la contaminación de los mares.

1. Muchas de las partes de los automóviles norteamericanos son _____ en México. Se *fabrican* en las maquiladoras.

2. Los estadistas *predicen* que para el año 2005, los hispanos serán el mayor grupo minoritario de los Estados Unidos. Vamos a ver si la _____ es cierta.

3. En Guatemala, Chile y Argentina todavía se habla de los *desaparecidos*. Éstos _____ durante las guerras sucias de sus países.

4. *Hemos avanzado* mucho en el tratamiento del cáncer y otras enfermedades graves. Estos _____ se deben a la rigurosa investigación científica.

5. Se *preve* que algún día los robots serán importantes miembros de la familia. Esta _____ no me sorprende nada.

2-34 ¿Es calidad o cualidad? Completa cada oración con la forma correcta de *calidad* o *cualidad*. Si necesitas ayuda, refiérete a la sección llamada **Cuidado** en la página 67.

MODELO: La buena educación depende de la *calidad* de los profesores.

1. La _____ de los autos hechos en Alemania consiste en su durabilidad.
2. La simpatía es una de las _____ de mi madre.
3. La generosidad es una de las _____ más apreciadas.
4. Hay muchos productos chilenos de alta _____.
5. Los materiales de los reactores nucleares tienen que ser de buena _____.
6. Es evidente que la honestidad no es una _____ de todos los políticos.

2-35 No viviríamos sin... De las condiciones o situaciones de la lista siguiente, elijan dos o tres que consideren más importantes para Uds. y para la sociedad en general y expliquen por qué.

MODELO: *Para mí, ...es sumamente importante porque... Para la sociedad, es importante porque...*

- una semana laboral de sólo veinte horas
- un programa de ocio organizado en mi trabajo
- un trabajo que se pueda hacer en casa
- un matrimonio estable
- pasar tiempo libre con los amigos
- el éxito en mi trabajo
- los avances de la ingeniería genética
- el acceso a la información de la red informática
- la protección contra la radioactividad

2-36 Las conclusiones del futurólogo. Den su opinión sobre las siguientes predicciones del señor Gerken. ¿Cuál de estas cinco predicciones les parece más probable? ¿Cuál es la más ridícula? ¿Por qué?

Predicción	Factible	Ridícula
1. La bioingeniería será importante en la producción de alimentos.		
2. Se podrán hacer quehaceres de la casa a distancia por computadora.		
3. Visitaremos virtualmente a nuestros amigos y familiares.		
4. El matrimonio ya no existirá.		
5. Por los avances médicos, la gente llegará a vivir más de cien años.		

2-37 Abandonados en una nave espacial. Su grupo fue abandonado en el espacio y tiene que aterrizar en el planeta Marte. Elijan los siete artículos que consideren más importantes para poder sobrevivir o para volver a la Tierra. Decidan su orden de importancia. Expliquen a la clase cuál fue su elección y por qué tiene ese orden de importancia.

___ una computadora

___ algunos discos compactos

___ una caja de fósforos (*matches*)

___ un radio

___ algunas células de plantas de frijoles

___ un televisor

___ un satélite

___ agua para un año para dos personas

___ un metro cúbico de tierra

___ un aparato para purificar el aire

___ un tanque de oxígeno

___ algunos programas de realidad virtual

¡A repasar!

El pretérito y el imperfecto
Llegaron los humanos

Imagina que eres un pez, un pájaro o cualquier otro animal y que un día llegaron los seres humanos a la región donde vivías feliz en tu hábitat perfecto junto con otros animales y plantas. Utilizando el pretérito y el imperfecto, narra cómo llegaron, qué hicieron, con qué experimentaron o qué construyeron, cómo afectó su hábitat y qué tuvieron que hacer para sobrevivir.

MODELO: *Nosotros, los peces,* **vivíamos** *en un lago transparente y limpio donde* **había** *mucha comida. Un día* **nos descubrió** *una persona. Otra gente* **vino** *a pescar y* **tiró** *basura en el lago. El agua* **cambió** *de color y las plantas* **se contaminaron.** *Así nosotros, los peces,* **nos enfermamos.** *Muchos* **murieron**… *Etc.*

Recuerda: Para escribir tu historia necesitas consultar la sección que explica los usos del pretérito y el imperfecto en la Lección 1.

Reto: Sé lo más original posible. Usa muchas palabras de **¡Así lo decimos!** de la Primera y de la Segunda parte.

¡Así lo hacemos! ESTRUCTURAS

3. The Spanish subjunctive in noun clauses

A clause is a string of words containing a subject and a conjugated verb. A main (or independent) clause stands alone and expresses a complete idea. A subordinate (or dependent) clause cannot stand alone and depends on the main clause to complete its message. Sentences with a main clause and a subordinate clause are called complex sentences, with the subordinate clause functioning as a noun, adjective, or adverb. The subjunctive mood often occurs in subordinate clauses.

- A noun clause is used as the direct object or subject of the verb, or as the object of a preposition.

  Necesito **la computadora**. (direct object = noun)

  Necesito **la computadora nueva**. (direct object = noun phrase)

  Necesito **que Ud. me dé su computadora**. (direct object = noun clause)

main clause...	+ **que**...	+ dependent noun clause
(subject + verb)		(different subject + verb in subjunctive)

- The subjunctive is not automatically used in subordinate noun clauses. The present subjunctive, like the present indicative, expresses actions or states in the present or near future. Unlike the indicative, which expresses real/factual actions or states, the subjunctive describes hypothetical situations, that is, actions or states that may or may not be real/factual, or that are "conditioned" by the emotive perception or attitude of the speaker or subject.

  Compare the following complex sentences with noun clauses:

  Indicative
  Sabemos que **limpian** la playa hoy.
  Dicen que el aparato **está** dañado.
  Es verdad que el combustible **es** perjudicial.

  Subjunctive
  Recomendamos que **limpien** la playa hoy.
  Temen que el aparato **esté** dañado.
  Es posible que el combustible **sea** muy caro en América Latina.

- The sentences that use the indicative in the noun clause present the ideas as fact: *we know, they say, it's true*. The subjunctive is required in the contrasting sentences due to the ideas established in the main clauses: *we recommend* (but it may not happen), *they fear* (emotive conditioning of situation, no certainty expressed), and *it's possible* (not certain).

The present subjunctive of regular verbs

- The present subjunctive is based on the first-person singular form of the present indicative: drop the **-o** and add the appropriate subjunctive endings.

- Note that **-ar** verbs have an **e** with the present subjunctive endings, while **-er** and **-ir** verbs have an **a**. Some people find it helpful to think in terms of "opposite vowel," with **a** being the opposite of **e** and **i**.

hablar	habl	→	habl	+ e	hable
comer	com	→	com	+ a	coma
vivir	viv	→	viv	+ a	viva

The chart shows the present subjunctive forms of regular verbs. Note that the endings of **-er** and **-ir** verbs are identical.

	hablar	**comer**	**vivir**	**pensar**	**decir**
yo	hable	coma	viva	piense	diga
tú	hables	comas	vivas	pienses	digas
Ud., el, ella	hable	coma	viva	piense	diga
nosotros/as	hablemos	comamos	vivamos	pensemos	digamos
vosotros/as	habléis	comáis	viváis	penséis	digáis
Uds., ellos, ellas	hablen	coman	vivan	piensen	digan

- With verbs that are irregular in the **yo** form of the present indicative (except verbs whose first person indicative ends in **-oy**), use the irregular **yo** form to form the subjunctive.

tener :	tengo	→	tenga, tengas, tenga, tengamos, tengáis, tengan
ver :	veo	→	vea, veas, vea, veamos, veáis, vean

- Note that **-ar** and **-er** stem-changing verbs, just as in the indicative, change in all forms except **nosotros/as** and **vosotros/as**.

pensar	→	piense, pienses, piense, pensemos, penséis, piensen
querer	→	quiera, quieras, quiera, queramos, queráis, quieran

- For **-ir** stem-changing verbs, the unstressed **e** changes to **i**, and the unstressed **o** changes to **u** in the **nosotros/as** and **vosotros/as** subjunctive forms.

sentir	→	sienta, sientas, sienta, sintamos, sintáis, sientan
dormir	→	duerma, duermas, duerma, durmamos, durmáis, duerman

- Verbs whose infinitives end in **-car**, **-gar**, and **-zar** have spelling changes in the present subjunctive.

-car:	c→**qu**	buscar	→	busque, busques, busque, busquemos, etc.
-gar:	g→**gu**	llegar	→	llegue, llegues, etc.
-zar:	z→**c**	empezar	→	empiece, empieces, etc.

A que ya sabías

Verbs with irregular present subjunctive forms

● Six verbs have irregular present subjunctive forms:

	dar	estar	haber	ir	saber	ser
yo	dé	esté	haya	vaya	sepa	sea
tú	des	estés	hayas	vayas	sepas	seas
Ud., él, ella	dé	esté	haya	vaya	sepa	sea
nosotros/as	demos	estemos	hayamos	vayamos	sepamos	seamos
vosotras/as	deis	estéis	hayáis	vayáis	sepáis	seáis
Uds., ellos, ellas	den	estén	hayan	vayan	sepan	sean

Subjunctive vs. indicative in noun clauses

The subjunctive is used in noun clauses when the main clause expresses wishes, preferences and recommendations, emotions or feelings, and doubt or denial.

Insisto en que **destruyas** la evidencia.	*I insist that you destroy the evidence.*
Nos alegramos de que **puedas** ver el satélite.	*We are glad that you are able to see the satellite.*
Es bueno que **investiguen** las emisiones de esa fábrica.	*It's good that they're investigating the emissions from that factory.*
El ingeniero **niega** que la especie **desaparezca**.	*The engineer denies that the species will disappear.*

A que ya sabías

The following expressions in a main clause can trigger the subjunctive in a subordinate noun clause. Can you think of others?

Wishes

desear	esperar	mandar	ojalá	permitir
preferir	prohibir	querer	recomendar	vale la pena

Emotion

alegrarse	sentir	temer	tener miedo

Doubt and denial

dudar	negar	no creer	no estar seguro

Impersonal expressions

es bueno	es malo
es fácil	es difícil
es increíble	es interesante
es mejor	es peor
es posible	es imposible
es probable	es dudoso
es crucial	es preciso

- The subject of a subordinate noun clause must be different from the subject of the main clause except after expressions of doubt or denial. If there is only one subject, use an infinitive rather than a subordinate clause.

El político quiere que destruyamos la evidencia.	*The politician wants us to destroy the evidence.*
El político quiere destruir la evidencia.	*The politician wants to destroy the evidence.*

- When there is no doubt about an action or event, use the indicative in the noun clause to convey certainty or conviction. Expressions of certainty or conviction in the main clause may be **estar seguro, creer, pensar, ser evidente**, etc.

Estoy seguro de que la planta **purifica** el agua.	*I am sure that the plant purifies the water.*
Creo que el río **está** contaminado.	*I believe that the river is contaminated.*
Es evidente que la limpieza **ha ayudado** bastante.	*It's evident that the clean-up has helped quite a lot.*

- Note that when an expression of certainty or conviction is negated in the main clause, the subjunctive is used in the subordinate clause. Conversely, a speaker may negate an expression of doubt or denial in the main clause to convey certainty or conviction, and so use the indicative in the subordinate clause.

No creo que **haya** menos contaminación hoy que ayer.	*I don't think there is less contamination today than yesterday.*
No niego que **hay** contaminación del aire aquí, pero no me gusta el aire acondicionado.	*I don't deny that there is air pollution here, but I don't like air conditioning.*

- However, the speaker can reveal underlying feelings, suspicions, opinions, etc. by using the subjunctive or indicative when the opposite may be expected.

Como ecologista **no niego** que las compañías petroleras **hagan** todo lo posible para proteger la vida marítima.	*As an ecologist, I don't deny that the oil companies may do all that is possible to protect marine life.*

Aplicación

2-38 Pazverde. Pazverde es una organización ambientalista independiente sin fines comerciales o políticos. Promueve campañas en todo el mundo para preservar el medio ambiente. Lee el artículo sobre una de estas campañas y subraya los verbos en el subjuntivo.

Los manglares (*mangroves*) de nuestro país son un ecosistema único que contiene una gran biodiversidad. Es necesario que el público se dé cuenta de su importancia, pues proporcionan áreas de crianza (*rearing of young*), reproducción y alimentación a especies acuáticas de gran valor comercial. Por otra parte, es crucial que los manglares se conserven, ya que su existencia ayuda al mantenimiento de la biodiversidad de otros ecosistemas como, por ejemplo, el del coral. Así mismo contribuyen a la regulación del clima local y global, producen oxígeno y regulan el dióxido de carbono atmosférico. Es crucial además que los manglares continúen existiendo como medio de protección ante inundaciones, huracanes y la erosión de las costas. Por todas estas razones, Pazverde insiste en que todos participemos en la preservación de los manglares de nuestro país.

2-39 Equilibrio ecológico. Haz una lista de cinco razones para mantener los manglares. ¿Cuál de estos problemas afecta la economía o la calidad de vida de tu región? Si ninguno de ellos afecta tu área, menciona otros problemas que hay en tu pueblo o ciudad.

2-40 A explorar: Los manglares. Hay muchas organizaciones protectoras de los manglares. Visita el sitio de *Conexiones* en la red *www.PHSchool.com* e inserta el Web Code jpd-0002 para ver fotos y aprender más sobre sus actividades. Anota el nombre de una de estas organizaciones, en qué país está y qué hace para proteger los manglares.

2-41 Protejamos los manglares. A continuación vas a escuchar un noticiero de Pazverde sobre la situación de los manglares en un país latinoamericano. Completa las frases con la opción más lógica en cada caso.

1. La información procede de...

    a. Egipto   b. la Guinea Ecuatorial   c. el Ecuador

2. Uno de sus productos importantes es...

    a. el marisco   b. la carne   c. el arroz

3. El porcentaje de manglares que resultó destruido por esa industria es...

    a. 35%   b. 53%   c. 75%

4. El síndrome Taura es una enfermedad causada por...

    a. una bacteria   b. un virus   c. pesticidas

5. Para aliviar el problema la industria ha...

    a. cambiado de lugar   b. dejado de usar pesticidas   c. instalado filtros nuevos

6. Pazverde ha respondido...

    a. a favor de la campaña   b. pidiendo más concesiones   c. totalmente en contra

2-42 Deseos. Combina los elementos en las dos columnas para completar las oraciones. En algunos casos, puedes formar más de una oración con las mismas frases.

1. _____ Quiero

2. _____ Los profesores insisten en

3. _____ Los ingenieros esperan

4. _____ Ojalá   **que**

5. _____ Recomendamos

6. _____ Mi familia prefiere

a. la ciencia busque el antídoto para esa enfermedad.

b. los oficiales den permiso para construir un lago artificial.

c. yo estudie en la universidad local.

d. el gobierno proteja los manglares.

e. veamos las consecuencias de este programa.

f. se conozca la situación ecológica.

g. se estudie el hábitat de los pájaros.

 2-43 Desafío. Di a tu compañero/a un sujeto y un verbo de la lista siguiente. Él/Ella debe combinar ese sujeto con el verbo en subjuntivo. Las oraciones pueden ser afirmativas o negativas, lógicas o absurdas.

MODELO: **E1:** *tú / no comer en el cuarto*
          E2: *Quiero que tú no comas en el cuarto.*

yo	buscar
nosotros	conocer
el gobierno	construir
mi familia	empezar
los ingenieros	fabricar
los industriales	hacer
tú	traer

2-44 El futuro cibernético. Completa el párrafo con la forma correcta del subjuntivo del verbo apropiado para cada oración.

aprender	ir	pensar
comprar	mandar	tener

Es necesario que nosotros (1) _____ en cómo vamos a trabajar y vivir dentro de los límites del ciberespacio. Primero, es urgente que todos (2) _____ una computadora, un módem y una impresora. Segundo, es lógico que (3) _____ una impresora rápida y de color. Tercero, vale la pena que (4) _____ a usar un procesador de palabras y a usar el correo electrónico. Para el próximo siglo es probable que no (5) _____ a trabajar a una oficina, sino que (6) _____ el trabajo desde la casa por vías electrónicas.

2-45 Las predicciones del futurólogo Gerd Gerken. Transformen las siguientes predicciones en hechos menos probables y coméntenlos. Utilicen algunas de estas expresiones para indicar menos certidumbre.

MODELO: *Según el Sr. Gerken, el matrimonio no existirá como institución para el año 2015. Sin embargo, yo no creo que el matrimonio deje de existir porque...*

No creo que...	Prefiero que...
Quiero que...	Deseo que...
Dudo que...	Niego que...
Espero que...	Insisto en que...
Temo que...	

1. Votaremos desde la casa por medio de las computadoras.
2. No leeremos libros ni revistas.
3. Todos tendremos computadoras multimedia.
4. Pagaremos por todos los programas de televisión.
5. No habrá estabilidad matrimonial.
6. La gente le prestará más atención al trabajo que a la familia.
7. Trabajaremos un promedio de treinta horas semanales.
8. Viajaremos por el ciberespacio.

2-46 ¿Qué quieren? A veces no queremos las mismas cosas que, por ejemplo, nuestros padres o nuestros amigos. Comenten qué quieren Uds. y qué quieren sus padres y sus amigos. Usen el subjuntivo.

MODELO: *Quiero viajar y conocer el mundo. Mis padres quieren que (yo) tenga éxito en los estudios, que me gradúe a tiempo y que siga estudios universitarios. Mis compañeros quieren que yo salga con ellos todos los días y que lo pasemos bien.*

2-47 Creo, no creo... Hagan cada uno una lista de seis o más predicciones y opiniones que tengan para la próxima década y luego comparen sus listas. ¿Tienen algunas predicciones en común? ¿En cuáles difieren de opinión? Usen frases de la lista u otras para presentar sus opiniones.

MODELO: *Creo firmemente que algún día viviremos en la luna, pero no pienso que mis hijos quieran vivir allí.*

alegrarse	desear	(no) estar seguro/a	opinar
considerar	(no) dudar	gustar	preferir
(no) creer / pensar	esperar	negar	sugerir

2-48 Una carta al editor. Escribe una carta al editor en la que expreses tu opinión sobre uno de los siguientes titulares. Usa el indicativo y el subjuntivo con cuidado al expresar tu opinión.

«Inmenso derrame de petróleo (*oil spill*) en la costa española del mar Cantábrico»

«Científicos clonan el primer bebé»

«El gobierno local permitirá la construcción de viviendas (*houses*) en una zona histórica»

«El ecoturismo es cada vez más popular entre los jóvenes»

2-49 Una campaña. Imagina que vas a participar en una campaña o marcha por una causa específica. Tu objetivo es informar al público de la razón de tu campaña y obtener su apoyo (*support*). Crea un lema (*motto*) apropiado para la campaña.

2-50 La deforestación de la selva. ¿Cómo interpretan este gráfico? ¿Qué solución sugieren a este problema? Preparen un argumento con sus opiniones, dudas y deseos. Preséntenlo a la clase.

La deforestación —arriba— influye en el cambio climático al alterar ciclos vitales del ecosistema. A la izquierda, los efectos simulados de la tala tropical: la selva —gráfico izquierdo— acaba convertida en pasto —derecha.

Conexiones

2-51 Selva y ciudad. En las grandes ciudades del mundo la población crece cada día más rápidamente. Este fenómeno ocurre especialmente en los países en vías de desarrollo *(developing nations)*. Usen las preguntas a continuación como guía para hablar de esta cuestión.

1. ¿Cómo afecta este fenómeno al transporte?
2. ¿Y a la vivienda *(housing)*?
3. ¿Y al consumo en general?
4. ¿Prefieren vivir en un pueblo o en una ciudad? ¿Por qué?
5. En su opinión, ¿cuál es la ventaja *(advantage)* principal de vivir en la ciudad?
6. ¿Y cuál es la principal desventaja *(disadvantage)*?
7. ¿Cuáles son las ventajas y desventajas principales de vivir en un pueblo?
8. ¿Qué medio de transporte prefieren?
9. ¿Qué tipo de vivienda prefieren?
10. En su opinión, ¿qué diferencia hay entre la forma en que las ciudades crecen en los Estados Unidos y en los países en vías de desarrollo?

Ritmos

La monja enana

El nombre de este grupo español salió de un cuento de ciencia ficción sobre un grupo de músicos que orbita alrededor del planeta Plutón. Después de ser abandonados en el espacio, mantienen contacto con la Tierra a través del radiotelescopio Hubble. «Bajo tierra» es una canción con visión futurística que describe los sentimientos de una persona que no sabe qué pasa en el mundo exterior.

Antes de escuchar

2-52 ¿Y tú? Completa este cuadro con información personal.

	Sí	No
Prefiero estar acompañada/o que solo/a.		
Cuando tengo problemas, necesito compartirlos *(share)* con amigos.		
Cuando tengo problemas, prefiero quedarme en casa.		
Cuando tengo problemas, necesito salir de mi casa.		
Cuando estoy preocupado/a, escucho mucha música.		
Cuando estoy preocupado/a, escribo mensajes o visito la red informática.		
Cuando estoy triste, voy de compras.		

2-53 Ahora tú. Pregúntense si prefieren estar solos/as o acompañados/as, si les gusta compartir sus problemas con amigos y qué prefieren hacer cuando están preocupados/as.

A escuchar

Bajo tierra

Llevo veinte años aquí encerrado
no puedo salir.
No sé si la guerra ha terminado
o se han olvidado de mí.
Para no estar solo y tener compañía
me hicieron un robot.
Ahora se ha quedado sin baterías
y no me da calor.
Como un topo°, sin nadie alrededor.   *mole*
Bajo el suelo, como un topo
sin ver la luz del sol.

Después de escuchar

2-54 Bajo tierra. Responde a las siguientes preguntas.

1. ¿Cuánto tiempo pasó la persona bajo tierra?
2. ¿Por qué?
3. ¿Está completamente solo bajo tierra?
4. ¿Qué es lo que no puede ver?

2-55 El golpe de estado. Esta canción narra la historia de una persona que vive debajo de la tierra después de una guerra o golpe de estado (*coup d'état*). Hablen sobre las posibles causas de esta guerra o golpe de estado. ¿Qué alternativas pueden ofrecer para evitar una guerra? Usen las siguientes expresiones.

(no) considerar	**(no) creer**	**(no) dudar**	**(no) pensar**	**negar**

2-56 Una situación peligrosa. ¿Han vivido alguna situación peligrosa? ¿Conocen a alguien que haya experimentado una situación de riesgo (*risk*)? ¿Qué hicieron para refugiarse? Si se trata de otra persona, ¿qué hizo esa persona para refugiarse? Cuenten esa historia a sus compañeros/as de grupo. Pueden usar el siguiente vocabulario.

en peligro	un accidente
cortar	una emergencia
esconderse (*to hide*)	un choque (*a crash*)
escalar (*to climb*)	una persona extraña
caerse (*to fall*)	un/a loco/a

 Imágenes

Antonio Berni

Antonio Berni nació en 1905 en Rosario, Argentina. En sus largos viajes por Europa descubrió las vanguardias plásticas contemporáneas (*avant-garde art*), especialmente el arte surrealista. Su prolífica obra está presente en algunos de los museos más importantes del mundo.

Perspectivas e impresiones

2-57 Su interpretación. Denle su interpretación de la obra (*art piece*) de Berni a su compañero/a. En su opinión, ¿cuáles son las causas de esa situación? ¿Qué relación hay entre el tema de la obra y la actitud de una sociedad que tira todo a la basura ("*throw-away society*")?

2-58 A explorar: Canción para la contaminación. Visiten el sitio de *Conexiones* en la red *www.PHSchool.com* e inserten el Web Code jpd-0002 para leer la letra de una canción sobre la contaminación. El tema es de uno de los grupos de rock en español más importantes de Latinoamérica. Comenten cómo interpretan la canción y qué piensan sobre ella. Compartan su información con el resto de la clase.

2-59 Los pasos de la contaminación. Ilustren cada uno de Uds. los efectos de la contaminación en la sociedad por medio de un esquema (*outline*) o dibujo. A continuación expliquen su visión particular al resto del grupo.

MODELO: *el petróleo → el motor → la industrialización → ...*

Antonio Berni, "Juanito en la laguna", óleo y collage sobre madera 1974—160 x 105 cm. Ruth Bencázar Galería de Arte.

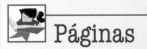 Páginas

José Ruibal

José Ruibal es un dramaturgo (*playwright*) contemporáneo español. Es uno de los iniciadores del "teatro subterráneo" que comenzó en los años 60. En esa época, el gobierno español censuraba las obras de teatro. Algunos de los temas comunes en las obras de Ruibal son la autoridad, la represión, la libertad y el individuo frente a la sociedad.

Antes de leer

2-60 En anticipación. La tecnología simplifica la vida diaria, aunque a veces causa problemas. Explícale a tu compañero/a las ventajas y las desventajas de la tecnología. En estos ejemplos, ¿qué es más importante, el problema que soluciona o el que causa?

MODELO: *El auto es un ejemplo de una invención que facilita la vida. Sin embargo, su motor contamina, causa accidentes y es difícil de mantener.*

Algunas posibilidades: el avión, el teléfono móvil, la televisión, la red informática.

2-61 Estrategias de la lectura. La información sobre los personajes y las características del género de una obra literaria ayudan a comprender el contenido de la obra. Contesta estas preguntas antes de leer la obra.

1. ¿De qué género literario es esta obra: poesía, narrativa, drama o epistolar (*letter writing*)?
2. ¿Cuántos personajes hay?
3. ¿Quiénes son?
4. ¿Piensas que esta historia es del pasado, presente o futuro?
5. ¿Cómo defines a un mutante?

A leer

Los mutantes

Personajes:
HOMBRE
MUJER

Una piedra inmensa se ilumina. Bajo ella, aplastados°, HOMBRE y MUJER conviven. El espacio es mínimo y se mueven con enorme dificultad. Allí, apretujados° , aparecen, en miniatura, todos los aparatos de la vida moderna, auto incluido, invadiendo todos los rincones libres.

(HOMBRE *hace movimientos mecánicos sobre una máquina electrónica invisible de la que, por momentos, se percibe el sonido° . MUJER pone en marcha° algunos de los electrodomésticos que le ayudan en las tareas de la casa. Luego enciende la televisión y crece° el volumen musical.*)

HOMBRE: (*sin dejar de trabajar*) Sí, soy feliz. Voy a ser padre. Era lo único que me faltaba para ser totalmente dichoso° . No me puedo quejar° , la vida me sonríe. Mi mujer es un sol, un sol hogareño° . Y no lo parecía. Cuando me casé era una señorita frívola. Soñaba con viajar y viajar, pero se ha acoplado° perfectamente a mi vida.

MUJER: (*Revolviendo° entre los objetos*) ¡Estoy harta! Todo el día entre monstruos eléctricos. Me van a matar. En cualquier momento soy noticia: "Ama de casa electrocutada". ¡Qué horror! Y ahora, para colmo° , voy a tener un hijo, aquí, en este hogar sin espacio para jugar. ¡Sol, sol, quiero sol!

HOMBRE: Este año no podrá ser. Tengo muchísimo trabajo. Me han ascendido° . Manejo una máquina electrónica que ha costado un dineral° a la empresa. Con ella llevo el control de la producción. Mis jefes me estiman muchísimo. Me han subido el sueldo. Me han animado para que cambie de modelo de auto. Claro que para venir al trabajo utilizo el Metro. Viajo apretujado, pero llego puntualmente. Al cruzar la ciudad, el tráfico está imposible.

MUJER: ¡Sol, sol! ¡Necesito sol! Si no tomo sol, el hijo que crece dentro de mí no será una persona. Será un gusano° pálido.

HOMBRE: (*En una tienda, pero sin haber cambiado de sitio*) ¡Por favor! Despácheme° pronto. Tengo que volver al trabajo. Quiero una lámpara de rayos solares. No se trata de mí. Eso mismo, un regalo para mi mujer. Sí, envuélvala en un papel vistoso° . No, este año no podemos ir a la playa. Desde luego. No es por dinero. Es por algo que no se puede comprar: la falta de tiempo. Yo estoy siempre ocupado.

Marginal glosses: crushed / squeezed together / makes sounds / pone... enciende / goes up / feliz, to complain / de la casa / adaptado / Rummaging / to top it all / promoted / mucho dinero / worm / ¡Atiéndame! / bonito

35 | Para colmo, la empresa acaba de comprar un ordenador electrónico y sólo yo sé manejarlo. Sí; tuve que hacer unos cursillos. Pero compensa el esfuerzo, se paga muy bien ese trabajo. (*Coge el paquete.*) ¿Y la lámpara cómo funciona? Entendido, sólo darle a la llave° . Supongo que dará buen resultado. ¡Lo mismo que el sol! ¡Increíble! La técnica es prodigiosa.

turn the knob

40 | MUJER: (*Las cosas se le caen encima.*) ¡Socorro° , me aplastan! ¡Mi hijo, mi hijo!…¡Ay…!

¡Ayuda!

HOMBRE: Está dormida. Claro, el embarazo° . Se fatiga muchísimo. Menos mal que le he comprado el lavaplatos superautomático. (*Le pone encima el paquete de la lámpara.*) Cuando se despierte se llevará una agradable

pregnancy

45 | sorpresa. Será como si tuviera el sol en casa. ¡Sol a domicilio° ! Eso la compensará del veraneo. Todavía no le he dicho que este año no podremos ir al mar. La lámpara hará el milagro de conformarla. Hoy la técnica hace milagros.

home delivery

MUJER: (*inconsciente*) ¡Aire…, aire…! (HOMBRE *hace funcionar el ventilador.*)
50 | ¡Sol…, sol! ¡Quiero sol…!

(HOMBRE *abre el paquete y enciende la lámpara.*)

HOMBRE: Está soñando con su hijo; con nuestro hijo. Pero todavía faltan dos meses. Será un niño feliz. No sufrirá las privaciones que yo padecí. Crecerá sano y robusto. Le atenderán los mejores pediatras. Irá a los
55 | mejores colegios. Sabrá idiomas. Estudiará… Sí, especialista en algo… En algo provechoso. Ganará todo el dinero con muchísima facilidad.

MUJER: (*Despertando. Se retuerce° con dolores espasmódicos.*)

she twists

Va a nacer. Va a nacer. Le aplastarán. (*Trata de quitarse objetos de encima. Tira la lámpara. Después con dificultad, el ventilador. Pero otros aparatos se*
60 | *le caen encima.*) ¡Oh, esto es horrible! (*Mientras aparta unos objetos, van cayendo otros. Parecen estar animados y la vencen.* ° Se morirá aplastado. ¡Estos malditos trastos° no le dejan nacer!

they defeat her
cursed pieces of junk

HOMBRE: Tan pronto nazca, ya se encontrará en un hogar civilizado donde nada le faltará. Le compraré juguetes, muchísimos juguetes. (*Echa juguetes*
65 | *dentro, sobre la mujer también.*) Todos los juguetes imaginables. Tendrá todos los juguetes que yo no he podido tener.

MUJER: (*Con gran esfuerzo hace un movimiento violento y la parte inferior de su cuerpo asoma al exterior de la piedra. Los objetos, mezclados con los juguetes, forman una barrera entre ella y* HOMBRE.) Va a nacer. Me siento mejor. ¡Oh!…¡Oh!…¡Oh!… (*llanto del recién nacido*)

70 | HOMBRE: (*Al teléfono, pero sin dejar su ritmo mecánico*) ¡Cómo! ¿Qué he tenido un hijo? No es posible. Faltan todavía dos meses. ¿Un accidente? Póngame

con mi mujer. ¡Oh! Está dormida. ¿Cómo, inconsciente? No puedo salir ahora. La máquina está funcionando. Si la dejo sola, se arruinará toda la producción. Iré tan pronto termine; ahora me es imposible.

I feel him (the baby) 75 **MUJER:** Ya ha nacido. ¡Qué alegría! Y ha nacido fuera de aquí. Será libre. Crecerá al viento y al sol. No, no puedo verlo. Pero lo siento° .

Lo siento como cuando estaba dentro de mí. Le oigo llorar al aire libre. ¡Soy feliz! (*como en sueños*) Jugará con el sol…, el viento…, las estrellas…, el mar…, la luna…, los árboles…, la arena…, el cielo azul…, la lluvia…

baby rattle 80 **HOMBRE:** (*Tiene un sonajero° eléctrico.*)

No lo encuentro. (*Busca entre objetos y juguetes.*) ¿Estará fuera? ¡Qué horror! Ha nacido fuera de aquí. Tendré que ir a buscarle. Fuera se morirá. El sol puede quemar su piel. Es muy fina la piel de un recién *gets wet* nacido. ¿Y si se moja° ? Seguro que coge un catarro.

outdoors 85 Tengo que tenerle aquí dentro. Fuera° no le protege nadie. Allí crecerá a *exposed to the weather* la intemperie° y sin ley. No. No quiero que sea un salvaje ni un inadaptado social. ¡Eso no! Me traería un montón de complicaciones. He trabajado toda mi vida como un animal para ser feliz. Tengo un hogar donde no 90 falta de nada. Mi hijo podrá vivir sin complicaciones. Quiero conservar todo esto para él. Se trata de mi hijo. Tiene que crecer aquí. Fuera es el caos. El desorden. Tengo que hacer algo para que venga. Es urgente. *plague* Puede coger una infección o una peste° . Eso mismo… Avisaré a la policía.

(*Llanto del recién nacido*)

MUJER: (*La luz desciende.*) ¡No! ¡No!

a shot is heard 95 (*Suena un disparo° en un lugar indefinido.*)

Después de leer

2-62 ¿Cómo lo interpretas tú? Contesta las siguientes preguntas relacionadas con el texto que acabar de leer.

1. ¿Qué simboliza la piedra en este drama?
2. ¿Por qué no llevan nombre los personajes?
3. ¿Qué es importante para el hombre? ¿Y para la mujer?
4. ¿Qué simboliza el sol para la mujer?
5. ¿Por qué no quiere el hombre que el hijo nazca fuera de su casa?
6. ¿Cómo ven el hombre y la mujer los electrodomésticos?
7. ¿Con qué personaje te identificas más? ¿Por qué?

2-63 Un resumen. Escribe un resumen del contexto, los personajes, el argumento (*plot*) y la resolución del drama.

2-64 Una sesión con el/la psicólogo/a. Dos compañeros/as harán el papel de psicólogo/a y cliente. El/La cliente (el hombre, la mujer o el hijo de *Los mutantes*) explicará el problema; el/la psicólogo/a tratará de ayudarle a resolverlo.

2-65 A explorar: El mundo futuro. Visita el sitio de *Conexiones* en la red *www.PHSchool.com* e inserta el Web Code jpd-0002 para encontrar una canción sobre el mundo del futuro. ¿Qué perspectiva presenta? ¿Cómo será el mundo en el futuro? ¿Estás de acuerdo? ¿Por qué?

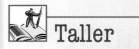

Taller

Expresa tu opinión

Antes de escribir

Idear. Piensa en algo que consideres un problema para ti y la sociedad en que vives.

Completar. Completa esta oración en español.

Yo creo firmemente que…

MODELO: *Yo creo firmemente que los medios de comunicación, especialmente la televisión, afectan negativamente nuestro desarrollo intelectual.*

A escribir

Abrir el tema. Usando tu opinión como base, escribe una oración para plantear el problema y para atraer el interés del lector.

MODELO: *Para el año 2025 los que sepan leer serán una minoría privilegiada en nuestra sociedad.*

Explicar y respaldar. Escribe cinco o seis oraciones para explicar por qué esto es un problema. Incluye razones específicas.

Sugerir. Escribe cinco o más recomendaciones para explicar qué hay que hacer para solucionar el problema.

Resumir. Escribe tres o cuatro oraciones para resumir el problema y dar su solución.

Concluir. Escribe una oración para convencer al público de la crisis y concluir tu ensayo.

Después de escribir

Revisar la comunicación: Vuelve a leer tu composición. ¿Son lógicas tus opiniones?

Revisar la gramática y el vocabulario:

- ❏ ¿Has incluido una variedad de vocabulario?
- ❏ ¿Has incluido algunas acciones usando el futuro?
- ❏ ¿Has usado bien el subjuntivo y el indicativo?
- ❏ ¿Has verificado la concordancia y la ortografía?

Intercambiar. Intercambia tu trabajo con el de un/a compañero/a. Mientras lees la composición de tu compañero/a, comenta sobre el contenido, la estructura y la gramática. ¿Ha cumplido bien los procesos de escribir? Incluye una evaluación de la comunicación y otra de la mecánica.

Entregar. Incorpora las sugerencias de tu compañero/a y pasa tu trabajo a limpio. Luego, entrégaselo a tu profesor/a.

Los derechos humanos

Objetivos comunicativos

- Discussing human rights
- Discussing foreign policy
- Reacting to issues

Contenido

Curiosidades

¿SABES?

- ¿Cuándo se fundó Amnistía Internacional?
  - **a.** 1961
  - **b.** 1973
  - **c.** 1952
- ¿Qué país fue el primero en legalizar las uniones de parejas homosexuales?
  - **a.** Francia
  - **b.** Suiza
  - **c.** Suecia
- ¿Cuál es el nombre de dos centroamericanos que ganaron el Premio Nobel de la Paz?
  - **a.** Miguel Ángel Rodríguez y Alda Facio
  - **b.** Óscar Arias y Rigoberta Menchú
  - **c.** Francisco Flores y Ana Elena Obando
- ¿Bajo qué reinado en Inglaterra se firmó la *Carta Magna*, el primer documento europeo cuyo propósito era garantizar lo que ahora conocemos como los derechos humanos?
  - **a.** el rey Richard
  - **b.** el rey John
  - **c.** el rey Henry

Digna Ochoa era una abogada que defendía a los campesinos de Chiapas cuando fue asaltada y perdió su vida en 2001. Hasta ahora, la policía ignora quién fue el responsable de su muerte.

PRIMERA PARTE
¡Así es la vida!

La Declaración Universal de los Derechos Humanos contiene un preámbulo y treinta artículos. A continuación, aparece una selección editada de los artículos de la Declaración.

Derechos Humanos para todos

50 ANIVERSARIO DE LA DECLARACIÓN UNIVERSAL DE LOS DERECHOS HUMANOS
1948–1998

La Asamblea General de las Naciones Unidas proclama la presente Declaración de los Derechos Humanos como ideal común por el que todos los pueblos y naciones deben esforzarse, a fin de que tanto los individuos como las instituciones, inspirándose constantemente en ella, promuevan, mediante la enseñanza y la educación, el respeto a estos derechos y libertades, aseguren, por medidas progresivas de carácter nacional e internacional, su reconocimiento y aplicación universales y efectivos, tanto entre los pueblos de los Estados Miembros como entre los de los territorios colocados bajo su jurisdicción.

ARTÍCULO 1
Todos los seres humanos nacen libres e iguales y deben comportarse fraternalmente.

ARTÍCULO 3
Todo individuo tiene derecho a la vida, a la libertad y a la seguridad de su persona.

ARTÍCULO 4
Nadie estará sometido a la esclavitud ni a la servidumbre.

ARTÍCULO 5
Nadie será sometido a torturas ni a trato cruel, inhumano o degradante.

ARTÍCULO 9
Nadie podrá ser arbitrariamente detenido, preso ni desterrado.

ARTÍCULO 11
Toda persona acusada de un delito tiene derecho a ser considerada inocente mientras no se pruebe su culpabilidad, en juicio público y con las garantías necesarias para su defensa.

ARTÍCULO 12
Nadie será objeto de injerencia arbitraria en su vida privada, su familia, su domicilio o su correspondencia, ni de ataques a su honra o a su reputación.

ARTÍCULO 13
1 Toda persona tiene derecho a circular libremente y a elegir su residencia en el territorio de un país.
2 Toda persona tiene derecho a salir de cualquier país, incluso del propio, y a regresar a su país.

ARTÍCULO 14
En caso de persecución, toda persona tiene derecho a buscar asilo, y disfrutar de él, en cualquier país.

ARTÍCULO 17
1 Toda persona tiene derecho a la propiedad privada, individual y colectivamente.
2 Nadie será privado arbitrariamente de su propiedad.

ARTÍCULO 18
Toda persona tiene derecho a la libertad de pensamiento, de conciencia y de religión.

ARTÍCULO 19
Toda persona tiene derecho a la libertad de opinión y de expresión.

ARTÍCULO 20
Toda persona tiene derecho a la libertad de reunión y de asociación pacíficas.

ARTÍCULO 21
1 Toda persona tiene derecho a participar en el gobierno de su país.
2 Toda persona tiene el derecho de acceso a las funciones públicas de su país.
3 La voluntad del pueblo es la base de la autoridad del poder público; esta voluntad se expresará mediante elecciones a celebrarse periódicamente, por voto secreto.

ARTÍCULO 23
Toda persona tiene derecho al trabajo y a la protección contra el desempleo (*unemployment*).

ARTÍCULO 24
Toda persona tiene derecho al descanso, al disfrute del tiempo libre, a un horario de trabajo razonable y a vacaciones periódicas pagadas.

ARTÍCULO 25
Toda persona tiene derecho a un nivel de vida (*lifestyle*) adecuado.

ARTÍCULO 26
Toda persona tiene derecho a la educación. La educación primaria debe ser gratuita (*free*) y obligatoria.

ARTÍCULO 29
1 Toda persona tiene deberes con respecto a la comunidad porque sólo en ella puede desarrollar su personalidad libre y plenamente.
2 En el ejercicio de sus derechos y en el gozo de sus libertades, toda persona estará solamente sujeta a las limitaciones establecidas por la ley con el fin de asegurar el respeto de los derechos y libertades de los demás.

¡Así lo decimos! VOCABULARIO

Vocabulario primordial

la cárcel
el derecho
gratuito/a

la represión
el sufragio universal

Vocabulario clave

Verbos

asegurar	*to assure*
desarrollar	*to develop*
desterrar (ie)	*to exile*
detener	*to detain*
disfrutar	*to enjoy*
escoger (j)	*to choose*
exigir (j)	*to demand*
promover (ue)	*to promote*
violar	*to rape*

Sustantivos

el asilo	*(political) asylum*
el bienestar	*well-being*
el delito	*crime*
la esclavitud	*slavery*
el juicio	*trial*
el nivel de vida	*standard of life*
el trato	*treatment*
la vejez	*old age*

Adjetivos

preso/a	*imprisoned*

Ampliación

Verbos	Sustantivos	Adjetivos
apoyar	el apoyo	apoyado/a
asaltar	el asalto	asaltado/a
asesinar	el asesinato	asesinado/a
desaparecer	la desaparición	desaparecido/a
difundir	la difusión	difundido/a
ejecutar	la ejecución	ejecutado/a
oprimir	la opresión	oprimido/a
perseguir (i, í)	la persecución	perseguido/a
tratar	el tratamiento	tratado/a
violar	la violación	violado/a

Aplicación

3-1 Un esquema. Aquí tienes algunas de las garantías y protecciones de la Declaración Universal de los Derechos Humanos. Asígnalas a una de las dos categorías siguientes:

MODELO: GARANTÍAS   PROTECCIONES
          Se garantiza el derecho a la vida   *Se protege de la esclavitud.*

la libertad	la presunción de inocencia
un día laboral razonable	el juicio público
el trato cruel	la intrusión arbitraria en su vida privada
la propiedad	la libertad de religión
la detención arbitraria	la libertad de movimiento

3-2 Otras categorías. Sigue buscando derechos y protecciones en el documento. Anota por lo menos tres más. ¿Te parece que hay más derechos o más protecciones? ¿Cuáles de estos derechos son los más importantes para ti? ¿Y para un país en vías de desarrollo (*developing*)?

3-3 En familia. Completa las siguientes oraciones usando una variación de cada palabra en itálica. Si necesitas ayuda, consulta la sección llamada **Ampliación**.

MODELO: Las tropas federales *asaltaron* a los rebeldes. El **asalto** duró más de tres días.

1. En El Salvador, el padre Romero fue *asesinado* por una facción derechista. Se dice que _____ tuvo la protección del gobierno.
2. En muchos países la mujer está *oprimida*. Hay que erradicar _____ para que se respete este importante derecho humano.
3. Si el juez permite la *ejecución* del prisionero, será _____ a la medianoche.
4. En las guerras las mujeres son víctimas de _____ . Estas mujeres son *violadas* por hombres a ambos lados del conflicto.

3-4 Los derechos humanos. Expliquen o den ejemplos de los principios que identificaron en **3-1**. ¿Por qué son importantes?

MODELO: la educación.

          Es el derecho de poder recibir gratis la instrucción básica. La educación básica es importante para poder ganarse la vida, tener una vida feliz...

3-5 Los honrados con el Premio Nobel de la Paz. Las personas y organizaciones mencionadas a continuación recibieron el Premio Nobel de la Paz por sus esfuerzos por mejorar la condición humana. Combina cada persona u organización con la causa que representaba.

1. _____ Shirin Ebadi (2003) (de Irán)

2. _____ Jimmy Carter Jr. (2002) (embajador (*ambassador*) internacional de paz y democracia)

3. _____ La Organización de las Naciones Unidas (ONU) y Kofi Annan (2001)

4. _____ Kim Dae Jung (2000) (de Corea)

5. _____ Médicos sin Fronteras (1999)

6. _____ John Hume y David Trimble (1998) (de Irlanda)

a. por su trabajo en mejorar el bienestar médico de las víctimas de guerras y desastres naturales

b. por su dedicación a la paz en Asia, especialmente entre las dos Coreas

c. por sus esfuerzos por encontrar soluciones pacíficas a conflictos, promover la democracia y el desarrollo económico y social en todo el mundo

d. por su trabajo en encontrar una solución al conflicto en Irlanda del Norte

e. por promover la democracia y los derechos humanos en Irán

f. por ser líderes y dirigir una organización que trabaja por la paz mundial

3-6 A explorar: Derechos humanos. Según Amnistía Internacional, muchos países limitan los derechos humanos. Visita el sitio de *Conexiones* en la red *www.PHSchool.com* e inserta el Web Code jpd-0003 para ver algunos ejemplos y menciona brevemente uno de ellos.

MODELO: China

> *Dicen que los prisioneros políticos chinos son maltratados* (mistreated). *Reciben poca comida y no pueden tener mucho contacto con su familia.*

3-7 Asociaciones. Lee ¡Así lo decimos! para buscar palabras que asocies con estos conceptos. Luego úsalas en oraciones relacionadas con información mundial reciente.

MODELO: el juicio: culpable o inocente

> *En el **juicio** se declaró **culpable** al director de la empresa que defraudó a sus clientes.*

1. la esclavitud
2. el delito
3. el asilo
4. la alimentación
5. la libertad
6. la violación

3-8 Para la mujer. En muchos países la mujer sufre persecución o discriminación simplemente por ser mujer. Hay discriminación en lo relativo a las normas de comportamiento (*behavior*), de vestir, del trabajo, de la sexualidad, de la asistencia médica, del sufragio, etc. Den ejemplos de las diferencias de trato (*treatment*) que reciben hombres y mujeres en diferentes aspectos de la vida.

MODELO: *En (China) los hombres pueden... pero las mujeres no.*

3-9 A explorar: Los dedicados a la paz. Visita el sitio de *Conexiones* en la red *www.PHSchool.com* e inserta el Web Code jpd-0003 para buscar más información sobre algunas personas, organizaciones y su causa. Escribe un párrafo donde incluyas esta información:

- cuándo se fundó o empezó su misión
- cuál es su meta (*goal*)
- cuál es uno de sus logros (*achievements*)

MODELO: *Óscar Arias, ex presidente de Costa Rica, ganó el Premio Nobel de la Paz en 1987 por su contribución a la paz en Centroamérica.*

3-10 Un emblema nuevo para Amnistía Internacional. Explica qué simboliza el emblema de Amnistía Internacional. Luego diseña tú mismo/a un emblema alternativo.

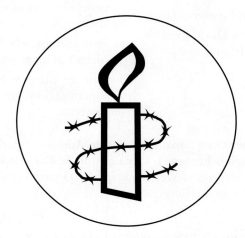

¡A repasar!

Ser, estar y haber
Un informe a la Comisión de Derechos Humanos

Imagina que eres el/la líder de una organización que defiende los derechos humanos. Utilizando oraciones con *ser, estar* y *haber*, escribe un informe de dos o tres párrafos en el que describas la situación de un país (real o imaginario) en cuanto a la violación de los derechos humanos. Puedes especificar: discriminación de la mujer, trabajo infantil, los presos de conciencia, etc. Debes añadir un párrafo en el que propongas soluciones al problema.

Recuerdo: Consulta la Lección 2 para repasar los usos de *ser, estar* y *haber*.

Reto: Trata de usar los verbos *ser, estar* y *haber* en casi todas las oraciones. Usa muchas palabras de **¡Así lo decimos!**

¡Así lo hacemos! ESTRUCTURAS

1. The subjunctive with impersonal expressions

- Impersonal expressions of necessity, doubt, probability, opinion, denial, pity, and uncertainty require the subjunctive in noun clauses that have an expressed subject. Some common impersonal expressions that require the subjunctive are:

es bueno	es horrible	es (una) lástima	es posible
es difícil	es importante	es lógico	es preciso
es dudoso	es imposible	es malo	es probable
es extraño	es increíble	es mejor	es raro
es fácil	es indispensable	es necesario	es urgente

Es extraño que no **interroguen** a los sospechosos.	*It's strange that they don't interrogate the suspects.*
Es urgente que **investiguemos** los abusos.	*It's urgent that we investigate the abuses.*

- The indicative is used when an impersonal expression conveys certainty or conviction.

Es verdad que la dignidad del individuo **es** lo más importante.	*It's true that the dignity of the individual is the most important.*
Es cierto que el sufragio universal **es** un derecho.	*It's certain that universal suffrage is a right.*
Es seguro que el juicio **terminará** pronto.	*It's certain that the trial will end soon.*

- However, when expressions of certainty or conviction are expressed in the negative form, they require the subjunctive, since they now convey the idea of uncertainty or denial.

No es cierto que **vayamos** a encarcelar al culpable.	*It's not true that we're going to incarcerate the guilty one.*
No es seguro que el gobierno **apoye** los derechos humanos en todos los países.	*It's not certain that the government supports human rights in all countries.*

- Use the infinitive when the dependent clause has no expressed subject.

Es difícil asegurar la paz.	*It's difficult to assure peace.*
Es preciso desarrollar programas de salud.	*It's necessary to develop health programs.*

Aplicación

3-11 El nuevo milenio. Combina una expresión impersonal de la primera columna con una frase de la segunda columna que la complete de forma lógica.

Es dudoso		se alcance (*is reached*) la paz global.
Es extraño		no nos comuniquemos mejor.
Es imposible		nos sentemos a hablar de nuestras diferencias.
Es horrible		la gente participe en organizaciones caritativas (*charitable*).
Es importante		haya desarrollo económico en los países más pobres.
Es increíble	**que**	se reconcilien la China y Taiwan.
Es indispensable		los líderes de las dos Coreas negocien un tratado.
Es (una) lástima		los países elijan gobernantes que aseguren la paz y la justicia.
Es lógico		haya acuerdos de los que se beneficien ambas partes (*agreements*).
Es posible		
Es preciso		
Es probable		
Es raro		

3-12 Un juicio en la Corte Mundial.

Completa el diálogo entre los abogados y el juez usando expresiones impersonales. No repitas ninguna.

Abogada: Señor Juez, estamos aquí para protestar contra el trato a los prisioneros políticos en las cárceles peruanas. (1) _____ que empiecen a recibir atención médica y buena alimentación.

Abogado: Señor Juez, y mi estimada colega de Amnistía Internacional, (2) _____ que se pidan estas atenciones y son precisamente las que ellos reciben. Sin embargo, (3) _____ que mantengamos la seguridad de nuestro país. Estos delincuentes (*criminals*) son terroristas que amenazan el bienestar de nuestro pueblo. (4) _____ que ustedes no quieren que se repita el secuestro de la embajada japonesa. Si permitimos que entren médicos a la cárcel, (5) _____ que los prisioneros lo vean como una oportunidad para escaparse.

Juez: Estimados señores de la corte, entiendo la posición de las dos partes. No obstante, considero que (6) _____ que estos prisioneros, hombres y mujeres, reciban el trato médico que merecen como seres humanos. (7) _____ que ustedes hagan planes inmediatamente para remediar este asunto. Y para garantizar la seguridad del país, (8) _____ que representantes de Amnistía Internacional participen en el plan. ¿Entendido?

Abogada: Señor Juez, estamos muy dispuestos a hacer todo lo posible en este caso. (9) _____ que todos los peruanos estén protegidos.

Abogado: Señor Juez, comparto la misma opinión de mi estimada colega. (10) _____ que encontremos una solución justa a este dilema.

3-13 Cartas al editor. Estos comentarios han aparecido en las páginas editoriales del periódico. Escribe tu opinión sobre alguno de ellos incluyendo más información.

MODELO: Es importante buscar soluciones diplomáticas a los conflictos.

> *Estoy de acuerdo. Es importante que nuestros representantes busquen soluciones diplomáticas a los conflictos.*

1. Es preciso tener protección contra el desempleo *(unemployment)*.
2. Es terrible encontrar casos de esclavitud en nuestro país.
3. Es fácil tener opiniones pero no hacer nada.
4. Es urgente tener elecciones legítimas.
5. Es importante respetar los derechos humanos.
6. Es necesario educar a los pobres.

3-14 A explorar: Después de la guerra, la paz. Visita el sitio de *Conexiones* en la red *www.PHSchool.com* e inserta el Web Code jpd-0003 para ver lo que es necesario hacer para reconstruir un país cuando logra la paz después de una guerra. Escribe un párrafo con dos o tres puntos importantes y aplica lo que has aprendido a una situación histórica.

3-15 En este siglo. Usa expresiones impersonales para expresar lo que piensas de cada una de las siguientes afirmaciones. Explica tus opiniones.

MODELO: En este siglo, la Corte Mundial resolverá todos los casos de abuso de los derechos humanos

> *Es muy dudoso que resuelvan todos los problemas porque muchos países no respetan las decisiones de la Corte.*

1. Se eliminarán las prisiones.
2. Habrá vivienda y comida suficiente para todos.
3. Disfrutaremos de un largo período de paz.
4. Todos tratarán de respetar y tolerar a los demás.
5. Se garantizará el seguro médico para todos.
6. No habrá desempleo.

3-16 Cómo reconstruir un país. Ustedes son miembros de una comisión que planea la reconstrucción de un país que logró la paz después de un conflicto. Preparen una lista de seis o más actividades que proponen para ayudar a su gente. Usen tres expresiones impersonales con el infinitivo y tres con el subjuntivo según el contexto. Luego, presenten su plan al resto de la clase.

MODELO: *Es urgente que nuestro gobierno tome medidas sobre...*

> *Es crucial solucionar el problema de...*

3-17 Declaración del Milenio. ¿Cuál de los derechos humanos te parece el más respetado en tu país? ¿Cuál es el menos respetado? ¿Cuál es el más importante para ti? Escucha la selección sobre parte de la Declaración del Milenio y completa las frases siguientes.

1. La Declaración se aprobó en...
   a. 1947
   b. 1952
   c. 2000
2. Fue aprobada por...
   a. el Senado de los EE.UU.
   b. La Organización de las Naciones Unidas
   c. La Organización de los Estados Americanos
3. Entre los seis valores que se afirman, **no** se incluye...
   a. la igualdad
   b. la tolerancia
   c. el respeto a la familia
4. La Organización de las Naciones Unidas gestiona (*promotes*)...
   a. programas de salud y bienestar
   b. la formación de gobiernos conservadores
   c. el control de la natalidad (*birth*)

COMPARACIONES

3-18 En tu experiencia. En tiempos de conflicto social o político, la mujer es quien a menudo alza *(raises)* la voz en protesta. ¿Por qué crees que ocurre esto? ¿Has visto o participado en alguna manifestación política o social? ¿Cuál era la causa?

Las arpilleras chilenas y las madres de la Plaza de Mayo

En 1974, durante el segundo año de la dictadura militar del general Augusto Pinochet, unas madres chilenas se reunieron en un taller y empezaron a hacer arpilleras, bellos tapices *(tapestries)* de distintos colores y tamaños que denunciaban las violaciones de los derechos humanos en Chile. Al principio era sólo un grupo pequeño de madres que buscaban a sus hijos desaparecidos. Pronto las arpilleras comenzaron a llamar la atención internacional, y grupos solidarios de Europa y los Estados Unidos las exhibieron y vendieron.

A principios de la década de 1980, un grupo de madres argentinas comenzó a reunirse en la Plaza de Mayo de Buenos Aires para protestar en contra del maltrato y la desaparición de sus hijos bajo el gobierno militar. Como las madres chilenas, estas señoras argentinas llevaban y mostraban telas, en este caso pañuelos bordados con los nombres de sus familiares perdidos, para concienciar al público y para insistir en que el nuevo gobierno buscara la justicia. Tanto las arpilleras de las madres chilenas como los pañuelos bordados de las madres argentinas son un testamento gráfico de la lucha por los derechos humanos y también un recordatorio *(a reminder)* de los horrores sufridos por mucha gente.

3-19 En su opinión. En los últimos años, la exposición del "AIDS quilt" ha sido importante para concienciar *(make people aware)* al pueblo norteamericano sobre la crisis del SIDA. Diseñen una arpillera para protestar o concienciar sobre una situación que les parezca crítica. Preséntenla y explíquenle su diseño a la clase. Incluyan expresiones impersonales como **es importante, es indispensable**, etc.

3-20 A explorar: Mujeres en la lucha. Visita el sitio de *Conexiones* en la red *www.PHSchool.com* e inserta el Web Code jpd-0003 para ver lo que dos grupos de mujeres están haciendo en la Argentina y en Chile para que la gente tome conciencia del fenómeno de "los desaparecidos" y los derechos humanos en general.

SEGUNDA PARTE

¡Así es la vida!

Un viaje humanitario

Myrka Dellanos, popular presentadora de *Primer Impacto* (Univisión) y novia del famoso cantante mexicano Luis Miguel, viajó hace unos años a Honduras en misión humanitaria. El motivo de dicho viaje fue el de conocer a Salvador Reyes, un niño de seis años al que Myrka patrocina. A continuación, ella misma nos cuenta los detalles y lo emocionante de su visita.

Primer día
Cuando llegamos al aeropuerto de Tegucigalpa me sorprendí al ver un grupo de niños con un gigantesco cartel que decía 'Bienvenida Myrka'. No lo podía creer. Todos me dieron abrazos y besos. Desde ese momento supe que iba a ser un viaje muy lindo. Primero volamos en un helicóptero 45 minutos hasta llegar al pueblo de La Esperanza. Desde el aire vimos las carreteras que el huracán Mitch destruyó en 1998. Después viajamos en camioneta hasta San Fernando,

donde vive Salvador, el niño que patrocino. Salvador se veía emocionado. Me acerqué y él me abrazó. Lo cargué y le di muchos besos. ¡Qué sensación tan increíble! Su padre estaba allí, con lágrimas en los ojos, también su joven madre y sus cuatro hermanitos. Entré en su humilde hogar. Vi una foto de la casa que tenían antes, con piso de tierra (*earthen floor*). Cada vez que llovía entraba agua y dormían en el lodo (*mud*). Me dijo que gracias a mi patrocinio ahora tenían una casita con piso de cemento. La gente no sabe lo mucho que 24 dólares al mes pueden hacer en la vida de un niño.

Segundo día
Visitamos a la primera dama del país, Mary Flake de Flores, una norteamericana que ha vivido la mayor parte de su vida en Honduras. Conversamos sobre el trabajo de *Save the Children*. Después

le regalé una pañoleta (*shawl*) diseñada por los niños del proyecto en todo el mundo. Luego visitamos una colonia en las afueras de Tegucigalpa, donde los niños me esperaban con un programa de canciones y bailes sobre la amistad. Más tarde fuimos a la inauguración de un centro de capacitación de *Save the Children*, donde tuve la oportunidad de cortar el listón (*ribbon*).

Tercer día
Regresamos a Miami con fuertes emociones. Recordábamos a los pequeñitos que habíamos conocido, principalmente a Salvador y a su familia. Ellos me regalaron un cuadro con mi retrato (*portrait*) y un texto que dice, "Nuestro agradecimiento es más fuerte que Mitch". Nos fuimos sabiendo que volveríamos.
—Myrka Dellanos

¡Así lo decimos! VOCABULARIO

Vocabulario primordial

la belleza	el helicóptero
el beso	inaugurar
dar un abrazo	regresar

Vocabulario clave

Verbos

acercarse	to approach
cargar	to hold in one's arms
mostrar (ue)	to show
patrocinar	to sponsor
regalar	to give as a present
sorprenderse	to be surprised

Sustantivos

el agradecimiento	gratitude
la amistad	friendship
la camioneta	station wagon
la carretera	highway
el cartel	poster
la colonia	housing development
el hogar	home
la lágrima	tear
el patrocinio	sponsorship
el/la presentador/a	host/ess

Adjetivos

bienvenido/a	welcome
humilde	humble
propio/a	own

Otras palabras y expresiones

las afueras	outskirts
alrededor	around
el centro de capacitación	work training center
la primera dama	first lady

Ampliación

Verbos	Sustantivos	Adjetivos
acercarse	la cercanía	cercano/a
apoyar	el apoyo	apoyado/a
debatir	el debate	debatido/a
difundir	la difusión	difundido/a
diseñar	el diseño	diseñado/a
inaugurar	la inauguración	inaugurado/a
mostrar	la muestra	mostrado/a
patrocinar	el patrocinio	patrocinado/a
sorprenderse	la sorpresa	sorprendido/a
tratar	el tratamiento	tratado/a

¡Cuidado!

quedar / quedarse

- **quedarse** to stay (in a place)

  José **se quedó** en Chile hasta 1986.

- **quedar** to become / remain (with an adjective)

  Laura **quedó** triste con la noticia.

- **quedar** to be located (colloquial = **estar**)

  La casa **queda** cerca de la estación de trenes.

Aplicación

3-21 Información clave. Empareja las frases de las dos columnas para identificar información clave de **¡Así es la vida!**

1. _____ la profesión de Myrka Dellanos
2. _____ la organización en que participa
3. _____ el país que visitó
4. _____ cómo fue recibida cuando llegó
5. _____ el desastre natural que destruyó gran parte del país
6. _____ la cantidad que paga al mes para patrocinar a un niño
7. _____ el nombre de la que fue la primera dama de Honduras
8. _____ lo que Myrka le regaló a Mary Flake
9. _____ cómo era el programa de los niños de la colonia que visitaron
10. _____ lo que sabía Myrka al final del viaje

a. el huracán Mitch
b. Mary Flake de Flores
c. Honduras
d. que volvería algún día
e. $24
f. presentadora de televisión
g. de canciones y bailes
h. una pañoleta
i. *Save the Children*
j. con mucho cariño

3-22 Con más detalle. Lee otra vez el artículo y resume brevemente las impresiones de Myrka Dellanos sobre su visita.

 3-23 A explorar: El SIDA. El SIDA es una enfermedad terrible que sufren decenas de millones de personas en todo el mundo. La ONU tiene una gran campaña de prevención de esta enfermedad. Visita el sitio de *Conexiones* en la red *www.PHSchool.com* e inserta el Web Code jpd-0003 para leer más información sobre el SIDA. Anota algún aspecto que desconocías (por ejemplo: los efectos, la transmisión o el tratamiento).

3-24 Médicos sin Fronteras. Completa el párrafo con la forma correcta de **quedar(se)** según el contexto. Si necesitas ayuda, consulta la sección llamada **¡Cuidado!**

El equipo de Médicos sin Fronteras acaba de regresar de El Salvador donde (1)_____ seis semanas atendiendo a pacientes que padecían de cólera en el interior del país. Todos (2) _____ bastante satisfechos de haber controlado la enfermedad con la ayuda del gobierno y un proyecto de purificación de las fuentes de agua. Sin embargo, la gente (3) _____ triste al verlos marcharse. Uno de los niños les gritó, "(4)_____ (ustedes) con nosotros un día más." Pero ellos tenían que volver a Miami donde (5)_____ sus familias. El próximo año en esa misma fecha, el equipo médico saldrá otra vez para atender a gente necesitada en otra región del mundo.

3-25 En familia. Completa las siguientes oraciones usando una variación de cada palabra en itálica. Si necesitas ayuda, consulta la sección llamada **Ampliación**.

MODELO: El **debate** entre los miembros del comité empezó a las nueve. Ya llevan más de cinco horas *debatiendo* la cuestión de quién tiene la responsabilidad de prevenir el SIDA.

1. La ONU _____ fuertemente la difusión de información sobre la prevención del SIDA. Este *apoyo* ha ayudado a reducir el contagio en muchos lugares del mundo.

2. Aunque no hay ningún _____ que pueda curar el SIDA, se *trata* a las víctimas con un "cóctel" de medicamentos antivirus y antibióticos.

3. La información *difundida* por organizaciones no gubernamentales (*NGO*) es muchas veces menos política que la que _____ las organizaciones gubernamentales.

3-26 *Save the Children.* Lean la descripción de la misión y actividades de esta organización y expliquen por qué es importante su labor en los países de la América Latina.

Save the Children es una organización benéfica que tiene programas por todo el mundo. En la América Latina hay 54 millones de niños menores de cinco años de edad. La organización se dedica a ayudar a los niños que viven en los países más pobres de este hemisferio: Bolivia, El Salvador, Guatemala, Haití y Nicaragua. Además, colabora con *Save the Children Alliance* en Honduras, México y la República Dominicana. Con su base en la comunidad, *Save the Children* se enfoca en las necesidades de las madres, los niños y los adolescentes para mejorar su estado de salud y bienestar. Tiene cuatro prioridades: salud neonatal y reproductiva, desarrollo preescolar y educación primaria, nutrición y, por último, preparación para emergencias.

3-27 Una causa suya. Decidan entre ustedes una causa que les gustaría patrocinar. Conversen sobre estos detalles y explíquenselos a la clase.

- el nombre de la organización
- sus metas
- cómo van a participar en ella
- los beneficios sociales y personales que van a recibir de su participación
- los problemas que puede tener la organización
- cómo van a darle publicidad a la causa

3-28 Otros que trabajan por la justicia social. Los jesuitas y otros grupos religiosos y humanitarios son conocidos por sus labores en el campo de la justicia social. Investiga qué grupos similares hay en tu comunidad, ciudad o estado y preséntale a la clase información sobre dos de ellos.

¡A repasar!

El subjuntivo en cláusulas nominales
Un discurso inaugural

Imagina que eres el/la nuevo/a presidente de una nueva democracia después de largos años de dictadura y de violaciones sistemáticas de los derechos humanos. Escribe un discurso dirigido a los ciudadanos en el que propongas cambios, investigaciones y nuevas leyes que aseguren la preservación de los derechos humanos en el país. Usa al menos cinco de las siguientes frases en tu discurso:

No creo que…
Espero que…
Todos necesitamos que…
Insisto en que…
Yo sé que ustedes quieren que…
Dudo que el gobierno anterior…
El gobierno anterior niega que…
No permitiré que…
Exigiré que…
Los animo a que…
Le pediremos a Amnistía Internacional que…

Recuerda: Para repasar el subjuntivo con cláusulas nominales, consulta la Lección 2.

Reto: ¡Trata de incluir todas las frases en tu discurso! Usa muchas palabras de **¡Así lo decimos!** de la Primera y de la Segunda parte.

¡Así lo hacemos! ESTRUCTURAS

2. Direct and indirect object pronouns and the personal a

No quise ofender al presidente. ¡Lo admiro muchísimo!

The direct object and direct object pronoun

- A direct object is the noun that generally follows and is affected directly by the verb. It responds to the question "what" or "who" with respect to the verb.

  La presentadora carga **al niño**.
  Los damnificados reciben **ayuda** de la Cruz Roja.

  The hostess carries the child.
  The victims receive help from the Red Cross.

- Note that the direct object can either be a person (**el niño**) or an object (**la ayuda**) Direct object nouns are often replaced by direct object pronouns. The chart below shows the forms of the direct object pronouns.

Direct object pronouns			
Singular		**Plural**	
me	*me*	nos	*us*
te	*you (informal)*	os	*you (informal) (Spain)*
lo	*you (masculine), it, him*	los	*you (masculine), them*
la	*you (feminine), it, her*	las	*you (feminine), them*

- Direct object pronouns agree in gender and number with the noun to which they refer.

El gobierno quiere mostrar **su apoyo**.	*The government wants to show its support.*
El gobierno quiere **mostrarlo**.	*The government wants to show it.*
No veo a **los patrocinadores** en la reunión.	*I don't see the sponsors in the meeting.*
No **los** veo.	*I don't see them.*

- Direct object pronouns are usually placed immediately before the conjugated verb.

¿Ves **la colonia**?	*Do you see the housing development?*
Sí, **la** veo.	*Yes, I see it.*

- In constructions with the infinitive or the present progressive forms, the object pronoun may either precede or be attached to the infinitive or the present participle (**-ndo** form). Note the use of a written accent when attaching the direct object pronoun to the present participle.

Vamos a patrocinar **a una niña**.	*We're going to sponsor a child.*
Vamos a patrocinar**la**. **La** vamos a patrocinar.	} *We're going to sponsor her.*
Estoy leyendo **el informe**.	*I'm reading the report.*
Estoy leyéndo**lo**. **Lo** estoy leyendo.	} *I'm reading it.*

- In negative sentences, the direct object pronoun is placed between the **no** and the conjugated verb. It may also be attached to the infinitive or to the present participle.

No **los** vamos a mostrar. No vamos a mostrar**los**.	} *We're not going to show them.*

The personal a

- When the direct object is a specific person or persons, an **a** precedes the noun in Spanish. This is known as the personal **a**. Remember that **a + el** contract to form **al**.

El periodista entrevistó **a** la primera dama.	*The journalist interviewed the first lady.*
La organización patrocinó **a** 15.000 niños este año.	*The organization sponsored 15,000 children this year.*
El partido político seleccionó **al** candidato para presidente.	*The political party selected the candidate for president.*

- The personal **a** is required before every specific human direct object in a series, and before the indefinite expressions **nadie** and **alguien**. It is not used to introduce hypothetical persons.

La organización ayuda tanto **a** los padres como **a** los niños.	*The organization helps the parents as much as the children.*
Después de la reunión no encontramos **a** nadie en el salón.	*After the meeting, we didn't find anyone in the room.*
Queremos un presidente democrático y honrado.	*We want a democratic and honest president.*

- When the interrogative **quién(es)** requests information about the direct object, the personal **a** precedes it.

  ¿**A** quiénes están cargando los hombres?   *Who are the men carrying?*

- The personal **a** is not normally used with the verb **tener**.

  Tenemos un patrocinador muy generoso.   *We have a very generous sponsor.*

The indirect object and indirect object pronoun

Le quité los chicles hace dos días.

- An indirect object indicates to/for whom a noun/action is given/carried out, or from whom something is bought, borrowed, or taken away. The following chart shows the forms of the indirect object pronouns.

Indirect object pronouns			
Singular		**Plural**	
me	*(to) me*	nos	*(to) us*
te	*(to) you (familiar)*	os	*(to) you (familiar) (Spain)*
le	*(to) you (formal)* *(to) him / it (masculine)* *(to) her / it (feminine)*	les	*(to) you (formal)* *(to) them (masculine)* *(to) them (feminine)*

- The indirect object pronouns are identical to the direct object pronouns, except for the third person singular and plural.

- Indirect object pronouns agree in number with the noun to which they refer. There is no gender agreement.

Le acabo de dar un abrazo (**al niño**).	*I've just given him a hug (to the child).*
El pequeñito **le** mostró su casa **a la señora**.	*The child showed his house to the woman.*

- The indirect object pronoun is normally used even when the indirect object noun is expressed. These forms are called redundant or repetitive object pronouns and have no equivalent in English.

Les escribo una carta **a los periodistas**.	*I write a letter to the journalists.*
Le daremos una donación **a la causa**.	*We'll give a contribution to the cause.*

- Indirect object pronouns follow the same rules of placement as the direct object. Note the use of a written accent when attaching the indirect object pronoun to the present participle (-**ndo** form).

Le mostré (a ella) una foto del niño.	*I showed her a photo of the child.*
Te doy las firmas que tengo.	*I'll give you the signatures that I have.*
El niño **no le** regaló su foto.	*The child didn't give her his photograph.*

El joven **me** quiere mostrar su escuela. El joven quiere mostrar**me** su escuela.	} *The young man wants to show me his school.*
Te estoy dando consejos. Estoy dándo**te** consejos.	} *I'm giving you advice.*

- The familiar plural form **os**, corresponding to **vosotros**, is used only in Spain. In Hispanic America, **les** is used as the plural of **te**. **Les** is the form that we will use in this text.

Los niños **os** pidieron una foto vuestra. *(Spain)* Los niños **les** pidieron una foto suya. (*Latin America*)	} *The children asked you for your picture.*

Aplicación

3-29 Digna Ochoa. Lee este artículo sobre la mexicana Digna Ochoa, defensora de los derechos humanos, que murió en 2001. Identifica si las palabras subrayadas son objetos directos o indirectos (nombres o pronombres).

Digna Ochoa Plácido murió de dos balazos (*gunshots*) el 19 de octubre de 2001 a la edad de 37 años. Religiosa, originaria del pueblo de Misantla en Veracruz, dedicó <u>su vida</u> a la defensa de los derechos humanos.

Para ella su profesión era un arma. En el año 2000 fue entrevistada en los Estados Unidos donde había estudiado <u>derecho</u>. Su padre, líder obrero en una azucarera (*sugar refinery*), siempre decía que los obreros necesitaban <u>abogados</u> que no <u>les</u> cobraran mucho.

El año pasado Kerry Kennedy, hija de Robert Kennedy, <u>la</u> homenajeó (*paid her homage*) en Washington por su trabajo a favor de los derechos humanos. En el homenaje, Digna Ochoa fue parte de 51 activistas de derechos humanos de 40 países incluidos en el libro *Hablar con la verdad al poder: Defensores de derechos humanos que están cambiando el mundo.*

Ahora hay una petición al gobierno mexicano para que investigue su muerte. La petición dice, "<u>Les</u> pedimos, urgentemente, que se unan a nosotros demandando <u>una completa y transparente investigación</u> de esta atrocidad. <u>Les</u> pedimos <u>acciones inmediatas</u> para prevenir <u>las amenazas</u> (*threats*)" contra los defensores de derechos humanos.

Antes de su muerte, Digna Ochoa y sus colegas sufrieron <u>cinco años de hostigamientos</u> (*harrassment*) por teléfono, <u>intimidaciones personales, persecuciones, advertencias de secuestro o desaparición, violaciones, vigilancia en domicilios privados y oficinas de trabajo.</u> Digna Ochoa y el Centro Pro eran víctimas del espionaje telefónico, robos de materiales y de dinero en efectivo.

En 2003, la comisión oficial que investigó <u>su muerte</u> pronunció que Digna Ochoa se suicidó.

3-30 ¿Cuál es el caso de Digna Ochoa? Contesta las siguientes preguntas basadas en el artículo.

1. ¿Quién fue Digna Ochoa?
2. ¿Por qué se hizo abogada?
3. ¿Cómo murió Digna?
4. ¿Qué hostigamiento (*harrassment*) sufrió?
5. ¿Qué honor recibió?
6. ¿Crees que fue asesinada? ¿Por qué?

3-31 Ante la comisión. Imagínate que eres abogado/a en un grupo que investiga la muerte de Digna Ochoa. Escribe lo que quieres pedirles a las siguientes personas:

MODELO: al gobierno

Le pido justicia.

1. a la prensa
2. a su familia
3. a los jueces
4. al público
5. a tus colegas

3-32 Una experiencia curiosa. Completa los espacios en blanco de la carta con el pronombre de objeto directo o indirecto, la **a** personal o una X, si no se necesita nada.

Querida Antonia:

(1)_____ escribo para contar (2)_____ una experiencia que tuve durante mi visita a tu país. (3)_____ tuve una noche poco antes de volver a casa. Primero estuve en la capital donde conocí (4)_____ jefe de nuestra empresa. (5)_____ visité en su casa en una colonia cerca del centro. Después, cuando estaba en mi coche de camino a mi hotel, vi de repente (6)_____ un automóvil que venía hacia mí. Cuando (7)_____ vi, me di cuenta de que íbamos a chocar, y así fue. Afortunadamente, nadie se lastimó, pero el otro señor (8)_____ dijo que no tenía seguro y que no (9)_____ podría pagar la multa a la policía. (10)_____ aseguré que no (11)_____ iba a denunciar (*report*) por el accidente y que mi seguro pagaría los daños de mi coche. En ese momento vi (12)_____ una luz brillante. Llegó un coche largo y negro. Tres hombres vestidos de negro bajaron del coche y agarraron (*grabbed*) (13)_____ señor. (14)_____ metieron en el coche y salieron a toda velocidad. El día siguiente no vi nada en el periódico cuando salí para el aeropuerto. Ahora me pregunto si fui testigo (*witness*) de un asalto o de un secuestro (*kidnapping*).

3-33 Una experiencia curiosa. Usando la actividad **3-32** como modelo, inventen una experiencia curiosa. No se olviden de usar pronombres de objeto directo e indirecto y la **a** personal cuando sea necesario.

MODELO: Quiero contarte una experiencia que tuve…

Double object pronouns

- When both a direct and an indirect object pronoun are used together in a sentence, the indirect object pronoun precedes the direct object pronoun.

Te traigo la lista ahora.	*I'll bring you the list now.*
Te la traigo ahora.	*I'll bring it to you now.*

- The indirect object pronouns **le** (to you, to her, to him) and **les** (to you, to them) change to **se** when they appear with the direct object pronouns **lo, los, la, las.**

El periodista **les** dio el nombre del patrocinador.	*The journalist gave them the name of the sponsor.*
El periodista **se lo** dio.	*The journalist gave it to them.*

- As with single object pronouns, double object pronouns may be attached to an infinitive or to a present participle. In this case, the order of the pronouns is maintained and an accent mark is added to the stressed vowel of the verb. They may also be placed before the conjugated verb.

Joven, ¿puede traer**me** las firmas de los signatarios?	*Young man, can you bring me the signatures of the signatories?*
Enseguida voy a traér**selas.** Enseguida **se las** voy a traer.	} *I'll bring them to you right away.*
¿El delegado **nos** está preparando la lista de las participantes?	*Is the delegate preparing us the list of the participants?*
Sí, está preparándo**nosla.** Sí, **nos la** está preparando.	} *Yes, he's preparing it for us.*

Aplicación

3-34 En la oficina de Amnistía Internacional. Combina las frases y preguntas con sus respuestas lógicas.

1. _____ Jaime, ¿dónde están mis apuntes para el jurado?

2. _____ Mariana, búscame el número de teléfono del testigo.

3. _____ Ramón, tráeme una botella de agua.

4. _____ Carlos, tengo hambre. ¿Está listo el almuerzo?

5. _____ Toña, ¿dónde están las cartas que preparé anoche?

6. _____ Pepe, ¿quieres pedirles a los testigos que vengan esta tarde?

a. Se las puse en su escritorio esta mañana.

b. No se preocupe, se lo preparo ahora mismo.

c. Si quiere, se lo marco ahora.

d. Se lo informo ahora mismo.

e. Se los traigo enseguida.

f. No hay, pero voy al mercado y se la compro.

3-35 En una junta organizadora. Completa este diálogo con pronombres de objeto directo e indirecto, y con la **a** personal según el contexto.

Claudia: Bueno, Ramiro. Mañana es la inauguración de la campaña para recaudar fondos para nuestra causa. ¿Tienes los panfletos para repartir?

Ramiro: Sí, Claudia. (1) _____ recogí esta tarde. Esta noche voy a ver (2) _____ Manolo para dar_____(3) los que necesite. Mañana llego temprano y (4) _____ voy a repartir entre la gente.

Claudia: La campaña en la televisión empieza a primera hora en el programa *Primer impacto*. (5) _____ han anunciado en el periódico, pero no (6) _____ saben todos todavía. Si vamos a tener éxito, tiene que participar todo el mundo. Manolo, ¿por qué no preparas un anuncio para la radio también? ¿(7) _____ pueden difundir a partir de la medianoche? Cuando veas (8) _____ Francisca, di_____ (9) que (10) _____ anuncie cada hora durante toda la noche.

Manolo: De acuerdo, Claudia. (11) _____ _____explicaré bien a Francisca. Ella es muy responsable. Además, por ser cuñada del presidente, (12) _____ van a escuchar. Seguramente la gente (13) _____ mostrará su apoyo.

Claudia: ¿A qué hora es la reunión con el presidente?

Ramiro: Esperamos ver_____ (14) al mediodía como (15) _____ ha avisado su secretario. La presentadora y Francisca llegarán en helicóptero y (16) _____ recogeremos para la visita con el presidente.

Claudia: Bueno, todo está en orden. ¡Mañana comienza la campaña! Y con su ayuda, amigos, una nueva época para los niños del mundo.

3-36 Una entrevista con Nane Annan. Completa la entrevista de Myrka con Nane Annan, la esposa del Secretario General de la ONU, usando dos pronombres de objeto.

Myrka: Señora Annan, sabemos que usted se interesa mucho por los derechos de los niños y que viaja por todo el mundo en apoyo de esa causa. Cuando Ud. visita un lugar nuevo, ¿los niños le dan recuerdos?

Sra. Annan: _____

Myrka: ¿Las familias le muestran sus casas?

Sra. Annan: _____

Myrka: ¿El alcalde le da la bienvenida?

Sra. Annan: _____

Myrka: ¿Usted le regala algo al alcalde, como por ejemplo la bandera de la ONU?

Sra. Annan: _____

Myrka: ¿Y él le regala la bandera de su país?

Sra. Annan: _____

3-37 Los derechos humanos. Vuelve a leer la *Declaración* y escoge cinco derechos para explicarlos según el modelo.

MODELO: la libertad de expresión

> *Este derecho nos lo da la Declaración porque es importante poder expresar nuestra opinión sin temer represalias.*

3-38 Amnistía Internacional entrevista a un jefe o a una jefa de estado. Escojan un país que no respete los derechos humanos según la información de Amnistía Internacional. Preparen entre ocho y diez preguntas para hacerle al jefe o a la jefa de estado. Otro grupo hará el papel de jefe o jefa de estado.

MODELO: **E1:** *Señor/a Presidente/a, ¿por qué no nos permite visitar a los prisioneros políticos?*

> **E2:** *Les doy permiso para visitarlos, pero ellos no quieren verlos a ustedes.*

3-39 Una causa importante. Imagínate que eres miembro de una organización que necesita fondos para una causa importante. Escribe una carta de ocho a diez lineas para explicar el propósito de la organización y por qué solicitas donaciones. Puedes empezar la carta con una variación del modelo:

MODELO: *Estimado colega (amigo, compañero, etc.):*

> *Quiero hablarle sobre una organización que va a tener mucha influencia en el siglo XXI...*

3. Gustar and similar verbs

¿Te gustó el resultado de las elecciones?

- The verb **gustar** expresses preferences, likes and dislikes. **Gustar**, however, is not directly equivalent to the English verb to like. Literally, it means to be pleasing.

  Me gusta la libertad.　　　　　　*I like liberty. (Liberty is pleasing to me.)*
  Al presidente Rodríguez Zapatero　*President Rodríguez Zapatero likes*
  　le gustan los gobiernos　　　　*democratic governments.*
  　democráticos.　　　　　　　　　*(Democratic governments are pleasing*
  　　　　　　　　　　　　　　　　to him.)

- **Gustar** is most often used in the third person singular or plural forms, **gusta** and **gustan**. It is also accompanied by an indirect object pronoun to express the idea that object(s) or person(s) are pleasing to someone. (That someone is an indirect object.)

  Nos gustó el discurso pacifista del　*We liked the delegate's pacifist*
  　delegado.　　　　　　　　　　　*speech.*
  No me gustan ni las dictaduras de　*I don't like either right- or left-wing*
  　derecha ni las dictaduras de izquierda.　*dictatorships.*

- To express the idea that one likes to do something, use the singular form of **gustar** with an infinitive or series of infinitives.

  Nos gustaba siempre votar temprano.　*We always liked to vote early.*
  Me gusta patrocinar y ayudar a　　　*I like to sponsor and help a child.*
  　un niño.

  Other verbs used like *gustar*:

caer bien	*to like (a person)*
caer mal	*to dislike (a person)*
encantar	*to love (colloquial; lit., to be enchanting)*
faltar	*to lack, miss (lit., to be lacking)*
fascinar	*to be fascinated by (lit., to be fascinating)*
hacer falta	*to need (lit., to be needed)*
impresionar	*to be impressed (lit., to impress)*
interesar	*to be interested in (lit., to interest)*
molestar	*to be a bother (lit., to be bothersome)*
parecer	*to seem*
quedar	*to have remaining/left over (lit., to be remaining)*

- Be careful when using the verb **gustar** to express likes and dislikes related to people. In Spanish, **gustar** is used with people to express the idea that you feel attracted to a person in a physical and/or emotional sense.

  Me gusta María Luisa. *I like María Luisa. (I am attracted to her.)*
  A muchos votantes **les gustan** los *Many voters like young politicians.*
  políticos jóvenes. *(They are attracted to them.)*

- To say that you like or dislike someone because of the way that the person behaves or acts, Spanish speakers frequently use the expressions **caer bien** and **caer mal**.

  Nos cae bien la presentadora. *We like the talk show hostess. (She's a great person.)*
  Me caen mal los tiranos. *I don't like tyrants. (I can't stand them.)*

- Use **gustar** when referring specifically to qualities or defects of a person.

  Me gusta cómo escribe el periodista. *I like how the journalist writes.*
  No **le gustan** las personas inflexibles. *She doesn't like inflexible people.*

- When referring to food, use **gustar** to express that a certain food is pleasing or not pleasing, and the verb phrase **caer bien** or **caer mal** to express that the food sits well or does not sit well with someone.

  A los refugiados no **les cae bien** la *The canned food doesn't agree with*
  comida enlatada. *the refugees.*
  Sin embargo, **les gustan** mucho *However, they like the Red Cross*
  las meriendas de la Cruz Roja. *snacks a lot.*

Aplicación

3-40 Un plan estratégico. Completa el monólogo con pronombres de objeto indirecto, el verbo **gustar** u otros similares que tengan sentido según el contexto.

Compañeros y compañeras, lo que voy a decirles quizás no les va a gustar pero
(1) _____ pensar seriamente en el futuro de esta organización. (A mí)
(2) _____ que hemos esperado demasiado tiempo para hacer algunos cambios radicales. Primero, (a nosotros) no (3) _____ muy bien el director de la compañía y (4) _____ sus anuncios y circulares (*memos*). Además, (a él) (5) _____ las peleas entre los empleados. (A nosotros) (6) _____ un líder fuerte, alguien que sepa actuar en beneficio de la organización. Por lo tanto, a mí (7) _____ servirles a ustedes como su nueva jefa. ¿Qué (8) _____ a ustedes mi propuesta?

3-41 En tu opinión. Usa verbos como **gustar** para dar tu opinión sobre los asuntos siguientes.

MODELO: los derechos humanos

Me parecen cruciales para todos.

1. las organizaciones benéficas
2. la esclavitud
3. la educación
4. la violación
5. el Secretario General de la ONU
6. la libertad de prensa
7. los congresos con tema social
8. los soldados que privan a los ciudadanos de los derechos humanos

3-42 Me parece una idea excelente. Escríbanle una carta al editor de un periódico para expresar su opinión sobre cualquier causa humanitaria. Usen expresiones como **gustar, parecer, fascinar, impresionar,** etc.

3-43 Me cae bien o me cae mal. Hagan una lista de diez políticos, grupos políticos u organizaciones gubernamentales. Háganse preguntas sobre qué tal les caen.

MODELO: **E1:** ¿Qué tal te cae la Cruz Roja?

E2: *Este año me cae muy bien porque sus labores en regiones necesitadas han sido muy buenas. Me impresionan su organización y su independencia del sector comercial que es lo que quiere el pueblo.*

3-44 No tienen razón. Formen grupos a favor o en contra de estas declaraciones para debatirlas ante toda la clase. (Algunos tendrán que apoyar posiciones con las que no estén de acuerdo.)

1. Algunos de los derechos humanos no son aplicables al Tercer Mundo.
2. A los políticos en general les interesa más el poder que ayudar a las causas comunitarias.
3. Hay que respetar diferencias culturales en la aplicación de los derechos humanos.
4. Algunos de los derechos humanos no se aplican a los niños.
5. Las organizaciones humanitarias, como *Save the Children* o la Cruz Roja deben recibir apoyo financiero del gobierno.

3-45 Un noticiero hondureño. Escucha el noticiero de Tegucigalpa después de la visita de Nane Annan. Completa la información que falta a continuación.

1. La visita duró...
2. Visitó lugares como...
3. Se reunió con...
4. Después se sintió...
5. Su visita ha recibido...

Conexiones

 Ritmos

Millo Torres

El guitarrista, cantante y compositor puertorriqueño Millo Torres comenzó sus estudios de música en Boston University y luego se graduó de Berklee College of Music. Al regresar a su país, el talentoso músico formó una banda de ska/reggae latino llamada "El tercer planeta". Desde entonces Millo y su banda han grabado varios discos y han llevado su música a muchos países.

Antes de escuchar

3-46 Detenciones inconstitucionales. En parejas, discutan los siguientes temas y presenten sus opiniones al resto de la clase.

1. ¿Qué piensan de la práctica por parte de las autoridades de detener ilegalmente a una persona por el color de su piel (*racial profiling*)?

2. ¿Creen que es un método efectivo para combatir el crimen o el terrorismo?

3. Pueden citar un caso en el que las autoridades hayan cometido una injusticia siguiendo este método?

A escuchar

Arresto mental

"¿A dónde vas?" Me dicen que te andan buscando,
La policía dice: "has hecho un crimen de alta gravedad",
"Será verdad," yo digo.
Si haber nacido con la piel oscuro° es una ofensa,   *dark skin*
No, no encontrarás defensa,
Pues eres víctima de esta maldad.°   *evil*
Y te preguntan: "¿Quién eres?"
"¿Dónde vas?" "¿Ah?"
¿Qué has hecho? Tu mirada no me gusta, ah.
Tu familia y tu pasado, ¿dónde estan? Ah.
¡Si no hablas inventamos° toda la verdad!   *we'll make up*
¡No! Y a veces pienso,
¡No! que es el comienzo de esta triste,
triste historia, ah,
que todo ciudadano° odia.   *citizen*
Arresto, arresto mental, sin prueba, sin nada, sin nada, nada.
Arresto, arresto mental.
"¿Qué te pasó?" Me dicen que te rebuscaron°   *you were searched; seized*
La fiscalía° dice había sospecha   *District Attorney's office*
y que de posesión°,   *suspicion of possession of arms*
¡Objeción!,   *and/or drugs, so they say*

Si andar vestido de tres colores,
ahora es un delito,
No, no encontrarás perito°   *expert*
Te han designado cara de ladrón° y de ladrón   *thief*
Y te preguntan...
¿Qué? Wo, no y te preguntan,
¿Qué? Wo, no no no no no no
Ay, y como a veces pienso,
que es el comienzo de esta triste, triste historia,
que todo ciudadano odia.
Arresto, arresto mental, sin pruebas, sin nada.
Arresto, arresto mental–ser la víctima de un poli
Arresto, arresto mental. Mental, mental, mental, mental.
Arresto mental.
Yo digo diez mil historias, viajando de ciudad
A ciudad, ensuciando nuestra vecindad   *neighborhood; community*
No, no, no, no, no, no, no
 Culpo° al sistema, que abusa de su autoridad,   *I blame*
 que vive en otra realidad
y que el poder lo ciega niega.°   el... *power blinds it and it (the*
¡Libertad!   *system) denies it*

Arresto, arresto mental, sin pruebas, sin nada
Arresto, arresto mental – ser la victima de un poli
Arresto, arresto mental. Mental, mental, mental, mental.
Arresto, soy tu arresto mental.

Después de escuchar

3-47 ¿Qué piensas? Contesta las siguientes preguntas sobre la canción y discute las respuestas con tus compañeros/as de clase.

1. ¿Para quiénes, según la canción, es difícil encontrar defensa?
2. ¿Qué crees que significa la frase "arresto mental"?
3. ¿Puedes pensar en otro ejemplo de arresto mental?

4. ¿Qué pasa, según la canción, si las autoridades te arrestan y no hablas?
5. ¿Por qué crees que vestirse de tres colores es un crimen en la canción?
6. Según la canción, ¿qué es un delito ahora?
7. ¿A quién o a qué culpa el cantante?

3-48 Cancionero por la paz. Elijan una de las estrofas (*stanzas*) y hagan un dibujo de lo que describe. Luego explíquenle su dibujo al resto de la clase.

Imágenes

Carlos Alonso

Carlos Alonso nació en Mendoza, Argentina, en 1929. Es pintor, dibujante y grabador. En 1959 ilustró el famoso poema gauchesco *Martín Fierro* y continuó ilustrando libros populares por varios años. Como pintor, Alonso ha ganado varios premios importantes y hoy es considerado uno de los más grandes pintores de la Argentina por su extraordinario sentido del color y de la composición y, sobre todo, por sus temas de impacto social y político.

Perspectivas e impresiones

3-49 Observen el cuadro. Comenten estos elementos del cuadro.

1. los colores y el efecto que tienen
2. la censura
3. las víctimas y los culpables *(guilty)*
4. el mensaje sociopolítico

3-50 A explorar: Oswaldo Guayasamín. Oswaldo Guayasamín es otro artista latinoamericano cuyos temas muchas veces se centran en los derechos humanos. Visita el sitio de *Conexiones* en la red *www.PHSchool.com* e inserta el jpd-0003 para ver ejemplos de su obra. Elige uno y describe los colores que usa, su estilo y su tema.

Manos anónimas, 1982/83, acrílico s/tela, 102 x 76 cm.

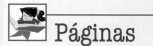

Páginas

Armando Valladares

El poeta Armando Valladares nació en Cuba en 1937. Después de ser detenido en 1960, pasó veintidós años en las cárceles políticas de la Cuba comunista de Fidel Castro. Su error había sido ser funcionario *(a public official)* del gobierno revolucionario y oponerse al control del poder por los marxistas. Valladares es uno de los sobrevivientes de los trabajos forzados en la prisión de Isla de Pinos. Allí vio asesinar a muchos de sus compañeros. Finalmente hubo una campaña mundial para su liberación en la que participaron Amnistía Internacional, los Pen Clubs, varios gobiernos e intelectuales. La campaña culminó con la petición del presidente francés Francois Mitterand a Castro. Valladares fue liberado en octubre de 1982.

Antes de leer

3-51 En anticipación. Hagan una lista de lo que ustedes piensan que una persona echa de menos (*miss*) cuando está en la cárcel. Su lista puede incluir objetos, personas y conceptos.

MODELO: **E1:** *Estando en la cárcel, se echa de menos a la familia y las actividades en casa.*

E2: *También me parece que se tiene que echar de menos a los amigos y las actividades sociales.*

3-52 Estrategias de la lectura. Un poema usa imágenes y símbolos para comunicar su mensaje. Lee rápidamente el primer poema y busca palabras que te ayuden a captar el tono. ¿Qué sustantivos, adjetivos y colores comunican el estado de ánimo del poeta?

A leer

No importa, llevaré por ti...

A mi sufrida madre, a todas las madres
No importa que tampoco este año
permitieran
que tu beso alegrara mi tristeza.
Los juguetes° grandes — *toys*
de mis horas azules
han ascendido por las rejas° — *prison bars*
y las han hecho florecer de amor.
Hace siete años madre
que no tenemos un abrazo,
que no te dejan ni de lejos verme
pero piensa en las rosas blancas
de las lápidas° sin nombres — *tombstones*
en las tumbas sin cruces.
Cuba está sembrada° — *sown*
de cadáveres de otros hijos
que no pudieron ver a sus madres
madres enloquecidas
madres inconsolables.
No habrá jamás para ellas
rosas en ese día...
Yo volveré a verte
pero no podré como antes — *Due to several hunger strikes to protest prison*
esperarte de pie para el abrazo — *conditions, Valladares became temporarily*
estaré en mi silla de ruedas° — *paralyzed, unable to walk.*
mas° no estés triste — *but*
piensa que llevaré — *En Cuba era tradicional el Día de las*
por ti — *Madres que los hombres llevaran una*
una rosa roja° — *rosa blanca si la madre estaba muerta,*
en mi pecho. — *y una rosa roja si la madre estaba viva.*

Después de leer

3-53 ¿Cómo lo interpretas tú?

1. ¿A quién(es) se dirige el poema y en qué ocasión?
2. ¿Qué simbolizan la rosa blanca y la rosa roja para el poeta? ¿Qué simbolizan para ti?
3. ¿Crees que su mamá todavía vive? ¿Por qué?

Antes de leer

Miguel Hernández

Miguel Hernández es uno de los poetas españoles más importantes del siglo XX. Gran parte de su poesía trata sobre la paz y la libertad. Al comienzo de la guerra civil española se enlistó en el ejército republicano. Con la derrota de la República, fue encarcelado y sentenciado a muerte. Murió en la cárcel de Alicante el 28 de marzo de 1942. Entre sus varios poemarios está *El hombre acecha* (1939), donde se incluye "El herido".

3-54 Una metáfora. El poeta emplea la metáfora de un árbol para describir su sufrimiento, muerte y renacimiento. Combina los elementos para ver la conexión entre los dos seres vivos.

1. ___ la sangre
2. ___ los pies
3. ___ el cuerpo
4. ___ la carne
5. ___ los brazos
6. ___ las manos

a. el tronco
b. las hojas
c. las ramas
d. la madera
e. la savia
f. las raíces

A leer

El herido (fragmento)

Para la libertad sangro°, lucho, pervivo°	*I bleed / I go on living*
Para la libertad mis ojos y mis manos,	
como un árbol carnal° generoso y cautivo°,	*de carne / prisionero*
doy a los cirujanos°.	*surgeons*
Para la libertad siento más corazones	
que arenas° en mi pecho, dan espuma° a mis venas	*grains of sand / foam*
y entro en los hospitales y entro en los algodones°	*cotton fields*
como en las azucenas°.	*fields of lilies*
Porque donde unas cuencas vacías amanezcan°	*cuencas... empty holes*
ella° pondrá dos piedras de futura mirada,	*appear with the morning*
y hará que nuevos brazos y nuevas piernas crezcan	*sun / la libertad*
en la carne calada°.	*blood-soaked flesh*
Retoñarán aladas de savia° sin otoño	*Retoñarán... wings of sap*
reliquias de mi cuerpo que pierdo en cada herida°,	*will sprout / wound*
porque soy como el árbol talado° que retoño,	*felled*
aún° tengo la vida.	*todavía*

Después de leer

3-55 La libertad. Conversen entre ustedes sobre lo que significa la libertad. Pueden incluir ideas concretas y pensamientos abstractos.

MODELO: **E1:** *Para mí la libertad es el derecho a votar.*

             E2: *Para mí es poder entrar y salir de mi país cuando quiero.*

 **Taller**

Crear poesía La poesía puede expresar los sentimientos más sencillos tanto como los más profundos. Puede ser individual o colectiva. Siguiendo el modelo, trabaja solo/a o con un/a compañero/a para crear un poema original.

Antes de escribir

Idear. Piensa en un concepto, imagen u objeto que consideres importante, interesante o curioso.

A escribir

Describir. Describe el concepto (imagen u objeto) con dos adjetivos.

Expandir. Escribe tres participios presentes para describir acciones relacionadas con el concepto.

Desarrollar. Escribe una frase de cuatro palabras para desarrollar o modificar el tema. (Los artículos y los pronombres de objeto no cuentan en las cuatro palabras.)

Resumir. Con una sola palabra, resume o cierra el poema.

MODELO:

Paz
regional, mundial
alcanzándose, escapándose, desapareciéndose
¡qué frágil la raza humana!
perdida.

Después de escribir

Revisar la comunicación: Vuelve a leer tu poema. ¿Expresa lo que esperabas?

Revisar la gramática y el vocabulario:

- ❏ ¿Has incluido vocabulario de esta lección?
- ❏ ¿Has utilizado alguna expresión impersonal con subjuntivo?
- ❏ ¿Has usado algún verbo como **gustar**?
- ❏ ¿Has usado adjetivos descriptivos adecuados?
- ❏ ¿Has verificado la concordancia y la ortografía?

Intercambiar. Intercambia tu poema con el de un/a compañero/a. ¿Cada uno/a comunicó bien sus ideas? Háganse una evaluación del mensaje del poema y otra de la estructura.

Entregar. Incorpora las sugerencias de tu compañero/a, pasa tu trabajo a limpio y entrégaselo a tu profesor/a.

4 | El individuo y la personalidad

Objetivos comunicativos

- Talking about yourself and others: personality and routines
- Describing people, things, and situations
- Telling what has happened

Contenido

Curiosidades

¿SABES?

- ¿Cuánto tiempo tardó en venderse la primera edición (600 ejemplares) de *La interpretación de los sueños* de Sigmund Freud?

  a. ocho días

  b. ocho años

  c. ocho meses

- ¿Cómo se compara el coeficiente de inteligencia (*IQ*) de los hombres con el de las mujeres?

  a. el de los hombres es un poco más alto

  b. son iguales

  c. el de las mujeres es un poco más alto

- ¿Cuál es la combinación de colores que tiene más impacto en la mente?

  a. amarillo con negro

  b. negro con blanco

  c. rojo con amarillo

"¿Qué tipo de personalidad te atrae? ¿Qué tipo te fastidia? ¿Por qué?"

¡Así es la vida!

Cómo soy

«Creo que al fin estoy madurando y tengo momentos en los que me pregunto si lo que quiero es lo que necesito».
Fernando Ciangherotti,
actor mexicano

«La vida es un taxi. Tú eres el chofer».
Luis Enrique,
cantante nicaragüense

«La edad tiene su atractivo. Una no debe pensar que los mejores años pasaron».
Lupita Ferrer,
artista venezolana de 52 años

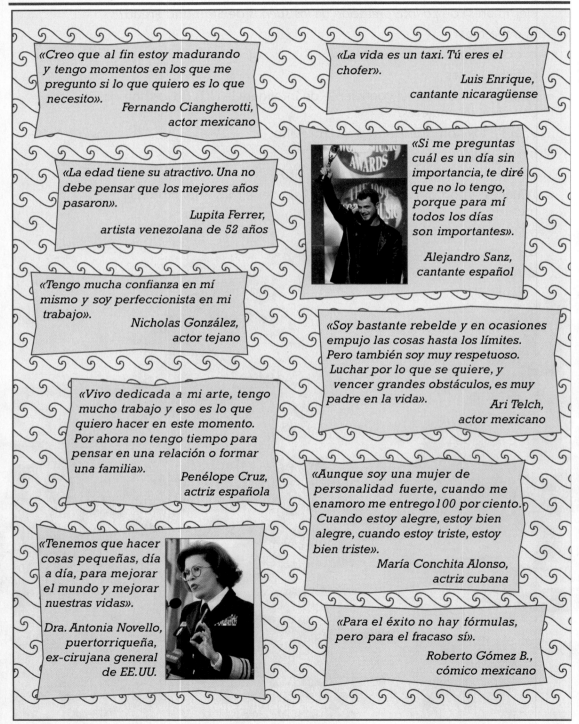

«Si me preguntas cuál es un día sin importancia, te diré que no lo tengo, porque para mí todos los días son importantes».
Alejandro Sanz,
cantante español

«Tengo mucha confianza en mí mismo y soy perfeccionista en mi trabajo».
Nicholas González,
actor tejano

«Soy bastante rebelde y en ocasiones empujo las cosas hasta los límites. Pero también soy muy respetuoso. Luchar por lo que se quiere, y vencer grandes obstáculos, es muy padre en la vida».
Ari Telch,
actor mexicano

«Vivo dedicada a mi arte, tengo mucho trabajo y eso es lo que quiero hacer en este momento. Por ahora no tengo tiempo para pensar en una relación o formar una familia».
Penélope Cruz,
actriz española

«Aunque soy una mujer de personalidad fuerte, cuando me enamoro me entrego 100 por ciento. Cuando estoy alegre, estoy bien alegre, cuando estoy triste, estoy bien triste».
María Conchita Alonso,
actriz cubana

«Tenemos que hacer cosas pequeñas, día a día, para mejorar el mundo y mejorar nuestras vidas».
Dra. Antonia Novello,
puertorriqueña,
ex-cirujana general
de EE.UU.

«Para el éxito no hay fórmulas, pero para el fracaso sí».
Roberto Gómez B.,
cómico mexicano

¡Así lo decimos! VOCABULARIO

Vocabulario primordial

el chofer	la estatura
enamorarse	noble
espiritual	la vida

Vocabulario clave

Verbos

acostumbrarse (a)	to get used to
entregarse	to devote oneself wholly; to surrender
luchar	to fight
portarse bien/mal	to behave/to misbehave
relajarse	to relax
superarse	to excel
vencer	to defeat, to overcome

Sustantivos

la autoestima	self-esteem
el bufete	law office
el carácter	personality
la confianza	confidence
la meta	goal, aim
el trastorno	upset (mental or physical)
la vergüenza	embarrassment

Adjetivos

afligido/a	upset
bondadoso/a	good-natured
desenvuelto/a	outgoing
despreocupado/a	carefree
dichoso/a	happy
exitoso/a	successful
grosero/a	nasty, vulgar
honrado/a	honest
malhablado/a	foul-mouthed
malvado/a	evil
maniático/a	compulsive
mentiroso/a	lying; false
rudo/a	rough; rude

Ampliación

Verbos	Sustantivos	Adjetivos
afligir	la aflicción	afligido/a
aislar (se)	el aislamiento	aislado/a
desilusionar	la desilusión	desilusionado/a
mentir (ie, i)	la mentira	mentiroso/a
rebelarse	la rebeldía	rebelde
tranquilizar(se)	la tranquilidad	tranquilo/a

¡Cuidado!

Cognados falsos

- **soportar** to put up with, tolerate

  ¡**No soporto** a un hombre tan grosero! — I don't put up with such a nasty man!

- **apoyar** to support

  Mis amigos siempre me **apoyan** en mis decisiones. — My friends always support me in my decisions.

- **el recuerdo** memory, as in remembrance

  Tengo muy buenos **recuerdos** de mi niñez. — I have good memories of my childhood.

- **la memoria** memory; the capacity to remember

  ¡Mi **memoria** es excelente! Puedo recordar mi primer número de teléfono. — My memory is excellent! I can remember my first telephone number.

Aplicación

4-1 ¿Quién es? De las autodescripciones de la sección **¡Así es la vida!**, identifica a las personalidades que tienen las siguientes cualidades. ¿Cuál de ellas se parece más a ti? ¿Por qué?

1. serio/a	4. independiente	7. astuto/a
2. agresivo/a	5. desenvuelto/a	8. dichoso/a
3. egoísta	6. con una gran autoestima	9. idealista

4-2 A explorar: La personalidad. Visita el sitio de *Conexiones* en la red *www.PHSchool.com* e inserta el Web Code jpd-0004 para ver más imágenes de una de las personalidades de **¡Así es la vida!** Explica si te identificas con esta personalidad y por qué.

4-3 ¿Quiénes? A continuación tienes una lista de personalidades actuales e históricas, y personajes (*characters*). Usa adjetivos de la lista para describirlos y explica por qué eran o son así.

MODELO: Marie Antoinette
         Marie Antoinette, la esposa de Louis XIV, fue una persona muy
         egoísta. *Creía que los pobres que no tenían pan podían comer torta.*

1. Ricky Martin	maniático/a	honrado/a
2. Martha Stewart	rebelde	exitoso/a
3. Bart Simpson	rudo/a	bondadoso/a
4. Sandra Day O'Connor	agresivo/a	desenvuelto/a
5. Howard Stern	mentiroso/a	despreocupado/a
6. Gloria Estefan	malhablado/a	desilusionado/a
7. Shakira	grosero/a	serio/a
8. Condoleesa Rice	tímido/a	malvado/a

4-4 ¡Cuidado! Completa el diálogo con la forma correcta de las expresiones siguientes.

apoyar	recordar	la memoria
soportar	el apoyo	el recuerdo

Luisa: ¡Qué mala (1)_____ tengo! No (2)_____ el nombre de ese chico que está con Gracia.

Pablo: Yo sí lo (3)_____, pero es un malvado y no lo (4)_____.

Luisa: ¿Por qué dices eso? Si no (5)_____ mal, él la (6)_____ mucho.

Pablo: No es verdad. ¿Recuerdas cuando todos estábamos en España el año pasado? Gracia le pidió (7)_____ cuando perdió su bolsa, pero él no la ayudó en nada.

Luisa: Bueno, no insistas. Mira, siempre voy a tener buenos (8)_____ del tiempo que tú y yo pasamos juntos en España, pero ni me interesa la historia de Gracia y ese chico, ni me acuerdo de ella.

Pablo: Es verdad que tienes una (9)_____ muy mala. ¿No (10)_____ que cuando estábamos allí me dijiste que no (11)_____ ni el sol ni el calor?

Luisa: De acuerdo. Pero siempre los (12)_____ son más lindos que la realidad.

4-5 Un consejo. Lee la siguiente carta que un padre le escribió a su hijo y complétala con la forma correcta del verbo más apropiado en cada caso.

acostumbrarse	portarse	relajarse
apoyar	recordar	vencer

Caracas, 3 de octubre de 2004

Querido Toño:

¡Ojalá que todo vaya bien en el colegio y que (1)_____ bien en tus clases y con tus amigos! Tu mamá y yo sabemos que es difícil (2)_____ a la vida en un internado, pero debes (3)_____ que siempre te vamos a (4)_____ con nuestros consejos y amor. No te olvides que aunque es bueno (5)_____, es importante ser dedicado para (6)_____ las dificultades y salir bien en la vida.

Un beso de,

Tu padre

4-6 En familia. Completa las siguientes oraciones usando una variación de cada palabra en itálica. Si necesitas ayuda, consulta la sección llamada **Ampliación**.

MODELO: La señora ha vivido sola por más de veinte años y ahora se siente totalmente *aislada*. **Se ha aislado** de todos sus amigos.

1. Ese _____ me dijo que era rico. Ahora niega haberme *mentido*.
2. Gracias por _____ al niño. Por fin duerme *tranquilamente*.
3. Fue una gran *desilusión* para el candidato no ganar las elecciones. Espero que ahora esté menos _____.
4. En su adolescencia el joven *se rebeló* contra toda autoridad. Su _____ le costó todas sus amistades.
5. Los trágicos resultados de la explosión *afligieron* mucho a los habitantes de la ciudad. Aún los que no viven allí sienten mucha _____.

4-7 El desafío. Escojan cuatro personas famosas de la política, del cine o de la televisión sin decir su nombre. Luego, túrnense para describir cada persona mientras el/la compañero/a que escucha trata de adivinar quién es.

4-8 Cápsula personal. Escriban su filosofía personal en cuanto a la vida, el amor, el trabajo, etc. usando **¡Así es la vida!** como modelo. Después compartan y comenten sus cápsulas.

 4-9 Descubran al mentiroso por sus gestos. Lean el siguiente artículo y luego hablen de las mentiras y los mentirosos.

¿Cómo descubrir a un mentiroso?

De acuerdo con el famoso psicólogo Dr. Paul Ekman, de la Universidad de California, «la mayoría de los mentirosos tienen éxito con sus mentiras porque nadie quiere hacer el esfuerzo que se requiere para descubrirlos». Pero, ¿en qué consiste este esfuerzo? Si quieres descubrir a un mentiroso, sólo tienes que observarlo detenidamente mientras habla. ¡Su actitud y expresión te dirán la verdad sobre sus mentiras!

Probablemente, estás hablando con un mentiroso si...

- su respiración es rápida y agitada, y si respira profundamenta cuando lo confrontas.
- al confrontarlo, se muestra sorprendido o sobresaltado.
- sus ojos se fijan en los tuyos prolongadamente, como para fingir una «mirada sincera».
- mira el reloj varias veces mientras habla, se ajusta los lentes o se alisa la ropa.
- se toca la punta de la nariz con los dedos.
- levanta las cejas (esto indica una reacción de sorpresa si lo sorprenden en un descuido o contradicción).

- se corrige varias veces y da demasiadas explicaciones que no has pedido.
- al confrontarlo, inclina o dobla el cuerpo.
- cuando no está hablando aprieta los labios.
- se toca la cara, particularmente cerca de la boca.
- cruza y descruza las piernas varias veces durante la conversación (así gana tiempo y alivia el estrés).

1. Describan algunas circunstancias en las que es aceptable mentir para no ofender a otra persona.
2. Den ejemplos y justifiquen circunstancias en las que es conveniente no decir toda la verdad.
3. Expliquen cómo se portan las personas cuando mienten.
4. Escriban una lista de los gestos que hace el mentiroso de acuerdo con el artículo. Luego identifiquen los gestos que han visto en personas mentirosas.

¡A repasar!

El subjuntivo con expresiones impersonales
Una guía sobre el estrés

Escribe sobre algunas situaciones estresantes y la manera en que se debe reaccionar ante éstas. Usa un mínimo de cinco de las siguientes frases impersonales: **Es obvio que**…; **Es mejor que**…; **Es necesario**…; **Es importante que**…; **Es crucial que**…; **Es cierto que**…; **Es raro que**…; **Es verdad que**…; **Es posible que**…

MODELO: *Trabajar con niños pequeños puede ser muy estresante.* ***Es cierto que*** *es muy divertido y gratificante,* ***pero es necesario*** *estar siempre alerta.* ***Es obvio que*** *los niños pequeños requieren mucha atención. Esto causa mucha tensión, por eso en una situación así* ***es mejor que*** *usted mantenga una actitud calmada y positiva. Etc.*

Recuerda: Para continuar las frases impersonales y formar oraciones completas, debes elegir entre el subjuntivo, el indicativo el infinitivo, según la frase. Para repasar, consulta la Lección 3.

Reto: Trata de incluir más de cinco frases impersonales. Usa muchas palabras de **¡Así lo decimos!**

¡Así lo hacemos! ESTRUCTURAS

1. Reflexive constructions

El barbero *se afeita*.

El barbero *afeita* al cliente.

Reflexive pronouns

A reflexive construction is one in which the subject both performs and receives the action expressed by the verb. The verb in a reflexive construction is always accompanied by a reflexive pronoun.

● As with the object pronouns, reflexive pronouns are placed immediately before the conjugated verb, or attached to the present participle (-**ndo**) or the infinitive.

Subject pronouns	Reflexive pronouns	Verb
yo	me *(myself)*	lavo
tú	te *(yourself)*	lavas
Ud., él, ella	se *(yourself/himself/herself)*	lava
nosotros/as	nos *(ourselves)*	lavamos
vosotros/as	os *(yourselves)*	laváis
Uds., ellos/as	se *(yourselves/themselves)*	lavan

Me lavo las manos.[1]   *I wash my hands.*

El joven está peinándose. ⎫
El joven **se** está peinando. ⎭   *The young man is combing his hair.*

Julia va a maquillarse ahora. ⎫
Julia **se** va a maquillar ahora. ⎭   *Julia is going to put on her makeup now.*

---

[1]When talking about parts of the body and articles of clothing, use the definite article rather than the possessive.

Reflexive verbs

- Verbs that describe personal care and daily habits or routines are often reflexive.

Me voy a acostar tarde.	*I'm going to bed late.*
Elena se maquilla antes de ir a la oficina.	*Elena puts on makeup before going to the office.*
Lávate los dientes después de comer.	*Brush your teeth after you eat.*

A que ya sabías

El esmero personal y la rutina diaria

The following are some personal care and daily routine verbs. Can you remember others?

acostarse (ue)	dormirse (ue, u)	peinarse
afeitarse	ducharse	ponerse
bañarse	lavarse	secarse
cepillarse	levantarse	quitarse
despertarse (ie)	maquillarse	vestirse (i, i)

- In Spanish, verbs that express feelings, moods, and changes in conditions or emotional states are often reflexive. In English these ideas are expressed with verbs like *to get* or *to become*, or non-reflexive verbs.

Me alegro de verte.	*I am happy to see you.*
Mis amigos se enojan si pierden.	*My friends get (become) angry if they lose.*
Luis se enamoró de Ana.	*Luis fell in love with Ana.*
Ayer nos divertimos en la fiesta.	*Yesterday we had fun at the party.*
No me acuerdo de eso.	*I don't remember that.*
Me olvido de todo cuando estoy afligido.	*I forget everything when I'm upset.*

- The reflexive structure can be used with almost any transitive verb (a verb that takes a direct object) to indicate or emphasize something one does to or for him/herself.

Compro un libro.	*I buy a book.*
Me compro un libro.	*I buy myself a book.*
Leí una novela rosa.	*I read a romance novel.*
Me leí una novela rosa	*I read myself a romance novel.*

- Some verbs change meanings when used with a reflexive pronoun.

Nonreflexive		Reflexive	
acostar	to put to bed	acostarse	to go to bed
dormir	to sleep	dormirse	to fall asleep
enfermar	to make sick	enfermarse	to become sick
ir	to go	irse	to go away, to leave
levantar	to lift	levantarse	to get up
llamar	to call	llamarse	to be called (named)
llevar	to wear, carry	llevarse	to get along (with someone)
poner	to put, to place	ponerse	to put on, to become
quitar	to remove	quitarse	to take off
vestir	to dress	vestirse	to get dressed

Reciprocal actions

- The plural forms of reflexive verbs can express reciprocal actions, things done *to each other* or *to one another*. To distinguish a reciprocal from a reflexive action, the phrases **el uno al otro** (reciprocal) and **a nosotros/vosotros/ sí mismos** (reflexive) may be used.

Antonio y Cleopatra **se querían** muchísimo (el uno al otro)	*Antony and Cleopatra loved each other very much.*
Ellos **se veían** (el uno al otro) todos los días.	*They saw each other every day.*
Los niños **se vistieron** (a sí mismos).	*The children dressed themselves.*

Aplicación

4-10 Penélope Cruz. Lee el artículo sobre Penélope Cruz y subraya los verbos reflexivos y recíprocos. Luego contesta las preguntas sobre la lectura.

Penélope Cruz y Tom Cruise se conocieron en la filmación de *Vanilla Sky* en 2001. Desde el principio se llevaron muy bien. Después de meses de especulación, se hizo evidente que se habían enamorado. Poco después de finalizar el divorcio entre Tom y Nicole Kidman, Tom y Penélope decidieron vivir juntos (pero no casarse). Penélope siempre ha mantenido una vida activa profesional. Como afirma Nicholas Cage, ella es una actriz incansable (*untiring*). Ella misma dice que es desorganizada, pero todos los días se despierta y se levanta a las cinco para hacer ejercicio antes de salir para el plató (*set*). Raras veces se maquilla, porque prefiere estar natural. Penélope dice que se siente muy afortunada por el éxito que tiene. Se alegra mucho de que su público la apoye viendo sus películas. Sus publicistas dicen que Penélope y Tom terminaron su relación, pero que aún son buenos amigos. Según los artistas, su pareja fracasó (*failed*) debido al exceso de trabajo que ambos tenían.

4-11 Esa chica española. Contesta las siguientes preguntas.

1. ¿Cómo se llama la chica?
2. ¿Cómo se conocieron Penélope y Tom Cruise?
3. ¿Cómo se llevaron?
4. ¿Cómo es la rutina diaria de Penélope?
5. ¿Por qué se siente afortunada Penélope?
6. ¿Se han casado Tom y Penélope? Explica.

4-12 Celebridad en su casa. Amelia, la niñera (*nanny*) hispana de Nicole Kidman, habla con la señora de la casa. Completa su conversación con el pronombre reflexivo apropiado para cada número. ¡Ojo! No se necesita el pronombre en todos los casos.

Nicole: Amelia, ¿por qué estás cansada? ¡No (1)_____ haces más que ver la televisión todo el día!

Amelia: Pero, señora, ¡eso no es verdad! A las cinco de la mañana (2)_____ levanto. (3)_____ baño, (4)_____ pongo la ropa y (5)_____ voy a la cocina a preparar_____(6) un café. Después de tomar _____(7) el café, les (8)_____ preparo el desayuno a Isabella y a Connor, sus niños. A las seis y media los (9)_____ despierto, y mientras ellos (10)_____ bañan, (11)_____ arreglo su habitación. Entonces les (12)_____ sirvo el desayuno y después (13)_____ limpio la cocina. Los niños y yo (14)_____ vamos al parque a jugar y (15)_____ cansamos mucho. ¡Casi no tengo tiempo libre para relajar_____(16)!

Nicole Ahora (17)_____ entendemos, Amelia. Mañana puedes llevar a los niños a la playa y así pasar un rato agradable allí.

4-13 Tu vida y la de los ricos y famosos. Describe un día típico tuyo. Usa verbos reflexivos para explicar tu rutina diaria y verbos recíprocos para describir tus relaciones con otras personas. Compara tu vida con la de Penélope Cruz.

4-14 Escucho. El doctor Francisco Garza es un psicólogo que tiene un programa de radio en una ciudad grande y cosmopolita. Cuando los radioyentes (*listeners*) lo llaman, él trata de darles consejos para resolver sus problemas. ¿Cuáles de los siguientes consejos te parecen lógicos para este tipo de programa? ¿Por qué?

___ Usted debe salir más y conocer a más gente.

___ Usted debe comer más.

___ Usted debe ser voluntario/a para gente necesitada.

___ Usted debe buscar un pasatiempo que le guste.

Ahora lee las siguientes frases y luego escucha las llamadas que recibe el doctor Garza. Mientras escuchas, indica a quién describe cada oración: **C** (Carlos) o **R** (Rosario)

MODELO: Es relativamente joven.   **C**

1._____Se siente solo/a.

2._____Es inseguro/a.

3._____Es tímido/a.

4._____Vive con su familia.

5._____Es soltero/a.

6._____Le molesta el humo.

7._____Se queja de los demás.

8._____Tiene problemas en el trabajo.

Vuelve a escuchar el programa de radio y los consejos del doctor Garza. ¿Qué opinas de sus consejos? ¿Y de su personalidad? Explica tu opinión con ejemplos de lo que dice y su estilo de tratar a los radioyentes.

4-15 A explorar: La inteligencia emocional. Visita el sitio de *Conexiones* en la red *www.PHSchool.com* e inserta el Web Code jpd-0004 para aprender sobre tu inteligencia emocional.

COMPARACIONES

4-16 En tu experiencia. ¿Qué tipo de presiones tienen los jóvenes en los Estados Unidos y el Canadá? ¿En qué sentido hay más libertad en los EE.UU. y el Canadá que en el mundo hispano? ¿Le preocupa a tu familia el honor familiar? ¿Por qué? ¿Es el qué dirán ("*what people might say*") importante en tu comunidad? Explica tu opinión.

El qué dirán

La sociedad hispana está estructurada más rígidamente que la sociedad anglosajona. Los jóvenes desde niños aprenden de sus padres a portarse correctamente. Debido al control de los padres sobre ellos, raramente abusan de los privilegios que puedan recibir de sus padres. A los jóvenes se les dice desde pequeños lo que es y no es aceptable en la comunidad en que viven. Este qué dirán es un factor importantísimo en la conducta de la juventud porque se le ha enseñado que la manera de comportarse (*behave*) puede traer honor o desgracia a su familia. Es verdad que en todas las familias hay una oveja negra y que la globalización produce cambios en la sociedad hispana de hoy. Sin embargo, el antiguo refrán de "Dime con quién andas y te diré quién eres" describe fielmente la presión social que enseña a los jóvenes a comportarse con cierta integridad.

4-17 En su opinión. Imagínense que Uds. son chicos de quince años. ¿Cómo van a reaccionar sus padres ante estas situaciones? ¿Hay alguna diferencia si son chicos o chicas?

- Quieren salir con algunos amigos que todavía no les han presentado a los padres.
- Quieren ir de camping con un grupo de jóvenes de la escuela.
- Quieren tener una fiesta una noche cuando los padres no estén en casa.

SEGUNDA PARTE

¡Así es la vida!

Misterios de la mente humana

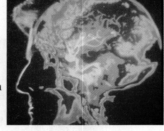

Apesar del gran avance de las ciencias durante el siglo XX, la mente humana sigue siendo objeto de misterio y enigma y apenas ha comenzado a revelarnos sus secretos. A continuación, leerán sobre algunos de los últimos descubrimientos en el campo que subrayan los misterios de la mente.

La Dra. Sandra Witelson descubrió recientemente que la estructura cerebral de los hombres y de las mujeres es diferente y que existen diferencias anatómicas entre los cerebros de los homosexuales y los heterosexuales.

Unos estudios hechos por el departamento de psicología de la Universidad de DePaw muestran que la razón principal por la que la gente miente es para evitar un castigo.

Según la Sociedad de Neurociencia, el 90% de lo que sabemos acerca del funcionamiento del cerebro humano ha sido descubierto en los últimos veinte años.

Hay veinticuatro "bancos de cerebros" en el mundo.

En la mayoría de la gente, sólo el lado izquierdo del cerebro es responsable del lenguaje.

La hipnosis no puede hacer que el sujeto haga cosas que no quiera hacer, ni que el sujeto revele secretos que no quiera revelar.

Los neurocientíficos han identificado las moléculas responsables de la memoria. Por eso se piensa que en poco tiempo podrá desarrollarse una sustancia para aumentar su capacidad, abriendo así las posibilidades para la invención de medicamentos "potenciadores (*fortifying*) del conocimiento". ■

¡Así lo decimos! VOCABULARIO

Vocabulario primordial

el avance
el cerebro
el descubrimiento
el enigma

el misterio
el medicamento
la mente

Vocabulario clave

Verbos

apasionarse	to be passionate about
aumentar	to increase
desarrollarse	to develop
emocionarse	to get excited; to be touched or moved
evitar	to avoid
experimentar	to experience
revelar	to reveal
subrayar	to underscore
superar	to overcome

Sustantivos

el amor propio	pride, self-respect
el castigo	punishment
la conducta	behavior
el estado de ánimo	mood
el placer	pleasure
el/la sinvergüenza	rascal; scoundrel
los valores morales	morals

Adjetivos

acomplejado/a	with a mental complex (often inferiority)
apasionado/a	passionate
avergonzado/a	ashamed; embarrassed
enajenado/a	alienated, absent
ingrato/a	ungrateful
presumido/a	presumptuous
sensible	sensitive
terco/a	stubborn
valiente	courageous
vanidoso/a	conceited
vicioso/a	depraved (has bad habits/vices)

Otras palabras y expresiones

a pesar de	in spite of
apenas	hardly

Ampliación

Verbos	Sustantivos	Adjetivos
emocionarse	la emoción	emocionado/a
engañar	el engaño	engañado/a
influir	la influencia	influido/a
obsesionarse	la obsesión	obsesionado/a
razonar	la razón	razonado/a
tener valor	el valor	valiente

¡Cuidado! Pero, sino, and sino que

Pero, sino, and **sino que** mean *but* in the following contexts.

● Use **pero** when the second part of the sentence does not correct the first part.

Marta es competente **pero** insegura. *Marta is competent but insecure.*

● Use **sino** when the first part of the sentence is negative, and the second part is a noun, adjective, adverb, or prepositional phrase that corrects the same in the first part.

No soy competente **sino** ordenada. *I'm not competent, but (rather) organized.*

No intentó hablar con la secretaria **sino** con el jefe. *She didn't try to talk to the secretary but (rather) with the boss.*

● Use **sino que** instead of **sino** if the second part of the sentence has a new verb.

Juan Manuel no baila en las fiestas **sino que** canta y habla mucho. *Juan Manuel doesn't dance at parties, but (instead) he sings and talks a lot.*

Aplicación

4-18 Misterios de la mente humana. Vuelve a leer el artículo de **¡Así es la vida!** para contestar las siguientes preguntas.

1. ¿En qué se diferencian el cerebro de un hombre y el de una mujer?
2. ¿Cómo se explican las mentiras?
3. ¿Cuánto sabíamos de la neurociencia hace treinta años?
4. Si buscas un cerebro, ¿dónde lo encontrarás?
5. ¿Qué lado del cerebro es responsable del lenguaje?
6. ¿Es posible aumentar la memoria?
7. Si te hipnotizan, ¿pierdes control de tus inhibiciones?
8. ¿Ya sabías algo de esta información sobre la mente humana? ¿Qué?

4-19 Los vicios. Todos tenemos pequeños vicios. Cuéntense uno o dos de sus vicios y después traten de convencerse de que esos vicios no son tan malos.

MODELO: **E1:** *Mi vicio es ver una telenovela todas las tardes. Mi favorita es* El hospital general, *y si me pierdo un episodio, me siento malhumorada.*

   E2: *Entiendo. Es muy fácil ver un capítulo e identificarse con los personajes.*

4-20 En familia. Completa las siguientes oraciones usando una variación de cada palabra en itálica. Si necesitas ayuda, consulta la sección llamada **Ampliación**.

MODELO: El director no quiere *engañar* a los alumnos diciendo que todas las clases serán fáciles. De esa forma ningún alumno podrá decir que fue **engañado**.

1. El director tiene una gran _____en el colegio. El director *influye* en muchas de la decisiones administrativas.
2. Para ciertos administradores es una *obsesión* tomar todas las decisiones. Uno en particular está totalmente _____ con el presupuesto del colegio.
3. Necesitamos una buena *razón* para cambiar de jefe de departamento. ¿Por qué no tratas de _____ con nuestros colegas?
4. Cuando la profesora Jiménez lee poesía, lo hace con mucha *emoción*. Todos los que la escuchan también _____.
5. Creo que lo que dice el director es un *engaño*. Nos sentimos totalmente _____.
6. La conducta del profesor Martínez no es la de una persona *valiente*. Nosotros tenemos que tener _____ para decírselo.

4-21 Una experiencia increíble. Completa las frases siguientes con *pero* o *sino (que)* para inventar una historia sobre algo que experimentaste.

Ayer volví a casa a la medianoche,...

No entré por la puerta,...

Una vez en casa vi una luz que salía de mi habitación,...

Oí algunos ruidos extraños,...

No tenía miedo,...

Fui por el teléfono,...

No llamé a la policía,...

Ahora puedes preguntarme qué pasó después,...

4-22 ¿Cuándo? Explíquense cuándo se dan las siguientes situaciones.

MODELO: te emocionas

> **E1:** *¿Cuándo te emocionas?*
>
> **E2:** *Me emociono cuando veo a mis abuelos abrazarse. ¿Y tú?*

1. te sientes avergonzado/a
2. te sientes estresado/a
3. tu estado de ánimo es excelente (*in good spirits*)
4. te apasionas por algo
5. te sientes especialmente sensible

4-23 El enojo: ¿amigo o enemigo? Después de leer el artículo háganse las preguntas siguientes.

CONTROLA EL ENOJO ANTES DE QUE TE CONTROLE

Todos nos enojamos de vez en cuando. Lo importante es no dejarse controlar por esta emoción tan poderosa. ¿Cómo podemos lograrlo? Aquí te damos algunas sugerencias:

- Pregúntate por qué estás enojado/a y exprésalo de la siguiente manera: Estoy enojado/a porque...
- Reflexiona y piensa: ¿es ésta la primera vez que algo así me ha hecho enojar o existe algún patrón específico que puedo identificar?
- Busca un lápiz o una pluma y papel. NOTA: El acto físico de escribir es parte de este ejercicio, ¡no lo hagas en la computadora!
- Encuentra un lugar tranquilo y cómodo donde nada ni nadie pueda interrumpirte.
- Escribe una carta dirigida a la persona o a la situación en la que expliques por qué estás enojado.
- Describe cómo este dolor ha afectado tu vida. Escribe sobre las oportunidades que perdiste por su causa, tu depresión y la manera en que te ha afectado tu concepto de ti mismo/a.
- Escribe todo lo que has tenido que hacer y pasar desde que sucedió lo que te provocó el enojo. Escribe cualquier otra cosa que estés pensando o sintiendo en ese momento.

- Lee lo que has escrito. Si puedes, trata de leerlo en voz alta. Entonces ponlo a un lado.
- Repite todos estos pasos las veces que sea necesario hasta que te sientas mejor.
- Cuando te sientas listo/a, busca otro papel y escribe una carta en la que perdones a la persona que te hizo daño. Describe cómo vas a lidiar con este sentimiento.
- Cuando estés listo/a, echa la primera carta a la basura y pon la segunda carta en un lugar donde puedas encontrarla más tarde.

Recuerda: la meta es ser honesto/a contigo mismo/a y sacar estos sentimientos negativos de tu sistema de una manera productiva para así aliviar tu enojo. ¡Inténtalo! ¡Verás que sí funciona!

1. ¿Creen que el enojo es bueno o malo?
2. ¿En qué circunstancias se enojan?
3. ¿Qué hacen cuando se enojan?
4. ¿Les es difícil controlarse?
5. ¿Qué cambios físicos experimentan cuando se enojan? ¿El corazón les palpita más rápido? ¿Se sonrojan (*blush*)? ¿Les duele el estómago?
6. ¿Uds. reaccionan de la misma forma o diferente?

4-24 La violencia doméstica. En los Estados Unidos las mujeres muchas veces sufren las consecuencias cuando los hombres se enojan. En un grupo pequeño, hablen de las causas del origen del enojo y de las posibles maneras de controlarlo (o controlarse).

¡A repasar !

El verbo *gustar* y otros verbos similares
Me gusta y no me gusta

Escribe una composición sobre una persona (real o imaginaria) donde describes lo que te gusta de él o ella y lo que no te gusta. Puedes referirte a su personalidad, su aspecto físico, sus cosas, su actitud, su comportamiento, sus opiniones, etc. Incluye al menos cuatro frases afirmativas y cuatro negativas. Utiliza el verbo *gustar* y verbos similares como *fascinar, importar, encantar, parecer, molestar, caer bien/mal,* etc.

MODELO: *Carlos **me cae muy bien**. **Me gusta** su sentido del humor y **me encantan** sus cuentos y sus chistes. Sin embargo (nevertheless), a veces **no me gusta** su comportamiento. **Me molesta** su forma de actuar en las fiestas cuando cuenta muchos chistes ridículos. **Me parece** que a él le gusta ser el centro de atención. Etc.*

Recuerda:

Para repasar el verbo **gustar** y otros verbos similares debes consultar la Lección *3*.

Reto:

¡Trata de incluir seis frases afirmativas y seis negativas! Usa varios verbos diferentes. Usa también muchas palabras de *¡Así lo decimos!* de la Primera y de la Segunda parte.

 4-25 A explorar: ¿Qué debo hacer? Visita el sitio de *Conexiones* en la red *www.PHSchool.com* e inserta el Web Code jpd-0004 para aprender más sobre el importante proceso de tomar decisiones.

¡Así lo hacemos! ESTRUCTURAS

Agreement, form, and position of adjectives

- Adjectives agree in gender (masculine or feminine) and number (singular or plural) with the noun or pronoun they modify.

  Julio es un hombre **desenvuelto**.   *Julio is an outgoing man.*
  Mis amigos son **dichosos**.   *My friends are happy.*

- Ending in -**o**: Adjectives whose masculine form ends in -**o** have a feminine form ending in -**a.**

  El profesor está **afligido**.   *The teacher is upset.*
  La estudiante también está **afligida**.   *The student is also upset.*

- Ending in consonant, -**e**: Adjectives that end in -**e** and most adjectives that end in a consonant have the same masculine and feminine forms.

  Rigoberta Menchú es una mujer **valiente**.   *Rigoberta Menchú is a courageous woman.*
  Alejandro Sanz es un hombre **sensible**.   *Alejandro Sanz is a sensitive man.*
  Ayer conocimos a un abogado muy **capaz**.   *We met a very capable lawyer yesterday.*
  Violeta Chamorro fue una presidenta **tenaz**.   *Violeta Chamorro was a tenacious president.*

- Plurals: Generally, adjectives follow the same rules as nouns to form the plural.

  mexicano → mexicanos   inteligente → inteligentes
  tenaz → tenaces   trabajador → trabajadores

- Nationality: Adjectives of nationality that end in a consonant add -a to form the feminine. If the adjective ends in -e or -a, the singular has only one form. Adjectives of nationality are not capitalized in Spanish.

El comediante **español** era muy bueno.	*The Spanish comedian was very good.*
La actriz **española** es maravillosa.	*The Spanish actress is marvelous.*
Óscar Arias es **costarricense**.	*Oscar Arias is Costa Rican.*
Tengo un amigo **vietnamita**.	*I have a Vietnamese friend.*

- Position, general: Limiting adjectives (numerals, unstressed possessives, indefinites, demonstratives, interrogatives) usually precede the noun or pronoun they modify, and descriptive or differentiating adjectives (size, color shape, nationality, etc.) are generally placed after the noun.

Mi novio es **cariñoso**.	*My boyfriend is affectionate.*
Julia es **una** mujer **inquieta**.	*Julia is a restless woman.*
Tenemos **muchos** recuerdos **agradables** de Pablo.	*We have many pleasant memories of Pablo.*

- Position, two or more adjectives: When two adjectives modify a noun, they are placed according to the above rules; when descriptive adjectives follow the noun, they are connected by **y**.

Éstos son **tus cuatro** amigos **rebeldes**.	*These are your four rebellious friends.*
Mi única tía **generosa** vive en Los Ángeles.	*My only generous aunt lives in Los Angeles.*
Nuestros amigos, **optimistas y apasionados,** creen que es hora de rebelarse.	*Our optimist and passionate friends think it is time to rebel.*

- Position, known quality: When descriptive adjectives precede the noun they modify, they usually describe a known or established quality.

¡Las altas montañas de los Andes son impresionantes!

Las **altas** montañas de los Andes son impresionantes.	*The high Andean mountains are impressive.*
Ana es una **joven** psicóloga.	*Ana is a young psychologist.*
Rafael es mi **peor** enemigo.	*Rafael is my worst enemy.*

- Spelling changes: Some adjectives change spelling before the noun. **Bueno, malo, primero, tercero, uno, alguno,** and **ninguno** drop the final -o before a masculine singular noun. **Cualquiera** shortens to **cualquier** before any singular noun. **Algún** and **ningún** require a written accent.

Plácido Domingo es un **buen** cantante.	*Plácido Domingo is a good singer.*
El **tercer** consultorio es para los psicoanalistas.	*The third office is for the psychoanalysts.*
Cualquier libro sobre la autoestima te servirá.	*Any book on self-esteem will be useful to you.*
Algún pintor dejó esas pinturas en la mesa.	*Some painter left those paintings on the table.*

- The adjectives **grande, ciento,** and **santo** drop the final syllable in the following cases. **Grande** becomes **gran** before a masculine or a feminine singular noun. The meaning changes to *great*.

Eduardo es un **gran** hipnotizador.	*Eduardo is a great hypnotist.*
Tiene una oficina **grande**.	*He has a big office.*

Ciento becomes **cien** before a noun, in counting, and before the adjective **mil**. However, it remains **ciento** when it precedes numerals smaller than one hundred.

cien personas deprimidas	*one hundred depressed people*
noventa y nueve, **cien**, ciento uno...	*ninety-nine, one hundred, one hundred and one ...*
cien mil dólares al año	*one hundred thousand dollars per year*
Este año he tenido **ciento** diez días estresantes.	*This year I have had one hundred and ten stressful days.*

Santo becomes **San** before the name of all masculine saints except those beginning in **Do-** or **To-**.

San Juan	*Saint John*
Santo Tomás	*Saint Thomas*

A que ya sabías...

Cambios de sentido

Some adjectives change meaning depending on whether they precede or follow the noun they modify. Do you remember these? Can you remember other adjectives that change meaning under different conditions?

Before noun		After noun
certain (particular)	**cierto/a**	certain (sure)
darn	**dichoso/a**	lucky, happy
great, impressive	**grande (gran)**	large
half-	**medio/a**	middle, average
same	**mismo/a**	(the thing) itself
another, different	**nuevo/a**	brand new
unfortunate	**pobre**	poor
own	**propio/a**	proper
sheer	**puro/a**	pure
former, long-standing	**viejo/a**	old, aged

Aplicación

4-26 Una personalidad atractiva. Lee la descripción de la personalidad de
Carlos Santana e identifica todos los adjetivos. Luego contesta las preguntas
basadas en el texto.

Carlos Santana es una de las
celebridades más respetadas en el
mundo musical por su gran corazón y
su generosidad casi sin límite. Nació
en Tijuana, una ciudad norteña y
fronteriza mexicana, en 1947, de una
familia humilde. Santana, cuyo padre
era violinista de mariachi, heredó de
éste el amor por la música y la familia,
además de un sano orgullo. Cuando
Carlos tenía veinte años, emigró a
California donde empezó su verdadera
carrera musical. Al principio tuvo
mucho éxito como músico de rock. Ha
ganado varios premios Grammy
durante su carrera, y aún hoy, su
público disfruta de su estilo y energía.
En su vida personal, Santana está
felizmente casado y tiene varios hijos.
Para él, su familia es lo más
importante de su vida. Santana y su
esposa Deborah son inmensamente
generosos con el dinero y dedican
mucho de su tiempo a los pobres.
Ellos encabezan "Milagro", una
fundación benéfica que ayuda a los
niños desafortunados del mundo.
Además, Santana permitió que Buster
Brown usara su nombre para un
modelo de zapatos con el fin de (*with
the purpose of*) reunir dinero para esa
causa.

4-27 Carlos Santana. Contesta las siguientes preguntas.

1. ¿Quién es Santana?
2. ¿Cómo es?
3. ¿Qué valores demuestra con su conducta?
4. ¿Qué artículo lleva su nombre y qué causa apoya?
5. ¿Conoces la música de Santana? ¿Cómo puedes describirla?

4-28 El doctor le escucha. Durante un día típico, el doctor tiene que escuchar
varios problemas de sus pacientes. Completa las siguientes quejas (*complaints*) con
la forma apropiada de un adjetivo de la lista.

| afligido | enajenado | grande | malhablado | ninguno |
| despreocupado | feliz | ingrato | mentiroso | vicioso |

Inés: ¡Ay, doctor! Estoy tan mal. Mis nervios están por explotar. Estoy
(1)_____ porque una amiga me dijo que vio a mi novio
Alejandro con esa Lucila. ¡Lucila! Su exnovia. Esa chica
(2)_____ ... es escandalosa, ¿sabía?, miente mucho, y gasta
demasiadó dinero, y no sólo el suyo. En fin, esa chica
(3)_____ (porque también anda insultando a todo el mundo)
quiere quitarme a mi Alejandro. ¿Qué puedo

hacer? ¡Me vuelvo loca! Le pregunté a Alejandro por qué hablaba
con ella, pero es un (4)_____. ¡Me dijo que no la había visto
desde hacía mucho tiempo! Alejandro y yo somos muy
(5)_____ juntos. Él está muy contento conmigo y no puedo
imaginarme por qué me engaña.

Carlos: Buenas tardes, doctor. Nada ha cambiado. Sigo igual. Me siento
totalmente (6)_____ del mundo, sin amigos, sin familia…
nada. Mis hijos tuvieron una (7)_____ fiesta para celebrar el
cumpleaños del más joven, pero no me invitaron. Llevan una vida
absolutamente (8)_____. Les pago todo: los estudios, la ropa,
la diversión, ¡todo!, pero son unos (9)_____. Nunca me dicen
"Gracias, papá", ni hacen (10)_____ llamada para asegurarse
de que estoy bien. Nada. Nada ha cambiado.

¡Dígame, Inés…!

4-29 Alguna información sobre el mundo hispano. Completa cada
oración con la forma apropiada de un adjetivo de la lista.

alguno	ninguno	santo
grande	primero	uno

1. La cultura hispana tiene una _____ presencia en el hemisferio occidental.

2. _____ José, _____ Francisco y _____ Clara son ciudades
californianas con nombres hispanos.

3. _____ Domingo es la capital de la República Dominicana.

4. Hernán Cortés fue el _____ conquistador español que llegó a México.

5. No hay _____ historiador que niegue la importancia de la civilización
indígena de Hispanoamérica.

6. ¿_____ estudiante de esta clase sabe cuál es el país más grande de
Hispanoamérica?

7. Busca en _____ mapa de los Estados Unidos y encontrarás nombres de
origen español.

4-30 Convénzanme. Túrnense para describir un lugar y convencer a su compañero/a de que lo visite o vaya a vivir allí. Usen adjetivos descriptivos. Después de oír la descripción de cada uno, indiquen si están convencidos/as o no y expliquen por qué.

MODELO: *El lugar más bello del mundo es el estado de Colorado. Allí puedes escalar las altas montañas, esquiar por la blanca nieve, y repirar el aire puro. No tienes que pensar en las presiones difíciles de tu vida en la universidad…*

4-31 El mundo hispano. Describan lugares del mundo hispano sin decir el nombre para que su compañero/a trate de adivinar cuál es.

MODELO: **E1:** *Es una cadena de montañas altas y majestuosas que va del norte al sur de América del Sur.*

   E2: *Los Andes.*

3. The past participle and the present perfect tense

The past participle is formed by adding **-ado** to the stem of **-ar** verbs and **-ido** to the stem of **-er** and **-ir** verbs.

tomar	comer	vivir
tomado (*taken*)	**comido** (*eaten*)	**vivido** (*lived*)

An accent mark is added to the past participle of -**er** and -**ir** verbs whose stems end in -**a**, -**e**, or -**o**.

caer	**caído**	*fallen*
creer	**creído**	*believed*
leer	**leído**	*read*
oír	**oído**	*heard*
reír	**reído**	*laughed*
traer	**traído**	*brought*

The following verbs have irregular past participles.

abrir	**abierto**	*opened*
cubrir	**cubierto**	*covered*
decir	**dicho**	*said*
descubrir	**descubierto**	*discovered; uncovered*
escribir	**escrito**	*written*
hacer	**hecho**	*done; made*
imprimir	**impreso/imprimido**	*printed*
ir	**ido**	*gone*
morir	**muerto**	*dead*
poner	**puesto**	*put, placed*
resolver	**resuelto**	*resolved*
romper	**roto**	*broken*
ver	**visto**	*seen*
volver	**vuelto**	*returned*

- In both English and Spanish, past participles may be used as adjectives to modify a noun. In Spanish, when the past participle is used as an adjective, it agrees in gender and number with the noun it modifies.

Esa pintura fue **hecha** en el Perú.	*That painting was made in Perú.*
La catedral fue **construida** en 1560.	*The cathedral was built in 1560.*
La gente está **desilusionada.**	*The people are disillusioned.*
Las ventanas están **rotas.**	*The windows are broken.*

- The present perfect is a compound tense that requires two verbs. In English, the present perfect is formed with the present tense of the auxiliary verb to *have* + *past participle*. In Spanish, the present perfect is formed with the present tense of the auxiliary verb **haber** + *past participle*.

	Haber	**Past participle**
yo	he	
tú	has	
Ud., él, ella	ha	
nosotros/as	hemos	tomado / comido / vivido
vosotros/as	habéis	
Uds., ellos, ellas	han	

- In general, the present perfect is used to refer to a past action or event that is perceived as having some bearing on the present.

  Últimamente mis padres **han experimentado** muchas dificultades personales, pero hasta ahora **han logrado** superarlas.

  My parents have experienced many personal difficulties lately, but so far they've managed to overcome them.

- The auxiliary verb **haber** agrees with the subject of the sentence. The past participle, however, is invariable when it forms part of the perfect tense.

  ¿Has intentado llamar a tu amiga?
  Have you tried to call your friend?
  No, pero **he hablado** con su madre.
  No, but I've spoken with her mother.

- The auxiliary verb **haber** and the **past participle** cannot be separated by another word. Object pronouns and negative words are always placed before **haber**.

  ¿Has conocido al señor malhumorado?
  Have you met the bad-tempered man?
  No lo he conocido todavía.
  No, I haven't met him yet.
  ¿Engañó el político a los votantes?
  Did the politician deceive the voters?
  Sin duda los **ha engañado**.
  Without a doubt, he has deceived them.

- The verb **haber** is not interchangeable with **tener**. **Haber** means *to have* only when used as an auxiliary verb with the past participle. **Tener** means *to have* or *to own* in the sense of possession.

  El director del colegio **tiene** pocas opciones.
  The school principal has few options.
  ¿Tienes algún mal hábito?
  Do you have any bad habits?

- Remember that you can use the present tense of **acabar de** + infinitive in order to describe an event that *has just happened*.

  El vanidoso **acaba de** anunciar su buena fortuna.
  The conceited man has just announced his good fortune.
  Acabo de prevenir una crisis.
  I have just prevented a crisis.

Aplicación

4-32 Anuncio en la prensa. Lee la noticia que anuncia un acontecimiento importante para la familia real española. Subraya los participios pasados y di si funcionan como parte del perfecto o como adjetivo.

Madrid, 28 de enero de 2004

Hoy, la familia real española ha anunciado que por fin se casa el príncipe Felipe de Borbón. La prometida del acechado y guapo soltero, la bella Letizia Ortiz, ha sido el foco de rumores de la prensa, rumores que se han hecho realidad. Ella, que no es de linaje real sino de una familia común y que, además es divorciada, fue la preferida por su estilo y presencia. Además,

Letizia es muy conocida por ser periodista de televisión. La boda será celebrada en la catedral de Santa María de la Almudena, patrona de Madrid, en mayo de 2004. Ya los noticieros han especulado sobre cómo será el traje que llevará puesto y quiénes serán las damas de honor. Además de las hermanas del Príncipe, seguramente participarán en la ceremonia algunas amigas de Letizia.

4-33 Hecho. Uds. controlan los últimos detalles de la recepción de la boda real *(royal wedding)*. Túrnense para hacer y contestar preguntas basadas en las siguientes frases.

MODELO: arreglar las sillas

        E1: *¿Has arreglado las sillas?*

        E2: *Sí, las sillas están arregladas.* o No, *todavía no están arregladas.*

1. poner las tarjetas con nombres en las mesas
2. poner los refrescos *(sodas)* en hielo
3. poner música suave
4. colocar *(put)* la alfombra *(rug)* roja
5. arreglar los centros de mesa *(flower arrangements)*
6. preparar los canapés *(hors d'oeurvres)* para servir

4-34 Después de la boda. Imagínate que eres reportero/a y que haces una lista de las cosas que encuentras en el palacio real después de celebrar la boda de Felipe y Letizia. Cambia el infinitivo de cada una de las siguientes frases al participio pasado para completar tu lista.

MODELO: la comida extra/dejar/en la cocina
        la comida extra dejada en la cocina

1. un discurso/escribir/por el padre de la novia
2. algunas tazas/romper
3. unos vasos para refrescos/servir
4. muchas flores/arreglar/en las mesas
5. un retrato de los novios/colgar/en la pared
6. un abrigo/olvidar/en una silla

4-35 A que nunca han... Háganse preguntas sobre experiencias que hayan tenido. Pueden usar las frases de la lista u otras que se les ocurran.

MODELO: **E1:** *¿Te has estresado alguna vez en un evento social formal?*

        E2: *No, no me he estresado en un evento social formal, pero sí en una reunión de familia.*

ver una discusión entre amigos	vencer una dificultad
engañar a un/a amigo/a	acostumbrarse a una situación difícil
obsesionarse por un problema	estar equivocado/a

4-36 Relaciones interpersonales. Todos tenemos personas importantes en nuestras vidas, ya sean familiares, amigos, conocidos, etc. Piensen en alguien importante para Uds. y hagan una lista de lo que esa persona ha hecho para hacerlos felices, para ayudarlos a superar alguna dificultad y también para enojarlos. Compartan su experiencia con su compañero/a y además expliquen lo que Uds. han hecho por esa persona.

MODELO: *Mi novio me ha comprado flores muchas veces para hacerme feliz. Ha cancelado los planes algunas veces y eso me ha enojado...*

4-37 Una radionovela. Las radionovelas son semejantes a las telenovelas, pero muchas veces son aún más melodramáticas. Escucha a Encarnación contarle a Carolina sobre la radionovela de su vida e identifica de quien habla.

E: de sí misma

R: de su esposo Raúl

P: de su amiga Patricia

___ avergonzado/a   ___ inseguro/a   ___ sensible

___ egoísta   ___ humilde   ___ terco/a

___ disciplinado/a   ___ olvidadizo/a   ___ vanidoso/a

___ generoso/a   ___ ordenado/a

Conexiones

La "personalidad". Piensen en un programa de televisión conocido que tenga varios personajes. Hagan un pequeño retrato (*portrait*) psicológico de cada uno de ellos. ¿Ha evolucionado la personalidad de alguno de los personajes? Para respaldar sus descripciones, ofrezcan ejemplos de lo que ha hecho cada personaje en episodios recientes. Presenten sus conclusiones y discútanlas con el resto de la clase.

 **4-38 A explorar: ¿Cuántos tipos de inteligencia existen?** Visita el sitio de *Conexiones* en la red (*www.prenhall.com/conexiones*) para explorar sobre los tipos de inteligencia recientemente descubiertos. ¿Qué tipo de inteligencia tienes más desarrollado?

Ritmos

Willy Chirino

Willy Chirino es uno de los compositores de música tropical más exitosos del momento. Chirino es cubano y vive en Miami. Aunque tiene una orquesta y es cantante, se le conoce también por sus rítmicas composiciones. El grupo de los hermanos Hansel y Raúl cantan esta versión de la canción con un ritmo muy tropical.

Antes de escuchar

4-39 Soy. ¿Cómo eres? ¿Estás contento contigo mismo? ¿Quieres cambiar algo de tu personalidad? ¿Qué?

A escuchar

Soy

CORO:

Soy como la brisa° que	*breeze*
siempre de prisa no	
no anuncia su partida°	*departure*
y como el dinero soy	
donde yo quiero voy	
sin una despedida°	*without saying goodbye*
Soy la más pequeña aldea°	*village*
en un distante lugar	
soy el ruido y la marea°	*tide*
del inmenso mar.	
No soy cadenas ni rejas°	*neither chains nor iron bars*
soy azúcar y soy sal	
Si me quieres o me dejas	
me da igual	

Soy un paco vagabundo
lo mismo vengo que voy
y ando solo por el mundo
feliz estoy
Amo el sol que se levanta
la fragancia de una flor,
y me gusta como canta el ruiseñor°   *nightingale*

CORO
Soy el agua de los ríos,
que corriendo siempre está
todo lo que tengo es mío
y de los demás°.   las otras personas
Soy un gallo en la mañana
un gato al anochecer
y he comido la manzana del placer°   *pleasure*

Soy un mendigo° ante el diablo   *beggar*
y millonario ante Dios
hablo poco cuando hablo
sin alzar° la voz   levantar, subir
Soy además mentiroso,
vanidoso y buen actor
y quisiera ser dichoso° en el amor   feliz
CORO
Yo soy …

Después de escuchar

4-40 ¿Cómo eres? Explica cómo eres dando respuesta a las siguientes preguntas.

1. ¿Eres como el azúcar o como la sal?
2. ¿Eres como el mar o como el río?
3. ¿Eres como un pájaro o como una flor?
4. ¿Eres como el ruido o como la música?

4-41 El ritmo. La canción refleja la influencia africana en la música caribeña. Escúchala otra vez y subraya las palabras o expresiones que representen el ambiente (*environment*) de las islas caribeñas. ¿Cómo caracterizas el tono de la canción? ¿Optimista o pesimista? ¿Alegre o triste? ¿Qué crees que hace el cantante para poder llamarse "mentiroso, vanidoso y buen actor"?

4-42 ¿Qué piensas? Describe la personalidad de la persona de esta canción con otras palabras. ¿Es una persona reprimida o libre? ¿Es sincera o mentirosa? Usa términos de **¡Así lo decimos!** en la descripción.

 Imágenes

Frida Kahlo

Frida Kahlo (1907–1954) fue una pintora mexicana que creó aproximadamente doscientas pinturas. Casi todas sus obras son autorretratos o tratan sobre temas autobiógraficos o feministas. La mezcla de realidad y fantasía, del mundo interior y exterior, y de la combinación de lo moderno con lo tradicional, hacen de esta pintora una de las figuras más importantes del arte latinoamericano. Pasó casi toda su vida junto a su famoso esposo, el muralista Diego Rivera, y aunque se separaron por un tiempo, Frida nunca dejó de estar enamorada de él.

Perspectivas e impresiones

4-43 ¿Qué opinas? Contesta las siguientes preguntas sobre "Las dos Fridas".

1. ¿Cómo explicas el título de la pintura?

2. ¿En qué se diferencian las dos Fridas?

3. Explica los elementos o colores de la pintura que sean simbólicos. ¿En qué consiste el simbolismo?

4. ¿Crees que se da una cierta dualidad en todas las personas? ¿Por qué sí o por qué no?

5. La Frida de la derecha tiene en la mano un retrato en miniatura de su esposo, Diego Rivera. ¿Qué crees que simboliza?

6. Haz una lista de tus "dualidades" y luego trata de representarlas en un dibujo. Comparte el dibujo con el resto de la clase.

Frida Kahlo, *Las dos Fridas*, 1939, Óleo s/tela, 173.5 x 173 cm., Instituto Nacional de Bellas Artes—Museo de Arte Moderno

4-44 A explorar : El mundo interior de Frida Kahlo. Visita el sitio de *Conexiones* en la red *www.PHSchool.com* e inserta le Web Code jpd-0004 para aprender más sobre la vida de esta gran pintora mexicana y para ver algunos de sus famosos autorretratos. Elige uno que te impresione y descríbelo.

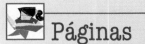

Páginas

Julia de Burgos (1914–68)

Julia de Burgos fue una poeta puertorriqueña que escribió numerosos artículos periodísticos en los que abogaba (*advocated*) por las mujeres, los negros y los trabajadores. Publicó dos colecciones de poemas: *Poema en siete surcos* (1938) y *Canción de la verdad* (1939). Vivió en Puerto Rico, en Cuba más tarde, y en Nueva York, donde murió pobre y sola.

Antes de leer

4-45 En anticipación. Mira el dibujo. ¿Quién es la mujer del espejo? ¿Quién es la mujer que se mira en el espejo? ¿Cuál se ve más real? ¿Con cuál de las dos te identificas más?

4-46 Estrategias de la lectura. Busca elementos de la lectura que puedan ayudarte a anticipar el tema. Lee la introducción a la lectura (o el prefacio de un libro). Toma en cuenta el título. Las siguientes palabras son algunos de los cognados que aparecen en el poema. ¿Cuáles reconoces?

abismo	aristocracia	esencia	humana	profundo	verso
enemigo	hipocresía	murmuran	social	voz	

A leer

A Julia de Burgos

Ya las gentes murmuran° que yo soy tu enemiga · have begun a rumor
porque dicen que en verso doy al mundo tu yo.
Mienten, Julia de Burgos. Mienten, Julia de Burgos.
La que se alza° en mis versos no es tu voz: es mi voz · se levanta
porque tú eres ropaje° y la esencia soy yo; · ropa
y el más profundo abismo se tiende° entre las dos. · se extiende

Tú eres fría muñeca° de mentira social, · doll
y yo, viril destello° de la humana verdad. · spark

Tú, miel de cortesanas hipocresías° ; yo no; · polite hypocrisies
que en todos mis poemas desnudo° el corazón. · revelo

Tú eres como tu mundo, egoísta; yo no;
que todo me lo juego° a ser lo que soy yo. · risk everything

Tú eres sólo la grave señora señorona° ; · prim
yo no; yo soy la vida, la fuerza, la mujer.

Tú eres de tu marido, de tu amo° ; yo no; · master
yo de nadie, o de todos, porque a todos, a todos,
en mi limpio sentir y en mi pensar me doy.
Tú te rizas° el pelo y te pintas; yo no; · curl
a mí me riza el viento; a mí me pinta el sol.

Tú eres dama casera, resignada, sumisa,
atada° a los prejuicios de los hombres; yo no; · tied
que yo soy Rocinante corriendo desbocado° · runaway horse
olfateando° horizontes de justicia de Dios. · smelling

Tú en ti misma no mandas; a ti todos te mandan;
en ti mandan tu esposo, tus padres, tus parientes,
el cura° , la modista° , el teatro, el casino, · sacerdote, fashion designer
el auto, las alhajas° , el banquete, el champán, · joyas
el cielo y el infierno, y el qué dirán social°. · social gossip

En mí no, que en mí manda mi solo corazón,
mi solo pensamiento; quien manda en mí soy yo.

Tú, flor de aristocracia; y yo, la flor del pueblo.
Tú en ti lo tienes todo y a todos se lo debes°, · owe
mientras que yo, mi nada a nadie se la debo.

Tú, clavada al estático dividendo ancestral°, · "nailed" or chained to your past
y yo, un uno en la cifra del divisor social°, · a social misfit
somos el duelo a muerte que se acerca fatal.

Cuando las multitudes corran alborotadas° · agitadas
dejando atrás cenizas° de injusticias quemadas · ashes
y cuando con la tea° de las siete virtudes, · torch
tras los siete pecados° , corran las multitudes°, · sins, crowds
contra ti, y contra todo lo injusto y lo inhumano,
yo iré en medio de ellas con la tea en la mano.

Después de leer

4-47 ¿Cómo lo interpretas tú? Contesta las siguientes preguntas sobre el poema.

1. Explica el título del poema.
2. ¿Quién es la Julia de Burgos más "real" o "auténtica"? ¿Por qué?
3. Describe en tus propias palabras cómo es la poeta en su vida privada y en su vida pública.
4. ¿Cuál de las "dos Julias" vence al final del poema?
5. ¿Piensas que todas las personas tienen dos caras? ¿Es muy diferente tu "cara social" de tu "cara personal, íntima"? ¿En qué difieren?

 4-48 Las dos. Hagan una lista de los pares de palabras opuestas del poema.

MODELO: *hombre/mujer*

 4-49 Tú... y tú. Escribe una lista de palabras opuestas que te describan. Luego, cambia tu lista por la de tu compañero/a y usa la para retratarlo/la *(make a picture of him/her)* según sus "dos" personalidades.

MI COMPAÑERO/A   Y MI COMPAÑERO/A

4-50 Un poema. Escribe un poema de cinco a diez líneas que contraste lo negativo y lo positivo de tu personalidad y carácter. Vuelve a tu lista y dibujo de 4-49 para pensar en algunos contrastes.

MODELO: *No soy... sino...*

Taller

Una autodescripción
Antes de escribir

Idear. Escribe una lista de cualidades que te describan y una lista de acciones que las ejemplifiquen. Puedes referirte a las expresiones de **¡Así lo decimos!** de esta lección.

MODELO: **Cualidades**   **Acciones**
compasivo/a   *Trabajo como voluntario/a en un centro para ancianos.*

A escribir

Introducir. Escribe una oración con las tres cualidades más importantes que te describan.

MODELO: *Soy Sarita González y me apasiona la música. También soy aficionada a los deportes y participo en varios de ellos. Soy generosa y compasiva.*

Respaldar. Agrega varios ejemplos que respalden (*support*) estas cualidades. Utiliza los conectores **pero, sino, aunque** y **sin embargo.**

Concluir. Escribe una oración que resuma tus cualidades y acciones, y que sirva de conclusión.

Después de escribir

Revisar. Vuelve a leer tu autodescripción sin pausa para obtener una impresión general. Después, revisa los siguientes aspectos:

- ❑ ¿Has incluido una variedad de vocabulario?
- ❑ ¿Has verificado la concordancia y la ortografía?
- ❑ ¿Has incluido participios pasados como adjetivos?
- ❑ ¿Has incluido aspectos de tu rutina diaria?

Compartir. Cambia tu ensayo por el de tu compañero/a. Mientras leen los ensayos, hagan comentarios y sugerencias sobre el contenido, la estructura y la gramática.

Entregar. Incorpora las sugerencias y correcciones de tu compañero/a y luego pasa tu ensayo a limpio para entregárselo a tu profesor/a.

Las relaciones personales

Objetivos comunicativos

- Describing people, places, and things
- Making confessions
- Speculating about the future
- Making resolutions

Contenido

■ PRIMERA PARTE

¡Así es la vida!
- Actos de bondad

¡Así lo decimos! Vocabulario
- Las relaciones personales

¡A repasar!
- El presente perfecto

¡Así lo hacemos! Estructuras
- The subjunctive vs. the indicative in adjective clauses

Comparaciones
- Algunos gestos de los hispanos

■ SEGUNDA PARTE

¡Así es la vida!
- Las amistades

¡Así lo decimos! Vocabulario
- Los sentimientos y las cualidades

¡A repasar!
- El futuro

¡Así lo hacemos! Estructuras
- The future perfect and pluperfect tenses
- Comparisons with nouns, adjectives, verbs and adverbs, and superlatives

■ CONEXIONES

Ritmos
- *Cartas de amor*—La monja enana

Imágenes
- *Madre e hijo*—Pablo Picasso
- *Madre proletaria*—María Izquierdo

Páginas
- *Waiting for Snow in Havana* (fragmento)—Carlos Eire

Taller
- Una carta de amor

Curiosidades

¿SABES?

- ¿Cuál es la relación más importante en la vida de una persona según las más recientes investigaciones?

  a. entre padres e hijos

  b. entre hermanos

  c. entre amigos

- ¿Qué sentido, según los científicos, juega el papel más importante en la atracción hacia otra persona?

  a. la vista

  b. el olfato

  c. el tacto

- ¿Qué idioma tiene treinta palabras para "beso"?

  a. el francés

  b. el japonés

  c. el alemán

- ¿Cuál es el record del beso más largo del mundo según el *Guinness Book of World Records*?

  a. 123 horas

  b. 378 horas

  c. 417 horas

- ¿Cuántas veces, según los expertos, las personas se enamoran antes de casarse?

  a. una vez

  b. siete veces

  c. tres veces

"¿Cuál es la relación entre estas personas? ¿Por qué crees que están reunidas? ¿Qué papel tienen las mascotas (*pets*) en esta familia? ¿Y en la tuya?"

¡Así es la vida!

Actos de bondad

Gracias, mamá...

◆ Dígale todos los días cuánto la quiere y la necesita.

◆ Llámela siempre que pueda y pregúntele si necesita algo.

◆ No deje de abrazarla y besarla cada vez que pueda.

◆ Agradézcale todos los sacrificios que hizo por usted.

◆ Recuérdele cada uno de los momentos felices que pasaron juntos.

◆ Déle las gracias por todos los sabios consejos que ella le dio.

◆ Y no se olvide de decirle que es la mejor mamá del mundo.

Según palabras de Martin Luther King:

"Todo el mundo puede ser grande...porque todo el mundo puede servir. No tienes que tener un título universitario para servir. No tienes que saber ni de Platón ni de Aristóteles, no tienes que conocer la Teoría de la Relatividad de Einstein para servir. Solamente necesitas un corazón lleno de gracia. Un alma impulsada por el amor".

Voluntad para ayudar...

❀ Haga una colecta de ropa usada, pero en buenas condiciones, para las personas pobres.

❀ Junte (gather) comida enlatada (canned) y productos para el aseo (hygiene) personal para personas víctimas de desastres naturales.

❀ Sea voluntario/a en maratones de instituciones benéficas que juntan dinero para ayudar a los enfermos, a las personas impedidas y a los desamparados (less fortunate).

❀ Sea voluntario/a para ayudar a inmigrantes recién llegados a su ciudad.

Uno de los remedios más efectivos para combatir el insomnio es acostarse cada día con la satisfacción de haber hecho un bien. Ponga en práctica estos pequeños actos de bondad y verá que dormirá como un lirón (like a log)...

✔ Deje mensajes de amistad en los libros que toma prestados (borrow) de sus amigos o de las bibliotecas públicas...

✔ Ceda su asiento en el autobús a personas mayores...

✔ Ayude a llevar los paquetes de alguien que usted vea no puede cargar tanto peso (load)...

✔ Ofrezca su turno a un anciano en la consulta del médico...

✔ Si su vecino se enferma, llévele una sopa y ofrézcase a acompañarlo al hospital...

✔ Si a su compañero de trabajo se le descompuso (broke down) el carro, llévelo hasta su casa...

Borre de su vida todo sentimiento que no lo deje ser feliz. Si ha estado enojado con un amigo o amiga desde hace mucho tiempo, ya es hora de que vaya haciendo las paces. ¡Olvide las razones por las cuales se enfadó con él o ella y atrévase a dar el primer paso hacia la reconciliación! Sentirá como si se sacara un peso de encima...

¡Así lo decimos! VOCABULARIO

Vocabulario primordial

la fidelidad   reconocer (zc)
proteger

Vocabulario clave

Verbos

abrazar	to embrace
calumniar	to slander
confiar	to confide
declararse (a)	to propose (to); to confess one's love
enfadarse, enojarse	to get angry
herir (ie, i)	to wound
sugerir (ie, i)	to suggest

Sustantivos

el ánimo	courage; spirit
el bien	good deed
la bondad	kindness
los celos	jealousy
el chisme / el cotilleo (*Spain*)	gossip
el compromiso	engagement; promise
la confianza	trust
la fidelidad	faithfulness
la molestia	bother

Otras palabras y expresiones

dar el primer paso	to take the first step
dar por sentado	to take for granted
discutir	to argue
hacer las paces	to make peace

Ampliación

Verbos	Sustantivos	Adjetivos
agradecer (zc)	el agradecimiento	agradecido/a
calumniar	la calumnia	calumniado/a
tener celos	los celos	celoso/a
chismorrear	el chisme	chismoso/a
declararse	la declaración	declarado/a
disculpar	la disculpa	disculpado/a
discutir	la discusión	discutido/a
ser fiel	la fidelidad	fiel
molestar(se)	la molestia	molesto/a
sospechar	la sospecha	sospechoso/a

¡Cuidado!

querer/amar

In Spanish, the verb **querer** has two meanings.

● **querer** + thing or activity = *to want*

Quiero un anillo de compromiso.	*I want an engagement ring.*
¿Quieres jugar al tenis?	*Do you want to play tennis?*

● **querer** + person = *to love*

Quiero mucho a mi amiga Marcela.	*I love my friend Marcela a lot.*
Te **quiero.**	*I love you.*

The verb **amar** means to love someone deeply. It is most often used among couples deeply in love or in the context of family relationships, but rarely used to express the love one has for a friend, thing, or activity.

¡Cómo **amo** a mis hijos!	*How I love my children!*
Amamos muchísimo a nuestros padres.	*We love our parents a lot.*
Te **amo,** pero tú no me **amas.**	*I love you but you don't love me.*

● **Amar** is also commonly used in religious contexts.

amarse los unos a los otros	*to love one another*
amar a Dios	*to love God*

Aplicación

5-1 Consejos. Combina cada problema con un consejo lógico.

1. ___ Quiero mucho a mi madre, pero casi nunca la veo porque vive lejos.

2. ___ Ayer Nora se enojó conmigo por nada. Su conducta últimamente es muy extraña. Creo que está deprimida otra vez.

3. ___ Mi pobre vecino. Ahora que es viudo, vive solo y no creo que coma lo suficiente.

4. ___ Hace muchísimo frío este invierno y sé que hay muchas familias desamparadas *(homeless)* que viven en nuestra ciudad.

5. ___ No tengo mucho dinero para comprarles un regalo de bodas a Micaela y a Julio, pero quiero hacer algo por ellos.

6. ___ Me siento muy solo y aislado después de la pelea con Berto. Berto me hizo enojar muchísimo, pero no quiero perder su amistad.

7. ___ Todos los días leo en el periódico sobre la pobreza en Hispanoamérica. Me gustaría hacer algo para aliviar esta situación.

a. Es posible que necesite consultar un psiquiatra. ¿Por qué no se lo sugieres?

b. El Cuerpo de Paz es una organización excelente que lleva voluntarios a trabajar en países donde se necesita ayuda económica, social y una buena infraestructura. Si puedes hacerlo por dos años, la experiencia te cambiará la vida.

c. No importa el dinero que gastes, sino que el regalo venga del corazón. Hay una tienda de segunda mano que tiene artículos en muy buenas condiciones.

d. En esta ciudad hay una organización que les lleva comida a los ancianos. Puedes ponerlo en contacto con esa institución para que reciba una comida caliente todos los días.

e. No quieres perder a tu mejor amigo. Tómate un día para calmarte y después invítalo a salir contigo al cine o a un restaurante.

f. Llámala siempre que puedas y pregúntale si necesita algo.

g. Es verdad. Vamos a hablarles a nuestros amigos para pedirles que donen frazadas y abrigos para dárselos a las familias.

5-2 Consejos tuyos. Vuelve a leer los casos de la actividad **5-1** y escribe consejos originales para cada situación.

MODELO: *¿Por qué no le escribes un carta o una tarjeta a tu mamá?*

Algunas sugerencias:	
¿Por qué no...	En tu situación, yo...
Debes...	Es importante...
Es una buena idea...	Hay que...

5-3 Detalles que endulzan la vida. En ¡Así es la vida!, *Detalles que endulzan la vida* ofrece sugerencias para alegrar a otra/s persona/s. ¿Pueden pensar en otras? Trabajen juntos/as para escribir detalles que se pueden tener con cada una de las siguientes personas.

1. alguien que no conoces
2. un/a pariente
3. un/a amigo/a
4. el/la novio/a o el/la esposo/a
5. un/a profesor/a
6. un/a compañero/a de clase

5-4 A explorar: Más actos de bondad. Martin Luther King, Jr. nos señaló maneras en que podemos servir a los demás. Visita el sitio de *Conexiones* en la red *www.PHSchool.com* e inserta el Web Code jpd-0005 para ver lo que dijeron otros personajes famosos sobre los actos de bondad. Elige uno y explica por qué es importante en tu opinión lo que dice.

5-5 En familia. Completa las siguientes oraciones con una variación de cada palabra en itálica. Si necesitas ayuda, consulta la sección llamada **Ampliación**.

MODELO: La señora *sospechaba* que su esposo le mentía. Ahora sus **sospechas** se han hecho realidad.

1. El joven me pidió *disculpas* por haberme ofendido. Lo _____ porque aunque me había hablado de mala manera, luego estaba arrepentido.

2. La mujer se sintió muy ofendida por la *calumnia* de su amiga. Es una gran ofensa _____ a otra persona.

3. ¡No estés *celoso* de tus compañeros! Todos ustedes tienen gran mérito. Los _____ pueden causar sentimientos negativos.

4. Los *chismes* y rumores son muy destructivos. Todos conocemos a gente _____

5. Es una *molestia* tener que resolver los problemas de los demás. ¿Estás _____ conmigo?

6. Después de una *discusión* desagradable, el matrimonio decidió ver a un consejero matrimonial. Ahora, después de un año de consultas, casi no _____ nunca.

5-6 Una tarjeta para el Día de las Madres. Diseña una tarjeta para tu mamá, tu abuela, tu madrina o tu madrastra en la que expreses tres o más de las razones por las que le estás agradecido/a. Refiérete a *Gracias, mamá...* de **¡Así es la vida!** para obtener ideas.

MODELO: *Gracias, mamá, por apoyarme y darme ánimo...*

5-7 Los amores de Lulú. Aquí tienes una escena de una telenovela popular. Identifica el personaje que se describe a continuación.

L: Lulú (la novia)

C: Carlos (el novio)

D: Diana (la ex novia)

1. _____ se siente inseguro/a
2. _____ tiene celos
3. _____ dice que es fiel
4. _____ se siente calumniado/a
5. _____ confía en su novio/a
6. _____ su mamá está enferma
7. _____ quiere hacer las paces
8. _____ quiere olvidar el pasado

5-8 Las buenas relaciones. A continuación tienes la triste historia de Ramón y Chelín. Léela y explica por qué es triste. Luego, crea tu propia historia usando las palabras en negrita (*bold*).

Ésta es una triste historia de **celos y calumnias**. Ramón y Chelín se conocieron en una fiesta de unos amigos comunes. Se llevaron muy bien y decidieron verse en otras ocasiones. Después de más de un año de salir juntos, Ramón por fin **se le declaró** a Chelín. Le prometió **fidelidad** y amor eterno. Pero un día, un conocido suyo le dijo que había visto a Chelín con otro y Ramón lo creyó. Cuando acusó a Chelín, ésta **se enojó** y se molestó con Ramón. Ella decidió romper **el compromiso**.

Moraleja: Hay que tener **confianza** para mantener buenas relaciones.

 5-9 No hay mal que por bien no venga (*There's always a silver lining*). Consideren las siguientes situaciones dolorosas. Túrnense para encontrar algo positivo en cada una de ellas.

MODELO: David se enojó porque sus amigos no lo invitaron a una fiesta. Les gritó a los tres y los mandó a paseo (*told them to go jump in the lake*).

Cuando David se enojó, sus amigos reconocieron su error y aprendieron a ser más considerados con sus amigos.

1. Jaime está enamorado de su amiga Tere, pero nunca quiso confesarle su amor. Ahora Tere sale con Alberto, un compañero del colegio. Tere le cuenta a su amigo Jaime que se divierte con Alberto y que se está enamorando de él.

2. Guillermo se siente totalmente traicionado. Su amiga Inés le confesó que le mintió. Hace dos años le contó un problema de Guillermo a un amigo de los dos.

3. Beatriz se siente desconsolada. Pensó que Lupe sería siempre su mejor amiga. Sin embargo, Lupe le demostró que no valoraba su amistad.

4. Ana no debió confiar en Leona. Leona la hirió profundamente cuando les contó cosas íntimas de Ana a conocidos de las dos.

 5-10 La química y el amor. Algunos científicos opinan que el amor es el resultado de una reacción química debida a la "oxitoxina". También afirman que con el paso del tiempo dicha sustancia disminuye gradualmente y con ella la pasión y el interés romántico. Hablen de sus propias experiencias y de otros casos que conozcan.

5-11 Una telenovela. Formen un grupo pequeño para contarse un episodio de una telenovela o serie de TV que hayan visto. Túrnense para crear diez líneas de la historia usando expresiones de ¡Así lo decimos!

MODELO: *Conchita era una chica pobre que trabajaba en la casa de don Felipe, un señor importante de la comunidad de Río Seco...*

¡A repasar!

El presente perfecto
Confesiones.

Imagina que eres un/a psicólogo/a que ayuda a las parejas a mejorar su relación. Lo primero que las dos personas deben hacer es decir la verdad sobre lo que han hecho o no han hecho. Imagina que grabas (*record*) la sesión de terapia y que la transcribes en papel. En tu transcripción de las "confesiones" de ambas personas debes usar el pretérito perfecto.

MODELO:

Armando: *Yo sé que no **he sido** el mejor novio. No **he sido** muy cariñoso, no le **he regalado** flores nunca a Julia, ni la **he llevado** a cenar.*

Julia: *Yo tampoco **he sido** muy cariñosa, pero **he tratado** de llamarlo todos los días. También tengo que confesar que **he salido** con otro muchacho, pero no lo **he besado**.*

Armando: *Yo **he salido** con varias muchachas, pero no **he amado** a nadie como amo a Julia. Yo sé que no **he luchado** por nuestro amor, ni **he intentado** hablar seriamente de nuestros problemas como ella **ha querido** muchas veces.* Etc.

Recuerda: Para repasar el presente perfecto debes consultar la Lección 4.

Reto: ¡Trata de usar muchos verbos diferentes y de escribir una página! Usa muchas palabras de ¡**Así lo decimos!**

¡Así lo hacemos! ESTRUCTURAS

1. The subjunctive vs. the indicative in adjective clauses

An adjective clause is a clause that modifies a noun. The subjunctive is used when the adjective clause refers to an indefinite or nonexistent person or thing. Like the noun clause, most adjective clauses are connected to the main clause with **que**, but they can also be joined with conjunctions like **donde**.

No hay nadie que me quiera llamar.

Indefinite antecedent

Busco una novia que **sea** sensible.	*I'm looking for a girlfriend who is sensitive.*
Ana necesita un amigo que le **dé** consejos.	*Ana needs a friend who will give her advice.*
Queremos ir a una isla donde **haya** playas aisladas.	*We want to go to an island where there are lonely beaches.*

Nonexistent antecedent

No veo a ningún chico que me **guste**.	*I don't see any boy that I like.*
No hay nadie aquí que se **atreva** a bailar el merengue.	*There is no one here who dares to dance the merengue.*

- When the dependent clause refers to a specific person or thing that is certain or definite, the indicative is used.

Tengo un novio que siempre **da** el primer paso para hacer las paces.	*I have a boyfriend who always takes the first step to make up.*
Ése es el chico que me **gusta**.	*That's the boy that I like.*

- Note that in questions, the existence itself of the person or object is being questioned, and consequently, the subjunctive is generally used.

¿Conoce Ud. a alguien que no **tenga** problemas?	*Do you know anyone who doesn't have problems?*
¿Hay alguien aquí que **dé** el primer paso?	*Is there anyone here who will take the first step?*

- There are no set expressions that trigger the subjunctive in adjective clauses, but some common phrases include the following:

Necesito (-as, -a...) [algo/a alguien] que...

Buscamos (-áis, -an...) [algo/a alguien] que...

No conozco (-es, -e...) [a nadie] que...

No hay [nadie/nada] que...

Aplicación

5-12 Una discusión entre amigos. Subraya los verbos en el diálogo. Di si están en el indicativo o subjuntivo y por qué.

Aleida: Abelardo, aquí hay varios abrigos bonitos. ¿No hay ninguno que te guste?

Abelardo: Aleida, el rojo es muy feo. El amarillo tiene mangas demasiado largas. Busco uno que sea apropiado para una ocasión seria, como una boda.

Aleida: Pero nosotros no conocemos a nadie que se case pronto. Mejor compras un abrigo que puedas llevar a una fiesta elegante. Mira éste que tiene cuadros azules y blancos.

Abelardo: ¡Imposible! No voy a ponerme un abrigo para ir como un payaso (*clown*).

Aleida: ¡Ay, los hombres! No hay ninguno que tenga el buen gusto de una mujer.

Abelardo: Tienes razón, a pocos hombres les importa vestir bien.

5-13 ¿Existe o no?... Completa las siguientes frases de forma lógica. Conjuga los verbos en el subjuntivo o el indicativo según el contexto.

MODELO: Aquí hay una revista que… *tiene* un artículo sobre la química del amor.

1. ___ Para su clase de psicología, Mariana necesita un libro que…

2. ___ Para ser más feliz, Liliana quiere ser voluntaria en una organización que…

3. ___ Para tener mejores relaciones con sus padres, Beto mantiene un calendario que…

4. ___ Pedro y Samuel son amigos que…

5. ___ Para mejorar las relaciones con su esposa, Ramón busca un consejero que…

6. ___ ¿Conoces una persona que…

a. *recordarle* llamarlos por teléfono todos los domingos.

b. *explicar* bien los métodos de investigación.

c. *ayudarle* con los problemas en su matrimonio.

d. *ayudar* a los desamparados de su comunidad.

e. *reunir* las características del amigo perfecto?

f. no *molestarse* cuando discuten.

5-14 No hay nadie, ninguno/a... Usen la lista de frases para formar oraciones y contradecirse según el modelo. Si lo desean, pueden inventar otras situaciones o características.

MODELO: **E1:** *No hay nadie que no chismorree de vez en cuando.*

E2: *No es cierto. Liliana es una mujer que no chismorrea nunca.*

- dar por sentado la fidelidad
- disculpar a un/a esposo/a infiel
- prestar atención al/a la profesor/a durante toda la clase
- perdonar una calumnia
- dormir tranquilamente durante un huracán

5-15 Los amigos ideales. Explíquense qué cualidades buscan en un/a amigo/a ideal. Luego, descríbanse lo que buscan en un/a novio, un/a esposo/a, un hijo/a, un/a hermano/a y en un/a profesor/a ideal.

MODELO: *Busco un/a amigo/a que me respete, que no tenga mal carácter, que no me hiera y que me quiera como soy.*

... que sea...

... que tenga...

... que no busque...

... que no tenga...

5-16 Consejos. Imagínense que son una pareja de novios o amigos y un/a consejero/a. Los primeros están enojados y le explican al/a la consejero/a por qué. El/la consejero/a les aconseja qué hacer.

MODELO: **E1:** *Doctor, el problema es que mi amigo es muy dominante. Necesito uno que me respete como persona y que no sea dominante.*

E2: *¡No es verdad que yo sea dominante! Además, te respeto mucho.*

E3: *Un momento. ¡Cálmense!...*

5-17 Un regalo. Túrnense para hacer los papeles de un/a cliente que necesita comprar un regalo para alguien y el/la empleado/a que lo/la ayuda. Elijan quién es el cliente de las lista de personas. Luego elijan un regalo de la lista y pregúntenle al/la empleado/a si tiene el regalo que buscan. Al final, pueden inventar sus propios regalos y personas.

MODELO: novia: ramo de flores: tener rosas blancas y lirios *(lilies)* rosados

E1: *Necesito comprar unas flores para mi novia. ¿Tiene usted un ramo que tenga rosas blancas y lirios rosados?*

E2: *No, lo siento. No tengo ningún ramo que tenga rosas blancas, pero puedo arreglarle uno que tenga rosas rosadas y lirios blancos.*

Personas	Regalo
novio/a o esposo/a	muñeca: hablar y llorar
padre o madre	reloj: tener números grandes
amigo/a	anillo: costar entre quinientos y seiscientos dólares
secretario/a	coche de segunda mano: tener un motor bueno pero no ser caro
jefe/a	perfume: ser ligero y tener un aroma de flores
hermanito/a	camión *(truck)* de juguete: hacer ruidos y tener puertas que se abren
hijo/a	corbata de seda: ser conservadora pero moderna
abuelo/a	cajita de chocolates: tener una variedad de bombones

5-18 A explorar: El arte de la amistad. Visita el sitio de *Conexiones* en la red (*www.prenhall.com/conexiones*) para descubrir los atributos que caracterizan a un buen amigo. Luego describe los atributos de tu mejor amigo/a.

COMPARACIONES

Algunos gestos (gestures) de los hispanos

5-19 En tu experiencia. ¿Qué gestos hacemos a los demás (*to other people*) en los Estados Unidos y en el Canadá? ¿Cómo indicamos silencio? ¿Cómo indicamos que tenemos calor, sed, hambre? ¿Cómo decimos adiós? ¿Cómo indicamos que estamos enamorados, contentos o tristes? ¿Es natural usar gestos? ¿Por qué?

Los hispanos son muy expresivos con los gestos de la cara, del cuerpo y de las manos. Aquí tienen varios dibujos de los gestos hispanos más comunes.

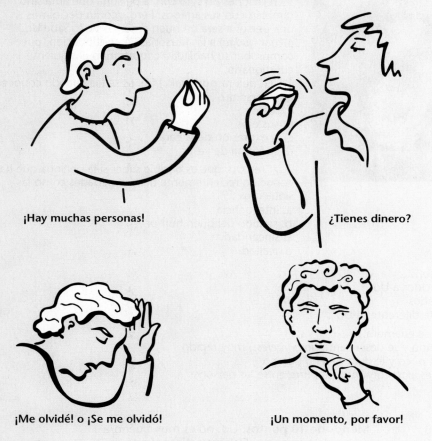

¡Hay muchas personas!

¿Tienes dinero?

¡Me olvidé! o ¡Se me olvidó!

¡Un momento, por favor!

5-20 Hablar sin palabras. Practiquen estos gestos entre Uds. para ver si pueden identificarlos sin usar palabras.

5-21 En tu opinión. Si estuvieras en Latinoamérica y alguien te contestara con un gesto que no conoces, ¿qué pensarías? ¿qué harías? ¿Estás acostumbrado/a a que la gente se exprese con gestos?

¡Así es la vida!

Las amistades

Para ser feliz, es necesario mantener buenas relaciones no sólo con la persona que ama sino también con sus amigos. Pero, ¿cómo decidimos si una persona será un buen amigo o no? ¿Sabe Ud. juzgar (*judge*) a las personas? A continuación, puede comprobar su habilidad contestando el siguiente cuestionario.

1. ¿En qué rasgos (*traits*) físicos se fija cuando conoce a una persona?
   a. su voz
   b. sus ojos
   c. la expresión de la cara
   d. su forma de vestir

2. ¿Cree Ud. que es posible saber si la persona que ha conocido recientemente tiene cualidades como las siguientes…?
   a. inteligencia
   b. sentido del buen humor
   c. sinceridad
   d. lealtad

3. Sus amigos son…
   a. muy parecidos a Ud.
   b. muy variados
   c. totalmente diferentes a Ud.

4. Cuando Ud. se enamora…
   a. es a menudo y se desencanta (*lose interest*) muy rápido
   b. es poco a poco y le dura mucho tiempo
   c. cree que es algo común que ocurre entre las personas

Puntuación

1. a. sí=3; no=0
   b. sí=3; no=0
   c. sí=3; no=0
   d. sí=3; no=0
2. a. sí=3; no=0
   b. sí=3; no=0
   c. sí=3; no=0
   d. sí=3; no=0
3. a=5; b=3; c=1
4. a=1; b=5; c=3

Resultado

Menos de 10 puntos: Ud. no es muy bueno/a juzgando a la gente. Debe practicar el arte de la observación.

De 11 a 20 puntos: Ud. posee un poco de intuición, pero en otras áreas su criterio sobre la gente es bastante pobre. Ud. debe pensar en qué áreas necesita mejorar su percepción.

Más de 20 puntos: Ud. es un buen conocedor de la naturaleza y personalidad de la gente.

¡Así lo decimos! VOCABULARIO

Vocabulario primordial

excéntrico/a   inmaduro/a
extrovertido/a   privado/a
la fobia

Vocabulario clave

Verbos

captar   *to grasp, capture*
dominar   *to control*
fijarse   *to notice*
poseer   *to possess*
superar   *to overcome*

Sustantivos

la angustia   *anguish*
el comportamiento   *behavior*
el gesto   *gesture*
la inseguridad   *insecurity*
el/la terapeuta   *therapist*

Adjetivos

callado/a   *quiet*
consentido/a   *spoiled*
grosero/a   *rude*
humillante   *humiliating*
malcriado/a   *spoiled*
sinvergüenza   *shameless*
tacaño/a   *stingy*

Otras palabras y expresiones

a menudo   *often*

Ampliación

Verbos	Sustantivos	Adjetivos
apasionarse	la pasión	apasionado/a
beneficiarse	el beneficio	beneficiado/a
divorciarse	el divorcio	divorciado/a
humillar	la humillación	humillante
separarse	la separación	separado/a
unir(se)	la unión	unido/a

Aplicación

5-22 El/La malcriado/a. Nuestro comportamiento *(behavior)* determina cómo los demás nos perciben y clasifican. Señala qué comportamiento corresponde a cada una de los siguientes tipos de persona.

1. ____ el/la malcriado/a
2. ____ el/la sinvergüenza
3. ____ el/la consentido/a
4. ____ el/la grosero/a
5. ____ el/la tacaño/a
6. ____ el/la callado/a

a. Tiene muy poca vergüenza.
b. No es generoso con los demás.
c. Es malhablado/a.
d. Casi no habla.
e. Es impaciente y egoísta.
f. Sus padres le dan todo lo que quiere.

5-23 ¿Cómo se comportan? Amplía la descripción sobre algunos de los tipos de persona de la actividad **5-22**, comenta situaciones que ilustren su comportamiento.

MODELO: el/la malcriado/a

Mi hermana es malcriada. Es impaciente y egoísta. Sólo piensa en sí misma. Por ejemplo, siempre pone música fuerte (loud) *cuando estudio, usa mis cosas sin pedirme permiso y me pide muchos favores.*

5-24 En familia. Completa las siguientes oraciones usando una variación de cada palabra en itálica. Si necesitas ayuda, consulta la sección llamada **Ampliación**.

MODELO: Es una pareja muy **unida**. Su *unión* ha durado años.

1. *Se beneficiaron* de una relación abierta y franca. Son muchos los _____ de una buena amistad.
2. Por fin celebraron su *unión* nupcial. _____ un sábado a las dos de la tarde en la iglesia de Santo Tomás.
3. Pero después de algunos años *se separaron*. Fue una _____ muy dolorosa para los dos.
4. El caso ante la corte fue _____. Allí se *humillaron* el uno al otro.
5. Finalizaron *el divorcio* el mes pasado. Ahora son como muchos que están _____ y casi no se hablan.

5-25 Las fobias. ¿Conocen a gente que sufra de fobias (un temor irracional e inexplicable) de tipo social o de otro tipo? ¿Sufren o han sufrido Uds. mismos de fobias? ¿Cómo las han superado? Traten de combinar las siguientes fobias con su descripción.

1. ____ la acrofobia
2. ____ la hidrofobia
3. ____ la claustrofobia
4. ____ la agorafobia
5. ____ el miedo escénico

a. angustia que producen los espacios cerrados
b. angustia ante los espacios extensos, abiertos
c. horror al agua
d. horror a las alturas
e. miedo a hablar en público

5-26 Entre amigos. ¿Cómo son sus amigos? ¿Cómo se comportan? Túrnense para describir a dos de sus mejores amigos. Luego, hagan una lista de las cualidades que estos amigos tienen en común. Comparen su lista con las de otros grupos.

5-27 Un caso excepcional. Aunque somos conscientes del alto índice de fracaso matrimonial y familiar que se da hoy en día, también sabemos que hay casos de familias unidas, parejas felices y amor duradero. ¿Conoces alguno? Piensa en un ejemplo de tu familia o comunidad para presentárselo a la clase. Explica por qué, en tu opinión, es un caso excepcional.

¡A repasar!

El futuro
Una amistad duradera

Piensa en tu mejor amigo o amiga. ¿Cómo será esta amistad en el año 2020? ¿Qué actividades harán juntos/as? ¿Qué cambiará? ¿Qué seguirá siendo igual? ¿Compartirán más o menos lo que comparten hoy?... Escribe un párrafo en el que describas tu amistad con esa persona hoy (en el presente) y otro párrafo sobre tus "predicciones" en cuanto a tu relación con ella en 2020.

MODELO: *Mi mejor amiga y yo siempre **estamos** juntas. **Estudiamos** todos los días **y salimos** a bailar los fines de semana. Los miércoles **voy** a cenar a su casa y los viernes ella **viene** a almorzar a mi apartamento. Yo **sé** sus secretos y ella **sabe** los míos.*
*En 2020, **seremos** las mejores amigas del mundo. **Hablaremos** por teléfono todos los días. Nuestros hijos **se tratarán** como hermanos. **Jugaremos** dominó todos los sábados. **Iremos** de vacaciones a la playa con nuestras familias. **Nos contaremos** todo.*

Recuerda: Para escribir tus predicciones debes usar el futuro. Repásalo en la Lección 2.

Reto: Incluye por lo menos seis verbos diferentes en cada párrafo. Usa muchas palabras de **¡Así lo decimos!** de la Primera y de la Segunda parte.

¡Así lo hacemos! ESTRUCTURAS

2. The future perfect and pluperfect tenses

¿Habrá entendido lo que le dije?

The future perfect

The future perfect is used to express an action which *will be finished* by a certain point in time. Form the future perfect with the future of the auxiliary verb **haber** and the *past participle*.

PRESENT ◀───▶ FUTURE

(right now)
                               1. enviar   volver
                               2. hablar   leer
                               3. decir   venir

1. Mis padres **habrán enviado** la tarjeta postal antes de volver a México
   My parents will have sent the postcard before coming back to Mexico.
2. Cuando la lea, ya **habré hablado** con ellos por teléfono.
   When I read it, I will have already talked to them on the telephone.
3. Me **habrán dicho** que vendrán a visitarme aquí a Guadalajara.
   They will have told me that they will come to visit me here in Guadalajara.

	Future	Past participle
yo	**habré**	
tú	**habrás**	
Ud., él, ella	**habrá**	**tomado/comido/vivido**
nosotros/as	**habremos**	
vosotros/as	**habréis**	
Uds., ellos, ellas	**habrán**	

¿**Habrás hablado** con el psicólogo
  para esta tarde?

No, no **habré hablado** con él hasta
  mañana a las diez.

*Will you have talked with the
  psychologist by this afternoon?*

*No, I will not have talked with
  him until tomorrow at 10:00.*

● The future perfect can also be used to express probability or conjecture
  about what may have happened in the past, yet may be related to the
  present.

¿**Se le habrá declarado** a Estela
  ya?

¿**Se habrán enamorado** alguna
  vez?

*I wonder if he has proposed to
  Estela yet.*

*I wonder if they have ever fallen in
  love.*

The pluperfect

Había estado esperándote
sin probar un bocado.

The pluperfect is used to refer to an action or event that took place before another
past action or event. Compare the following sentences with the time line.

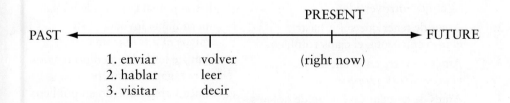

PRESENT

PAST ◄─────────┬──────────┬──────────────┬────────► FUTURE

         1. enviar   volver   (right now)

         2. hablar   leer

         3. visitar   decir

1. Mis padres **habían enviado** la tarjeta postal antes de volver a México.
   My parents had sent the postcard before returning to Mexico.
2. Cuando yo la leí, ya **había hablado** con ellos por teléfono.
   When I read it, I had already spoken with them on the telephone.
3. Me dijeron que **habían visitado** la capital de EE.UU.
   They told me that they had visited the capital of the USA.

● Like the present perfect tense, the pluperfect is a compound tense. It is formed with the imperfect tense of **haber** + *past participle*.

	Imperfect	Past participle
yo	**había**	
tú	**habías**	
Ud., él, ella	**había**	**tomado/comido/vivido**
nosotros/as	**habíamos**	
vosotros/as	**habíais**	
Uds., ellos, ellas	**habían**	

Antes de llegar Julio, mis hermanos **habían dominado** la conversación.

Before Julio arrived, my brothers had dominated the conversation.

Ambrosio siempre **había tenido** buenas relaciones con Carmen pero luego se pelearon.

Ambrosio had always had good relations with Carmen, but then they had a fight.

● Remember that in compound tenses auxiliary **haber** and the past participle are always kept together; **haber** must agree with the subject, and the past participle stays the same.

Ana siempre me **había caído** bien hasta ahora.

I had always liked Ana until now.

Tu novio nunca **había sido** posesivo antes.

Your boyfriend had never been possessive before.

Aplicación

5-28 ¿Cómo eran antes? Todas estas personas cambiaron para bien después de un evento o una experiencia importante en su vida. Señala qué les pasó a cada uno de ellos.

1. ___ Antes de consultar al psiquiatra, la mujer introvertida...

2. ___ Antes de tener que subir hasta el piso cincuenta, el claustrofóbico...

3. ___ Antes de verse en la televisión, el presentador grosero ...

4. ___ Antes de heredar un millón de dólares de un tío rico, la joven consentida...

5. ___ Antes de perder toda su fortuna, el tacaño...

a. siempre había ofendido a los demás por su manera de hablar.

b. nunca había invitado a sus amigos ni a tomar un café.

c. siempre les había pedido regalos extravagantes a sus padres.

d. nunca había hablado en público.

e. nunca había usado el ascensor.

5-29 Resoluciones de una introvertida. Completa la carta en que Luisa comunica su decisión de ser más extrovertida, con la forma apropiada del **futuro perfecto** de los siguientes verbos.

alquilar	enamorarse	hacer	ir
conocer	explicar	invitar	preparar

Para el año que viene me imagino que (yo) (1)_____ un nuevo apartamento en un barrio más divertido.(2)_____ a un mínimo de cinco personas nuevas. Las (3)_____ varias veces a mi casa, y les (4)_____ la cena. Les (5)_____ que soy una persona introvertida pero que estoy haciendo grandes esfuerzos para quitarme la timidez (*shyness*) . Me (6)_____ miembro de un club atlético y (7)_____ por lo menos una vez a la semana. ¡No (8)_____, porque creo que eso es difícil que ocurra en un solo año!

5-30 La comunicación. ¿De qué temas debe hablar una pareja antes de comprometerse? Sugieran cada uno cinco temas que consideren importantes de resolver antes de que una pareja se comprometa.

MODELO: *Antes de comprometerse, la pareja **habrá hablado** con sus padres acerca de su relación.*

5-31 A explorar: La codependencia: ¿amor o necesidad? Visita el sitio de *Conexiones* en la red (*www.prenhall.com/conexiones*) para descubrir lo que implica la codependencia. ¿Cuáles son, según el sitio en la red, las características de la codependencia? ¿Conoces a alguien en esa situación? ¿Qué consejos le darías?

5-32 Para el año 2015. En grupos de cuatro, hagan seis predicciones de lo que habrá ocurrido para el año 2015 y expliquen por qué habrán ocurrido.

MODELO: *Para el año 2015, **habremos establecido** una base en Marte. **Habremos hallado** una cura para el SIDA…*

5-33 Ya lo había hecho. Piensa en los siguientes acontecimientos u otros que se te ocurran y explica lo que ya habías hecho (o lo que habían hecho otras personas) ese día o antes de ese día.

MODELO: *Antes de mi último cumpleaños, había estudiado tanto para los exámenes que me había olvidado de mi cumpleaños. Pero al llegar a mi casa, descubrí que mis amigos habían planeado una fiesta sorpresa.*

- el primer beso
- la primera cita
- un cumpleaños importante
- la primera clase de la escuela secundaria
- la graduación de la escuela primaria
- una gran discusión o pelea con un/a amigo/a, novio/a o pariente *(relative)*

3. Comparisons with nouns, adjectives, verbs and adverbs, and superlatives

Comparisons of equality

- In Spanish, use nouns in the **tanto/a(s)...como** construction to make comparisons of equality of nouns (e.g., *as much affection as; as many friends as*). Note that **tanto/a(s)** is an adjective and agrees in gender and number with the noun or pronoun it modifies.

tanto/a(s) + noun + como

Mi tía da **tantos** consejos **como** mi madre.

My aunt gives as many pieces of advice as my mother.

Mi padre tiene **tanta** paciencia **como** tu padre.

My father has as much patience as your father.

- Comparisons of equality of adjectives (e.g., *as nice as*) and adverbs (e.g., *as slowly as*) are made with the **tan...como** construction. **Tan** is an adverb and so is invariable.

tan + adjective/adverb + **como**

| La Dra. Cisneros es **tan** callada **como** su esposo. | *Dr. Cisneros is as quiet as her husband.* |
| Carlos se declaró **tan** suavemente **como** un poeta. | *Carlos asked her out as smoothly as a poet.* |

- Make comparisons of equality of verbs (e.g., *plays as much as*) with **tanto como**. **Tanto** in this context is an adverb and is invariable.

verb + **tanto como** + subject of second (implied) verb

| María del Carmen apoya a los demás **tanto como** su mamá. | *María del Carmen supports others as much as her mother does.* |
| Mis amigos hispanos se dan la mano **tanto como** nosotros. | *My Hispanic friends shake hands as much as we do.* |

Comparisons of inequality

- When the relationship is unequal, use **más/menos...que** for nouns, adjectives, and adverbs. Use **más/menos que** after verbs.

más/menos + adjective/adverb/noun + **que**

| México es **más** grande **que** el Perú. | *Mexico is bigger than Peru.* |
| El Perú está **más** lejos de aquí **que** México. | *Peru is farther from here than Mexico.* |

verb + **más/menos** + **que**

| Yo sufro **más que** tú. | *I suffer more than you (do).* |

- If the focus of the comparison is a number, substitute **de** for **que**.

En una versión de la leyenda, don Juan tiene **más de** diez hijos ilegítimos.
In one version of the legend, don Juan has more than ten illegitimate children.

A que ya sabías...

Some Spanish adjectives have both regular and irregular comparative forms.

Adjective	Regular form	Irregular form	
bueno/a	más bueno/a	mejor	*better, best*
grande	más grande	mayor	*bigger, biggest*
joven	más joven	menor	*younger, youngest*
malo/a	más malo/a	peor	*worse, worst*
pequeño/a	más pequeño/a	menor	*smaller, smallest*
viejo/a	más viejo/a	mayor	*older, oldest*

Mejor and **peor**, which occur more often than the regular forms, are used to describe quality and performance related to both people and objects. **Más bueno que** and **más malo que** usually refer to moral, ethical, and behavioral qualities. Note these examples.

El promedio de Lucinda es **mejor que** el de su hermana.	*Lucinda's average is better than her sister's.*
Luisa es **más buena que** Lucho.	*Luisa is nicer than Lucho.*

Más grande and **más pequeño** are often used to refer to size, while **mayor** and **menor** refer primarily to age.

La Ciudad de México es **más grande que** Nueva York	*Mexico City is bigger than New York city.*
José Antonio es **mayor que** Laura.	*José Antonio is older than Laura.*

Superlatives

- The superlative (the most, the greatest, the worst, etc.) in Spanish is expressed with the definite article (el/la/los/las) and **más** or **menos**. Note that the preposition **de** is the Spanish equivalent of *in* for this structure.

> el/la/los/las/(noun) + **más/menos** + adjective + **de**

Luisito es **el más grosero** de la clase.	*Luisito is the most vulgar one in the class.*

- When a noun is used with the superlative, the article precedes the noun in Spanish.

  Lucrecia es **la** persona **más solitaria** del colegio.   *Lucrecia is the most solitary person in the school.*

Aplicación

5-34 ¿Es lógico o no? Lee las declaraciones siguientes y decide si son verdaderas *(true)* o no. Corrige las que no lo sean.

1. Rosie O'Donnell es más delgada que Gwyneth Paltrow.
2. Bill Murray es tan serio como Harrison Ford.
3. Britney Spears es mayor que Madonna.
4. Enrique Iglesias canta mejor que Julio Iglesias.
5. Antonio Banderas es más guapo que Benjamin Bratt.
6. Salma Hayek tiene tanto éxito como Penélope Cruz.

5-35 La variedad hispana. Completa la descripción del mundo hispano usando comparativos y superlativos apropiados y lógicos. Usa los siguientes elementos:

como	de/del	más/menos que	tan / tanto (a) (os) (as)

El mundo hispano es una entidad sumamente variada. En primer lugar, hay (1)_____(2)_____ trescientos cincuenta millones de hispanohablantes, sin incluir las grandes comunidades hispanas en los Estados Unidos donde (3)_____ (4)_____ 20 millones de personas se consideran hispanohablantes. Los pueblos indígenas han contribuido mucho a la civilización hispana, pero desgraciadamente sus idiomas no son (5)_____ conocidos hoy en día (6)_____ antes. Sin embargo, actualmente hay un movimiento (7)_____ fuerte (8)_____ nunca para conservar algunos de los que todavía no han desaparecido.

La variedad topográfica y climática del mundo hispano es así mismo significativa. En algunos países hay gran actividad volcánica. En el Ecuador hay (9)_____ volcanes activos (10)_____ en muchos otros países del mundo. Hay muchos ríos importantes, como el Amazonas, que es (11)_____ ancho y (12)_____ largo (13)_____ el río Mississippi. Hay importantes puertos como Montevideo y Guayaquil, el cual es (14)_____ grande (15)_____Antofagasta. Por su ubicación cerca de la línea ecuatorial, hace (16)_____ calor en Guayaquil (17)_____ en Montevideo.

Punta Arenas es la ciudad (18)_____ sureña *(southern)* (19)_____ continente sudamericano. La Paz, Bolivia es la capital (20)_____ alta (21)_____ mundo, mientras que la ciudad de México es la capital (22)_____ poblada (23)_____mundo. El Titicaca es el lago navegable (24)_____alto (25)_____ mundo. El Canal de Panamá es una de las vías de comercio (26)_____ importantes (27)_____ mundo. Hay muchas más cosas que se podrían mencionar, ¡pero ahora te toca a ti!

5-36 Comparaciones. Túrnense para hacer comparaciones basadas en la siguiente información. Agreguen más información a la comparación cuando sea posible.

MODELO: más excéntrico/a que Steve Martin

Creo que Jim Carrey es más excéntrico que Steve Martin.

1. menor que tú
2. mayor que el/la profesor/a
3. tan callado/a como tu mejor amigo/a
4. tan tacaño/a como Scrooge
5. baila tan divinamente como Gloria Estefan
6. canta mejor que Willie Nelson

5-37 Tu familia. Describe a tu familia usando comparativos, superlativos y números. A continuación tienes algunas sugerencias.

artístico/a	ávido/a lector/a
apasionado/a a (la música, el deporte…)	interesado/a en…

MODELO: *Hay más de cuatro personas en mi familia…*

 5-38 Están orgullosos(as). Es natural que uno se sienta orgulloso/a de su colegio o de su ciudad. Preparen una pequeña descripción comparativa entre dos lugares que conozcan y luego preséntenla a la clase. Traten de incluir algún superlativo también.

MODELO: *Nos gusta mucho este colegio, aunque es más pequeño que otros. Tiene menos de mil estudiantes, pero nunca hay más de veinte estudiantes en una clase. Para nosotros, es el mejor colegio del estado.*

 5-39 El record Guinness. Preparen individualmente una lista de diez cosas, personas, acontecimientos o lugares superlativos. Luego desafíense para ver si su compañero/a los puede nombrar.

MODELO: **E1:** *¿Cómo se llama el edificio más alto del mundo?*

E2: *La torre de Sears en Chicago es la más alta del mundo.*

E1: *No, ahora hay edificios más altos que la torre de Sears.*

5-40 El hombre con más matrimonios. Lean el artículo siguiente e intercambien sus opiniones. Luego traten de discutir el tema desde los siguientes puntos de vista.

1. moral, ético o religioso
2. social
3. feminista
4. machista
5. económico

El hombre con más matrimonios

Marcelo Vigliotti, un italiano que trabajaba en un mercado de pulgas y viajaba por toda Europa vendiendo antigüedades, fue convicto y encarcelado por bigamia múltiple en 1998 en una corte de Florencia, ya que—a lo largo de viente años de viajes—se había casado con 105 mujeres en diferentes países de Europa. Como fruto de dichos matrimonios tuvo más de 200 hijos. Con razón se habla tanto de los famosos "amantes latinos".

Hoy en día se dice que el príncipe Zabid de Qatar tiene 612 esposas legales. Como no puede recordar el nombre de todas, les hace llevar números en la ropa cuando están en el harén de su palacio. Cuando le preguntaron por qué se casaba tantas veces, el príncipe contestó: "Porque me encantan las ceremonias nupciales y comer pastel de bodas".

5-41 Diez buenas razones para casarse . A continuación escucharás las diez mejores razones para casarse, según David L., un humorista popular de la televisión hispana. Indica si cada razón beneficia más al hombre (H) o a la mujer (M).

_____ 10.   _____ 5.

_____ 9.   _____ 4.

_____ 8.   _____ 3.

_____ 7.   _____ 2.

_____ 6.   _____ 1.

Vuelvan a escuchar la lista y anoten las razones que son más importantes para Uds. ¿Pueden añadir otras razones a la lista?

5-42 A explorar: Las relaciones interpersonales en el trabajo. Visita el sitio de *Conexiones* en la red *www.PHSchool.com* e inserta el Web Code jpd-0005 para aprender sobre las relaciones interpersonales en el trabajo. Luego prepara un memorando con normas de conducta para tu compañía.

Conexiones

La pareja modelo. Piensen en una pareja famosa de la historia, del cine o de la literatura que ejemplifique la pareja perfecta. Presenten a esa pareja al resto de la clase, explicando por qué es especial: por su pasión, por su respeto mutuo, etc. ¿Es posible una relación perfecta?

Ritmos

La monja enana

En la Lección 2 conociste a este grupo de pop español. *Cartas de amor* es una de las canciones del primer CD *Pídeme un deseo*. Éste ha sido uno de los debúts más esperados del año. En este primer disco presentan seis temas de tecno-pop de los años ochenta para deleite de sus admiradores.

Antes de escuchar

5-43 Una carta misteriosa. Imagínate que has recibido una carta de un/a admirador/a secreto/a. ¿Cómo reaccionas? ¿Quién sería la primera persona en quien pensarías? ¿Por qué? ¿Te sientes honrado/a o amenazado/a? ¿Quieres conocer a la persona o prefieres mantener el misterio? ¿Respondes a la carta o la tiras a la basura?

A escuchar

Cartas de amor

Cartas de amor en mi buzón°	*mailbox*
cartas de amor sin dirección	
Nunca sabré quién las mandó	
debe tratarse de un error	
Cartas con sello° de color	*stamp*
escritas con rotulador°	*felt-tip pen*
Yo me imagino a su autor	
andando por la habitación	
buscando una solución	
para acabar con la tensión	
mirando dentro del buzón	
sin encontrar contestación	
No hay explicación para tal error	
Abro mi buzón y una carta o dos	
Cartas de amor en mi buzón	
cartas de amor sin dirección	
Nunca sabré quién las mandó	
debe tratarse de un error	
Cartas con sello de color	
escritas con rotulador	
Cartas de amor	
Cartas de amor	
Cartas de amor	
Cartas de amor	
No hay explicación para tal error	
Abro mi buzón y una carta o dos	
No hay explicación para tal error	
Abro mi buzón y una carta o dos	

Después de escuchar

5-44 ¿Qué significa para ustedes? Discutan el significado de esta canción y comenten. Hablen de los siguientes temas.

1. el posible admirador y el posible destinatario
2. el tipo de relación que aparentemente describe la canción
3. el tono, si es optimista o pesimista
4. el resultado futuro de esa relación
5. los pasos que debe tomar la cantante para resolver su dilema
6. un caso semejante que conozcan de la vida real o de la ficción

Imágenes

Pablo Ruiz y Picasso

Pablo Ruiz y Picasso (1881–1973) nació en Málaga, España. Durante la Guerra Civil española se expatrió a Francia, donde se destacó como pintor, escultor y diseñador de escenas teatrales. Junto con Georges Braque, creó el movimiento del cubismo. Su obra es tan enorme y ha tenido tanta influencia en el arte moderno que se le considera uno de los genios más importantes del siglo XX.

Pablo Picasso, *Madre e hijo,* **Spanish Art Institute of Chicago**

María Izquierdo

María Izquierdo (1902–1956) nació en San Juan de los Lagos, Jalisco, México. Sus temas se inspiran en motivos populares, como la naturaleza muerta (*still life*), alacenas (*closets*) con dulces, juguetes y retratos. Prefiere los colores fuertes y vivos de los juguetes, la cerámica policromada y las piñatas.

María Izquierdo, *Madre Proletaria*, 1944. Colección particular

Perspectivas e impresiones

2 **5-45 ¿Cómo se comparan?** Fíjense en los cuadros de Picasso y de Izquierdo y comparen los siguientes elementos. Traten de usar expresiones comparativas.

1. sus colores
2. sus temas
3. sus estilos
4. sus mensajes

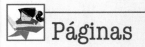

Páginas

Carlos Eire

En 1962, cuando Carlos Eire tenía once años, él y su hermano Tony volaron de Cuba a Miami con otros 14.000 niños. A dicho grupo se le conoció como Pedro Pan. Los padres de estos niños temían (*feared*) que la revolución comunista indoctrinara a sus hijos y decidieron enviarlos solos a los EE.UU. para que se educaran en un país libre. El fragmento siguiente es parte de la obra *Waiting for Snow in Havana*, la cual recibió el premio *National Book Award* en 2003 en la categoría de autobiografía. En este libro el autor cuenta los recuerdos (*memories*) de su truncada (*disrupted*) juventud. Hoy Carlos Eire es un prestigioso profesor de historia y estudios religiosos en la Universidad de Yale.

Antes de leer

5-46 Abandonar tu casa. ¿Has tenido que abandonar tu casa o separarte de tu familia alguna vez para mudarte a otro lugar? ¿Tienes algún familiar que haya tenido que hacerlo? Explica las circunstancias y lo que sentiste. ¿Cuántos años tenías? ¿Has podido mantener un contacto regular con tu familia?

MODELO: *Cuando empecé mis estudios secundarios, decidí asistir a un colegio lejos de mi casa...*

5-47 Estrategias de la lectura: Las memorias. En estas memorias, Carlos Eire expresa lo difícil que fue para él separarse de su familia a la edad de once años. Antes de empezar a leer, haz una lista de las cosas que tu madre u otro familiar solía (*used to*) hacer por ti cuando tenías once años. ¿Cuáles de ellas podías hacer ya por ti mismo a los dieciocho años?

MODELO: *Cuando tenía once años, mi madre siempre me preparaba el desayuno. A los dieciséis años, lo hacía yo.*

A leer

Waiting for Snow in Havana

El mundo cambió mientras dormía, y para mi sorpresa, nadie me había consultado. De allí en adelante siempre sería igual.

childish things

Apenas tenía ocho años y había pasado horas soñando niñerías°, como hacen los niños. Mi papá, quien se acordaba perfectamente de su anterior reencarnación

costume 5
mobs
como el rey Luis XVI de Francia, posiblemente soñaba con bailes de disfraces°, turbas° y guillotinas. Mi mamá, que no se acordaba de haber sido María Antonieta, no hubiera podido compartir sus sueños. Quizás soñaba con ángeles, como siempre me recomendaba, "Sueña con los angelitos", me decía. El hecho de

cute
que fueran pequeños quería decir que eran demasiado monos° para ser ángeles
10
caídos.

sunny
¡Qué lejos de La Habana me encontraba! El asoleado° Miramar, donde no había

brown   ni…golpeaban: nor
winds that bruised you
ni un solo ladrillo carmelita° ni vientos que te golpeaban°, era para entonces como un sueño. No se diferenciaban en lo más mínimo de las fantasías que lucubraba° mi

spun
cerebro mientras dormía en un sofá-cama en la sala de nuestro apartamento en el
15
sótano del North Side de Chicago.

foster homes
Mi hermano y yo habíamos vivido como huérfanos en los EE.UU. por más de tres años y medio en campamentos y orfelinatos°, y, más recientemente, con nuestro tío Amado en un pequeño pueblo en el centro de Illinois. Estaba muy contento en la casa de Amado, más contento de lo que había estado la mayoría de

20
mi vida. Pero nuestra mamá finalmente pudo salir de Cuba, después de tratar por tres años desesperantes, y el Sr. Sandoval, del Refugio del Centro Cubano de Miami, la había enviado a vivir a Chicago.

"Vamos a ver, usted no habla ni una palabra de inglés, usted tiene un

physical handicap
factories 25
impedimento físico°, y usted nunca ha trabajado en su vida. Su marido está en Cuba y tiene dos adolescentes que usted no ha visto en más de tres años. Creo que Chicago es el lugar para ustedes. Sí, Chicago. Hay muchas fábricas° allí. Casi todo el mundo que hemos enviado allí ha podido conseguir trabajo en una fábrica".

Así fue cómo terminamos en Chicago, gracias a la agilidad mental del Sr. Sandoval.

30
María Antonieta no sabía cómo buscar trabajo. Dadas sus circunstancias, hizo lo mejor que pudo, solicitando empleo sólo en los lugares donde otros cubanos habían encontrado trabajo. En ningún lugar la querían emplear.

Entonces fuimos a la oficina de servicios públicos a pedir ayuda. Pero, el Sr. Fajardo, el trabajador social puertorriqueño que nos vio en el departamento de

35
asistencia pública, no nos ayudó mucho. María Antonieta no sabía que no se

suede
suponía que uno se vistiera elegantemente cuando iba a pedir ayuda económica. Vestía un bello abrigo de gamuza° que una amiga rica le había dado en México mientras esperaba una visa americana.

"Tiene dos hijos grandes, señora. Los dos podrían encontrar trabajo en un
40
instante. No, no le podemos ofrecer nada, señora. En este país trabajar es crucial. ¡Trabajo, trabajo, trabajo! Pienso que le puedo conseguir en cheque de asistencia social por un mes, mientras sus hijos buscan trabajo. Después de eso, depende de ustedes el ganar dinero".

Terminé trabajando de lavaplatos en el Conrad Hilton Hotel. Les dije que tenía
45
dieciocho años.

No dejé de ir a la escuela ni un solo día. Y tampoco dejé de trabajar un solo
día. Mi horario era simple. Todos los días, de miércoles a domingo, trabajaba en el
Hilton desde las cuatro de la tarde hasta las dos de la mañana. Los lunes y los
martes no tenía trabajo. Todos los días de lunes a viernes iba a la escuela, desde las
ocho de la mañana hasta las tres y cuarto de la tarde. No tenía tiempo para la
tarea, excepto los lunes y los martes, y un periodo de *study hall* todos los días.

Asistir a la Escuela Secundaria Seen era un placer comparado a trabajar en el
Conrad Hilton. Era un terrible lavador de platos. A mis compañeros de trabajo,
todos los cuales eran puertorriqueños, les había dado por llamarme "cubita". Todos
ellos sabían que había mentido sobre mi edad, hasta el jefe. Llegó la cosa a tal
punto que cada vez que algo se rompía, mis colegas gritaban, "¡Tiene que ser
cubita!" O simplemente al sonido de vasos rotos comenzaban a gritar, "¡cubita,
cubita, cubita!".

La peor parte del trabajo era caminar las cuatro cuadras hasta la estación del
metro° de Harrison St. a las dos o las tres de la mañana, pasando por los bares   *subway*
topless, las casas de indigentes, las misiones y montarme en el tren a casa. Cuando
llegaba al edificio donde se encontraba nuestro apartamento en la esquina°   *corner*
suroeste de Winthrop y Hollywood, María Antonieta estaba mirando por la ventana
del sótano, su cabeza al nivel de la acera, esperándome, como siempre. Ella había
luchado grandemente durante tres años para llegar a nosotros, lo había dejado
todo, incluyendo a su marido, madre, padre, hermano, hermana, y patria, sólo para
encontrarse pasando todo el día y toda la noche en un apartamento vacío. Ella nos
cocinaba y limpiaba la casa y nos lavaba la ropa, que era un cambio positivo
comparado a lo que nos habíamos acostumbrado, pero aparte de darnos todo su
amor, eso era todo lo que podía hacer.

Mi hermano y yo nos convertimos en sus guardianes. La manteníamos°.   *we supported*
Hablábamos por ella. Le leíamos los periódicos y le interpretábamos las películas y los
programas de televisión. La llevábamos a lugares en autobuses y trenes. No nos podía
aconsejar en nada de importancia, o por lo menos eso creíamos. Y casi no pasábamos
tiempo con ella. Su amor por nosotros era infinito, y nosotros no lo apreciábamos.

Fragmento de la obra *Waiting for Snow in Havana* de Carlos Eire, publicada en 2003 por Free Press, una
división de Simon & Schuster, Inc.

Después de leer

5-48 En Cuba o en los Estados Unidos. Indica dónde ocurrieron las siguientes actividades y experiencias de Carlos, en Cuba (C) o en los Estados Unidos (EE.UU.).

1. Gozó del sol.
2. Combatió el viento y el frío.
3. Pasó por las misiones.
4. Su mamá lo cuidaba bien.
5. Lavaba platos.
6. Tenía que cuidar a su mamá.

 5-49 Cubita. A Carlos lo llamaban "cubita" cada vez que dejaba caer un plato en el restaurante. ¿Creen que los puertorriqueños con quienes trabajaba le tenían afecto a Carlos? ¿Por qué? ¿Qué otras experiencias tuvo Carlos? ¿Cuáles se relacionan con algún miembro de la familia?

5-50 La nieve. El título de este libro parece algo irónico porque no es lógico que nieve en Cuba. Para Carlos Eire, ése era un sueño imposible. ¿Cuáles eran sus sueños cuando tenía ocho años?

5-51 A explorar: Pedro Pan. El programa conocido como "Pedro Pan" evacuó a más de 14.000 niños de Cuba al comienzo de los años sesenta. Visita el sitio de *Conexiones* en la red *www.PHSchool.com* e inserta el Web Code jpd-0005 para investigar dónde está uno de esos jóvenes refugiados hoy en día. Luego, expresa por escrito cuál es tu opinión sobre ese programa y prepárate para presentársela a la clase.

Taller

Una carta de amor

Aquí tienes la oportunidad de practicar el arte de escribir cartas de amor o de afecto. Escribe una de estas cartas a una persona imaginaria o verdadera. Luego, intercambia la carta con la de un/a compañero/a y contesta la suya.

Antes de escribir

Idear. Piensa en una persona que admiras y haz una lista de las razones.

Saludar. Comienza la carta con uno de los siguientes saludos:

Mi querido/a…
Adorable…
Mi corazón…
Amor de mi vida…

A escribir

Abrir el tema. Declárale tu amor.

Elaborar. Explica por qué lo/la amas. Incluye una descripción de la persona. Trata de usar comparativos y superlativos. Sugiere una reunión o un favor muy especial, o pídele una respuesta rápida a tu carta.

Resumir. Resume las razones por las que le escribes esta carta de amor.

Concluir. Termina la carta con una frase cariñosa. Luego, fírmala con un nombre inventado.

El/La que te admira(quiere/desea),
Tu admirador/a secreto/a,
Recibe un fuerte abrazo de,

Después de escribir

Revisar. Revisa los siguientes aspectos de tu carta.

- ❏ ¿Has incluido un vocabulario variado?
- ❏ ¿Has usado bien las cláusulas adjetivales? (No hay nadie que...)
- ❏ ¿Has usado bien las expresiones comparativas?
- ❏ ¿Has revisado la ortografía y la concordancia?

Intercambiar. Intercambia tu carta con la de un/a compañero/a para contestar esas preguntas. Al contestar, hagan comentarios y sugerencias sobre el contenido, la estructura y la gramática.

Entregar. Pasa tu carta original a limpio, incorpora las sugerencias de tu compañero/a y entrégasela a tu profesor/a.

6

El ocio y el mundo del espectáculo

Objetivos comunicativos

- Discussing entertainment
- Giving orders
- Expressing wishes and possibilities

Contenido

Curiosidades

¿SABES?

- ¿Qué director español ha sido nominado para dos premios Óscar por la mejor película extranjera?
  - **a.** Carlos Saura
  - **b.** Pedro Almodóvar
  - **c.** Alejandro González Iñárritu
- ¿Quién ganó más Grammy latinos en 2003?
  - **a.** Shakira
  - **b.** Enrique Iglesias
  - **c.** Juanes
- ¿Quién fue el actor hispano que se hizo famoso en *El padrino III*?
  - **a.** Ricardo Montalbán
  - **b.** Cheech Marín
  - **c.** Andy García
- ¿Cuál es el idioma del programa de televisión que más gente ve en el mundo?
  - **a.** inglés
  - **b.** español
  - **c.** francés

Cuando vas al teatro, ¿prefieres ver una obra dramática, una pieza musical, un ballet o una película? ¿Por qué?

For: *Fondo cultural* reading
Visit: PHSchool.com
Web code: jpd-0006

PRIMERA PARTE
¡Así es la vida!

El actor español, Antonio Banderas, con sólo 43 años ya ha actuado en más de cincuenta películas. Banderas, además de ser guapo y con una personalidad muy agradable, tiene fama de ser modesto, considerado y honrado, tres cualidades que lo hacen el actor hispano más popular del momento. Recientemente, tuvimos el placer de entrevistarlo.

Una entrevista con Antonio Banderas

ENTREVISTADOR: ¿Cómo ves ahora tus comienzos en el mundo cinematográfico de Hollywood?

BANDERAS: Mi llegada a Hollywood fue por accidente. Fue gracias a las películas que hice con el director español de cine Pedro Almodóvar, que se empezaron a conocer en los círculos profesionales de los Estados Unidos. Un día un director pensó en mí para hacer *Los reyes del mambo tocan canciones de amor* y me ofreció el papel del hermano joven. En aquel momento yo no hablaba inglés; empecé a aprenderlo y a trabajar con una agencia de actores y me empezaron a llegar otros proyectos. Ahora me puedo dar el lujo de escoger las películas que me interesan.

ENTREVISTADOR: ¿Qué ha sacrificado Antonio Banderas en su carrera profesional?

BANDERAS: Sacrifiqué el haber sido durante seis años protagonista en España, para hacer en los Estados Unidos papeles pequeños. Pero fue una siembra que con el tiempo ha dado sus frutos. Fue un sacrificio, aunque las cosas luego me han ido muy bien.

ENTREVISTADOR: ¿Cómo te sientes al ser clasificado como el "amante latino" por excelencia?

BANDERAS: Mire, cuando sea viejo y feo, y se me esté cayendo el pelo, la gente dirá, "era un amante latino", así es que ese apelativo (*name*) no me interesa.

ENTREVISTADOR: ¿Cómo ves las oportunidades para los latinos en Hollywood?

BANDERAS: Yo creo que cada vez hay más oportunidades, pero depende mucho de nosotros, los actores; de la integridad con la que representemos a nuestra tierra, a nuestra cultura, a nuestro pueblo. Cada vez más los actores latinos están entrando con mayor empuje (*push*) en el círculo del gran cine de Hollywood. Veo el futuro con optimismo y no ha sido siempre así. Los papeles de los hispanos en Hollywood han sido siempre mal utilizados. Siempre hacíamos de narcotraficantes y cosas así, pero creo que ahora la figura del latino se está dignificando más en la pantalla. ■

¡Así lo decimos! VOCABULARIO

Vocabulario primordial

la película

cómica	de misterio
de aventuras	de suspenso
de ciencia-ficción	extranjera
de horror	romántica

los programas de televisión

la comedia
los dibujos animados (los muñequitos)
el documental
el noticiero
el reportaje
la serie dramática
la serie policíaca
la telenovela
los videos musicales

la televisión

por cable
en directo
en blanco y negro

Sustantivos

la cadena	network
la carrera	career
el certamen	contest
el espectáculo	show (business)
la grabación	recording
el guión, el libreto	script
la pantalla	screen
el pueblo	nation; people
la temporada	season

Ampliación

Verbos	Sustantivos	Adjetivos
actuar	la actuación	actuado/a
bailar	el baile	bailable
competir (i, i)	la competición/ la competencia	competitivo/a
entretener (ie)	el entretenimiento	entretenido/a
innovar	la innovación	innovador/a
patrocinar	el/la patrocinador/a	patrocinado/a
perder (ie)	la pérdida	perdido/a
sacrificar	el sacrificio	sacrificado/a

Vocabulario clave

Verbos

afinar	to tune
conmover (ue)	to move (emotionally)
interpretar	to interpret (a role, a song)

¡Cuidado! entrar, excitante/emocionante

- In Spanish, when you *enter* a place, use the preposition **a** or **en** after the verb **entrar**. **En** is used in Spain and some areas of Latin America; **a** is used in many Latin American countries.

El director entró **en** el teatro temprano.	*The director entered the theater early.*
Los estudiantes entraron **al** cine haciendo mucho ruido.	*The students came into the cinema making a lot of noise.*

- The word **excitante** in Spanish means to inspire a feeling of passion. If you want to say *exciting* in the sense of *touching* or *thrilling*, say **emocionante**.

La película fue muy **emocionante**.	*The movie was very exciting.*

Aplicación

6-1 Datos específicos. Completa el cuadro con la siguiente información sobre Antonio Banderas.

1. Su nacionalidad _____

2. El director con quien trabajaba en su país natal _____

3. Un desafío (challenge) lingüístico que tuvo en los Estados Unidos_____

4. El número de películas que ha hecho en este país _____

5. Una de sus cualidades personales_____

6. Las oportunidades que tienen los actores latinos en las películas de Hollywood_____

7. Una película de Banderas que hayas visto _____

 6-2 ¿Quién es Antonio Banderas? A continuación tienen una lista de algunos de los éxitos cinematográficos de Antonio Banderas. Indiquen cuáles han visto y cuáles les han impresionado más. Comparen su lista con la de otro/a compañero/a de clase. ¿Cuál de ustedes ha visto más?

La he visto		Me gustó		Película	
Sí	**No**	**Sí**	**No**		
				2005	Zorro
				2004	Shrek 2 (Puss in Boots)
				2003	Once Upon a Time in Mexico
				2002	Femme Fatale
				2002	Frida
				2002	Ballistic: Ecks vs. Sever
				2002	Spy Kids 2: The Island of Lost Dreams
				2001	Original Sin
				2001	Spy Kids
				1998	Mask of Zorro
				1996	Evita
				1995	Desperado
				1994	Interview with the Vampire
				1994	Philadelphia
				1988	Mujeres al borde de un ataque de nervios

6-3 En familia. Completa las siguientes oraciones usando una variación de cada palabra en itálica. Si necesitas ayuda, consulta la sección llamada **Ampliación**.

MODELO: Antonio Banderas *ha actuado* en más de cincuenta películas. Su **actuación** en *Desperado* recibió la admiración del público norteamericano.

1. El merengue y la cumbia son dos *bailes* populares del Caribe. Además, la música y el ritmo son muy _____.

2. Todos los años en Buenos Aires hay una *competencia* para seleccionar la mejor pareja de bailarines de tango. Muchos son bailarines casi profesionales que pasan horas preparándose para _____.

3. En México, los mariachis cantan baladas y corridos tradicionales para *entretener* a los turistas. Es realmente _____ sentarse en una plaza, tomar una cerveza y escucharlos cantar.

4. Algunas de las películas del director Pedro Almodóvar *han innovado* el cine español. Se dice que Almodóvar es un director verdaderamente _____.

5. Se dice que los fabricantes de jabón siempre *patrocinan* las telenovelas en los Estados Unidos. Algunas llevan años con el mismo _____.

6. Para tener éxito en el cine, es necesario hacer grandes *sacrificios*. A veces los más exitosos lo _____ casi todo.

6-4 ¡Fue emocionante! Escribe un párrafo sobre una experiencia emocionante que hayas tenido asistiendo a un espectáculo. Explica por qué te emocionó. ¿Fue por los actores? ¿el escenario? ¿la música?

MODELO: *El año pasado asistí a un concierto de Juanes. Todo me emocionó: el ambiente, la música, los aplausos. Después, cuando salíamos del estadio, vimos a Juanes y le pedimos su autógrafo. Fue realmente emocionante.*

6-5 Películas. Estos son algunos títulos en español de películas que ustedes probablemente conocen. ¡A ver si saben de qué películas se trata! Contesten las siguientes preguntas sobre algunas: ¿Quiénes actuaron en la película? ¿Quién fue el/la director/a? ¿Qué tipo de película es? ¿Qué efectos especiales hay en la película? ¿Tuvo mucho éxito? ¿Ganó algún premio? ¿Qué opinan de la película, la interpretación de los papeles y la dirección?

El extraterrestre	*Belleza americana*
Tiburón	*Lo que el viento se llevó*
Mentes peligrosas	*Cazadores del arca perdida*
La dama y el vagabundo	*El hombre de la máscara de hierro*
Misión imposible	*La guerra de las galaxias*
Perdidos en Tokio	*El planeta de los simios*

6-6 Las ventajas y las desventajas. Hagan una lista de las ventajas y las desventajas de cada una de las siguientes profesiones. Incluyan los aspectos intelectuales, monetarios y personales.

MODELO: *Lo bueno de ser concertista es que uno/a sabe mucho sobre música, tiene amigos con los mismos intereses, y, si es bueno/a, gana mucho dinero. Pero hay que practicar mucho para serlo; y es difícil mantener una buena vida familiar cuando hay que viajar tanto. Además, los instrumentos musicales cuestan mucho.*

- actor/actriz de teatro
- violinista
- director de cine
- camarógrafo/a
- cantante
- conductor/a de orquesta
- patrocinador/a de telenovelas
- compositor/a
- escritor/a de documentales

 6-7 Una carta de un/a admirador/a. Escríbele una carta a una estrella que admires. Cuéntale qué películas has visto, qué papeles te han gustado y por qué lo/la admiras. Ofrécele algún consejo para el futuro y exprésale tus deseos para el futuro de su carrera. Luego, intercambia tu carta con la de un/a compañero/a y escríbele una respuesta.

6-8 Una serie nueva. Escriban ideas para una nueva serie de televisión. Incluyan el título, los personajes, la trama, los actores, etc. Usen las siguientes preguntas como guía y refiéranse al vocabulario primordial.

1. ¿Qué tipo de serie es?
2. ¿Cómo serán los episodios? ¿autónomos o con argumentos interrelacionados y continuos?
3. ¿Cuál será el tono del programa (romántico, de suspenso...)?
4. ¿Cómo será de innovador? Hagan una lista de las novedades.
5. ¿Habrá uno o dos protagonistas, o varios papeles y grupos de personajes?

6-9 Juan Luis Guerra. Juan Luis Guerra es un cantante dominicano conocido en todo el mundo. A continuación, escucharás cómo se hizo famoso. Indica si las siguientes oraciones son verdaderas (V) o falsas (F) y luego corrije las falsas.

1. ___ Juan Luis Guerra revolucionó el merengue.
2. ___ El merengue y la salsa son iguales.
3. ___ El tango se había convertido en la música tropical más popular.
4. ___ Juan Luis Guerra se viste de negro.
5. ___ Guerra había estudiado en un conservatorio de música.
6. ___ Juan Luis es puertorriqueño.
7. ___ Guerra tiene más de 50 años.
8. ___ Guerra es muy generoso con lo que ha ganado.

¡A repasar!

El pretérito y el imperfecto
Los chismes

Imagina que escribes para una revista de chismes de la farándula (*show biz gossip*). Escribe un artículo para la revista en el que cuentes un escándalo o un chisme sobre alguna celebridad. Haz referencia a un suceso (*event, happening*) específico en el pasado. Por ejemplo: un divorcio o separación, un problema legal, una relación amorosa escandalosa, una cirugía plástica, una pelea, una demanda, etc.

MODELO: *¡SE CASÓ J.LO!*
*El 31 de mayo de 2004 el famoso cantante Marc Anthony **se divorció** de Deyanara Torres (Miss Universo 1992), su esposa y madre de sus dos hijos. Menos de una semana después, el 5 de junio, en la casa de Jennifer López **se celebró** una reunión íntima e informal entre familiares y amigos cercanos. ¡Nadie **imaginaba** que la reunión iba a ser la boda de Jennifer y Marc Anthony! Los invitados **parecían** contentos, aunque **estaban** muy sorprendidos. Jennifer **llevaba** un vestido blanco y Marc Anthony **parecía** muy feliz. Etc.*

Recuerda: Para contar tu chisme necesitas usar el pretérito y el imperfecto. Para repasar, consulta la Lección 1.

Reto: Usa muchas palabras de **¡Así lo decimos!** Lee tu artículo a la clase.

¡Así lo hacemos! ESTRUCTURAS

1. The subjunctive vs. the indicative in adverbial clauses

Conjunctions that always require the subjunctive

The following conjunctions are always followed by a verb in the subjunctive when they introduce a dependent clause, since they express purpose, intent, condition, or anticipation. The use of these conjunctions presupposes that the action described in the subordinate clause is uncertain or has not taken place yet.

a fin de que	*in order that*
a menos (de) que	*unless*
antes (de) que	*before*
con tal (de) que	*provided (that)*
en caso de que	*in case*
para que	*in order that, so that*
sin que	*without*

El coro tiene que cantar más alto   *The choir has to sing louder*
  para que todos lo **escuchen** mejor.   *so everyone hears them better.*
No hablaré con la actriz   *I will not speak with the actress*
  a menos que me lo **pidan**.   *unless they ask me.*
El camarógrafo no se enojará   *The cameraman will not get angry*
  con tal que no lo **interrumpas**.   *provided that you don't interrupt him.*

● When there is no change in subject, there is no dependent clause and the following prepositions are used with the infinitive.

a fin de	**antes de**
a menos de	**para**
con tal de	**sin**
en caso de	

La temporada será más larga este año **a fin de** complacer a la directora.

No podemos afinar los instrumentos **sin** tener el permiso del primer violinista.

La grabación fue en Inglaterra **para** poder grabar con la orquesta sinfónica de Londres.

The season will be longer this year in order to please the director.

We can't tune our instruments without the permission of the first violinist.

The recording was done in England in order to be able to record with the symphonic orchestra of London.

Conjunctions that require either the subjunctive or the indicative

Continuaremos practicando cuando terminen de hablar.

The following conjunctions introduce time, place, or manner clauses and require subjunctive when you can't speak with certainty about an action that has not yet taken place. The uncertainty is often conveyed by a future tense in the main clause.

cuando	*when*	**hasta que**	*until*
después (de) que	*after*	**luego que**	*as soon as*
(a)donde	*(to) where*	**mientras que**	*as long as*
como	*how*	**según**	*according to*
en cuanto	*as soon as*	**tan pronto como**	*as soon as*

El entrevistador hablará con el conductor **cuando tenga** tiempo.

Los aficionados seguirán al conjunto musical **después de que salga.**

La pianista tocará el piano **en cuanto pueda.**

Graba la telenovela **hasta que termine** el episodio.

The interviewer will talk with the conductor when he has time.

The fans will follow the musical group after it leaves.

The pianist will play the piano as soon as she can.

Tape the soap opera until the episode ends.

- If the action in the main clause is habitual or has already happened, use the present or past indicative in the subordinate clause.

Siempre fue tímida **hasta que tomó** un curso de arte dramático.

She was always timid until she took a course in dramatic art.

Esta actriz siempre actúa **según** le **pide** el director.

This actress always acts according to how the director asks her.

- Use the subjunctive with the conjunction **aunque** *(even if, although, even though)* to convey uncertainty. To express certainty or refer to a completed event, use the indicative.

Aunque vea la telenovela, no te diré lo que pasó.

Even if I see the soap opera, I will not tell you what happened.

No me gusta ese tipo de programa, **aunque es** muy buena la serie policíaca.

I don't like that type of program, although the police series is very good.

Aunque detesta el rap, mi novia lo escucha para complacerme.

Although she detests rap, my girlfriend listens to it in order to please me.

Aplicación

6-10 Juanes. Lee el párrafo sobre este personaje famoso y subraya las preposiciones y conjunciones adverbiales que encuentres.

Antes de asumir el nombre "Juanes", este exitoso cantante de música pop se llamaba Juan Esteban Aristizábal Vázquez. Cambió su nombre a Juanes cuando decidió lanzarse (*launch himself*) como solista. Su música consiste en una novedosa y singular mezcla de rock, pop y ritmos colombianos con instrumentos muy particulares como el acordeón y el tiple (un instrumento de cuerdas muy antiguo). El tema central de sus canciones es el amor. Sin embargo, en algunas de ellas hay un singular fondo social, producto de la época que están viviendo Colombia y muchos otros países de Latinoamérica. En 2003, después de haber ganado tres Grammy Latinos, volvió a su pasión de componer la música y letra de sus canciones. Antes de que termine su gira este año, es probable que produzca uno o más éxitos con ritmos diferentes.

6-11 ¿Quién es Juanes? Ahora contesta las siguientes preguntas.

1. ¿Quién es Juanes?
2. ¿Por qué es famoso?
3. ¿Cuál es su nacionalidad?
4. ¿Por qué algunas de sus canciones tienen un enfoque social?
5. ¿Cómo son los instrumentos musicales que usa?
6. ¿Conoces su música?

6-12 A explorar: Juanes. Visita el sitio de *Conexiones* en la red *www.PHSchool.com* e inserta el Web Code jpd-0006 para leer un poco más sobre Juanes y escuchar su música. Escribe un párrafo corto sobre él.

6-13 Los amoríos de Lulú. Aquí tienes una descripción de una escena para una telenovela. Complétala con conjunciones adverbiales o preposiciones lógicas de la lista a continuación. Puedes usar una las conjunciones o preposiciones más de una vez.

antes de (que)	cuando	mientras que	tan pronto como
aunque	en cuanto	para que	

Hay dos personas paradas en la escena que están abrazadas y una tercera escondida detrás de una cortina. (1)_____ levantarse el telón, aparece una cuarta persona que se sienta en el sofá. (2)_____ se levanta el telón, se empieza a escuchar un violín romántico en el fondo. (3)_____ los novios se dan cuenta de la presencia de la cuarta persona, dejan de abrazarse. La mujer se levanta rápidamente (4)_____ su novio pueda levantarse. El otro, detrás de la cortina, espía (5)_____ los demás se pelean. (6)_____ parezca imposible, el que está detrás de la cortina saca una pistola y dispara. La mujer cae muerta, los otros dos se abrazan y baja el telón. Todos aplauden (7)_____ salgan los actores. Pero, (8)_____ salen los tres, se apagan las luces y se escucha un grito horrendo. ¿Lulú está realmente muerta?... Lo sabrán ustedes la semana que viene (9)_____ otra vez se presente *Los amoríos de Lulú*.

6-14 ¿Qué hacemos esta noche? Túrnense para sugerir diferentes actividades para un fin de semana. Al contestar, traten siempre de complacer al/a la otro/a. Usen las siguientes preguntas y otras parecidas que inventen con expresiones como **adonde, donde, como, cuando, según, aunque,** *etc.*

MODELO: **E1:** *¿Adónde vamos esta noche?*
E2: *Iremos adonde tú quieras.*

6-15 Los planes del/de la director/a de cine. Eres un/a director/a de cine y haces planes para tu próxima película que se filmará en Cabo San Lucas, México. Completa las oraciones de una manera lógica. ¡Recuerda usar la forma correcta del verbo y tu imaginación!

MODELO: *Saldremos para Cabo San Lucas a las ocho de la noche con tal que el avión no se demore.*

1. Mi secretario me acompañará a menos que…
2. No llevaremos seis camarógrafos aunque…
3. Vamos a tener una reunión con el personal que trabajará en la película en cuanto…
4. Hablaré con el alcalde de Cabo San Lucas a fin de que…
5. Llevaremos a nuestros propios cocineros en caso de que…
6. Contrataremos extras mexicanos antes de que…
7. Tendremos que hacer las comidas en la playa cuando…
8. Filmaremos en Cabo San Lucas donde…
9. Tendremos una gran fiesta después que…
10. Volveremos a los Estados Unidos tan pronto como…

6-16 La entrevista. Imagínense que uno/a de Uds. es un/a reportero/a que le hace preguntas a un/a joven actor/actriz sobre sus planes y sueños. Usando la información que se da en la lista, formulen preguntas y respuestas que incluyan conjunciones adverbiales. Prepárense para representar su entrevista ante la clase.

MODELO: **E1:** *¿Va a casarse cuando encuentre un/a hombre/mujer que le guste?*

   E2: *Ya encontré al/a la hombre/mujer que me gusta, pero no quiero casarme hasta que tengamos tiempo para conocernos mejor.*

- casarse
- viajar por todo el mundo
- jubilarse siendo joven
- trabajar en Europa
- hacer películas en Nueva York
- dirigir una película
- actuar en una obra de teatro
- fundar una organización caritativa
- apoyar una causa para mejorar el ambiente
- trabajar con un/a actor/actriz o director/a especial

COMPARACIONES

6-17 En tu experiencia. ¿Has oído algún tango en español o en inglés? ¿Por qué crees que este tipo de música es popular? ¿Hay estaciones de radio en los Estados Unidos y el Canadá que toquen un solo tipo de música? ¿Qué música o baile te gusta y por qué?

El tango

El tango es el baile típico de la Argentina. Se comenzó a bailar a fines del siglo XIX. Los expertos dicen que los pasos *(steps)* deben improvisarse de acuerdo con la música. Como en otros bailes sociales, el hombre debe comunicarle a su compañera cada paso y movimiento. La mano del hombre le indica a la mujer en qué dirección debe moverse. Sólo el hombre se mueve hacia delante; la mujer sólo se mueve de lado *(sideways)* o hacia atrás. El pecho del hombre siempre debe estar paralelo al pecho de la mujer y el movimiento se produce de la cintura *(waist)* para abajo. Al principio, el tango se bailaba al estilo "canyengue", con el hombre abrazando fuertemente a la mujer, las rodillas un poco dobladas y la mirada de la pareja hacia abajo. El baile se distinguía por sus pasos complicados y las piernas a veces entrelazadas *(intertwined)*.

En 1940 Carlos Estévez revolucionó el tango. A Estévez se le conocía como "Petróleo", por su pelo engominado *(lacquered)* y sus rápidos y resbaladizos *(slippery)* pasos. En el "estilo petróleo" la pareja baila más separada, con una postura más recta y distinguida, con la mirada al frente y girando con un estilo más elegante.

El más famoso de los cantantes de tango es Carlos Gardel, que murió hace varias décadas en un accidente de avión. El gobierno del presidente Carlos Ménem declaró su casa patrimonio histórico nacional *(a historic place)*.

Hoy en día el tango está de moda en todas partes del mundo. Por ejemplo, hay varias revistas dedicadas exclusivamente al tango. La *Canadian Broadcasting Corporation* ha emitido tres programas dedicados a él. En España hay un programa, "Mano a mano con el tango", que se emite en las veintiuna estaciones que componen Radio Voz. En algunas escuelas de Buenos Aires se les enseña a los niños el tango y fue precisamente en esa ciudad donde el director español Carlos Saura hizo la película *Tango,* su cuarto musical después de *Carmen, El amor brujo y Sevillanas.*

6-18 En su opinón. De estos bailes, ¿cuáles conocen y cuáles les gusta mirar o bailar? ¿Cuál es el más bailable para Uds.?

	lo conozco	lo miro	lo bailo
1. el tango	——	——	——
2. el merengue	——	——	——
3. la cumbia	——	——	——
4. el cha cha chá	——	——	——
5. el flamenco	——	——	——
6. la rumba	——	——	——
7. la lambada	——	——	——
8. el *swing*	——	——	——

6-19 A explorar: El tango. Visita el sitio de *Conexiones* en la red *www.PHSchool.com* e inserta el Web Code jpd-0006 para escuchar música de tango. ¿Qué instrumentos musicales predominan? ¿Hay un lugar en tu ciudad donde den clases de tango? ¿Qué bailes o ritmos norteamericanos se pueden comparar con el tango?

¡Así es la vida!

¡LOS MÁS FAMOSOS!

Javier Bardem

Javier Bardem, el hijo más joven de una familia de actores, empezó su carrera a la edad de seis años. Durante su adolescencia actuó en varias series de televisión, jugó al rugby para el Equipo Nacional Español, y viajó por el país con un grupo teatral independiente. Su papel cinematográfico como un semental (*stud*) atractivo en la comedia *Jamón, jamón* (1992) lo hizo instantáneamente popular y amenazó con convertirlo en un símbolo sexual. Pero Bardem no permitió que lo encasillaran (*typecast*), y se negó a actuar en papeles similares que le ofrecieron. Con más de 25 películas y numerosos premios, es su representación apasionada del escritor cubano Reinaldo Arenas en *Antes de que anochezca* (2000) que lo definió como actor de primera categoría. Su personificación del sufrido novelista fue realmente brillante. Por esa actuación recibió Bardem cinco premios de Mejor Actor y una nominación para el Óscar.

Jennifer López

Jennifer López nació el 24 de julio de 1970 en el Bronx, Nueva York. Después de ser bailarina en el show televisivo americano "In Living Color", Jennifer consiguió el papel más importante de su carrera (por el cual ganó un premio *Golden Globe* como mejor actriz) en *Selena*. Después obtuvo la admiración de los críticos con *Out of Sight*. Su carrera de cantante se consolidó con un super contrato con la importante compañía *Sony*, y su primer álbum *On the 6*. Su belleza latina, su voz y su talento como actriz y bailarina han hecho de Jennifer López una de las artistas más cotizadas tanto en los Estados Unidos como en el resto del mundo. Jennifer ha actuado y continúa actuando en importantes películas de Hollywood y cosechando éxitos como cantante.

Shakira

Shakira nació en Colombia en 1977, de padre libanés y madre colombiana. Su nombre quiere decir "llena de gracia" en árabe. Desde la edad de ocho años cuando escribió su primera canción, soñó con ser cantante profesional. Primero ganó fama en Latinoamérica y después en los Estados Unidos. En 2002, ganó su primer *Grammy* por Mejor video musical con "*Suerte*", la versión en español de su éxito *Whenever, Wherever*. Además de llevar una vida activa también es muy sana: no come dulces, ni fuma, ni toma bebidas alcohólicas, ni café.

Marc Anthony

Su nombre es Marco Antonio Muñiz. Nació en la ciudad de Nueva York y sus padres son puertorriqueños. De niño, Marc Anthony escuchaba a su padre cantar ritmos latinos en reuniones familiares. Su padre fue la influencia definitiva en el compositor y cantante musical que Marc Anthony es hoy. Muchos artistas del calibre de Tito Puente Jr., Lou Vega y Rubén Blades le han dado el honor de abrir sus conciertos, y han grabado algunas piezas musicales con él.

Enrique Iglesias

Enrique Iglesias Preysler es uno de los hijos del famoso artista de la canción romántica Julio Iglesias. Nació en España el 5 de mayo de 1975. Enrique se mudó a La Florida poco después del divorcio de sus padres. Estudió y vivió muchos años en la ciudad de Miami. Posteriormente decidió mudarse por seis meses a Toronto, Canadá para escribir y grabar su primer álbum. Este joven artista ha ganado muchos premios a escala internacional por sus méritos profesionales, incluyendo un *Grammy*. Hoy Enrique sigue triunfando en todo el mundo con sus canciones y su estilo tan personal.

¡Así lo decimos! VOCABULARIO

Vocabulario primordial

Algunos instrumentos musicales

el acordeón
el bajo
la batería
el clarinete
la flauta
la guitarra

el órgano
el sintetizador
el tambor
la trompeta
el violín

En relación con los espectáculos

el acto
la audición
el boleto/el billete/la entrada
el/la dramaturgo/a
el escenario
el intermedio

Vocabulario clave

Verbos

compartir	to share
doblar	to dub
donar	to donate
ensayar	to rehearse
estrenar	to premier

Sustantivos

el conjunto	band; ensemble
el/la locutor/a	(radio/TV) announcer
las palomitas de maíz	popcorn
el sencillo	single (record)

Ampliación

Verbos	Sustantivos	Adjetivos
aplaudir	el aplauso	aplaudido/a
colaborar	la colaboración	colaborador/a
contratar	el contrato	contratado/a
ensayar	el ensayo	ensayado/a
estrenar	el estreno	estrenado/a
ganar	la ganancia/ el/la ganador/a	ganado/a
triunfar	el triunfo	triunfal

¡Cuidado!

al principio/final, jugar/tocar, parecer(se)/lucir, puesto que/desde

- Use **al principio/al final** to express *at* or *in the beginning/end.*

  Al principio no entendía el argumento pero **al final** de la película todo tenía sentido.

  In the beginning I didn't understand the plot, but at the end of the movie everything made sense.

- Remember that **jugar** means *to play a game/sport* and **tocar** means *to play a musical instrument* (also *to touch* and *to knock*).

  Mi hijo es muy talentoso: sabe **jugar** muy bien al ajedrez y **toca** el violín como Paganini.

  My son is very talented: he knows how to play chess very well, and he plays the violin like Paganini.

- **Parecerse a** means *to look like.* **Parecer** before an adjective, adverb, or subordinate clause means *to seem.* **Lucir bien/mal,** on the other hand, refers to appearance in the context of dress or clothing.

  Manuel **se parece** a Antonio Banderas.

  Manuel looks like Antonio Banderas.

  Parece que cancelaron la función.

  It seems that they canceled the performance.

  Marta **luce** muy **bien** con ese vestido.

  Marta looks very good in that dress.

- **Puesto que** means *since* or *because of,* but when *since* refers to a point in time, use **desde.**

  Puesto que yo no tengo dinero, no podré ir al concierto.

  Since I don't have money, I won't be able to go to the concert.

  Gloria Estefan ha dado varios conciertos **desde** su accidente.

  Gloria Estefan has given several concerts since her accident.

6-20 Aplicación: ¿Quién será? Identifica a quién o a quiénes se refieren las siguientes descripciones y amplía la información que en ellas se da. Refiérete a información incluida en ¡Así es la vida!

Javier	Enrique	Shakira	Marc Anthony	Jennifer

MODELO:　Vive en Miami.

　　　　　Enrique nació en España pero luego se mudó a Miami cuando se divorciaron sus padres.

1. _____　Actúa, baila y canta.
2. _____　Siempre oía música en las fiestas familiares.
3. _____　Tiene un nombre árabe.
4. _____　Jugó para el equipo nacional de rugby de su país.
5. _____　Ha vivido en el extranjero.
6. _____　No quiso ser encasillado como símbolo sexual.
7. _____　Es neoyorquino/a.
8. _____　Se hizo famosa tras representar a una cantante tejana.
9. _____　Lleva una vida muy sana.
10. _____　Recibió muchos premios por su actuación como Reinaldo Arenas.

6-21 ¿Qué sabías ya? Antes de leer el artículo, ¿qué sabías de cada artista? Haz una lista de lo que ya sabías y compárala con la de un/a compañero/a de clase. ¿Puedes nombrar algunas de las canciones o películas que han hecho?

6-22 En familia. Completa las siguientes oraciones usando una variación de cada palabra en itálica. Si necesitas ayuda, consulta la sección llamada **Ampliación**.

MODELO: Shakira y Marc Anthony *han colaborado* en la presentación de los Grammy. Su **colaboración** le ha traído éxito al programa.

1. La orquesta *ha ensayado* la sinfonía varias veces, pero el conductor todavía no está satisfecho. Esta noche va a haber otro _____.

2. El dramaturgo está nervioso porque *estrena* su obra esta noche. El _____ va a ser a las 8 en punto.

3. ¿Cuánto *habrá ganado* Antonio Banderas por su última película? Sus _____ deben ser considerables.

4. Por su éxito en *Los reyes del mambo tocan canciones de amor*, Banderas recibió otros *contratos* para hacer películas en los Estados Unidos. Lo acaban de _____ para otra película de acción.

5. Marc Anthony *ha triunfado* en varias categorías: latina, rock, pop y soul. Comparte sus _____ con la gente que vive en su barrio de Nueva York.

6. Cuando Enrique Iglesias comienza los conciertos, el público lo _____ por varios minutos. Los *aplausos* son siempre largos y calurosos.

6-23 A explorar: Más sobre estos artistas. Visita el sitio de *Conexiones* en la red *www.PHSchool.com* e inserta el Web Code jpd-0006 para ver imágenes o escuchar algunas de sus canciones. Escribe un párrafo dando tu opinión sobre el artista y su música.

6-24 ¡Cuidado! Completa la conversación con la forma apropiada de una de las siguientes expresiones.

al final	desde	lucir	puesto que
al principio	jugar	parecer(se)	tocar

Lucinda: ¿Sabes? María y Pedro estaban juntos (1) _____ del año pasado. (2) _____ no creíamos que fuera a durar, pero mira, ¡qué milagro!

Mariela: Y María (3)_____ tan contenta. Yo creo que es un rumor que su relación esté en peligro.

Lucinda: No te creas, Mariela. (4) _____ que todavía riñen cuando están solos. No creo que María se quede con él, (5) _____ tiene tan mal carácter. Ya veremos qué pasa (6)_____, pero (7)_____ esta relación no va a durar. A ella siempre le ha gustado Antonio.

6-25 Una función importante. Planeen una función en beneficio de una causa importante. Escriban un anuncio para el periódico en el que incluyan la siguiente información: el lugar, la fecha, la función, el programa, el grupo a quien beneficia y el costo. Al lado del anuncio, incluyan una foto o un dibujo que lo ilustre.

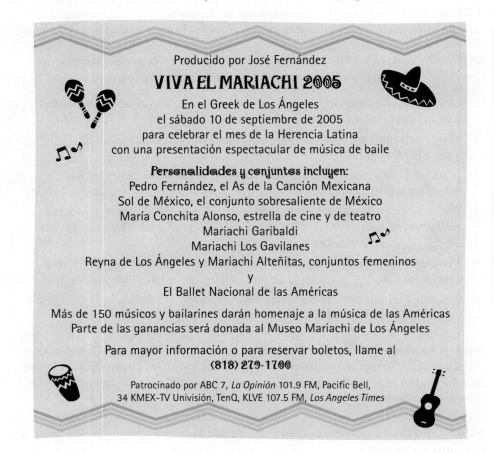

Producido por José Fernández

VIVA EL MARIACHI 2005

En el Greek de Los Ángeles
el sábado 10 de septiembre de 2005
para celebrar el mes de la Herencia Latina
con una presentación espectacular de música de baile

Personalidades y conjuntos incluyen:
Pedro Fernández, el As de la Canción Mexicana
Sol de México, el conjunto sobresaliente de México
María Conchita Alonso, estrella de cine y de teatro
Mariachi Garibaldi
Mariachi Los Gavilanes
Reyna de Los Ángeles y Mariachi Alteñitas, conjuntos femeninos
y
El Ballet Nacional de las Américas

Más de 150 músicos y bailarines darán homenaje a la música de las Américas
Parte de las ganancias será donada al Museo Mariachi de Los Ángeles

Para mayor información o para reservar boletos, llame al
(818) 279-1700

Patrocinado por ABC 7, *La Opinión* 101.9 FM, Pacific Bell,
34 KMEX-TV Univisión, TenQ, KLVE 107.5 FM, *Los Angeles Times*

6-26 Programas de televisión. Éstos son algunos de los títulos de antiguos programas de televisión en español. ¡A ver si saben de qué programas se trata! Contesten las siguientes preguntas sobre algunos de ellos: ¿Qué tipo de programa era? ¿En qué década era popular? ¿Tenía mucha violencia o poca? ¿Quiénes eran los protagonistas? ¿Siguen estos actores en la televisión?

1. *Viaje a las estrellas*
2. *La mujer maravilla*
3. *El hombre nuclear*
4. *La mujer biónica*
5. *Gasparín, el fantasma amigable*
6. *Mi bella genio*

6-27 ¿Qué conjunto es ése? Preparen una descripción completa de un conjunto (pero sin nombrarlo) con la siguiente información: el número de miembros, su apariencia física, los instrumentos musicales que tocan, su estilo y algunas de sus canciones. La clase tratará de adivinar el nombre del grupo que ustedes describan. Por último, expliquen por qué les gusta su música o no.

6-28 El precio de la fama. Todos admiramos a las superestrellas, pero pensamos poco en cómo la fama les afecta la vida. Lean este artículo y respondan a las siguientes preguntas.

¿Te gustaría ser famoso o famosa?
¡Piénsalo dos veces!

El precio de la fama puede ser muy alto. ¿Vale la pena? Piensa que, en realidad, no tienes vida privada. No puedes hacer nada sin tomar una serie de medidas especiales, como disfrazarte, andar con guardaespaldas, hacer reservas con una identidad falsa, etc. Es muy posible que el estrés de ser vigilado todo el tiempo termine haciendo que te aísles y te separes del mundo. Los periódicos imprimen a diario todo lo que dices y haces (¡y también lo que no dices y no haces!). Todo el mundo sabe lo que compras, qué películas ves, qué pides en los restaurantes, con quién andas, los libros que lees, los videos que ves, la música que escuchas...¡En fin, todo lo que puedas imaginar!

Mientras gozas de la fama, lo más probable es que la prensa publique mentiras sobre ti, atribuyéndoles valor de verdad. Si se te ocurre demandar a las revistas, periódicos, cadenas de radio y televisión, y portales (Web pages) en la red informática te pasarás la vida en la corte pagándoles grandes sumas de dinero a los abogados, además del estrés y el tiempo que te costaría todo esto.

La verdad es que cuando eres famoso la gente te observa, y habla de ti y esto es comprensible pero no siempre es fácil. ¿Te gustaría ser perseguido/a por fotógrafos que se esconden en los árboles y en todas partes para conseguir una foto tuya? ¡Y ni hablar de las personas que no te dejan caminar, comprar o cenar tranquilo pidiéndote autógrafos! Piensa también que hasta se sabría de qué enfermedades sufres, qué medicinas compras y otros aspectos íntimos de tu vida. ¡Piénsalo bien: adiós intimidad y adiós privacidad!

- ¿Qué figura ha tenido alguno(s) de los problemas que se mencionan?
- ¿Cómo le ha afectado la fama en sus relaciones personales, financieras o profesionales?

6-29 Celia Cruz, la reina de la salsa. Completa las siguientes frases basadas en la biografía que vas a escuchar a continuación sobre Celia Cruz, una de las artistas más duraderas de la música latina.

1. El estilo de música que popularizó Celia Cruz se llama…

   a. salsa

   b. tango

   c. hip hop

2. Antes de empezar su carrera musical, Celia Cruz estudió…

   a. ciencias

   b. humanidades

   c. arte

3. El Tropicana es…

   a. el nombre de su banda

   b. un cabaret cubano

   c. un club en Miami

4. Abandonó Cuba para irse a vivir a…

   a. España

   b. los EE.UU.

   c. la República Dominicana

5. Además de grabar discos, ella apareció en…

   a. películas norteamericanas

   b. la Casa Blanca

   c. un documental sobre Cuba

6. Hoy en día, Celia Cruz…

   a. vive en Nueva Jersey

   b. vive en el corazón de muchas personas

   c. está jubilada

¡A repasar!

Ser y estar
Una entrevista con famosos

¡Una entrevista con el conjunto del momento! Imagina que eres un periodista y que has entrevistado a un conjunto famoso (puede ser tu conjunto favorito). Utilizando los verbos *ser* y *estar*, escribe la entrevista para una importante revista de música.

MODELO: ***Entrevista con "Los relojes rotos"***

E- *¿Cómo **están**, chicos?*

C- ***Estamos** un poco cansados pero también **estamos** contentos y muy agradecidos por el apoyo del público. ¡Todos nuestros fans **están** en nuestros corazones!*

E- *¿De dónde **son** ustedes?*

C- ***Somos** de La Paz, Bolivia, pero ahora **estamos** viviendo en Caracas.*

E - *¿**Están** grabando otro disco ahora o **están** preparando otra gira?*

C - *No, ahora **estamos** descansando. Anoche **fue** nuestro último concierto en España.*

E - *¿Dónde **fue**? ¿Cómo les **fue**?*

C - ***Fue** en Madrid, en un gran estadio de fútbol. Nos **fue** estupendamente. Cantar para los madrileños por primera vez **fue** una experiencia única.*

E- *¿**Es** verdad que ustedes **fueron** los ganadores del Grammy?*

C - *Sí. **Fue** una noche espectacular. Ganamos por **ser** el mejor conjunto de rock de habla hispana. También **estuvimos** en México el mes pasado y recibimos el premio Estrella.*

E- *¿Volverán a España pronto?*

C- ***Es** posible.*

Etc.

Recuerda: Para repasar *ser* y *estar* debes consultar la Lección *2*.

Reto: Trata de usar *ser* y *estar* en diferentes tiempos y modos. Usa muchas palabras de **¡Así lo decimos!** de la Primera y de la Segunda parte. Trata de ser lo más original posible.

¡Así lo hacemos! ESTRUCTURAS

2. Commands (formal and informal)

Toquen los violines más alto.

Formal commands

We use commands to give instructions or to ask people to do things. In Spanish, commands have different forms for formal (**usted/ustedes**) and informal (**tú/vosotros/as**) address.

The following chart summarizes the formation of the formal commands. Note that the verbs follow the same pattern as the subjunctive. The same spelling changes (**-gar, -gue; -car, -que; -zar, -ce**), stem changes (**e, ie; e, i; o, ue**), and irregular verbs (**dar, estar, ir, saber, ser**) apply.

Infinitive	Subjunctive	Formal commands	
		Ud.	**Uds.**
hablar	hable	habl**e**	habl**en**
pensar	piense	piens**e**	piens**en**
comer	coma	com**a**	com**an**
saber	sepa	sep**a**	sep**an**
escribir	escriba	escrib**a**	escrib**an**
ir	vaya	vay**a**	vay**an**
pedir	pida	pid**a**	pid**an**

Llegue temprano para **no** tener que hacer fila.	*Arrive early so that you don't have to stand in line.*
Pida unas palomitas de maíz.	*Ask for some popcorn.*
Tenga paciencia en la cola.	*Be patient in line.*
Vayan al ensayo temprano.	*Go to rehearsal early.*

- Negative commands are formed by placing **no** in front of the command form.

  No ponga la grabación en su caja todavía.   *Don't put the recording in its box yet.*

  No escriban la reseña hasta conversar con la autora.   *Don't write the critical review before speaking with the author.*

- Subject pronouns may be used with commands for emphasis. As a rule, they are placed after the verb.

  Piense usted en el personaje.   *You think about the character.*

  No hablen ustedes con el violinista.   *You don't talk with the violinist.*

- With affirmative commands, direct and indirect object pronouns must follow the command form and be attached to it. An accent mark is added to commands of two or more syllables to show that the stress of the original verb remains the same.

  ¿El cartel? Diséñe**melo** inmediatamente.   *The poster? Design it for me immediately.*

  Prepáre**les** el contrato.   *Prepare the contract for them.*

- With negative commands, direct and indirect object pronouns are placed between **no** and the command form.

  ¿El productor? No **lo** siente allí; siéntelo aquí.   *The producer? Don't seat him there; seat him here.*

  No **le** ponga más maquillaje a la actriz.   *Don't put more makeup on the actress.*

Aplicación

6-30 Antes de los Grammy. Combina los mandatos del director con las personas que los reciben.

1. ___ Prepárese para abrir la ceremonia con una canción colombiana.
2. ___ Cante algo con ritmo puertorriqueño.
3. ___ Entren al escenario y empiecen su baile después del intervalo.
4. ___ Júntense para cantar una melodía española.
5. ___ Represente una escena de su película *Antes que anochezca*.
6. ___ Siéntense y mantengan silencio, que ya vamos a empezar.

    a. Jennifer López y Ricky Martin
    b. Todos
    c. Marc Anthony
    d. Shakira
    e. Javier Bardem
    f. Enrique y Julio Iglesias

6-31 En el estudio de la telenovela *El corazón siempre llora*. Completa el monólogo del director creando órdenes *(commands)* con los verbos entre paréntesis.

Buenas tardes, señoras y señores. Con su cooperación, esta tarde vamos a filmar una escena completa de *El corazón siempre llora*. Camarógrafo *(cameraman)*, (1. poner)_____ su cámara donde pueda ver todo el escenario. María, (2. arreglarle)_____ el maquillaje a la estrella y (3. peinarle)_____ el cabello. Jorge, (4. limpiarle)_____ la corbata a don José. Parece que almorzó papas con salsa de tomate. Lupita y Sara, _____ (5. apagar) las luces del fondo del escenario. Jorge, (6. traerme)_____ el guión para esta escena. Rosa María, no (7. sonreír)_____ , por favor. Don José, (8. ponerse)_____ más serio. Sí, eso es. Bueno, luz, cámara, acción: Rosa María, (9. abrir) _____ la puerta lentamente, _____ (10. entrar) en la sala, (11. buscar) _____ su correspondencia, (12. encontrar) _____ la carta, (13. abrirla)_____ , (14. leerla)_____ , (15. gritar)_____ y (16. salir) _____ corriendo. Don José, (17. levantarse)_____ y (18. seguirla) _____. ¡Perfecto! ¡(19. Cortar)_____ y (20. copiar)_____ !

6-32 ¡No toque, por favor! En el plató *(set)* siempre hay reglas *(rules)* para los visitantes. Intercambien órdenes afirmativas o negativas usando los verbos de la lista y otros que se les ocurran. La regla debe ser lógica.

MODELO: tocar los objetos de la escena

Por favor, no toquen los objetos (no los toquen).

1. hablar
2. comer
3. sentarse en la silla del director
4. observar la participación de extras *(stunts)*
5. beber
6. hacer ruido *(noise)* durante la filmación
7. acercarse a las cámaras
8. distraer *(distract)* al personal

6-33 El escenario. Ustedes son responsables del escenario para la telenovela mexicana *Nada personal*. Escriban órdenes para los ayudantes usando las siguientes sugerencias como guía.

- cómo maquillar a la actriz
- dónde poner los micrófonos
- dónde colocar las cámaras y las luces
- cómo vestir a la actriz / al actor
- dónde meter la silla del director

6-34 Proyectos para la *National Endowment for the Arts* (NEA). Ustedes son ayudantes de algunos congresistas que quieren establecer nuevas normas para la *National Endowment for the Arts* (NEA). Escriban una serie de normas que ustedes estimen importantes para esta organización. A continuación tienen algunas sugerencias:

MODELO: *No donen más de un millón de dólares a una sola causa.*

- el tipo de arte (pintura, escultura, fotografía, música)
- la cantidad de la beca
- el tema artístico (político, social)
- la audiencia (para niños, adultos, adolescentes, grupos étnicos)

6-35 A explorar: En la cartelera. Visita el sitio de *Conexiones* en la red *www.PHSchool.com* e inserta el Web Code jpd-0006 para leer la cartelera del periódico y poder aconsejar a las siguientes personas que no saben qué hacer el próximo fin de semana. Usa mandatos afirmativos y negativos para sugerirle a cada una algo que le pueda interesar y algo que debe evitar.

1. **Paulina.** Es una joven estudiante que trabaja a tiempo parcial en un restaurante elegante. No tiene novio pero tiene muchos amigos y dos o tres buenas amigas. Le gustan el teatro y el baile. Le gustan las películas serias pero para nada las cómicas.

2. **Mauricio y Felicia.** Estos recién casados *(newly-weds)* volvieron de su luna de miel hace tres semanas y han vuelto a la rutina. Antes de casarse pasaban mucho tiempo en la discoteca más frecuentada de la ciudad con sus amigos. Tras tres semanas en la casa juntos, ¡ya tienen ganas de salir!

3. **Don Federico.** Don Federico se encuentra soltero y con dinero de sobra *(too much money)* después que su mujer lo dejó por un hombre más joven y más rico. Los hijos de don Federico, ya adultos, siempre le están diciendo que debe salir a conocer a otras personas. Don Federico es un poco tímido, pero muy simpático. Ha viajado mucho y aprecia las artes y el teatro tanto como un partido de fútbol.

Tú commands

Baila, mi amor.

● Most affirmative **tú** commands have the same form as the third person singular (él, ella, Ud.) of the present indicative. For the negative commands use the subjunctive form.

Infinitive	Affirmative	Negative
comer	come	no comas
comprar	compra	no compres
escribir	escribe	no escribas
pedir	pide	no pidas
pensar	piensa	no pienses

Prepara los subtítulos al final.	*Prepare the subtitles at the end.*
Escribe, si puedes, una tragedia griega.	*Write, if you can, a Greek tragedy.*
Pide el micrófono para el concierto.	*Ask for the microphone for the concert.*
No hagas los contratos todavía.	*Don't do the contracts yet.*
No pidas más audiciones.	*Don't ask for more auditions.*
No vayas a la taquilla hasta muy tarde.	*Don't go to the box office until very late.*

● The following verbs have irregular affirmative command forms. The negative **tú** commands of these verbs use the subjunctive form.

decir	**di**	**Di** si el cartel te gusta.	*Tell (Say) whether you like the sign.*
hacer	**haz**	**Haz** la proyección.	*Do the projection.*
ir	**ve**	**Ve** a la emisora.	*Go to the radio station.*
poner	**pon**	**Pon** el tambor en la mesa.	*Put the drum on the table.*
salir	**sal**	**Sal** para el teatro enseguida.	*Leave for the theater right now.*
ser	**sé**	**Sé** amable con el guitarrista.	*Be nice to the guitarist.*
tener	**ten**	**Ten** paciencia con los radioyentes.	*Be patient with the radio listeners.*
venir	**ven**	**Ven** al estudio de televisión.	*Come to the television studio.*

Vosotros/as commands

Most Spanish speakers in Latin America use the **ustedes** form to express both informal and formal plural commands. In Spain, however, informal plural commands are expressed with the **vosotros/as** commands.

Affirmative **vosotros/as** commands are formed by dropping the **-r** of the infinitive and adding **-d**. Negative **vosotros/as** commands have the same form as the second-person plural of the present subjunctive. The subject **vosotros/as,** is usually omitted for the informal plural command forms.

Infinitive	Affirmative	Negative
comer	comed	no comáis
hablar	hablad	no habléis
hacer	haced	no hagáis
pedir	pedid	no pidáis
vivir	vivid	no viváis

Traducid el diálogo del inglés al español. *Translate the dialogue from English to Spanish.*

Aplaudid a los músicos, por favor. *Clap for the musicians, please.*

Subid al escenario por aquí. *Go up to the stage this way.*

- The informal affirmative commands of reflexive verbs drop the final **-d** before adding the reflexive pronoun **-os**, except for **idos (irse)** that adds **-d**. Every **-ir** reflexive verb, with the exception of **irse**, requires an accent mark on the **i** of the stem of the verb. The negative **vosotros/as** command uses the subjunctive form.

Infinitive	Affirmative	Negative
acostarse	acostaos	no os acostéis
irse	idos	no os vayáis
quererse	quereos	no os queráis
vestirse	vestíos	no os vistáis

Idos al estreno de la obra. *Leave for the premiere of the play.*

Vestíos bien para ir al concierto. *Dress well to go to the concert.*

Aplicación

6-36 Shakira en casa. Completa las siguientes frases con el mandato más apropiado.

pon	hazme	llama	no toques	prepárame	no te olvides

1. Mami, por favor, _____ un batido de fruta fresca y yogur.
2. Aba, _____ la televisión esta noche a las ocho para ver los Grammy.
3. Papi, _____ de recoger mi vestido de seda de la tintorería.
4. Sandra, _____ el favor de contestar estas cartas de mis admiradores.
5. Ramón, _____ al fotógrafo y dile que llegue a las cinco mañana para sacar las fotos para *People en español*.
6. Cari, por favor, _____ nada cuando yo no esté.

6-37 *Shrek II*. Usa órdenes informales (tú, vosotros/as) para completar las instrucciones que la mamá les da a sus hijos antes de ver esta película popular.

Pepito, (1. dejar)_____ tu chicle en el basurero antes de entrar. No (2. mascarlo [*chew it*])_____ en el cine. Toño y Conchita, (3. buscar)_____ la fila 32, butacas de la "f" a la "j". (4. Sentarse)_____ y no (5. moverse) _____ . Pepito, (6. comprarles) _____ palomitas de maíz y refrescos a tus hermanos. Conchita, (7. compartir)_____ tu refresco con Toño. Pirula, (8. ponerse)_____ el suéter que pronto vas a tener frío. (9. Mirar)_____ hijos, va a empezar la película. (10. Callarse)_____ por favor. Pepito, ¡(11. sentarse)_____ ahora mismo!

6-38 Consejos. ¿Qué consejos le darías a un/a buen/a amigo/a que está por salir a buscar fortuna como concertista o actor/actriz? Escríbele una carta en la que le des algunos consejos prácticos y filosóficos para empezar esta etapa de su vida.

MODELO: *Querido Elvis:*

Ya que eres mi mejor amigo, quiero darte algunos consejos antes de que te vayas a Nashville. Primero, sé optimista…

6-39 Una balada. Eres cantautor y necesitas una canción sentimental para tu próximo álbum. Escríbela usando ocho o diez mandatos informales y preséntale a la clase la letra de tu canción.

MODELO: *Amor mío, por favor no te vayas…*

 6-40 Un tablao (*dance floor*) en Sevilla. Uds. son bailarines de flamenco y tienen que negociar un contrato nuevo con los dueños del tablao donde bailan. Hagan una lista de sus exigencias (*demands*) usando órdenes informales (vosotros/as).

MODELO: Dadnos quince minutos de descanso cada hora.

6-41 A explorar: La guía del ocio. Visita el sitio de *Conexiones* en la red *www.PHSchool.com* e inserta el Web Code jpd-0006 para averiguar qué espectáculos hay en una ciudada hispana esta semana. Escribe un párrafo corto sobre uno de los eventos que te interese.

3. The subjunctive with ojalá, tal vez, and quizá(s)

Ojalá que llegue a ser una buena escritora.

● The expression **¡Ojalá!** entered into the Spanish language during the Arab occupation of Spain. Its literal translation is "May Allah grant your wish," and its actual meaning is *I hope that.* **¡Ojalá!** may be used with or without **que,** and is followed by the subjunctive.

¡Ojalá (que) **podamos** ver la película *Carmen*!	*I hope that we can see the film Carmen.*
¡Ojalá (que) **venga** a la fiesta el cantautor!	*I hope that the singer-songwriter comes to the party.*

● The expressions **tal vez** and **quizá(s)**, meaning *perhaps* or *maybe,* are followed by the subjunctive when they convey uncertainty or possibility.

Tal vez vaya al estreno de la obra.	*Perhaps I'll go to the premiere of the play. (I'm not sure I'll go.)*
Quizás invite a Patricia a ir conmigo.	*Maybe I'll invite Patricia to go with me. (I'm not sure if I'll invite her.)*

When **tal vez** or **quizá(s)** follows the verb, use the indicative.

Vamos a oír al conjunto, **tal vez.**	*We're going to listen to the band, perhaps.*
Te **veré** en el intermedio, **quizás.**	*I'll see you during the intermission, maybe.*

Aplicación

6-42 Antes de los Óscar. Lee el siguiente monólogo interior de uno de los nominados para un Óscar y subraya **ojalá, tal vez** y **quizás.**

Ésta es mi noche. Tal vez por fin gane la pequeña estatua dorada que tanto deseo. Quizás el público me dé una ovación. Me echarán flores cuando suba al escenario, quizás. ¿Estarán todos mis amigos y familiares llorando de alegría? Tal vez pase eso. ¡Ojalá que tenga éxito y que se realicen mis más deseados sueños!

6-43 Ojalá. Vuelve a expresar los deseos y dudas del párrafo anterior usando otra expresión que requiera el subjuntivo. Refiérete a las expresiones impersonales en la página 93.

MODELO: *Es posible que gane un Óscar.*

6-44 En el ensayo del drama. Vas a ensayar una obra de teatro con un nuevo director que ha sido contratado porque el otro no resultó *(didn't work out).* Completa la lista de las cosas que esperas que este nuevo director haga mejor usando la forma correcta del presente del subjuntivo.

1. Ojalá que (eliminar) _____ rápido la fricción que existe entre el dramaturgo y el actor principal.
2. Ojalá que (tener) _____ tacto con todos los miembros de la obra.
3. Ojalá que nosotros/as (poder) _____ empezar y terminar los ensayos a tiempo.
4. Ojalá que nos (pagar) _____ el salario puntualmente.
5. Ojalá que el productor (establecer) _____ fechas realistas para la producción.
6. Ojalá que los actores y las actrices (estar) _____ satisfechos con los cambios.
7. Ojalá que nos (aumentar) _____ el salario si la obra tiene éxito.
8. Ojalá que la obra (llegar) _____ al teatro Infanta Isabel.

6-45 Tal vez lo pase bien. Vas al cine con una persona por primera vez y no sabes si vas a pasar un buen rato o no. Por eso deseas planear lo que puedes hacer y decirle. Cambia las siguientes oraciones para que expresen incertidumbre con **quizá(s)** o **tal vez.**

MODELO: Me vestiré informalmente.

 Tal vez me vista informalmente.

1. Primero le comentaré algo sobre el tiempo.
2. Después le hablaré de mis estudios.
3. Le preguntaré por sus planes para el futuro.
4. Cuando termine el cine, la/lo convidaré a tomar un refresco en el café "Carmelo".
5. Entonces le diré lo que pienso hacer este verano.
6. Más tarde le preguntaré cuáles son sus pasatiempos favoritos.
7. Y finalmente le explicaré por qué me gusta la música clásica.
8. Si somos compatibles, lo/la invitaré a salir el próximo sábado.

6-46 Ojalá que… Imagínense que quieren ser estrellas de televisión, de cine o de música. Hablen de cosas que desean que les ocurran en los próximos diez años. Pueden expresar esperanzas verdaderas o inventadas.

MODELO: **E1:** *Ojalá que me haga famosa.*

E2: *Ojalá encuentre un director que quiera trabajar conmigo.*

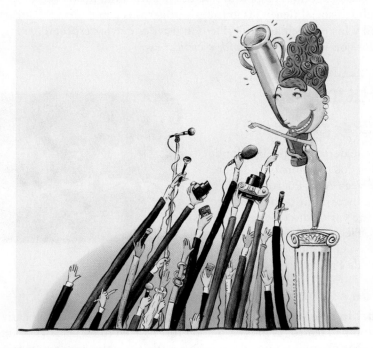

6-47 En el año 2025. En pequeños grupos, hablen de los posibles cambios que ocurrirán en el mundo del espectáculo para el año 2025. Incluyan el cine, el teatro, la música, la radio y la televisión.

MODELO: **E1:** *Tal vez no veamos películas en cines como ahora.*

E2: *Quizás todo el mundo pueda vivir sus fantasías en la realidad virtual.*

E3: *Tal vez el teatro sólo se vea por televisión.*

Conexiones

3 **El artista, el espectáculo y el espectador.** ¿Cómo influye el arte en la sociedad? ¿Cuáles son las responsabilidades del artista famoso? ¿Qué responsabilidad social tienen las grandes y poderosas compañías artísticas de Hollywood y los patrocinadores? ¿Piensan ustedes que los espectadores típicos ven espectáculos con un ojo crítico *(with a critical eye)*?

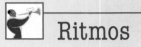

Ritmos

Fiel a la Vega

Su nombre se deriva del pueblo donde nacieron los dos miembros fundadores del grupo: Vega Alta, Puerto Rico. Después de incorporar otros miembros al grupo y de varios discos e importantes conciertos, Fiel a la Vega se ha convertido en el grupo de rock más importante de Puerto Rico.

Antes de escuchar

6-48 El brillo *(glow)* de la fama. ¿Has participado alguna vez en actividades artísticas como el teatro, la música o la pintura? ¿Y en tu escuela? ¿Fue una buena experiencia? Si no tuviste una experiencia así, ¿la tuvo alguien de tu familia? Si tuvieras talento artístico muy marcado, ¿qué te atraería más del mundo del espectáculo? ¿Podrías vivir una vida de artista?

A escuchar

Wanabi

Hace ya bastantes años	
que no se juega por jugar.	
Cambié el guante de pelota°	baseball glove
por las cartas del azar°	"the playing cards of chance"
Y yo que me la pasé esperando	
por la mayoría de edad	
pa' que° me dejaran salir solo	para que
a la calle y cruzar hasta la ciudad.	
Y descubrir ese mundo nuevo	
de edificios sin empañetar°	without plaster
en donde las estrellas se dan° en el cine	existen
y en el cielo° , sólo hay gas...	sky
Y así echamos todo hacia un lado° ,	put everything aside
al familiar y a la amistad,	
cambiando el cielo de tantos años	
por un estudio que paga más,	

y trabajando en restaurantes
de mensajeros° , de lo que sea,°   *messengers, doing any kind of job*
automatizados por una espera,
por una gran oportunidad,
oyendo anécdotas de otra gente
que fueron antes igual que tú,
de limpiamesas que tuvieron suerte
y que ahora viven en Hollywood...
Coro
Dame un momento pa' probar°   *to try out*
de qué estoy hecho, je, je, je.
Soy el que va cuesta arriba° .   *moving up*
Soy el que va al acecho° je, je, je...   *on the lookout*
Quizás, algún día comprenda
lo que importa de verdad,
quizás lo que importa en esta vida
es algo que no tiene que ver
con las cosas que persigo°   *pursue*
con todo aquello que soñé,
pero algo necesito, oye,
algo tengo que creer,
quizás mi sueño no vale nada,
quizás sea algo que me inventé
como un mapa como una guía,
como una excusa que promover°.   *to promote*
Soñar tiene algo de engañarnos,
de ser hoy alguien más que ayer
malagradeciendo° lo que se nos ha dado   *not appreciating*
pues nos importa más saber,
¿cómo sería todo al otro lado?
Que te escucharan sólo una vez.
Sé que se oye° egocentrista ,   *it sounds*
pero lo digo sin maldad°.   *malice*
Si nada de esto significa algo,
no habría un Clemente°.   Roberto Clemente, famoso
                                                                      jugador de béisbol de Puerto Rico

No habría un Juliá...°   *Raúl Juliá, actor*
Coro
Dame un momento pa' probar
de qué estoy hecho, je, je, je.
Soy el que va cuesta arriba
soy el que va al acecho je, je, je...
Pero yo quiero que nos entendamos.
Que nadie se me ponga a dudar
de que yo sigo° con lo mío   *I go on*
y eso es a como dé lugar°.   *no matter what*
Quizás, no es el mismo brío°.   *energía*
Quizás no es misma la intensidad,
pero ya pasé la mitad del camino
y no pienso regresar

con las manos vacías, con lamentos,
con un cuento sin culminar
no quiero irme concediendo°   dando
otra victoria a esta ciudad...
Coro
Dame un momento pa' probar
de qué estoy hecho, je, je, je.
Soy el que va cuesta arriba
soy el que va al acecho je, je, je...

Después de escuchar

6-49 Antes de conquistar la fama. ¿Cómo se gana la vida uno antes de llegar a tener fama? ¿Qué harías tú para alcanzar tu sueño?

 6-50 ¡Qué actor! La canción menciona a dos personas con éxito (Roberto Clemente y Raúl Juliá). Ellos materializaron su sueño de tener éxito. Piensen en un actor o una actriz que admiren y expliquen la razón de su éxito.

 6-51 A explorar: Pedro Almodóvar y sus películas. Visita el sitio de *Conexiones* en la red *www.PHSchool.com* e inserta el Web Code jpd-0006 para descubrir el intrigante mundo del famoso director, guionista y productor de cine español Pedro Almodóvar y de sus películas. ¿Cuál de ellas has visto o deseas ver? ¿Por qué?

Imágenes

Amalia Mesa-Bains

Amalia Mesa-Bains (1943–) es una de las artistas más cotizadas de origen chicano. Ella es también profesora, escritora y doctora en psicología. La Dra. Mesa-Bains es artista independiente y crítica cultural, sobre todo, creadora de instalaciones artísticas, principalmente de "altares". *Ofrenda*—dedicada a Dolores del Río, una actriz mexicana muy famosa—es una obra representativa de este género artístico.

Amalia Mesa-Bains, *Ofrenda por Dolores del Río,* **1990–93, Instalación de medios mixtos, National Museum of American Art, Smithsonian Institution, Washington, D.C.**

Perspectivas e impresiones

6-52 Un altar personal. El altar es una importante manifestación cultural mexicana y méxicoamericana por medio de la cual se rinde homenaje (*pay homage*) a los antepasados y a las personas admiradas. Piensen en una persona a quien les gustaría honrar y hagan una lista de los artículos que incluirían en su altar.

MODELO: *Honro a mi bisabuelo que murió en 1995. En su altar pongo su pipa, sus gafas, una novela de detectives, una cinta de Frank Sinatra, un pastel de manzana y unas flores rojas (su color favorito).*

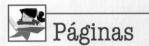 Páginas

Augusto Monterroso (1921–2003)

En 1944, el escritor guatemalteco Augusto Monterroso se trasladó a México por motivos políticos. En sus cuentos se destaca su inclinación por la parodia, la fábula y el ensayo, el humor negro y la paradoja. Honrado con varios prestigiosos premios literarios, se le conoce también por haber escrito uno de los cuentos más cortos del mundo:

El Dinosaurio

Cuando despertó, el dinosaurio todavía estaba allí.

Antes de leer

6-53 La paradoja (*paradox*). Este cuento presenta una difícil paradoja para cualquier padre: la tensión entre querer apoyar totalmente a su hija y el no poder aceptar completamente la profesión que ella ha elegido. ¿Puedes pensar en circunstancias parecidas en tu familia o en otra que conozcas? Explica la situación y cómo se ha resuelto.

6-54 Estrategias de lectura. Cuando lees por encima (*skim*), buscas información esencial para darte una idea de qué se trata. Lee por encima, los tres primeros párrafos de la siguiente lectura para encontrar esta información.

- la relación entre el narrador y la persona sobre quien escribe
- dónde tiene lugar la acción
- quiénes están presentes, además del narrador
- la profesión del narrador
- el dilema que él siente en esta ocasión

A leer

El concierto

Dentro de escasos minutos ocupará con elegancia su lugar ante el piano. Va a recibir con una inclinación casi imperceptible el ruidoso homenaje del público. Su vestido, cubierto con lentejuelas, brillará como si la luz reflejara sobre él el acelerado aplauso de las ciento diecisiete personas que llenan esta pequeña y exclusiva sala, en la que *they will reject* 5 mis amigos aprobarán o rechazarán° —no lo sabré nunca—sus intentos de reproducir la más bella música, según creo, del mundo.

Lo creo, no lo sé. Bach, Mozart, Beethoven. Estoy acostumbrado a oír que son insuperables y yo mismo he llegado a imaginarlo. Y a decir que lo son. Particularmente preferiría no encontrarme en tal caso. En lo íntimo estoy seguro de *10* que no me agradan y sospecho que todos adivinan mi entusiasmo mentiroso.

Nunca he sido un amante del arte. Si a mi hija no se le hubiera ocurrido ser *duty* pianista yo no tendría ahora este problema. Pero soy su padre y sé mi deber° y tengo *support her* que oírla y apoyarla°. Soy un hombre de negocios y sólo me siento feliz cuando manejo las finanzas. Lo repito, no soy artista. Si hay un arte en acumular una fortuna y *crushing* 15 en ejercer el dominio del mercado mundial y en aplastar° a los competidores, reclamo el primer lugar en ese arte.

La música es bella, cierto. Pero ignoro si mi hija es capaz de recrear esa belleza. Ella misma lo duda. Con frecuencia, después de las audiciones, la he visto llorar, a pesar de los aplausos. Por otra parte, si alguno aplaude sin fervor, mi hija tiene la *this is enough* 20 facultad de descubrirlo entre la concurrencia, y esto basta° para que sufra y lo odie con ferocidad de ahí en adelante. Pero es raro que alguien apruebe fríamente. Mis *in their own flesh / coldness* amigos más cercanos han aprendido en carne propia° que la frialdad° en el aplauso es peligrosa y puede arruinarlos. Si ella no hiciera una señal de que considera suficiente la ovación, seguirían aplaudiendo toda la noche por el temor que siente cada uno de ser el primero en dejar de hacerlo. A veces esperan mi cansancio° para cesar de aplaudir y *weariness* 25 entonces los veo cómo vigilan mis manos, temerosos de adelantárseme° en iniciar el *getting ahead of me* silencio. Al principio me engañaron° y los creí sinceramente emocionados: el tiempo *they deceived* no ha pasado en balde° y he terminado por conocerlos. Un odio° continuo y creciente *in vain, hatred* se ha apoderado de mí. Pero yo mismo soy falso y engañoso°. Aplaudo sin convicción. *deceitful* Yo no soy un artista. La música es bella, pero en el fondo no me importa que lo sea y *30* me aburre. Mis amigos tampoco son artistas. Me gusta mortificarlos, pero no me preocupan.

Son otros los que me irritan. Se sientan siempre en las primeras filas° y a cada *rows* instante anotan algo en sus libretas. Reciben pases gratis que mi hija escribe con cuidado y les envía personalmente. También los aborrezco°. Son los periodistas. Claro *detesto* que me temen y con frecuencia puedo comprarlos. Sin embargo, la insolencia de dos *35* o tres no tiene límites y en ocasiones se han atrevido a decir que mi hija es una pésima ejecutante°. Mi hija no es una mala pianista. Me lo afirman sus propios maestros. Ha *an extremely bad performer* estudiado desde la infancia y mueve los dedos con más soltura° y agilidad que *facilidad* cualquiera de mis secretarias. Es verdad que raramente comprendo sus ejecuciones, *40* pero es que yo no soy un artista y ella lo sabe bien.

La envidia es un pecado° detestable. Este vicio de mis enemigos puede ser el *sin* escondido factor de las escasas° críticas negativas. No sería extraño que alguno de los *pocas* que en este momento sonríen, y que dentro de unos instantes aplaudirán, propicie esos juicios adversos°. Tener un padre poderoso ha sido favorable y aciago° al mismo *propicie…foster these* *negative opinions / fateful* 45 tiempo para ella. Me pregunto cuál sería la opinión de la prensa si ella no fuera mi

hija. Pienso con persistencia que nunca debió tener pretensiones artísticas. Esto no nos ha traído sino incertidumbre e insomnio. Pero nadie iba ni siquiera a soñar, hace veinte años, que yo llegaría adonde he llegado. Jamás podremos saber con certeza, ni ella ni yo, lo que en realidad es, lo que efectivamente vale. Es ridícula, en un hombre
50   como yo, esa preocupación.

      Si no fuera porque es mi hija confesaría que la odio. Que cuando la veo aparecer en el escenario un persistente rencor me hierve° en el pecho, contra ella y contra mí   *boil* mismo, por haberle permitido seguir un camino tan equivocado. Es mi hija, claro, pero por lo mismo no tenía derecho a hacerme eso.

55   Mañana aparecerá su nombre en los periódicos y los aplausos se multiplicarán en   *en... as a result of* letras de molde°. Ella se llenará de orgullo y me leerá en voz alta la opinión laudatoria   *favorable reviews* de los críticos. No obstante, a medida que vaya llegando a los últimos, tal vez a aquéllos en que el elogio es más admirativo y exaltado, podré observar cómo sus ojos irán humedeciéndose, y cómo su voz se apagará hasta convertirse en un débil rumor,
60   y cómo, finalmente, terminará llorando con un llanto° desconsolado e infinito. Y yo   *weeping* me sentiré, con todo mi poder, incapaz de hacerla pensar que verdaderamente es una buena pianista y que Bach y Mozart y Beethoven estarían complacidos de la habilidad con que mantiene vivo su mensaje.

      Ya se ha hecho ese repentino silencio que presagia° su salida. Pronto sus dedos   *forewarns*
65   largos y armoniosos se deslizarán° sobre el teclado°, la sala se llenará de música, y yo   *they will slide / keyboard* estaré sufriendo una vez más.

Después de leer

6-55 ¿Cómo lo interpretas tú? Identifica a la persona o a las personas que se describen a continuación. Si hay más de una, explica por qué.

      N: el narrador   **H: la hija**   **P: el público**

1. ___ No entiende la música.
2. ___ Lleva puesto un traje elegante.
3. ___ Aplaude.
4. ___ Tiene éxito en el mundo comercial.
5. ___ Toma muy en serio su profesión.
6. ___ Odia a los periodistas.
7. ___ Resiente el camino que ella ha tomado.
8. ___ Responde favorablemente al espectáculo.

6-56 ¿En qué se diferencian? Trabajen juntos para hacer una lista de contrastes entre el narrador y su hija. En su opinión, ¿cual de ellos dos no tiene remedio?

El narrador	La hija
Es egoísta.	Es sensible.

6-57 Los cuentos de Augusto Monterroso. Monterroso escribió muchas fábulas y cuentos cortos como *El dinosaurio*, que abre esta selección. En su opinión, ¿qué representa el dinosaurio? ¿Han visto uno al despertarse alguna vez? ¿Podría tener algún significado psicológico o político? Expliquen. ¿Cuál es el "dinosaurio" del narrador del cuento que acaban de leer?

 Taller

Una escena dramática

La comunicación entre dos o más personas incluye gestos, miradas, tono y ambiente, entre otras cosas. Por eso, un guión (*script*) debe ofrecer más que el diálogo entre los personajes. Debe crear una escena y un diálogo que podría figurar dentro de un guión más amplio.

Antes de escribir

Idear. Piensa en la escena, los personajes y el problema dramático. Escribe una lista de ideas sobre estos elementos que incluya datos sobre el estado físico y psicológico de los personajes.

Describir. Describe la escena: el lugar, lo que se encuentra allí, el ambiente, etc.

Ampliar. Describe la acción, es decir, lo que está pasando antes del intercambio.

A escribir

Escribir. Inventa un breve diálogo entre los dos personajes.

Agregar. Entre paréntesis, añade frases que indiquen los gestos, las expresiones y el tono de voz de los personajes.

Leer en voz alta. Lee sólo el diálogo en voz alta para ver si resulta "natural" y si lograste el tono.

Después de escribir

Revisar. Revisa tu escena. ¿Es lógica? ¿Son claras las direcciones? ¿Fluye bien el diálogo? A continuación, revisa los siguientes aspectos.

- ❏ ¿Has incluido una variedad de vocabulario?
- ❏ ¿Has incluido algunos mandatos o la expresión de alguna esperanza (con ojalá, tal vez, o quizá(s)?
- ❏ ¿Has usado bien los mandatos y el subjuntivo?
- ❏ ¿Has verificado la concordancia y la ortografía?

Intercambiar. Intercambia tu escena con la de un/a compañero/a. Mientras leen las escenas, hagan comentarios y sugerencias sobre el contenido, la estructura y la gramática.

Entregar. Pasa tu escena a limpio, incorpora las sugerencias de tu compañero/a y entrégaselo a tu profesor/a.

7 La diversidad humana

Objetivos comunicativos

- Comparing the past with the present
- Expressing how long an action has been going on
- Making excuses

Contenido

Curiosidades

¿SABES?

- ¿Cuántas razas existen en el mundo?
  - **a.** una
  - **b.** seis predominantes
  - **c.** tantas que es imposible contarlas todas
- ¿Qué país hispanoamericano fue el primero en castigar con prisión a los homofóbicos?
  - **a.** el Uruguay
  - **b.** la Argentina
  - **c.** México
- ¿Qué país fue el primero en otorgarle a la mujer el derecho a votar?
  - **a.** los Estados Unidos
  - **b.** Costa Rica
  - **c.** Nueva Zelanda
- ¿Qué país del continente americano tiene una ley llamada c-250 que prohíbe el uso ofensivo del lenguaje dirigido hacia las minorías religiosas, sexuales o étnicas?
  - **a.** Jamaica
  - **b.** el Canadá
  - **c.** Panamá
- ¿De los que reciben el doctorado en ciencias, cuál es la proporción de mujeres a hombres?
  - **a.** 25:75
  - **b.** 30:70
  - **c.** 48:50

Go Online
PHSchool.com

For: *Fondo cultural* reading
Visit: PHSchool.com
Web code: jpd-0007

¡Así es la vida!

LAS CIENTÍFICAS MEXICANAS

No es un secreto que la sociedad mexicana es una sociedad machista. Mucho menos conocido es el hecho de que en nuestro país la mujer haya sostenido una larga batalla para su incorporación al ámbito científico bajo "condiciones muy adversas", remarca *La mujer contra el machismo en la ciencia: Una batalla que ha durado milenios*, un artículo publicado por Alfonso José Vilchis Peluyera. Según Vilchis "el 20 por ciento de todos los científicos del Sistema Nacional de investigadores en México son mujeres". La mayoría de ellas fueron pioneras en campos como la biología, ciencias biomédicas y la química. En las ciencias sociales y las humanidades su participación aumenta: alcanza el 33 por ciento. En cambio, el campo de la astronomía es territorio femenino en los países latinos.

La doctora Julieta Fierro es Jefa de Difusión del Instituto de Astronomía de la UNAM (Universidad Nacional Autónoma de México). Ha escrito un buen número de libros científicos y recibió en 1995 el Premio Kolingo de la UNESCO (*United Nations Educational, Scientific and Cultural Organization*).

—¿Tienen las mujeres mayores dificultades que los hombres para dedicarse a la ciencia?

—Sí, porque las mujeres necesitamos tiempo para tener nuestros hijos y criarlos, labor fundamental para que la especie humana continúe.

—¿Qué hay que hacer al respecto?

—Dar más opciones educativas a las mujeres acordes con (*consonant with*) sus ciclos biológicos. Parte del problema es que la sociedad está hecha por los hombres, y no se han puesto a reflexionar en las necesidades de las mujeres. Debemos reestructurar el sistema educativo para que siempre haya opciones para la mujer.

—¿Encuentra algunas dificultades laborales?

—No. La única área donde he notado injusticias es en la de los premios, porque para algunos el límite de edad es 30 años, etapa (*phase*) en la que una mujer termina su doctorado y frena (*restrains*) su productividad para dedicarse a criar sus hijos.

*****

La doctora Deborah Dultzin pertenece al Sistema Nacional de investigadores y trabaja en el Instituto de Astronomía de la UNAM. Es experta en astrofísica y extragaláctica.

—¿Es difícil para una mujer dedicarse a una disciplina tan dura como la astronomía?

—En los países desarrollados y de tradición anglosajona encontrará muchas dificultades, no para estudiar, sino para ejercer. La proporción de mujeres en este medio es muy baja. Las cosas mejoran un poco en los países latinos. Un ejemplo es México: el 30 por ciento de los investigadores somos mujeres.

—¿Cuál es su interpretación de este fenómeno?

—Hay varios factores. Uno importante es el sueldo bajo que reciben las personas dedicadas a tiempo completo a la investigación científica, sobre todo para las que empiezan. Así que los varones se han ido a otras áreas más lucrativas: finanzas, comercio, asesorías... y han cedido sus lugares a las mujeres. En los países ricos, donde los salarios son mucho mejores, la competencia es feroz por los puestos, y a las mujeres se les impide el acceso a ellos. El segundo punto importante: en estas naciones machistas, una mujer siempre será una mujer, no importa lo que haga, y los varones la piropean y la coquetean sin problemas. Es decir, son científicas y además se pintan (*put on makeup*), tienen hijos y una vida privada...

¡Así lo decimos! VOCABULARIO

Vocabulario primordial

aceptar	pertenecer (zc)
el ciclo	el prejuicio
la mayoría	la raza
la minoría	respetarse
negarse (ie)	

Vocabulario clave

Verbos

criar	to raise (children)
ejercer	to practice
hallarse	to be in a certain place or condition
piropear	to compliment; to flatter based on physical qualities/ appearance
rechazar	to reject
reflexionar	to meditate
señalar	to point out, make known

Sustantivos

el acoso sexual	sexual harassment
el adelanto	progress
el ámbito	environment; area
el donante	donor
la etapa	stage
el/la investigador/a	researcher
el varón	male

Frases comunicativas

Por un lado,...	On the one hand,...
Por otro lado,...	On the other hand,...
Quiero señalar que...	I wish to point out that...
Es imprescindible que...	It's essential that...

Ampliación

Verbos	Sustantivos	Adjetivos
humillar	la humillación	humillado/a
prohibir	la prohibición	prohibido/a
rechazar	el rechazo	rechazado/a
valorar	el valor	valorado/a

¡Cuidado! todos/as, todos los días/cada día

- To express all of a group, simply use **todos/as.**

  Todos mis amigos odian el racismo. *All of my friends hate racism.*

- Also, remember that *every day* translates as **todos los días,** while *each day* translates as **cada día.**

  Todos los días la científica se siente humillada en el trabajo. *Every day the scientist feels humiliated at work.*

  Cada día tengo un caso de discriminación. *Each day I have a discrimination case.*

Aplicación

7-1 ¿Cómo figura la mujer en las ciencias mexicanas? Combina las frases de la primera columna con las de la segunda para formar oraciones lógicas según lo que has leído en el artículo *Las científicas mexicanas*.

1. _____ El porcentaje de mujeres científicas...
2. _____ Las científicas mexicanas se consideran no sólo científicas,...
3. _____ Si los varones criaran a los niños...
4. _____ El campo de la astronomía no atrae a tantos hombres como a mujeres porque...
5. _____ Los hombres que desean ganar más dinero...
6. _____ La mujer científica tiene desventaja en cuestiones de...

a. se van a las áreas de comercio, finanzas y asesorías.
b. habría más mujeres científicas que hombres científicos.
c. sueldos y premios.
d. es menor que el de mujeres en las ciencias sociales y las humanidades.
e. los salarios son más bajos que en otros campos.
f. sino también mujeres femeninas.

7-2 Cuidado. Completa las frases con la forma correcta de una de las siguientes expresiones.

cada día	todos los días	todo/a/os/os

1. _____ que hay discriminación en el trabajo, no sólo sufre la persona discriminada sino todos los que la observan.
2. _____ los empleados se reunieron en el auditorio para hablar de las condiciones del trabajo.
3. _____ el jefe de la empresa les prometía una investigación pero no lo hacía.
4. Los investigadores quisieron investigar _____ las acusaciones de los empleados.
5. Por fin, los empleados consiguieron _____ lo que habían pedido.

7-3 En familia. Completa las siguientes oraciones usando una variación de cada palabra en itálica. Si necesitas ayuda, consulta la sección llamada **Ampliación**.

MODELO: Hay que **valorar** este asunto. Hasta ahora nadie lo ha *valorado*.

1. *El valor* de una persona en el trabajo depende de sus conocimientos y sus talentos. No es justo _____ el trabajo de un hombre más que el de una mujer.
2. En los Estados Unidos está *prohibido* discriminar por razones de raza, sexo o religión. Esta _____ está garantizada por ley federal.
3. Los votantes _____ a la candidata por ser mujer. El *rechazo* la entristeció mucho.
4. Los resultados de las elecciones *humillaron* a la candidata. Después del incidente, se sintió totalmente _____.

7-4 El adelanto de la mujer en el campo científico. Completa cada oración con la forma correcta de la palabra más apropiada de la lista. Luego, usa las palabras de la lista en oraciones originales.

MODELO: *Hay muchas mujeres que han recibido* **el premio** *Nobel. Pero en total, los hombres han recibido más* **premios** *que las mujeres.*

ámbito	premio
criar	valorar
imprescindible	varón
piropear	

1. Es labor de la mujer dar a luz; pero es labor de todos _____ a los niños.
2. La mujer ha luchado por incorporarse al _____ científico.
3. Según algunos, la mujer sabe coquetear; el hombre sabe _____.
4. Pocas mujeres reciben _____ por su trabajo en las ciencias debido a que ellas empiezan su carrera a una edad más avanzada.
5. En general, los _____ han decidido estudiar profesiones mejor remuneradas.
6. Es _____ elevar el estatus de la mujer en las ciencias.
7. Debemos _____ la contribución de toda persona, sea hombre o mujer.

7-5 En su opinión. El artículo *Las científicas mexicanas* implica que la mujer no puede ser a la vez femenina y profesional. ¿Pueden pensar en ejemplos que apoyen o refuten esta opinión? Usen estas frases comunicativas en su discusión.

MODELO: *En mi opinión, la mujer cree que tiene que dedicarse a su profesión antes que a su familia.*

En mi opinión...
En cambio...
Por un lado...
Por otro lado...
Quiero señalar que...
Es imprescindible que...

7-6 ¿Cómo se comparan? Comparen la experiencia de la científica mexicana con la de la científica norteamericana en las siguientes áreas. ¿Dónde preferirían vivir y trabajar si fueran científicas?

1. la educación
2. el sueldo
3. el prestigio
4. la oportunidad para avanzar

7-7 El machismo. ¿Han experimentado u observado el machismo en el trabajo o en la escuela? ¿Cómo les ha afectado? ¿Cómo han reaccionado? ¿Cómo ha afectado a las otras personas involucradas *(involved)*?

7-8 Los bajos, a la cola del desempleo. Hay varios tipos de discriminación, además de la discriminación por la raza o el sexo. ¿Creen que se discrimina contra las personas bajas en nuestra sociedad? ¿Qué otros grupos conocen Uds. que sufran discriminación? ¿Tienen en su colegio organizaciones de antidiscriminación?

LOS BAJOS, A LA COLA DEL DESEMPLEO

Un estudio del epidemiólogo británico Scott Montgomery, de la City University, revela que los niños con retraso en el crecimiento a los siete años tienen mayor riesgo de engrosar las listas del desempleo que sus compañeros más altos, aunque presenten una altura normal al llegar a la edad de trabajar. En la investigación participaron 2.256 hombres que nacieron en una misma semana de 1958.

7-9 Profesiones machistas/feministas. Hagan una lista de profesiones en las que haya más presencia masculina y otra en la que haya más presencia femenina. Expliquen las razones detrás de la tradición y piensen si ésta ha cambiado con el tiempo.

MODELO: *En los Estados Unidos hay más ingenieros que ingenieras porque …*

 7-10 A explorar: Los hispanos en EE.UU. Visita el sitio de *Conexiones* en la red *www.PHSchool.com* e inserta el Web Code jpd-0007 para leer un artículo sobre los hispanos en los EE.UU. Basándote en el artículo, describe la situación actual de los hispanos en tu ciudad o estado y luego contesta estas preguntas: ¿Cuál es la contribución de los hispanos a tu comunidad? ¿Hay discriminación en tu comunidad? ¿Qué se está haciendo para eliminarla?

 7-11 La Acción Afirmativa. Hoy en día esta ley es muy polémica. Den ejemplos de sus éxitos y fracasos, y discutan sus ventajas y desventajas. ¿Creen que esta ley tiene suficientes méritos como para continuar vigente? Usen algunas de las frases comunicativas de **¡Así lo decimos!** para expresar su opinión.

¡A repasar!

El pluscuamperfecto
Un encuentro con la discriminación.

Imagina que vienes del Planeta Pluscuamperfecto, donde todos los individuos se respetan mutuamente, donde no existe la discriminación y se celebran las diferencias. Imagina que un día llegas a alguna región o algún país de la Tierra. En este país se violan los derechos civiles de una minoría (sexual, religiosa, política o étnica) y la discriminación es muy común. ¡Esto no existe en tu planeta! ¡Estás muy sorprendido/a! ¡Nunca habías visto algo así! Envías rápidamente un mensaje al Planeta Pluscuamperfecto describiendo esta situación tan absurda.

Requisitos para mandar tu mensaje: ¡debe contener al menos cinco verbos en el pluscuamperfecto!

MODELO: —Yo nunca **había visto** tanta desigualdad entre los sexos.
—Hablé con una mujer y me dijo que **había sido** víctima de discriminación muchas veces.
—Conocí a otra mujer. Me dijo que nunca **había estado** fuera de su casa.
—Yo nunca **había sentido** tanta tristeza de ver cómo el 50% de los humanos discriminan contra el otro 50%.
Etc.

Recuerda: Para escribir tu mensaje interplanetario debes repasar el pluscuamperfecto del indicativo que se estudió en la Lección 5.

Reto: Usa muchas palabras de **¡Así lo decimos!**

¡Así lo hacemos! ESTRUCTURAS

1. Review of the preterit and imperfect

Cuando empecé a trabajar en esta empresa, era la única mujer.

In order to decide whether to use the preterit or the imperfect, take the following into account.

- Analyze the context in which the verb will be used and ask yourself: does the verb describe the way things were or does it tell what happened? Use the imperfect to describe and the preterit to tell what happened.

Era temprano cuando la científica **llegó** al laboratorio.	*It was early when the scientist arrived at the laboratory.*
Era: describes →	*It was early.*
llegó: tells what happened →	*She arrived at the laboratory.*

- In many instances, both tenses produce a grammatical sentence. Your choice will depend on the message you are communicating.

Así **fue**.	*That's how it happened.*
Así **era**.	*That's how it used to be.*
Ayer **terminaron** el experimento.	*Yesterday they finished the experiment (This is the point, it's not background information).*
Terminaban el experimento.	*They were finishing the experiment (This is background information for the action that will be narrated).*

Aplicación

7-12 ¿Qué pasaba en el observatorio a la medianoche? Teniendo en cuenta donde ocurrían, ¿son lógicas o ilógicas estas acciones?

L: lógico　　　　　**I: ilógico**

1. ___ Las científicas observaban las constelaciones.
2. ___ Sus esposos les preparaban la cena en el laboratorio.
3. ___ Sus niños estaban en casa, dormidos en sus camas.
4. ___ Las científicas tomaban medidas.
5. ___ Sus amigas estaban allí para divertirse.

7-13 Amplía el contexto. Expande las oraciones de 7-12 usando oraciones con verbos en el pretérito, como en el modelo. Puedes usar *cuando, porque, etc.*

MODELO: *Las científicas observaban las constelaciones cuando vieron pasar un cometa.*

7-14 ¿Qué quiere decir "blanco"? Lee el pasaje e identifica los verbos en el pretérito y en el imperfecto. Explica por qué se usa cada tiempo verbal.

Cuando Cristina nació en Argentina, se le consideraba de raza blanca, pues así era el color de su tez. Una vez que se trasladó a los Estados Unidos, la cuestión se hizo más complicada al tener que preguntarse si en realidad sería blanca o latina. Es verdad que se veía blanca, pero cada vez que abría la boca para hablar, su acento español se convertía en su característica más prominente. Por otra parte, su hija Paloma, criada en los Estados Unidos se consideraba a sí misma blanca, de ascendencia argentina.

La identidad racial de los hijos hispanos depende de ellos mismos, ya que las ventajas de ser "blanco" en los EE.UU. son hoy por hoy menos claras que antes. En el pasado, la identidad estadounidense estaba vinculada al mito de la raza. La primera ley de naturalización del país (aprobada en 1790) reservaba el privilegio a "extranjeros blancos que sean personas libres". Sólo después de la Guerra Civil se les permitió a los negros solicitar la ciudadanía, derecho que no se extendió a personas de otros grupos raciales. En 1922, por ejemplo, el caso de un nativo del Japón que había vivido en Estados Unidos por veinte años llegó hasta la Corte Suprema, y no fue hasta 1952 que la ley eliminó el criterio racial como condición para obtener la ciudadanía.

7-15 ¿De qué raza era Cristina? Ahora contesta las preguntas basadas en el artículo.

1. ¿Por qué Cristina se preguntaba si era blanca o latina?
2. ¿En qué se diferencia la experiencia de sus hijos criados en los Estados Unidos?
3. ¿De qué se beneficiaban los blancos extranjeros a partir de 1790?
4. ¿Qué cambió después de la Guerra Civil?
5. ¿A quiénes no les correspondió el nuevo beneficio?
6. ¿En qué año se eliminó el criterio racial como condición para conseguir la ciudadanía?
7. ¿Qué otro grupo mayoritario que no se menciona en el artículo tuvo que luchar por el derecho de votar?
8. ¿Por qué no son tan evidentes las ventajas de ser blanco hoy en día?

7-16 Siglos XIX y XXI en contraste. Vuelve a escribir el párrafo que aparece a continuación desde el punto de vista del siglo XIX, usando el tiempo pasado adecuado. ¿Puedes mencionar otros cambios en este terreno entre el pasado y el presente? ¿Crees que hay áreas en las que todavía se necesita avanzar?

En el siglo XXI, la mujer norteamericana tiene muchas oportunidades en el mundo de la política y del comercio: puede votar, ser senadora, presidenta, jefa de empresa y capitalista. Asiste a la universidad, sigue campos de estudio anteriormente catalogados como masculinos y compite en el mundo del trabajo. Asimismo, la gente la escucha y valora su opinión. No se le obliga siempre a llevar falda o vestido. Se le admite en clubes tradicionalmente restringidos a hombres. No tiene que pedir permiso a sus padres para casarse porque ella decide si quiere casarse o no. Del mismo modo, también es su decisión si se dedica a la casa, al trabajo profesional o a las dos cosas. Maneja sus propias finanzas. Puede ser propietaria...

7-17 ¿Cómo era en la generación de sus padres? Conversen entre Uds. para contestar estas preguntas. Tengan cuidado con el tiempo verbal (pretérito o imperfecto) que usan.

1. En la época de sus padres, ¿era difícil ser admitido en una universidad? ¿Era difícil ser estudiante? ¿Por qué?
2. En las ciencias, ¿era más difícil para la mujer que para el hombre?
3. ¿Asistieron sus padres a la universidad? ¿Por qué?
4. ¿Se graduaron? ¿Qué estudiaron?
5. ¿Qué obstáculos tuvieron sus padres en los estudios o en el trabajo?
6. ¿Será más fácil para Uds. ser admitidos/as en la universidad? ¿Por qué? ¿Es más fácil para Uds. ser estudiantes que para la generación de sus padres?
7. ¿Cuáles eran las ventajas de graduarse para la generación de sus padres? ¿Tienen ustedes las mismas ventajas?

7-18 A escuchar: A favor y en contra de la selección de embriones. Este informe *(report)* explica la polémica a la hora de seleccionar embriones. Completa las frases según lo que escuches.

1. La familia quiso seleccionar el embrión de su hijo porque…
   a. querían tener un varón.
   b. esperaban tener gemelos *(twins)*.
   c. esperaban salvar la vida de su hija.

2. Su hija padecía de…
   a. diabetes.
   b. una enfermedad rara.
   c. leucemia.

3. El bebé que nació…
   a. murió a las pocas horas de edad.
   b. contribuyó células del cordón umbilical.
   c. tenía el mismo defecto genético que su hermana.

4. Según la Dra. Callejo,…
   a. las células de este donante les servirán a muchos otros.
   b. la ingeniería genética es el futuro.
   c. no es ético discriminar entre embriones.

7-19 ¿Cuál es su opinión? Dice la doctora Callejo que hay muchas formas de discriminación en el mundo y el decidir qué embrión implantar para tener un bebé es otra forma más. Conversen sobre estos puntos dando su opinión.

- Los padres son los dueños de sus embriones.
- Es ético tener un bebé para poder salvarle la vida a otra persona.

2. Hacer and desde in time expressions

> Hace muchos años que observamos a los marcianos.

To express the idea that an action began in the past and is still going on in the present, Spanish uses the following constructions with the verb **hacer** and the preposition **desde**.

- To ask how long or since when a certain action has been going on, Spanish uses this formula:

> **¿Cuánto (tiempo) hace que** + a verb phrase in the present?
> [or]
> **¿Desde cuándo** + a verb phrase in the present?

¿Cuánto (tiempo) hace que sabes que Paco es machista?	*How long have you known that Paco is a chauvinist?*
¿Desde cuándo son Mirta y Ofelia feministas?	*Since when have Mirta and Ofelia been feminists?*

- To state how long or since when an action has been going on, Spanish uses:

> **Hace** + a time expression + **que** + a verb phrase in the present
> [or]
> A verb phrase in the present + **desde hace** + a time expression

The first construction is the equivalent of *for* + a period of time, while the second corresponds to the English *since... ago.*

Hace dos meses que sé que Paco es un machista.	*I have known for two months that Paco is a chauvinist.*
Mirta y Ofelia son feministas **desde hace** dos años.	*Mirta and Ofelia have been feminists since two years ago.*

Note that in Spanish, the verb **hacer** and the main verb are in the present; the English equivalent, however, uses *has* or *have been.*

● To express the idea that an action that began in the remote past and was still continuing when another occurrence happened, Spanish uses the following construction.

Hacía + period of time + **que** + a verb phrase in the imperfect

Hacía seis meses **que** la investigadora trabajaba en el proyecto.

The researcher had been been working on the project for six months.

Note that in Spanish, the verb **hacer** and the main verb are in the imperfect; the English equivalent, however, uses *had* or *had been.*

● To tell how long ago an action or event occurred, Spanish uses the following construction.

Hace + a time expression + (**que**) + a verb in the preterit

● If the **hace** clause comes first, **que** may introduce the main clause; but if **hace** and the time expression follow the verb, **que** is not used.

Hace varios años **que** comenzaron la investigación. ⎫ *The research was started*
Comenzaron la investigación **hace** varios años. ⎬ *several years ago.*

Aplicación

7-20 ¿Cuánto tiempo hace que...? Completa estas frases de forma lógica con períodos de tiempo.

1. Hace _____ que se liberó a los esclavos negros en Cuba. (1886)
2. Hace _____ que se le concedió a la mujer española el derecho de votar. (1931)
3. Hace _____ que se mandó integrar las escuelas en los Estados Unidos. (1954)
4. Hace _____ que se prohibió el acoso sexual en Costa Rica. (1986)
5. Hace _____ que se les permite a los homosexuales casarse en la Argentina. (2003)

7-21 Hace años. Expliquen cuánto tiempo hace que ustedes hacen algunas de las siguientes cosas y otras cosas que se les ocurran.

MODELO: estudiar ciencias

    E1: *Hace dos años que estudio ciencias.*

    E2: *Yo no. Yo estudio ciencias desde hace ocho años.*

ser feminista, idealista, ambicioso/a	estar en este colegio
valorar los estudios, los derechos humanos	conocer a...
cursar matemáticas, biología, ciencias	pertenecer a...

7-22 ¿Cuánto tiempo hace que...? Escriban individualmente cinco preguntas indiscretas como en el modelo y entrevístense a continuación.

MODELO: **E1:** *¿Cuánto tiempo hace que te gusta Mario?*

E2: *¡Ay! Hace dos semanas que me gusta* or *Me gusta desde hace dos semanas.*

 7-23 Antes... Expliquen desde cuánto tiempo hacía que llevaban a cabo distintas actividades en el pasado.

MODELO: *En 2002 hacía un año que quería asistir a la Universidad de Madrid.*

En 2000	(esperar ser…, buscar…)
En 2001	ser estudioso/a (feminista, idealista)
En 2002	vivir en la ciudad (en un apartamento, en una casa)
En 2003	saber conducir (esquiar)
En 2004	tener novio/a (coche, bicicleta)
En 2005	…

 7-24 Antes de morir. ¿Recuerdan a las siguientes personas y lo que hacían? Expliquen cuánto tiempo (muchos años, varios años, poco tiempo, etc.) hacía que las siguientes personalidades practicaban las actividades indicadas antes de morir.

MODELO: la princesa Diana / apoyar la organización contra las minas

Cuando murió la princesa Diana, hacía dos años que apoyaba la organización contra las minas.

1. La Madre Teresa / trabajar con los pobres de la India
2. Celia Cruz / cantar y bailar salsa
3. Estee Lauder / fabricar maquillaje
4. Pat Tillman / jugar al fútbol norteamericano
5. Bob Keeshan / representar al Captain Kangaroo
6. Robert Atkins / seguir su dieta

7-25 ¿Cuándo lo hicieron? Expliquen cuánto tiempo hace que cada uno/a de ustedes hizo lo siguiente.

MODELO: comprar una bicicleta

Hace dos años que compré una bicicleta.

1. llegar a casa
2. despertarme hoy
3. desayunar
4. graduarme de la escuela primaria
5. sacar una "A"
6. hablar con mis padres

COMPARACIONES

7-26 En tu experiencia. ¿Hay grupos o pueblos en los EE.UU. y en el Canadá que sean marginados porque su cultura es muy diferente a la de la mayoría? ¿Qué grupos étnicos en tu región se distinguen por su manera de vestirse o de hablar? ¿Qué tipo de discriminación sufren estos grupos? ¿Qué podemos hacer para evitar la discriminación?

Los gitanos en España

Los gitanos llegaron a la Península Ibérica a través de los Pirineos a principios del siglo XV. Venían del noroeste de la India y hablaban el romaní, uno de los idiomas más antiguos del mundo. Se situaron en la región de Andalucía y por más de cien años mantuvieron relaciones cordiales con los habitantes de este territorio. La reconquista de la Península Ibérica, que durante siglos había sido ocupada por los árabes, terminó con la convivencia y tolerancia que existía entre judíos, árabes, gitanos y cristianos. Los Reyes Católicos, título que les dio el Papa por su fanatismo religioso, decidieron convertir al cristianismo a todos los habitantes de la Península y establecieron la Inquisición.

Los gitanos, que tenían una forma de vivir libre y costumbres y tradiciones muy arraigadas (*steeped in tradition*), fueron entonces percibidos por los reyes españoles como un pueblo peligroso y difícil de controlar. En los siglos XVII y XVIII se dictaron leyes que forzaban la integración de los gitanos al resto de la población o su expulsión de España. Sin embargo, no fue hasta el período constitucional de 1812 a 1936, cuando se les dio por fin a los gitanos la ciudadanía española. En la época del General Franco se les prohibió hablar el romaní, por ser considerado un idioma de delincuentes, y se persiguió con la Ley de Peligrosidad Social a aquellos que no obedecían. Hoy en día, bajo la democracia española, la discriminación racial es un delito (*crime*), pero en realidad a los gitanos todavía se les margina social y económicamente.

7-27 En su opinión. ¿De qué parte de su herencia se sienten más orgullosos/as? Comenten lo que sepan de sus propios orígenes étnicos.

7-28 A explorar: Los gitanos en España. Visita el sitio de *Conexiones* en la red *www.PHSchool.com* e inserta el Web Code jpd-0007 para leer más sobre los gitanos en España. Después de leer, escribe un párrafo sobre lo que has aprendido. ¿Puedes comparar su historia y su situación actual con la de otro grupo minoritario en algún país del mundo?

SEGUNDA PARTE

¡Así es la vida!

Las razas en los EE.UU. tienen una nueva faz (face)

Los científicos que estudian el ADN de la población humana han determinado que el concepto de "raza" no existe biológicamente, sino que corresponde a una clasificación de tipo sociológica según el color de la tez (*skin tone*), el cabello y las características faciales.

Para Carlos Aguilar vivir en Birmingham, Alabama, no tiene nada que ver con ser blanco o negro. A sus diecisiete años su mente se concentra, más que todo en la vida, en la escuela secundaria Hoover (la más grande del estado) y en prepararse para la próxima temporada (*season*) de competencias de atletismo. Es hijo de inmigrantes peruanos que comenzaron una empresa de construcción en Birmingham a principios de la década de los 80. Aguilar está llegando a la edad adulta en una ciudad que hace apenas una generación era, quizás, la ciudad más segregacionista del país. "Tengo muchos amigos negros, blancos, mexicanos, de todo", dice Aguilar, que ha salido con latinas, blancas e indias americanas y escucha *rock, rhythm-and-blues* y *hip-hop*. Los Estados Unidos de Aguilar son muy diferentes, aunque todavía distan mucho de ser la "tierra prometida". Un día, cuando Carlos era chico, otro niño le preguntó: "¿Viniste aquí en burro?"

"Hay gente que piensa que si uno tiene el cabello negro, debe ser mexicano o ilegal", dice su madre Ada. "Pero mi abuelo", agrega orgullosa, "era de ascendencia española. Los peruanos somos una combinación de incas y españoles".

Estados Unidos va escribiendo a diario (*daily*) nuevos capítulos. Ésta es una era del color en la cual los matices (*shades*) de moreno, amarillo y rojo son tan importantes como las antiguas divisiones entre negro y blanco.

En 2003, los hispanos superaron a los negros convirtiéndose en la minoría más numerosa de la población norteamericana. Para 2020, el número de personas de ascendencia asiática se duplicará, pasando de 10 a 20 millones. Para 2050, los blancos constituirán una ligera mayoría: el 53 por ciento. En el año 2000, la Oficina de Estadísticas Laborales anunció que el número de trabajadores nacidos en el extranjero había llegado a 15,7 millones, el nivel más alto en siete décadas. Este fenómeno ha complicado los servicios sociales de muchas comunidades: Nashville, Nueva Orleans, Philadelphia, Cincinnati y otras ciudades necesitan hispanohablantes capaces de responder a llamadas de emergencia al 911. La ciudad de Rogers, Arkansas, hace años que envía a sus maestros a México en el verano para que entiendan mejor la cultura de la cual vienen muchos de sus estudiantes.

La nueva economía y la política también están cambiando su faz con gran rapidez. Así, por ejemplo, los blancos son ahora una "minoría" en *Silicon Valley*, California. En política, el voto de los hispanos ha adquirido gran importancia por lo que los candidatos procuran hablar español durante sus campañas en los estados donde hay mayor población hispana.

¡Así lo decimos! VOCABULARIO

Vocabulario primordial

la etnicidad
las leyes
   antidiscriminatorias

la orientación sexual
segregacionista

Vocabulario clave

Verbos

alejarse de	to move away from; to be far from
odiar	to hate
superar	to surpass

Sustantivos

la política	policy; politics
el promedio	average
el sexo	gender

Otras expresiones

a diario	daily
por sí mismo/a	for being himself/herself; on one's own

Frases comunicativas

más que todo/sobre todo	above all
más que nada	more than anything
ni siquiera	not even

Ampliación

Verbos	Sustantivos	Adjetivos
insultar	el insulto	insultante
maltratar	el maltrato	maltratado/a
negar (se)(ie)	la negación	negado/a
odiar	el odio	odiado/a
prevenir (ie)	la prevención	preventivo/a
promover (ue)	la promoción	promovido/a
respetar	el respeto	respetado/a

¡Cuidado! *lo + adjective, la gente*

● To express "*the* + adjective + *thing….*" in Spanish, use the neuter **lo** + adjective (masculine singular).

Lo importante es evitar la discriminación.   *The important thing is to avoid discrimination.*

● In English the word *people* is plural while in Spanish **la gente** is singular.

Esa **gente** no es nada racista.   *Those people are not at all racist.*

Aplicación

7-29 La nueva faz de la raza. Refiérete al artículo de ¡Así es la vida! para combinar estas frases de forma lógica.

1. _____ Lo importante para Carlos Aguilar es…
2. _____ La ciudad donde vive…
3. _____ Carlos, en cambio, no discrimina…
4. _____ Era un estereotipo de los latinos pensar…
5. _____ La familia de Carlos es de ascendencia…
6. _____ Hoy en día, la población hispana en los Estados Unidos…
7. _____ Algunas ciudades han contratado a gente bilingüe…
8. _____ Es evidente que en el futuro será necesario…

a. que todos montaban en burros.
b. cuando elige a sus amigos.
c. es mayor que la afroamericana.
d. prepararse para la próxima temporada de atletismo.
e. tener en cuenta la voz de los votantes hispanos.
f. española e inca.
g. se conocía por ser segregacionista.
h. para poder comunicarse con su población hispanohablante.

7-30 ¿Cuáles son las consecuencias? Comenten estas declaraciones y den su opinión sobre las consecuencias económicas, sociológicas y políticas de la «nueva faz de la raza». Expliquen sus razones.

MODELO: En las escuelas de hoy, las razas están integradas.
Es cierto que las razas están integradas, pero todavía hay mucha segregación económica.

Es cierto que…	Es lógico que…	Es dudoso que…	Según las estadísticas…

1. Hay más mujeres que hombres en el campo de la ingeniería.
2. Los salarios de blancos, hispanos y afroamericanos no se diferencian hoy tanto como en el pasado.
3. El techo de cristal (*glass ceiling*) ya no existe para la mujer de negocios.
4. Ya no es necesario distinguir entre las razas en el censo.
5. La Acción Afirmativa ha cumplido su misión original.

7-31 En familia. Completa las siguientes oraciones usando una variación de cada palabra en itálica. Si necesitas ayuda, consulta la sección llamada **Ampliación**.

MODELO: El juez se *negó* a oír el caso de discriminación. Su **negación** trajo varias manifestaciones y protestas.

1. Quieren implementar reglas para *la prevención* del racismo en el trabajo. Es más fácil _____ el racismo que luchar contra él.
2. Algunos grupos étnicos *odian* a otros por razones económicas. _____ es un sentimiento sumamente destructivo.

3. El *maltrato* de los trabajadores inmigrantes ha sido una desgracia. Aunque hay leyes para protegerlos, todavía existen casos de obreros _____.

4. Se ha iniciado una *promoción* de la ley antidiscriminación para que todos entiendan sus derechos. El gobierno espera _____ la ley por medio de una campaña publicitaria.

5. Son *insultantes* algunos de los apodos étnicos. Los inmigrantes no se merecen estos _____.

6. Hay que *respetar* al individuo, sea cual sea su origen étnico o racial. Todos merecemos _____ de los demás.

7-32 Lo... Completa cada frase de una manera lógica según tu opinión.

MODELO: *Lo bueno de este país... es que reconocemos y respetamos las diferencias entre los grupos étnicos.*

1. Lo interesante de la última campaña política...

2. Lo difícil de la Acción Afirmativa...

3. Lo importante del futuro económico...

4. Lo que más me impresiona de nuestra sociedad...

5. Lo bueno es...

6. Lo fascinante del último censo...

7-33 En nuestra defensa. Contesta las preguntas basadas en el artículo a continuación.

En nuestra defensa

"Nuestra imagen está en peligro", dice el prestigioso director de *La Bamba*, Luis Valdez. Valdez, junto con un grupo de artistas hispanos, ha sido nombrado por el Consejo Nacional de La Raza para mejorar la imagen de los hispanos en los medios de comunicación. "Ya era hora", declaró Valdez. "Los hispanos no existen en los medios o su imagen es negativa". El grupo, que piensa atacar el problema a nivel legal, corporativo y gubernamental, también incluye al cineasta Moctezuma Esparza y al músico Carlos Santana. "Sólo en un puñado (*handful*) de las 500 películas que lanza Hollywood al año los hispanos tienen papeles principales o son protagonistas del film", explica Esparza. "Al ver una película de Vietnam como *Nacido el cuatro de julio*, uno ni se entera de que los hispanos pusimos una cuarta parte de los muertos en esa guerra y que ganamos más medallas que ningún otro grupo". Entre las actividades del comité se piensa publicar listas de las diez mejores y peores películas del año en cuanto al tema de la imagen hispana.

1. ¿Quién es Luis Valdez?

2. ¿Cómo es la imagen de los hispanos en los medios de comunicación?

3. ¿Qué películas conoces en que figuren artistas hispanos?

4. ¿Qué tipo de información ayudaría a mejorar la imagen del hispano?

5. ¿Crees que la imagen del hispano ha mejorado desde que se publicó este artículo?

7-34 La discriminación. Contesta estas preguntas sobre tu propia experiencia o la de alguien que conoces.

1. ¿Has sido alguna vez víctima de la discriminación? ¿Conoces a alguien que se sienta o sea víctima de discriminación?

2. ¿Cuál fue la base de la discriminación (el sexo, la raza, la edad, la religión…)? ¿Qué provocó el episodio?

3. ¿Cómo reaccionaste tú? ¿y los demás?

4. ¿Cómo resolviste el problema o qué hiciste para prevenir otra situación similar?

 7-35 La política en tu colegio. Conversen entre ustedes sobre estas cuestiones relativas a la política en su colegio.

1. ¿Cuál es la política que se sigue en su colegio cuando hay una queja de discriminación racial o de discriminación/acoso sexual?

2. ¿Por qué a veces la gente no denuncia estos casos?

3. Observen la representación de grupos étnicos y el porcentaje de hombres y mujeres en el colegio. ¿Refleja la población general del área? Si no, ¿a qué se atribuye la diferencia?

4. ¿Qué hace su colegio para ayudar a estudiantes de grupos minoritarios?

 7-36 La discriminación en el trabajo. A continuación tienen ejemplos de discriminación en el trabajo. Expliquen en qué consisten o den algún ejemplo. ¿Qué casos han observado o les han afectado?

1. el techo de cristal (*glass ceiling*) para la mujer

2. se despide a una persona mayor y se contrata a otra más joven

3. no se contrata a una persona minusválida (*disabled*)

4. los jefes son hombres blancos; los empleados minoritarios tienen los trabajos de baja categoría

7-37 ¡Victoria para una minoría en la Argentina! Lean el artículo siguiente sobre una nueva ley antidiscriminatoria aprobada en la Argentina, la cual es más liberal que muchas de las que tenemos en los Estados Unidos y el Canadá. Luego formen dos grupos para debatir, uno a favor y otro en contra, la importancia y el efecto de esta ley argentina. Usen estas frases comunicativas en su conversación.

(no) estoy de acuerdo	en mi opinión	según
por un lado… por otro lado	más que nada	

¡Victoria para una minoría en la Argentina!

La lucha por los derechos civiles de los homosexuales

UNA CIUDAD PARA TODOS

Hace poco más de una década, se firmó una ley en Buenos Aires que la convirtió en la primera ciudad latinoamericana donde es ilegal discriminar contra "gays" y lesbianas. La ley anula totalmente el derecho que tenía la policía de la capital de arrestar a homosexuales sin ninguna razón.

En 2003 Buenos Aires volvió a hacer historia al convertirse en la primera ciudad del continente americano que permite la legalización de las parejas, independientemente de su sexo. La nueva ley les otorga a las parejas homosexuales el derecho de legalizar su unión, siempre que demuestren que han vivido juntos un mínimo de dos años y que no están casados con otras personas. Éste ha sido un avance muy significativo en la lucha por la igualdad de derechos civiles en nuestro continente.

7-38 Las costumbres de otras culturas. Aquí tienes algunas costumbres que se practican en ciertas culturas del mundo. A ver si puedes identificar dónde y luego comentar si te parecerían justificables o dicriminatorias en tu cultura.

MODELO: *En México es común que un hombre le eche un piropo* (compliment) *a una mujer que ve en la calle. En mi cultura, la mujer puede ofenderse.*

1. _____ En la Arabia Saudita
2. _____ En la India
3. _____ En la China
4. _____ En los Estados Unidos y el Canadá
5. _____ En el Japón

a. Es común abortar cuando se sabe que el feto será una niña.

b. No se permite que una mujer maneje un coche.

c. Muchas mujeres llevan el apellido de su esposo.

d. Los extranjeros que quieren la ciudadanía japonesa tienen que adoptar un apellido japonés.

e. Todavía se arreglan los matrimonios entre muchas parejas.

¡A repasar!

Comparaciones de igualdad y de desigualdad
¿Qué país?

Investiga en la red sobre la discriminación o la desigualdad que sufren algunos ciudadanos o residentes de dos países o ciudades diferentes. Puedes concentrarte en un tema específico como la discriminación racial, por ideas religiosas, por el sexo, la orientación sexual, por el país de origen, por la apariencia física, etc. Luego, escribe un artículo para el periódico en el que compares esos países o ciudades. Trata de hacer comparaciones de igualdad y de desigualdad.

MODELO: *En el país X existen más leyes que protegen a la mujer que en el país Y, pero en el país Y se discrimina menos a la mujer que en el país X. La sociedad del país Y es más tolerante y abierta que la de la sociedad del país X, a pesar de que el país X es tan moderno y rico como el país Y. Etc.*

Recuerda: Para escribir tu artículo debes consultar la Lección 5.

Reto: Trata de hacer al menos seis comparaciones. Usa muchas palabras de **¡Así lo decimos!** de la Primera y de la Segunda parte.

¡ Así lo hacemos! ESTRUCTURAS

3. Por and para

Although the prepositions **por** and **para** are both often translated as *for* in English, they are not interchangeable. Each word has distinctly different uses in Spanish, as outlined below.

- **Por** expresses the object or goal of an action; the notion of something in exchange for something else; the time of day an event or action takes place and the duration of time it lasts; motion through, by, along, and around; and the means or manner in which an action is accomplished.

- **Para** expresses the purpose of an object, action or event, or one's studies; comparison in qualities or perspective with others; time limits, deadlines, or expected time; destination as a place or a recipient.

You will see several examples of each of the different uses of **por** and **para** on the following pages.

Uses of por

- the object or goal of an action *(for, because of, on behalf of, to fetch)*

Vine **por** usted a las ocho.	*I came by for you at eight.*
Los estudiantes fueron **por** el cartel.	*The students went for the poster.*
Tuve que volver **por** la queja de la mujer.	*I had to return because of the woman's complaint.*
¿Lo hiciste **por** mí?	*Did you do it for me?*

- in exchange for

¿Querías cinco dólares **por** ese libro de derecho?	*Did you want five dollars for that law book?*
Te cambié mi bicicleta **por** tu libro de ciencias políticas.	*I exchanged my bicycle for your political science book.*

- duration of time or the part of day an event or action takes place *(for, during)*

Fuimos a visitar el centro de mayores **por** la tarde.	*We went to visit the nursing home during the afternoon.*
Pensábamos estudiar genética **por** cuatro años.	*We planned to study genetics for four years.*
¿**Por** cuánto tiempo estuviste en la manifestación?	*For how long were you at the demonstration?*
Estuve en la manifestación **por** dos horas.	*I was at the demonstration for two hours.*

- motion *(through, by, along, around)*

Pasé **por** el barrio esta mañana.	*I went by the neighborhood this morning.*
La niña salió **por** la puerta hace un minuto.	*The girl went out through the door a minute ago.*

- means or manner in which an action is accomplished, or agent in a passive statement *(by)*

¿Trajeron los alimentos **por** avión?	*Did you bring the food by plane?*
La explosión demográfica fue iniciada **por** los humanos.	*The demographic explosion was initiated by humans.*

- to be about to do something when used with **estar** + infinitive

Estábamos **por** discutir el problema.	*We were about to discuss the problem.*
Estaba **por** protestar la discriminación.	*She was about to protest against discrimination.*

- some common idiomatic expressions with **por:**

por ahí, allí	*around there*
por ahora	*for now*
por aquí	*around here*
por cierto	*by the way; for certain*
por Dios	*for God's sake*
por ejemplo	*for example*
por eso	*that's why*
por favor	*please*
por fin	*finally*
por lo general	*in general*
por lo visto	*apparently*
por poco	*almost*
por si acaso	*just in case*
por supuesto	*of course*
por último	*finally*

Uses of para

- purpose of an object, action or event, or one's studies *(for, to, in order to)*

La pintura era **para** hacer los carteles.	*The paint was for making the posters.*
Organizaban una manifestación **para** protestar contra la decisión del juez.	*They were organizing a demonstration to protest the judge's decision.*
Carmen estudió **para** abogada.	*Carmen studied to become a lawyer.*

- comparison in qualities or perspective with others (stated or implicit)

  Para ser conservador, tenía la mente muy abierta. — *For a conservative, he had a very open mind.*

  Para el científico, las estadísticas eran fáciles de entender. — *Statistics were easy for the scientist to understand.*

- time limits, deadlines, or expected time (*by, for*)

  Necesitaba el reportaje sobre los países industrializados **para** mañana. — *I needed the report about the industrialized countries for tomorrow.*

  Pensaban estar en la reunión **para** las seis de la tarde. — *They planned to be at the meeting by six in the afternoon.*

  Hablaban de otra manifestación **para** la primavera. — *They were talking about another demonstration for spring.*

- destination as a place or a recipient

  Ahora mismo salimos **para** la oficina del abogado. — *We're leaving for the lawyer's office right now.*

  Esta citación era **para** ustedes. — *This summons was for you.*

A que ya sabías...

Por vs. para

- The uses of **por** and **para** have similarities that sometimes cause confusion. Linking their uses to the questions **¿para qué?** (for what purpose?) and **¿por qué?** (for what reason?) can be helpful.

  —**¿Por qué** no se defendió? — *Why (For what reason) didn't she defend herself?*

  —No se defendió **porque** estaba sola. — *She didn't defend herself because she was alone.*

  —**¿Para qué** se defendió? — *For what purpose did she defend herself?*

  —Se defendió **para** aclarar las cosas. — *She defended herself to clarify things.*

- In many instances the use of either **por** or **para** will be grammatically correct, but the meaning will be different. Compare the following sentences.

  Elena camina **para** el colegio. — *Elena is walking to (toward) the school. (destination)*

  Elena camina **por** el colegio. — *Elena is walking through (in) the school. (motion)*

  Lo hicimos **por** usted. — *We did it because of you.*

  Lo hicimos **para** usted. — *We did it for you. (destination)*

  El dinero era **por** la investigación. — *The money was for the research. (in exchange for)*

  El dinero era **para** la investigación. — *The money was for the research. (so that the research can be done)*

Aplicación

7-39 La obesidad grave se cuadruplica en los EE. UU. Lee el artículo siguiente y subraya las preposiciones *por* y *para*. Explica por qué se usa cada una.

La obesidad grave se cuadruplica en los EE.UU.

Las personas que sufren de obesidad son aquellas que pesan 45 kilos o más por encima de su peso ideal. En los últimos catorce años, el número de personas obesas se ha duplicado en los EE.UU. y el de las mujeres obesas se ha cuadruplicado en el mismo período. El fenómeno de la obesidad representa, pues, una verdadera crisis para la nación.

Aunque las personas obesas evitan por lo general hablar de cuál es su verdadero peso, los estudios muestran que una de cada tres personas es obesa. De ahí que se piense que el número de obesos graves sea también mayor. El típico hombre obeso grave pesa 136 kilos y mide 1,75 metros, mientras que la mujer pesa 113 kilos y mide 1,60 metros. Este sobrepeso les hace propensos a la diabetes, las enfermedades coronarias, la hipertensión y la artritis.

Las consecuencias de la obesidad afectan a toda la sociedad. La economía sufre las consecuencias del absentismo laboral debido a las enfermedades que padecen los obesos; éstos a su vez son discriminados en el trabajo y el mundo educativo; el sector sanitario se enfrenta con el desafío de proporcionar tratamientos especializados sin contar con el equipo técnico adecuado al tamaño de sus pacientes.

Es evidente que no se puede ignorar esta crisis social, y que hay que trabajar para solucionarla. ■

7-40 La obesidad. Contesta estas preguntas basadas en el artículo.

1. ¿Cómo se define la obesidad?
2. ¿Por qué se considera una crisis social?
3. ¿Qué discriminación sufren los obesos?
4. En tu opinión, ¿qué medidas se pueden tomar para solucionar este problema?

7-41 Un pleito civil. Completa este monólogo de un abogado durante un juicio civil con **por** o **para**. Luego, lee el monólogo en voz alta como si lo presentaras ante el tribunal.

Señoras y señores, miembros del jurado, estamos aquí hoy (1)_____ juzgar el caso de Chávez contra los productores de uvas. (2)_____ cierto, ustedes han leído mucho sobre este asunto. Saben que el señor Chávez trabaja (3)_____ mejorar las condiciones de los obreros. Saben que él mismo ha sufrido mucho (4)_____ ser líder del sindicato UFW. Pero tal vez no sepan que él también ha trabajado largas horas (5)_____ mantener a su familia, y que además de eso se ha dedicado a esta importante lucha (6)_____ ayudar a sus compatriotas. (7)_____ ejemplo, él ha llevado pancartas (8)_____ horas en protesta contra el maltrato de los trabajadores. (9)_____ días él ha estado en huelga de hambre (10)_____ señalar las malas condiciones del trabajo. Pero ha ganado muy poco (11)_____ sus esfuerzos: ¡Mírenlo, (12)_____ ser un hombre joven, parece tener 70 años! Sin embargo, no ha perdido la fe en el sistema jurídico de los Estados Unidos. (13)_____ eso estamos aquí, señoras y señores. Vamos a escuchar su historia: su (14)_____ qué y su (15)_____ qué. Y(16)_____ favor, escúchenlo bien. Recuerden que este caso es (17)_____ todos los que se ganan la vida trabajando en el campo (18)_____ darnos a nosotros algo que comer. Bueno, (19)_____ ahora, esto es suficiente. Gracias.

7-42 Causas y fines. Háganse las siguientes preguntas para contrastar motivos y metas.

MODELO: ¿Por qué hay desigualdad entre las razas?
Por razones históricas, políticas, sociales y económicas.
¿Para qué luchan los discriminados?
Para recibir oportunidades de trabajo y un sueldo justo.

1. ¿Por qué recibe una mujer menos dinero que un hombre por igual trabajo? ¿Para qué sirve la comisión *Equal Employment Opportunity Commission* (EEOC) en los Estados Unidos?
2. ¿Por qué acepta la gente el maltrato de otros? ¿Para qué se trabaja en la vida?
3. ¿Por qué todavía hay discriminación racial? ¿Para qué sirve la Acción Afirmativa?
4. ¿Por qué hay gente que se cree superior a los demás? ¿Para qué luchan los discriminados?
5. ¿Por qué boicoteó el UFW a los productores de uvas? ¿Para qué luchó César Chávez?

7-43 Tu filosofía y trato con los demás. Usa las siguientes frases para formar oraciones originales según tu propia experiencia o imaginación. Algunos temas posibles son: la tolerancia religiosa o racial; una persona ejemplar (*exemplary*); diferencias entre tu generación y la de tus padres; metas personales.

MODELO: Para mí… *es difícil entender por qué hay intolerancia religiosa o racial.*

1. Para mis padres…
2. Por supuesto,…
3. Siempre trabajo para…
4. Por ahora,…
5. Lo hago por…
6. Por lo general,…
7. Fui influenciado/a por…
8. Ahora estoy para…

7-44 A explorar: Diferentes pero iguales. Visita el sitio de *Conexiones* en la red *www.PHSchool.com* e inserta el Web Code jpd-0007 para investigar la organización SOS Discriminación. Elige uno de los casos que menciona el sitio y describe brevemente de qué se trata. ¿Cuál es tu opinión sobre el caso?

7-45 Una historia. Imagínense que son activistas de algún grupo y necesitan investigar un lugar clandestinamente. Inventen los motivos y propósitos de su visita. Usen las expresiones de la lista.

andar por	por avión (barco, bicicleta…)
estar por	por cierto
ir por	por el parque (teatro, calle, museo)
pagar por	por la tarde (noche, mañana)
para Madrid (Buenos Aires, Asunción…)	por si acaso
pasar por	por último
permanecer por	trabajar para
por allí (ahí)	venir por

4. Verbs that require a preposition before an infinitive

A number of Spanish verbs require a characteristic preposition before an infinitive.

Te voy **a** enseñar **a** reconocer la discriminación.

I am going to teach you to recognize discrimination.

Quedemos **en** reunirnos aquí para la manifestación.

Let's agree to meet here for the demonstration.

Verbs that require *a*

The preposition **a** follows verbs of motion, of beginning, and of learning process, among others.

aprender a	*to learn*
atreverse a	*to dare*
ayudar a	*to help, aid*
bajar a	*to take down; to go down*
comenzar (ie) a	*to begin*
empezar (ie) a	*to begin*
enseñar a	*to teach*
invitar a	*to invite*
ir(se) a	*to go; to leave*
negarse (ie) a	*to refuse*
obligar a	*to oblige, force*
salir a	*to leave to*
venir (ie) a	*to come*
volver (ue) a	*to do something again*

Empecé a comprender cómo se originaron las razas.

I began to understand how races originated.

Nos obligaron a pensar en las consecuencias del SIDA.

They forced us to think of the consequences of AIDS.

Verbs that require *de*

acabar de	*to have just*
acordarse de	*to remember*
alegrarse de	*to be glad*
arrepentirse (ie, i) de	*to regret, be sorry*
asegurarse de	*to assure oneself*
avergonzarse (ue) de	*to be ashamed*
cansarse de	*to get tired*
cesar de	*to cease to*
dejar de	*to cease*
encargarse de	*to take charge (care) of*
estar cansado/a de	*to be tired*
estar seguro/a de	*to be sure*
jactarse de	*to brag about*
olvidarse de	*to forget*
tener (ie) miedo de	*to fear*
tratarse de	*to be a question of*

La estudiante **tenía miedo de** ofender a alguien con su primer discurso.

The student was afraid to offend someone with her first speech.

Sus colegas **cesaron de** molestarla.

Her coworkers stopped bothering her.

Verbs that require *con*

contar (ue) con	*to count on, rely on*
soñar (ue) con	*to dream of*

Soñamos con mejorar el mundo.

We dream of improving the world.

Verbs that require *en*

consentir (ie, i) en	*to consent to, agree to*
insistir en	*to insist on*
pensar (ie) en	*to think of*
quedar en	*to agree to, decide on*
tardar (+ *period of time*) en	*to take (period of time) to*

Insistí en hacer frente al racismo.

I insisted on confronting racism.

Tardó diez años en hacer su estudio sobre las razas.

It took him ten years to do his study about the races.

Aplicación

7-46 Los dibujos animados también educan. Lee el artículo sobre los niños y la televisión, y subraya los verbos que llevan una preposición delante del infinitivo.

Los chicos y la TV: cómo hacer de la pantalla una herramienta (*tool*) de aprendizaje

Los niños norteamericanos ven un promedio de cuatro horas de TV al día. A continuación, le ofrecemos algunos consejos prácticos para remediar esta situación.

- Ayúdelos a aceptar ver TV un máximo de dos horas al día.
- Invítelos a practicar un deporte o a jugar con sus amigos.
- No se olvide de llevarlos a la biblioteca y de leerles cuentos todos los días.
- Asegúrese de darles tiempo para leer a diario en silencio.
- Oblíguelos a apagar la televisión a la hora de cenar con la familia.
- Insista en pasar tiempo con ellos para hablar sobre lo que han hecho durante el día.
- Enséñelos a reconocer los programas buenos y a rechazar los programas violentos.
- Finalmente, atrévase a establecer la regla de un día a la semana sin televisión en casa.

7-47 Speedy González. Completa el artículo con el verbo más apropiado y la preposición correspondiente.

ha dejado	insisten	se jacta	tenían miedo

El *Cartoon Network* (1) _____ transmitir el dibujo animado Speedy González por considerar que era ofensivo hacia los mexicanos. El debate en los Estados Unidos resultó de la creciente presencia latina: los productores (2) _____ perder su público. Pero hay algunos que (3) _____ proteger este ratoncito tenaz. Él es brillante, trabajador, rápido y además, protector de los menos hábiles. Aunque (4) _____ tener buenas relaciones con las mujeres, siempre las trata de una manera gentil.

se arrepiente	sale	ha cesado	ha tratado	se ha obligado

Speedy González no (5) _____ burlarse de los demás, especialmente de los gatos. Y cuando (6) _____ pasear con sus amigos, siempre los trata con respeto. Pero Speedy González no es el único personaje que ha perdido su puesto en CN. Desde los años 80, la red (7) _____ eliminar dibujos animados que puedan ofender a los televidentes. CN dice que (8) _____ eliminar lo ofensivo, aunque no (9) _____ incluir programas con contenido violento.

7-48 Una abogada y su ayudante. Completa el diálogo de una manera lógica entre una abogada que trata un caso de discriminación y su ayudante. Usa preposiciones seguidas del infinitivo.

MODELO: **Abogada:** ¿Tienes los documentos legales?
Ayudante: Acabo... *de ponerlos en su escritorio.*

1. —¿Cuándo vas a terminar tu investigación?
   —Empiezo...
2. —¿Has encontrado el artículo que necesito?
   —Vuelvo...
3. —Por favor, no desordenes mi escritorio.
   —No me atrevo...
4. —Necesito tu ayuda con la presentación.
   —Con mucho gusto la ayudo...
5. —Es mucho trabajo preparar estos materiales.
   —No me canso...
6. —¿Quién tiene la responsabilidad de preparar la defensa?
   —El señor Robles se encarga...
7. —¿Cuál es la fecha límite para preparar los materiales?
   —Contamos...
8. —¡Es una barbaridad que no tengas lo que te pedí!
   —Me avergüenzo...

7-49 La televisión. ¿Cuáles son las consecuencias de que los niños y los adolescentes vean demasiada televisión? Usen éstas y otras frases comunicativas en su discusión.

> **primero... segundo... finalmente**
> **por un lado**
> **por otro lado**
> **en cambio**

7-50 Sé cortés. Escribe cartas breves según las indicaciones. Trata de usar por lo menos tres verbos con preposición en cada una.

MODELO: una excusa

Estimada profesora Rodríguez:

Me avergüenzo de confesarle que no asistí a la reunión ayer porque me olvidé de apuntar la hora. Me arrepiento de no haber asistido y le pido mil disculpas.

Atentamente,

Serafina

1. una excusa
2. una invitación
3. la petición de un favor
4. una amenaza (*threat*)

7-51 ¿Aceptas? Intercambia una de tus cartas de 7-50 con la de un/a compañero/a y responde a la suya.

7-52 Sean creativos. En grupos de tres, usen por lo menos diez verbos con preposición para crear un poema o una canción en español. Después, intercambien el poema con otro grupo y den sugerencias para mejorarlo/a. Algunos posibles temas son: la igualdad en el trabajo, cómo romper el techo de cristal, una sociedad perfecta, un amor perfecto.

MODELO: *No consiento en dejarte.*

Insisto en amarte.

Sueño con convencerte.

No dejo de quererte.

7-53 El reto educativo. El acceso a gran escala de los latinos a la universidad será uno de los grandes retos (*challenges*) educativos del futuro, más aún con el fuerte crecimiento que tendrá la comunidad en las próximas décadas. Escucha el informe sobre una reunión que tuvo lugar hace poco y completa las frases a continuación.

1. La reunión incluía a académicos, a abogados y a …
    a. legisladores.
    b. jefes de empresas.
    c. jefes laborales.
2. El incluir a minorías en la educación superior es…
    a. algo imprescindible.
    b. ya parte de la vida.
    c. un experimento que ha fallado.
3. Para el año 2020, la población universitaria latina…
    a. superará (*will be greater than*) a la anglosajona.
    b. será más del veinte por ciento del total.
    c. continuará declinando.
4. El aislamiento educativo de los inmigrantes…
    a. les asegura más oportunidades a la mayoría.
    b. es algo que piden los grupos étnicos.
    c. impide su integración en la sociedad.
5. La juventud del futuro tiene que saber…
    a. manejarse en un mundo cada vez más diverso.
    b. trabajar con la tecnología.
    c. usar la Acción Afirmativa.
6. Las universidades tienen que garantizar oportunidades y…
    a. dinero para financiar el costo de la educación.
    b. un profesorado con una buena representación de minorías.
    c. un ambiente que permita el éxito de las minorías.

Conexiones

 Ritmos

Lou Briel

El puertorriqueño Lou Briel lleva tres décadas de carrera como compositor, actor y cantante. Ha ganado muchos premios por sus composiciones y se ha presentado en muchos países de América. Su canción "*Yo puedo*" ha sido tema de inspiración para innumerables instituciones benéficas. Sus canciones se caracterizan por contener un mensaje alentador (*uplifting*) y positivo. El cantautor también ofrece talleres de canto para nuevos cantantes juveniles.

Antes de escuchar

7-54 Características y estereotipos. ¿Cuál es la diferencia entre reconocer las características de un grupo y ver al grupo en términos estereotípicos? Escojan tres grupos minoritarios, raciales o sociales. Escriban una lista de algunas de las características de cada grupo y otra lista de los estereotipos con los que el grupo se enfrenta en nuestra cultura. ¿Hay alguna conexión entre las características y los estereotipos? Hablen de sus conclusiones con el resto de la clase.

A escuchar
Represento

Hoy mi cantar se sentirá,
pues traigo de mi patria° sabor tropical;   *homeland*
y huelo a° mar, arena y sol,   *I smell like*
pues vengo del Caribe, zona del calor.

El ritmo está sonando ya,
la conga y el bongó comienzan a tocar;
van al compás° de esta ciudad,   *to the rhythm*
que ya comienza a oír, sentir y compartir.

Represento... a los que llevan la música por dentro,
sea salsa, rumba, mambo o flamenco.
Lo que importa es el sabor y el movimiento.

Represento... una raza de colores diferentes,
que se funden para hacerse transparentes...
y yo soy el vivo ejemplo de mi gente.

Mi sangre ya caliente está,
corriendo por mis venas, nunca parará.
Y el corazón ardiente° está,   *blazing*
vibrando de emoción y listo para amar.

Yo represento... a los que llevan la música por dentro,
sea salsa, rumba, mambo o flamenco.
Lo que importa es el sabor y el movimiento.

Represento... una raza de colores diferentes,
que se funden° para hacerse transparentes...   *melt*
y yo soy el vivo ejemplo de mi gente.

Yo represento... sentimiento.

Los que en este momento añoran° su patria   *extrañan*
por estar muy lejos...

A los miles de hermanos que están a mi lado
buscando un abrazo...

Yo represento... sentimiento.
Soy latino con un sabor tropical;
y a mi gente... represento.

Después de escuchar

7-55 ¿Qué opinan ustedes? Conversen entre Uds. sobre las siguientes preguntas.

1. ¿A qué sabe y a qué huele el cantante? ¿Y Uds.?
2. ¿De dónde es el cantante?
3. ¿Qué ritmos de música hispana menciona la canción?
4. ¿Qué ocurre con las razas? ¿De qué color es la raza nueva?
5. ¿Qué siente el cantante en su cuerpo?
6. ¿Qué sienten los que están lejos de su país? ¿Qué les ofrece el cantante?
7. Hagan una lista de todo lo que el cantante dice que representa.

7-56 ¿Qué representas tú? Siguiendo la canción como modelo, escribe una canción o poema que describa lo que tú representas. Puedes usar las preguntas de la actividad 7-54 como guía.

Imágenes

José Clemente Orozco (1863–1949)

José Clemente Orozco es uno de los tres grandes muralistas mexicanos, junto con Diego Rivera y David Alfaro Siqueiros. Su obra se conoce por expresar un gran compromiso social de impacto universal. En este mural, Orozco pintó a once hombres sentados como iguales alrededor de una mesa. El pintor incluye a dos asiáticos, a un africano, a un árabe, a un tártaro, a un indígena mexicano, a un afroamericano, a un crítico de arte norteamericano, a un filósofo francés, a un zionista y a un poeta holandés.

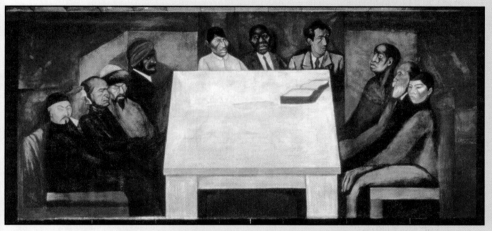

José Clemente Orozco, *La mesa de la hermandad,* **Permiso de la Flia. Orozco Valladares/ VAGA, New York**

Perspectivas e impresiones

7-57 El cuadro. Observen la imagen y contesten las siguientes preguntas.

1. ¿Qué tienen en común las figuras? ¿En qué se diferencian?
2. ¿De qué tratará el libro que está sobre la mesa?
3. ¿Qué estará observando cada uno de ellos?
4. ¿Cómo será el estado de ánimo de cada uno?
5. ¿En qué estará pensando cada uno?
6. ¿Por qué cree que se han excluido a las mujeres de este cuadro?

7-58 A explorar: Otras imágenes. Visita el sitio de *Conexiones* en la red *www.PHSchool.com* e inserta el Web Code jpd-0007 para ver otros cuadros de Orozco. Elige uno que te impresione y descríbelo en un párrafo. ¿Es el tema de las razas importante en otras obras suyas?

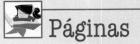

Páginas

Alfonsina Storni

Alfonsina Storni nació en 1892 en Suiza, pero vivió toda su vida en la Argentina. Su poesía se publicó entre los años 1916 y 1938. Su vida personal constituye un ejemplo de la discriminación de la mujer que no cumple con el estereotipo social de su época. En gran parte de su poesía, Storni denuncia este hecho junto con la frustración y el desconcierto que le provoca el ser discriminada por ser mujer. Storni murió en Mar de Plata, Argentina, en 1938.

Antes de leer

7-59 Los colores. Hojea (*skim*) el poema para encontrar palabras que se refieran a colores. Apunta cada color y escribe una palabra o idea que asocies con esos colores. Guarda tus apuntes para después de la lectura.

7-60 Estrategias de la lectura. Cuanto más sepas sobre el contexto en el que fue escrito un poema, más fácilmente lo comprenderás. Debes buscar datos sobre el/la autor/a, su país de origen, los años en que vivió y escribió, y el ambiente político y socioeconómico en que vivió. Puedes buscar más información en una enciclopedia, en libros de referencia y en la red informática.

A leer

Tú me quieres blanca

Tú me quieres alba°,	*white as the dawn*
Me quieres de espumas°	*made of froth*
Me quieres de nácar°.	*mother-of-pearl*
Que sea azucena°	*lily*
Sobre todas, casta°.	*chaste*
De perfume tenue°,	*lightly scented*
Corola cerrada.	
Ni un rayo	
Filtrado me haya,	
Ni una margarita°	*daisy*
Se diga mi hermana°.	*may consider herself my sister*
Tú me quieres nívea°,	*snowy*
Tú me quieres blanca,	
Tú me quieres alba.	
Tú que hubiste° todas	*tuviste*

Las copas a mano,
De frutos y mieles
Los labios morados.
Tú que en el banquete
Cubierto de pámpanos°   *vine branches*
Dejaste las carnes°   *you let your flesh be free*
Festejando a Baco°.   *Bacchus, Roman god of wine*
Tú que en los jardines
Negros del engaño°   *deceit, falsehood*
Vestido de rojo
Corriste al estrago° .   *havoc*
Tú que el esqueleto
Conservas intacto
No sé todavía
Por cuáles milagros,
Me pretendes blanca
(Dios te lo perdone)
Me pretendes casta°   *chaste, pure*
(Dios te lo perdone)
¡Me pretendes alba!

Huye° hacia los bosques;   *Flee*
Vete a la montaña;
Límpiate la boca;
Vive en las cabañas
Toca con las manos
La tierra mojada;
Alimenta al cuerpo
Con raíz amarga°;   *bitter root*
Bebe de las rocas;
Duerme sobre escarcha°;   *frost*
Renueva tejidos°   *body tissues*
Con salitre° y agua;   *sea salt in the air*
Habla con los pájaros
Y lévate° al alba.   *levántate*
Y cuando las carnes
Te sean tornadas,
Y cuando hayas puesto
En ellas el alma
Que por las alcobas
Se quedó enredada°,   *tangled*
Entonces, buen hombre,
Preténdeme blanca,
Preténdeme nívea,
Preténdeme casta.

Después de leer

7-61 ¿Cómo lo interpretas tú? Contesta las siguientes preguntas sobre el poema.

1. Saca tus apuntes sobre los colores. ¿Qué color predomina en la primera parte? ¿y en la segunda?

2. Compara las asociaciones que apuntaste con las asociaciones que hace la autora con los colores.

3. ¿Qué simboliza ser blanca?

4. ¿Qué cualidades se relacionan con el blanco en el poema? ¿y con el rojo?

5. ¿Quién será ese *tú*?

6. ¿Qué le daría a ese *tú* el derecho de pedirle a Alfonsina que fuera casta?

7. ¿Puedes pensar en un refrán en inglés o en español que resuma este poema?

7-62 El doble criterio (*standard*). El contraste de colores refleja otra dualidad: la forma de vida de esa persona (*tú*) y lo que esa persona quiere de la narradora. Sigan los siguientes pasos para estudiar las imágenes del poema.

1. Haz una lista de lo que ese *tú* quiere de la narradora y trata de dar ejemplos concretos para cada imagen. Por ejemplo: *La quiere alba, es decir, que sea «nueva» o virgen.*

2. Haz una lista de cómo vive el *tú* y trata de dar ejemplos concretos para cada imagen. Por ejemplo: *Tuvo todas las copas a mano, es decir, se permitió todos los placeres carnales (alcohol, comida, mujeres, etc.).*

3. Compara las imágenes y los ejemplos que apuntaste en 1 y 2. ¿Por qué se enoja la narradora?

4. Hay un contraste implícito en el poema entre lo espiritual y lo carnal. Escribe por lo menos cinco palabras o ideas que se asocien con cada concepto y explica por qué.

5. La narradora le da instrucciones al *tú* del poema para deshacer el "doble criterio". ¿Le pide «ejercicios» espirituales o terrenales *(earthly)*? Haz una lista de los ejercicios que la narradora requiere del *tú* y explica por qué.

W 7-63   A explorar: Alfonsina Storni: «Hombre pequeñito». Visita el sitio de *Conexiones* en la red *www.PHSchool.com* e inserta el Web Code jpd-0007 para leer otro poema de Alfonsina Storni sobre la desigualdad entre el hombre y la mujer. ¿Cómo se explica su punto de vista? ¿Qué opinas del mismo?

Nicolás Guillén (1902–1989)

Nicolás Guillén nació en Camagüey, Cuba. Este gran escritor mulato dedicó su vida a la poesía, la cual se caracteriza por su ritmo y belleza, y a la vez por su contenido sociocultural. En su obra, Guillén plasma (representa) la experiencia afrocubana mientras que denuncia la discriminación racial que sufren los negros y los mulatos (personas de herencia negra y blanca).

Antes de leer

7-64 Dos abuelos. Si conoces a tus dos abuelos, haz una lista de cosas que asocies con cada uno. ¿En qué se diferencian? ¿Qué tienen en común? ¿Qué heredaste de cada uno? Guarda tu lista para después de la lectura.

A leer

Balada de los dos abuelos

Sombras que sólo yo veo,	
me escoltan° mis dos abuelos.	*escort*
Lanza con punta de hueso,	
tambor de cuero y madera:	
mi abuelo negro.	
Gorguera° en el cuello ancho,	*Ruff*
gris armadura guerrera:	
mi abuelo blanco.	
Pie desnudo, torso pétreo°	*stony; rocky*
los de mi negro;	
¡pupilas de vidrio° antártico	*glass*
las de mi blanco!	
África de selvas húmedas	
y de gordos gongos° sordos° ...;	*metal musical instruments shaped like a disk / deaf*
—¡Me muero!	
(dice mi abuelo negro).	
Agua prieta° de caimanes,	*black*
verdes mañanas de cocos.	
¡Me canso!	
(dice mi abuelo blanco).	
¡Oh, velas de amargo viento,	
galeón ardiendo en oro!	
¡Me muero!	
(dice mi abuelo negro).	
¡Oh, costas de cuello virgen,	
engañadas de abalorios° ...!	*deluded with glass beads*
¡Me canso! (dice mi abuelo blanco).	
¡Oh, puro sol repujado°,	*embossed*
preso en el aro° del trópico!	*ring; hoop*
¡Oh, luna redonda y limpia	
sobre el sueño de los monos!...	
¡Qué de barcos, qué de barcos!	
¡Qué de negros, qué de negros!	
¡Qué largo furor° de cañas°!	*wrath, sugar cane*
¡Qué látigo° el del negrero°!	*whip, slave driver*
Piedra de llanto y de sangre,	
venas y ojos entreabiertos,	
y madrugadas vacías°,	*empty dawns*
y atardeceres de ingenio°,	*sugar mill sunsets*
y una gran voz, fuerte voz,	

despedazando° el silencio.   *breaking*
¡Qué de barcos, qué de barcos,
qué de negros!
Sombras que sólo yo veo,
me escoltan mis dos abuelos.

Don Federico me grita
y Taita° Facundo calla;   *abuelito*
los dos en la noche sueñan
y andan, andan.
Yo los junto.
—¡Federico!
¡Facundo! Los dos se abrazan.
Los dos suspiran. Los dos
las fuertes cabezas alzan;
los dos del mismo tamaño,
bajo las estrellas altas;
los dos del mismo tamaño,
ansia° negra y ansia blanca,   *yearning*
los dos del mismo tamaño,
gritan, sueñan, lloran, cantan.
Sueñan, lloran, cantan.
Lloran, cantan.
¡Cantan!

Después de leer

7-65 ¿Cómo lo interpretas tú? Contesta las siguientes preguntas sobre el poema. Revisa los apuntes que hiciste para la actividad 7-64.

1. ¿Quiénes son los dos abuelos?
2. Haz una lista de las palabras e ideas que el poeta usa para describir a cada abuelo.
3. ¿Qué tienen en común los dos abuelos? ¿En qué se diferencian?
4. ¿Crees que el poeta muestra más orgullo por uno que por otro?
5. ¿A qué se refiere la lucha en el poema? ¿Cómo se relaciona esa lucha con el mundo interior del poeta?

7-66 El ritmo del lenguaje. Lee este poema en voz alta para oír el ritmo típico de la poesía afrocubana. Busca otro poema de Nicolás Guillén en el que encuentres el mismo ritmo.

Taller

Un reportaje periodístico

Un reportaje periodístico nos informa de algo notable que ha ocurrido en la región, el estado, la nación o el mundo.

Antes de escribir

Idear. Piensa en algo que haya ocurrido recientemente en tu colegio, ciudad o estado. Escribe una breve cronología del acontecimiento.

Informar. Escribe una oración que dé cuenta general del acontecimiento.

A escribir

Detallar. Escribe cuatro o cinco oraciones para dar una cronología de lo ocurrido y añadir detalles.

Agregar. Agrega citas de personas interesadas o involucradas en el acontecimiento.

Conjeturar. Escribe dos o tres oraciones en que expliques efecto de este acontecimiento.

Resumir y concluir. Escribe una o dos oraciones para resumir el incidente y concluir el artículo.

Después de escribir

Revisar. Revisa tu artículo para ver si tiene una secuencia lógica.

Luego revisa los siguientes aspectos.

- ❏ ¿Has incluido una variedad de vocabulario?
- ❏ ¿Has usado una frase con **hacer?**
- ❏ ¿Has verificado el uso de verbos seguidos por una preposición?
- ❏ ¿Has verificado los usos de **por** y **para?**
- ❏ ¿Has verificado la ortografía y la concordancia

Intercambiar. Intercambia tu artículo con el de un/a compañero/a. Mientras lean los ensayos, hagan comentarios y sugerencias sobre el contenido, la estructura y la gramática.

Entregar. Pasa a limpio tu ensayo, incorporando las sugerencias de tu compañero/a, y entrégaselo a tu profesor/a.

8

Las artes culinarias y la nutrición

Objetivos comunicativos

- Discussing trends and tastes in food and recipes
- Talking about what you wished for in the past
- Expressing what you would do, or would have done
- Discussing hypothetical situations

Contenido

Curiosidades

¿SABES?

- ¿De qué color era originalmente la Coca-Cola?
  - **a.** negra
  - **b.** transparente
  - **c.** verde
- ¿Qué comestible es mejor para mantener a las personas despiertas?
  - **a.** el té helado
  - **b.** la pasta
  - **c.** una barra de chocolate
- ¿De qué idioma vienen las palabras *tomate, aguacate y chocolate*?
  - **a.** del Yoruba, lengua de la tribu Yoruba, en la zona occidental de África
  - **b.** del *náhuatl*, lengua principal de la civilización Azteca, en la zona que hoy ocupa la mayor parte de México
  - **c.** del *taíno*, lengua hablada por los indios taínos que poblaban varias zonas del Caribe
- ¿Dónde se originó la papa?
  - **a.** en las montañas de los Andes, América del Sur
  - **b.** en las islas Canarias
  - **c.** en la zona central de China
- ¿Cuál fue el primer producto en tener un código de barras?
  - **a.** un paquete de goma de mascar (chicle)
  - **b.** un litro de leche
  - **c.** un racimo de uvas

For: *Fondo cultural* reading
Visit: PHSchool.com
Web code: jpd-0008

¡Así es la vida!

Platos especiales del mundo hispano

Pavo en mole poblano

El mole poblano tiene su origen en Puebla, México. Este famoso plato que se sirve en las fiestas consiste en un pavo en una salsa hecha con chocolate, chiles, nueces (*nuts*) y especias. Es una combinación de las cocinas azteca y española: los aztecas pusieron los chiles, el pavo y el chocolate; el Viejo Mundo aportó especias como el clavo (*clove*), la canela (*cinnamon*), el ajo y la pimienta.

La parrillada mixta

La parrillada mixta es un plato de la Argentina, el Uruguay, el Paraguay y Colombia. Por lo general incluye una combinación de carne de res (*beef*), cerdo, pollo, entrañas (*entrails*) y chorizo asados en una parrilla (*grill*) de carbón o gas. En países que dan al mar como Chile y Perú, la parrillada mixta de mariscos (*seafood*) es un plato muy apreciado. En la Argentina la parrillada se come con chimichurri, una salsa hecha de especias, vinagre y aceite.

La paella

La paella es un popular plato de arroz que se originó en la región de Valencia, España. La paella se puede hacer de muchas formas: con carnes (pollo y conejo) mariscos y pescados, o con una combinación de ambos. Además, la paella lleva tomate, ajo, pimiento rojo, caldo de pollo o pescado, aceite y sal.

El cebiche

El cebiche es un plato de marisco o pescado crudo (*raw*) cortado en trozos (*pieces*) pequeños y preparado con jugo de limón, cebolla picada, ají verde o chile picado, pimienta, sal y perejil.

El cochinillo

El cochinillo es un plato muy popular en todo el mundo hispano. En la región de Castilla, España, se cocina en un horno de leña (*firewood*) por menos de una hora con sólo sal y un poco de aceite. En Hispanoamérica el cochino es más grande, y es común que se adobe  con naranja agria (*sour*), ajo muy picado, sal, pimienta y orégano. Hay muchas maneras de asar cochinos, pero normalmente se cocinan durante seis o más horas en hornos cerrados de carbón o leña.

¡Así lo decimos! VOCABULARIO

Vocabulario primordial

Mar y tierra

el bistec
los camarones
la carne de res (molida)
el cerdo
el filete de res
la langosta
los mariscos
el pescado
la salchicha
el salmón

Frutas y legumbres

la aceituna
el arroz
el chile
las espinacas
la fresa
el frijol
la papa, la patata
la pera
el pimiento
la piña
el plátano
las verduras
la zanahoria

Bebidas y postres

la crema
la galleta
el helado
el jugo, el zumo
el pastel
el yogur

Condimentos y miscelánea

la especia
el huevo
la pasta
el pimentón
la pimienta
la sal
la salsa
el vinagre

Utensilios

el abrelatas
la batidora
la cacerola
la cafetera
la cuchara
el cuchillo
la espátula
la estufa/el horno
el sacacorchos
el tenedor

Sustantivos

Mar y tierra

la albóndiga	meatball
el bacalao	codfish
el cochinillo	suckling pig
el cordero	lamb
el chorizo	sausage
la pechuga	breast (of fowl)
el solomillo	sirloin

Frutas y legumbres

el ají	green pepper
el ajo	garlic
la berenjena	eggplant
la col	cabbage
el champiñón, el hongo	mushroom
los guisantes	peas
las judías verdes	green beans
el melocotón, el durazno	peach
la toronja, el pomelo	grapefruit

En la cocina

la cazuela	stew pot
el sabor	flavor

Miscelánea

el aderezo	salad dressing
el adobo	dressing for cooking or seasoning
el caldo	broth
la empanada	turnover
los fideos	noodles
las sobras	leftovers

Ampliación

Vocabulario clave

Verbos

ahumar	to smoke, cure
asar	to roast
cocinar, cocer	to cook
freír (i, i)	to fry
hornear	to bake
medir (i, i)	to measure
moler (ue)	to grind
rebanar	to slice

Verbos	Sustantivos	Adjetivos
ahumar	el humo	ahumado/a
freír	la fritura	frito/a
moldear	el molde	moldeado/a
picar	el picante	picante, picoso/a
salar	la sal	salado/a

¡Cuidado!

un poco de, pocos/as, poco/a, pequeño/a

● In Spanish, use **un poco de** to express *a little*.

A esta sopa le hace falta **un poco de** sal.   *This soup needs a little salt.*

● Use **pocos/pocas** to say *few*, with respect to a limit in number.

Es una receta con **pocos** ingredientes.   *It's a recipe with few ingredients.*
Quedan **pocas** tapas en la mesa.   *There are few snacks left on the table.*

● Use **poco/poca** to express *little*, with respect to amount, scope, or degree.

Para una familia cubana, ustedes   *For a Cuban family, you don't drink*
  beben **poco** café.   *much coffee.*

● To express *small* or *little in size*, use **pequeño/a(s).**

Este pavo es muy **pequeño**. Debemos   *This turkey is very small. We should*
  comprar uno más grande.   *buy a bigger one.*

oler a, saber a

● The verbs **oler** (*to smell*) and **saber** (*to taste*), require the preposition **a**, not **como,** to express *smell/taste like*.

Esta sopa **huele a** mariscos.   *This soup smells like seafood.*
Dicen que las ancas de rana **saben**   *They say that frog legs taste like*
  a pollo.   *chicken.*

Aplicación

8-1 Ingredientes. Completa el cuadro a continuación para indicar en qué platos se usan los siguientes ingredientes. ¿Cuál es el ingrediente más usado en todos los platos?

	El pavo en mole	La parrillada	La paella	El cebiche	El cochinillo
Las especias					
La carne					
Los mariscos					
El pescado					
El jugo de limón o de naranja agria					
El aceite					
El vinagre					
El tomate					
El ajo					
El arroz					
La cebolla					
El chocolate					

8-2 ¿Los conocen? Cuéntense su experiencia y sus preferencias. Pueden usar estas preguntas como guía.

1. ¿Cuáles de los platos de 8-1 han probado?
2. ¿Cuáles son los ingredientes que más se usan?
3. ¿Cuáles son los platos que les gustaría probar? ¿Por qué?
4. ¿Cuáles son los platos más saludables en estas dietas?
   - el bajo en carbohidratos
   - el bajo en grasas
   - el que tiene pocas calorías

8-3 En sus cocinas. Hagan una lista de los ingredientes que tienen en sus cocinas en este momento. Comparen su lista con la de un/a compañero/a. ¿Tienen lo suficiente para preparar una comida? Si no, ¿qué más necesitan?

MODELO: **E1:** *Tengo vinagre, sal, aceite y especias.*

   E2: *Tengo lechuga, tomates y cebolla.*

   E1: *Podemos preparar una ensalada mixta.*

8-4 ¿Cómo se prepara? Forma frases combinando los siguientes platos con los verbos que indican su forma de preparación.

MODELO: moler: *Se muele la carne para preparar hamburguesas y albóndigas.*

1. _____ freír
2. _____ medir
3. _____ rebanar
4. _____ ahumar
5. _____ asar
6. _____ moldear
7. _____ hornear

a. el salmón y se come frío
b. el pastel de manzana
c. la gelatina
d. las papas para preparar papas fritas
e. el pan para preparar un sándwich
f. el pavo para el Día de Acción de Gracias
g. dos tazas de agua para preparar el arroz

8-5 Un poquito de sal. Completa las frases con la forma correcta de **un poco de, pocos/as, poco/a, pequeño/a** según el contexto.

¿Qué hago? Tengo muchos amigos que vienen a cenar pero (1)_____ dinero para comprar comida. Tal vez prepare (2)_____ sopa o un pollo (3)_____. O aún mejor, una paella (4)_____. ¡Sí, hago eso! Primero voy al mercado y compro (5)_____ pescado, unos (6)_____ mariscos y un pollo (7)_____. Preparo (8)_____ arroz con ajo en (9)_____ aceite de oliva. Le echo (10)_____ sal, los mariscos, el pollo y el pescado, algunas aceitunas y guisantes. Lo dejo cocer todo por media hora o (11)_____ más. Y lo sirvo con (12)_____ ensalada. Ahora, necesito una paellera (13)_____ y una mesa grande.

8-6 En familia. Completa las siguientes oraciones usando una variación de cada palabra en itálica. Si necesitas ayuda, consulta la sección llamada **Ampliación**.

MODELO: Un plato favorito durante las Navidades es el salmón *ahumado*. El **humo** le da un sabor especial.

1. Si te gusta el pollo *frito*, lo tienes que _____.
2. Por favor, saca _____ del refrigerador. Quiero *moldear* la gelatina.
3. ¡Cómo *pica* esta salsa! No me gusta tan _____.
4. No les puse *sal* a los huevos porque no me gustan muy _____.

 8-7 ¿Para qué sirve? Describan la función de varios utensilios de cocina sin nombrarlos para que su compañero/a adivine cuál es.

MODELO: Sirve para preparar el café.

Es una cafetera.

 8-8 Un menú en colaboración. Preparen un menú para una cena elegante. Indiquen cuánto tiempo llevará la preparación, cuánto costará y cuál será el valor nutritivo de cada plato.

 8-9 ¿Qué hacen con las sobras? Se dice que desperdiciamos (*we waste*) mucha comida en los Estados Unidos y el Canadá. Expliquen qué hacen ustedes con las sobras cuando la comida es demasiado abundante en estos lugares.

1. en un restaurante de comida rápida
2. en un restaurante de cuatro tenedores
3. en la casa de los abuelos
4. en sus casas
5. en las casas de sus amigos

 8-10 Cocinar en casa o comer fuera. ¿Cuáles son las ventajas y desventajas? ¿Qué prefieren hacer ustedes? ¿Qué harían si tuvieran más tiempo? ¿Y más dinero? ¿Y mejor selección de restaurantes o mercados?

 8-11 A explorar: La paella. Visita al sitio de *Conexiones* en la red *www.PHSchool.com* e inserta el Web Code jpd-0008 para encontrar una receta de paella. ¿Cuáles de los ingredientes tienes a mano? ¿Cuáles tendrías que comprar? ¿Cuáles serían difíciles de encontrar?

8-12 La cocina argentina. Escucha la narración sobre algunas de las especialidades de la cocina argentina y completa las frases de la forma más lógica.

1. ___ Algunas de las influencias en la cocina argentina son…
2. ___ En la región de las Pampas se ofrecen…
3. ___ El chimichurri es…
4. ___ Las papas se preparan…
5. ___ Algunos de los ingredientes de la pasta son…
6. ___ El churrasco es…
7. ___ Las empanadas se hacen de…

a. una salsa popular.
b. fritas o al horno.
c. los tomates, el queso parmesano y el aceite de oliva.
d. carne molida, aceitunas y huevos duros.
e. carnes sabrosas.
f. carne asada a la parrilla.
g. la italiana, la española y la francesa.

8-13 La cocina argentina. De la cocina argentina, ¿qué platos han probado o quisieran probar? ¿Por qué?

¡A repasar!

El presente de subjuntivo con las cláusulas adjetivas
Mi propio restaurante.

Imagina que eres el/la nuevo/a dueño/a de un restaurante muy elegante. Diseña un anuncio para el periódico en el que solicites empleados que cumplan con ciertos requisitos. Utiliza las siguientes frases en tu anuncio: *Se necesita:*

un/a cocinero/a que…

un/a administrador/a que…

varios/as meseros/as que…

un/a contable que…

un/a decorador/a que…

un/a carpintero/a que…

un/a pintor/a que…

unas personas que…

un/a publicista que…

Recuerda: Para poder completar las frases para tu anuncio debes usar el presente del subjuntivo. Puedes repasarlo en la Lección 5.

Reto: Usa muchas palabras de **¡Así lo decimos!** ¡Trata de añadir más personas a la lista!

¡Así lo hacemos! ESTRUCTURAS

1. The imperfect subjunctive

Te pedí que no empezaras a comer hasta que llegara tu papá.

The Spanish imperfect subjunctive has two conjugations: **-ra** endings and **-se** endings. The **-ra** form is more common in daily conversation, while the **-se** form is used in formal speech and, especially, in writing. The **-ar, -er,** and **-ir** verbs follow the same pattern.

- All imperfect subjunctive verbs are formed by dropping the **-ron** ending of the third-person plural of the preterit and adding the endings below.

-ra form		**-se form**	
-ra	-ramos	-se	-semos
-ras	-rais	-ses	-seis
-ra	-ran	-se	-sen

- The following chart shows the imperfect subjunctive forms of some common regular and irregular verbs.

Infinitive	3rd person plural Preterit	1st person singular Imperfect subjunctive
tomar	toma**ron**	toma**ra**/toma**se**
beber	bebie**ron**	bebie**ra**/bebie**se**
escribir	escribie**ron**	escribie**ra**/escribie**se**
caer	caye**ron**	caye**ra**/caye**se**
decir	dije**ron**	dije**ra**/dije**se**
ir/ser	fue**ron**	fue**ra**/fue**se**

- The first person plural requires a written accent.

  cayéramos/cayésemos   tomáramos/tomásemos

- The imperfect subjunctive is required under the same conditions as the present subjunctive, but the point of reference is in the past. Compare the following sentences.

Juana **duda** que el pavo **esté** cocinado.   *Juana doubts that the turkey is cooked.*
Juana **dudaba** que el pavo **estuviera** cocinado.   *Juana doubted that the turkey was cooked.*

- A common use of the imperfect subjunctive is to make polite requests or statements with the verbs **querer, poder,** and **deber.** Note the following examples.

Quisiera probar las albóndigas.   *I would like to taste the meatballs.*
¿**Pudieras** pasarme las empanadillas?   *Could you pass me the turnovers?*
Debieran seguir la receta.   *You should follow the recipe.*

A que ya sabías...

- **Ojalá (que)** + *imperfect subjunctive* expresses a wish that is contrary to fact in the present or unlikely to happen in the future.

Ojalá que mamá **tuviera** cordero para la cena.

{ *I wish Mom had lamb for dinner. (She doesn't.)*
I wish Mom would have lamb for dinner. (She probably won't.)

Aplicación

8-14 En la cocina con Tita y Nacha. En la novela y la película *Como agua para chocolate* la preparación de la comida toma un lugar importante. Lee cómo recuerda Tita el tiempo que pasaba en la cocina con Nacha, su niñera (*nanny*). Subraya los verbos en el imperfecto del subjuntivo y explica por qué se usan.

MODELO: Nacha siempre insistía en que nos *laváramos* las manos antes de empezar a cocinar. ("Insistir en que" requiere el subjuntivo. Es el imperfecto del subjuntivo porque "insistía" está en el imperfecto.)

Era un día perfecto para preparar la rosca (*braided bread*) de Navidad. Nacha siempre quería que la preparáramos dos días antes de Navidad para que la pudiéramos servir para la Nochebuena. Nos pedía que buscáramos huevos frescos en la pollera, que compráramos levadura (*yeast*) y fruta, que calentáramos bien la leche y que midiéramos bien la harina. Nosotras hacíamos una masa olorosa (*fragrant*), llena de frutas secas, nueces, canela y amor. Sí, el secreto de la rosca es que siempre hay que prepararla con amor. Luego era necesario que la horneáramos en el horno de leña (*wood*) en la cocina grande de mamá Elena. Nosotras la poníamos por dos horas hasta que salía bien tostada y fragante. Después, mamá Elena insistía en que se la sirviéramos a los invitados con un cafecito o una copa de vino, incluso al padre Román de la parroquia. Así lo hacíamos nosotras todos los años cuando éramos jóvenes.

8-15 La preparación del cochinillo. El cochinillo es un plato muy popular en la Navidad. Completa la descripción de su preparación con la forma correcta del imperfecto del indicativo o del subjuntivo según el contexto.

MODELO: *Era necesario que mis padres **fueran** a la carnicería.*

Siempre le 1. (ellos: pedir) _____ al carnicero que les 2. (dar) _____ el cochinillo más grande que tuviera. El carnicero 3. (querer) _____ que ellos 4. (comprar) _____ uno pequeño, pero mis padres 5. (necesitar) _____ uno para veinte invitados. 6. (Temer) _____ que uno de sólo diez kilos no 7. (ser) _____ lo suficientemente grande para tanta gente. Al volver a casa, 8. (ellos: poner) _____ el cochinillo en la parrilla. Me 9. (decir) _____ que 10. (preparar) _____ un adobo de naranja agria, sal, ajo y orégano. 11. (Yo: esperar) _____ que no se 12. (quemar) _____ en la parrilla, pero siempre 13. (haber) _____ gente que lo vigilaba. Cuando 14. (estar) _____ listo, no 15. (ser) _____ necesario llamar a los invitados porque el olor de cochinillo en la parrilla siempre les 16. (obligar) _____ a que 17. (venir) _____ a comer.

8-16 Un recuerdo tuyo. Escribe un párrafo en que recuerdes alguna costumbre que siempre tenías de joven. Usa el imperfecto del indicativo y del subjuntivo. La actividad **8-15** puede servirte como modelo.

 8-17 Cuando eran más jóvenes. Comenten sus deseos, preferencias y costumbres de cuando eran más jóvenes. Usen las frases siguientes y háganse preguntas para explicar con detalle sus recuerdos.

MODELO: **E1:** *Cuando era más joven, siempre quería que mi mamá me preparara sopa cuando me sentía mal.*
E2: *¿Qué sopa te gustaba más?*
E1: *Prefería la sopa de pollo.*

1. Esperaba que…
2. No conocía a nadie que…
3. Buscábamos una receta que…
4. Siempre hacía ejercicio para que…
5. No iba a la escuela sin que…
6. Mis padres preferían que…
7. Queríamos seguir un régimen que…
8. Tomábamos vitaminas a fin de que…

8-18 ¡Ojalá! ¿Cuáles son sus deseos? Expresen algunos deseos que probablemente no se hagan realidad. Traten de hacer un comentario sobre cada uno de los siguientes temas.

MODELO: la salud de mi abuelo
¡Ojalá mi abuelo se cuidara más y no comiera tantos dulces!

la comida de esta noche	el clima de este fin de semana
el próximo examen	la tarea para mañana
el precio de una cena	la felicidad de un familiar

COMPARACIONES

8-19 En tu experiencia. ¿Qué productos agrícolas son oriundos de tu región? ¿Cuáles de los no oriundos son importantes en tu dieta? ¿De dónde son y cómo llegan al supermercado?

Productos oriundos (native) del Nuevo Mundo y productos introducidos allí por los españoles

Con el descubrimiento del Nuevo Mundo los españoles introdujeron en España, y después en el resto de Europa, una serie de productos desconocidos hasta entonces. El que más impacto ha tenido es el tabaco, más tarde llevado por Sir Walter Raleigh a Londres en el siglo XVI y cuya influencia perdura en todo el mundo hasta nuestros días.

En el siglo XVI llegaron a Europa a través de España productos comestibles como el maíz, la papa, la vainilla, el tomate, el aguacate, el cacao, la piña, la guayaba, la papaya, el chile, los frijoles, el boniato (*yam*), el maní (*peanut*) y el pavo. De la gran variedad de plantas americanas vienen productos farmacéuticos como la quinina y la coca. Y, ¿qué sería de los métodos de transporte sin la goma del caucho (*rubber*)?

De Europa, los españoles introdujeron en América el café, posiblemente el producto que más impacto ha causado. Además trajeron la caña de azúcar, el arroz, el mango y la banana. Y con los españoles vinieron animales como los caballos, los burros, las mulas, las ovejas, las cabras, los toros, las vacas, los cerdos, los pollos, los gatos y hasta los ratones. Comestibles como el trigo, las aceitunas, la cebolla y el ajo cambiaron para siempre la dieta del indígena americano.

8-20 En su opinión. Conversen entre Uds. sobre estos productos. ¿Cuáles usan con frecuencia? ¿Cómo los preparan? ¿Cuáles nunca comerían? ¿Por qué?

del Nuevo Mundo		del Viejo Mundo	
maíz	papa	arroz	aceite de oliva
vainilla	tomate	café	cebolla
aguacate	chocolate	azúcar	ajo
piña	guayaba	mango	harina
papaya	chiles	banana	
boniato	maní		
pavo			

8-21 A explorar: Productos con gusto hispano. Visita el sitio de *Conexiones* en la red *www.PHSchool.com* e inserta el Web Code jpd-0008 para descubrir la variedad de productos hispanos que ofrece una de las compañías alimenticias más importantes de Norteamérica. ¿Cuáles comes con frecuencia? ¿Cuáles desconoces?

SEGUNDA PARTE
¡Así es la vida!

Seis mitos supervitaminados

Es común que se atribuya a las vitaminas cualidades que no tienen en realidad. Éstos son algunos de los mitos más frecuentes.

1. **El mito.** Los productos cosméticos que incluyen vitaminas son un fraude.

   La realidad. Ciertas vitaminas se absorben a través de la piel, como la E y el betacaroteno.

2. **El mito.** Las vitaminas naturales son mejores que las sintéticas.

   La realidad. La vitamina contenida en un alimento y la fabricada en el laboratorio tienen la misma composición química. El organismo es incapaz de reconocer su origen.

3. **El mito.** Las verduras frescas poseen más vitaminas que las congeladas.

   La realidad. El contenido vitamínico de las verduras congeladas es idéntico al que tienen las que se venden en los mercados días después de su recolección.

4. **El mito.** Una dieta deficiente y poco sana se corrige con suplementos vitamínicos.

   La realidad. Las vitaminas no compensan las deficiencias de las dietas pobres y desequilibradas. Los complejos vitamínicos aportan solamente algunos de los nutrientes que necesita el organismo.

5. **El mito.** Los atletas y ciertos trabajadores necesitan vitaminas extra para mejorar el rendimiento.

   La realidad. Debido al esfuerzo físico, los atletas tienden a ingerir más comida y, por consiguiente, más vitaminas. No hay evidencia de que los complejos polivitamínicos aumenten el rendimiento deportivo.

6. **El mito.** El estrés se puede combatir con fórmulas vitamínicas.

   La realidad. El estrés no aumenta las necesidades corporales de vitaminas. Únicamente en condiciones de estrés extremo se recomienda un aporte vitamínico extra.

¡Así lo decimos! VOCABULARIO

Vocabulario primordial

La nutrición	**Medidas**
adelgazar	el gramo
el alimento	el kilo (2.2 lbs.)
la anemia	la libra
bajar de peso	el litro
cocinar	la onza
el colesterol	la taza
engordar	
la grasa	
la proteína	
subir de peso	

Vocabulario clave

Verbos

echar a perder	to spoil
fabricar	to manufacture
ingerir (ie-i)	to ingest

Sustantivos

la lata	can
la olla	pot
la piel	skin
la sartén	frying pan

Adjetivos

desequilibrado/a	unbalanced
incapaz	incapable

La preparación

a la brasa	charcoal grilled
hervir (ie, i)	to boil
al horno	baked
a la parrilla	broiled
al vapor	steamed
congelar (ie)	to freeze
pelar	to peel

Ampliación

Verbos	**Sustantivos**	**Adjetivos**
(des)congelar	el congelador	(des)congelado/a
desequilibrar	el desequilibrio	desequilibrado/a
embotellar	la botella	embotellado/a
engordar	la gordura	gordo/a
enlatar	la lata	enlatado/a
hornear	el horno	horneado/a
incapacitar	la incapacidad	incapaz, incapacitado/a

¡Cuidado!

copa, taza, vaso

- **Copa** is a glass of wine, champagne, or brandy.

  Mis padres toman una **copa**.   *My parents have a drink.*

- **Taza** means *cup* in the sense of a cup of coffee or a measuring cup.

  Busca unas **tazas** para el café mientras   *Look for some cups for the coffee while*
  lleno una **taza** con azúcar.   *I fill up a cup with sugar.*

- **Vaso** is a glass of water, juice, milk, soda, etc.

  ¿Quieres un **vaso** de limonada?   *Would you like a glass of lemonade?*

¡EXTRA!

A la + *adjective* refers to the cooking style, often of a certain region or country.

bacalao **a la** vizcaína	*Basque-style cod*
ternera **a la** francesa	*French-style veal*
arroz **a la** marinera	*seafood-style rice*

Aplicación

8-22 ¿Mito o realidad? Decide si cada declaración es mito o realidad según la lectura, y explica por qué.

1. Los atletas deben ingerir más vitaminas que los que no hacen ejercicio.
2. Algunas vitaminas se absorben por la piel.
3. Las vitaminas sintéticas son mejores que las naturales.
4. Si estás sumamente estresado/a, debes ingerir más vitaminas.
5. Las comidas congeladas contienen más vitaminas que las frescas.
6. Es bueno compensar con vitaminas una dieta deficiente.

8-23 A explorar: Otros mitos alimenticios. Visita el sitio de *Conexiones* en la red *www.PHSchool.com* e inserta el Web Code jpd-0008 para leer sobre otros mitos de la alimentación. Escoge uno que te interese y escribe un párrafo corto explicándolo.

8-24 ¿Cómo lo prefieres? Indica cómo prefieres que se prepare cada uno de estos platos.

MODELO: el pescado

Lo prefiero a la parrilla con limón y mantequilla.

1. el filete de res
2. los huevos
3. el pollo
4. las bananas
5. el pavo
6. el arroz
7. los espárragos
8. la langosta

8-25 ¿Cuánto tienes que comprar? Combina las equivalencias de las medidas.

MODELO: Dos litros de leche:

Equivalen (más o menos) a medio galón.

1. un litro de aceite
2. 500 gramos de café
3. 2 kilos de arroz
4. 250 gramos de queso
5. 3 gramos de azafrán
6. 100 gramos de ajo

a. menos de una onza
b. menos de cinco libras
c. más de un cuarto de galón
d. menos de cinco onzas
e. más de una libra
f. más de media libra

8-26 En familia. Completa las siguientes oraciones usando una variación de cada palabra en itálica. Si necesitas ayuda, consulta la sección llamada **Ampliación**.

MODELO: Metí la carne al *horno* a las 2:30. Hay que **hornearla** tres horas y media.

1. Esta *botella* de vino tinto es de uno de los mejores vinos de España. El vino fue _____ en la región que se llama la Rioja.

2. No te olvides de sacar la carne del *congelador* para _____.

3. Se dice que la grasa _____ pero conozco a muchas personas que la comen y no son *gordas*.

4. Temo que la pesa esté un poco _____. *El desequilibrio* es producto de su uso excesivo.

5. La leche _____ nunca se echa a perder, por eso siempre tengo algunas *latas* en mi cocina.

6. El pobre señor es *incapaz* de hacer sus propias compras en el supermercado. Su _____ resulta de un accidente que tuvo el año pasado.

8-27 Una dieta saludable. Conversen entre Uds. sobre las dietas que les ofrecemos a continuación. ¿Cuáles conocen o siguen?

- una dieta baja en grasa y en colesterol
- una dieta alta en proteínas
- una dieta para adelgazar
- una dieta para diabéticos
- una dieta con mucha fibra
- una dieta alta en carbohidratos

8-28 Los suplementos dietéticos. ¿Qué opinan de los suplementos enlatados, embotellados, sintéticos o naturales? ¿Los consideran importantes para mantener la salud? Tomen una posición a favor o en contra y prepárense para debatir este tema en clase.

8-29 La yerba mate. Lee el artículo sobre la yerba mate y contesta las preguntas que siguen.

La yerba mate, o simplemente el mate, es parte de la cultura de la Argentina, el Paraguay, el Uruguay y el Brasil. De las hojas secas del arbusto perenne (*evergreen bush*), se hace un té. Hay varias costumbres que se asocian con el mate. Generalmente se usa una calabaza (*gourd*) pequeña para tomar el mate. En ella se meten las hojas machacadas (*crushed*); se les echa agua caliente y se toma por un tubo metálico que se llama «bombilla», el cual contiene un pequeño colador (*sieve*) al extremo para evitar que entren por él las hojas. Tomar mate en casa de un anfitrión (*host*) es casi como un ritual. Primero lo toma el anfitrión, quien rellena con agua el mismo recipiente y se lo pasa al invitado para que lo tome, y se repite después el proceso. Muchas personas hacen el mate solamente con agua caliente, pero otros prefieren echarle leche, azúcar o miel.

Hoy en día, el mate es conocido en otros países fuera del mundo hispano por sus cualidades beneficiosas y se puede conseguir con facilidad en centros naturistas. Según las investigaciones y las creencias populares, la yerba mate tiene muchas aplicaciones: sirve para adelgazar, para aliviar el hambre y la sed, para remediar la artritis, el estrés, el cansancio y las alergias. También se cree que estimula el pensamiento y retarda el envejecimiento.

1. ¿En qué países es popular la yerba mate?
2. ¿Qué utensilios se usan para tomar el mate?
3. Si un amigo invita a otro a tomar mate en su casa, ¿cómo es el ritual que se sigue?
4. ¿Cómo el mate beneficia la salud?
5. ¿Has probado el mate alguna vez? ¿Conoces otra hierba medicinal que se tome para remediar el cansancio o aliviar el estrés?

¡A repasar!

Mandatos
Hoy se abre tu restaurante.

Eres el/la dueño/a de un nuevo restaurante de lujo. Antes de abrir sus puertas por primera vez, háblales a los cocineros, a los meseros, al administrador y a la/al empleado/a que toma las reservas. Usando mandatos con *ustedes*, *usted* o *tú* (según el caso), recuérdale a cada grupo por separado lo que debe y no debe hacer. Escribe un mínimo de ocho oraciones usando diferentes verbos.

Ejemplos

A los cocineros:
Lávense las manos cada cinco o diez minutos.
No cocinen más de dos platos a la vez.
etc.
A los/las meseros/as:
Mantengan el uniforme limpio.
Saluden a los clientes.
A la/al administrador/a:
Haga una lista de nuestros primeros clientes.
etc.

Recuerda: Para dar las últimas instrucciones a tus empleados debes usar mandatos afirmativos y negativos. Podrás repasarlos en la Lección 6.

Reto: Usa muchas palabras de **¡Así lo decimos!** de la Primera y de la Segunda parte. Trata de formar diez mandatos y de añadir más empleados a tu lista.

¡Así lo hacemos! ESTRUCTURAS

2. The conditional and conditional perfect

The conditional

Me gustaría el bistec un poco más cocido.

In Spanish, the conditional is formed by adding the imperfect ending for **-er** and **-ir** verbs to the infinitive. The same endings are used for **-ar, -er,** and **-ir** verbs.

	tomar	**comer**	**vivir**
yo	tomar**ía**	comer**ía**	vivir**ía**
tú	tomar**ías**	comer**ías**	vivir**ías**
Ud., él, ella	tomar**ía**	comer**ía**	vivir**ía**
nosotros/as	tomar**íamos**	comer**íamos**	vivir**íamos**
vosotros/as	tomar**íais**	comer**íais**	vivir**íais**
Uds., ellos, ellas	tomar**ían**	comer**ían**	vivir**ían**

- The conditional is used to state what you *would* do in some future or hypothetical situation.

  ¿**Comerías** un arroz a la marinera?   *Would you eat seafood rice?*
  Dijo que **eliminaría** el colesterol   *She said that she would eliminate*
    de su dieta.   *cholesterol from her diet.*

- The conditional is also used when the speaker is referring to an event that is future to a point in the past.

  Creía que **habría** más gente en   *I thought that there would be more*
    el restaurante.   *people at the restaurant.*
  Ellos me informaron que **preferirían**   *They informed me that they would*
    el pescado a la plancha.   *prefer the grilled fish.*

- The conditional is also used to express a request in a courteous manner.

  Me **gustaría** un vaso de agua.   *I would like a glass of water.*
  ¿**Podría** pasarme la sal ?   *Could you pass me the salt.*

- The conditional of **deber**, like the present indicative, translates as *should*.

  No **deberías** quemar la carne.   *You should not burn the meat.*
  Deberían encender el horno ahora.   *They should turn on the oven now.*

- The conditional has the same irregular stems as the future.

decir	**dir-**	diría, dirías, diría…
haber	**habr-**	habría, habrías, habría…
hacer	**har-**	haría, harías, haría…
poder	**podr-**	podría, podrías, podría…
poner	**pondr-**	pondría, pondrías, pondría…
querer	**querr-**	querría, querrías, querría…
saber	**sabr-**	sabría, sabrías, sabría…
salir	**saldr-**	saldría, saldrías, saldría…
tener	**tendr-**	tendría, tendrías, tendría…
venir	**vendr-**	vendría, vendrías, vendría…

- Probability or conjecture in the past is often expressed in Spanish with the conditional.

  ¿Cuándo preparó la chef el caldo?   *When did the chef prepare the broth?*
  Lo **prepararía** esta mañana.   *She probably prepared it this morning.*

The conditional perfect

También habría podido dorar el pescado en el horno.

The conditional perfect is formed with the conditional of the auxiliary verb **haber** + *past participle*.

	Conditional	Past participle
yo	**habría**	**asado**
tú	**habrías**	**metido**
Ud., él, ella	**habría**	**medido**
nosotros/as	**habríamos**	**pelado**
vosotros/as	**habríais**	**dependido**
Uds., ellos, ellas	**habrían**	**hervido**

- The conditional perfect is used to express an action which would or should have occurred but did not.

  Habría enlatado el maíz, pero mis hijos ya se lo habían comido. | *I would have canned the corn, but my children had already eaten it.*

  Habríamos cocido los alimentos con menos líquido, pero no teníamos las proporciones correctas. | *We would have cooked the food with less liquid, but we didn't have the correct proportions.*

- The conditional perfect is also used to express probability or conjecture.

  Emeril **habría asistido** a una escuela culinaria antes de hacerse famoso. | *Emeril had probably attended a culinary school before becoming famous.*

  ¿**Habría engordado** Eduardo el primer año de casado? | *I wonder if Eduardo gained weight during his first year of marriage?*

Aplicación

8-30 ¿Qué harías? Elige la frase más lógica según la circunstancia y conjuga el verbo en el condicional para decir lo que harías en ella.

MODELO: Estás en un restaurante de comida rápida…

Pediría una hamburguesa y un refresco.

1. _____ No tienes suficiente dinero para pagar la cuenta del restaurante.
2. _____ No hay nada en tu refrigerador.
3. _____ Tienes mucho sueño pero no debes dormirte en este momento.
4. _____ Estás en un restaurante elegante y encuentras una mosca en la sopa.
5. _____ Mañana es el Día de las Madres.
6. _____ Tu mejor amigo acaba de encontrar un buen trabajo.

a. *tomar* un café o un refresco con mucha cafeína
b. *felicitarlo* y *desearle* mucha suerte
c. *llamarla* por teléfono y *decirle* que la quiero mucho
d. *ir* al supermercado y *comprar* algo que comer
e. *tener* que lavar los platos
f. *hablar* con el camarero e *insistir* en que no me cobraran la comida

8-31 Los padres siempre tienen razón. Completa las quejas que el padre tiene de su hijo usando el condicional perfecto.

MODELO: Si siguiera viviendo en casa, nunca *habría visto* la tele durante la cena.

ayudar	hablar	querer
desperdiciar	hacer	salir
divertirse	obedecer	volver

Hijo, si fuera joven como tú, siempre 1. _____ a mi padre. Le 2. _____ con respeto. 3. Mis hermanos y yo _____ a mi mamá. 4. _____ mi trabajo sin quejarme. No 5. _____ durante la semana con mis amigos. Los sábados 6. _____ a casa antes de las diez. No 7. _____ la comida. 8. _____ pasar tiempo con mi familia. Todos nosotros 9. _____ cuando estuviéramos juntos. ¿Por qué no son los jóvenes de hoy como los de mi juventud?

8-32 ¡Yo no lo comería! Túrnense para comentar qué harían en las siguientes circunstancias.

MODELO: E1: *Quiero adelgazar y me dicen que debo tomar sopa de verduras. ¿Qué opinas?*

E2: *¡Yo no la tomaría! Mejor comería puras proteínas, carne, pescado, pollo. Nada de verduras.*

1. Estás a dieta y tu mejor amigo te regala un pastel de manzana.
2. Quieres comprar la mejor comida para estar saludable.
3. Tu mejor amiga tiene gripe y quieres prepararle algo apropiado.
4. Han invitado a tu familia a comer en un restaurante de cuatro tenedores.
5. Esta noche hay una fiesta en casa de tu tía. Quieres llevarle algo especial.

8-33 ¿Qué habrían hecho? Expliquen lo que habrían hecho sus abuelos en las siguientes circunstancias.

MODELO: al recibir una invitación a una fiesta de gala

E1: *La habrían aceptado con mucho gusto. Mi abuelo se habría puesto un esmoquin* (tuxedo).

E2: *Mi abuela habría pasado el día en la peluquería. Se habrían divertido mucho.*

1. al conocer a una estrella de cine
2. al nacer el primer nieto
3. al asistir a la graduación de un hijo o de una hija
4. al celebrar 50 años de matrimonio
5. al ver a un astronauta andar en la luna
6. al tener a todos los hijos y nietos juntos para una fiesta familiar
7. al cumplir veintiún años
8. al recibir una carta con malas noticias

8-34 Una cena desastrosa. Túrnense para dar consejos después de que todo sale mal en una comida.

MODELO: Asé la carne de res pero salió seca.

E1: *Yo la habría asado por menos tiempo.*

E1: *Yo la habría adobado cada quince minutos.*

1. Freí el pollo pero se quemó.
2. No herví la pasta lo suficiente y quedó dura.
3. Cociné la carne en el microondas pero salió medio cruda.
4. No pelé las papas y tardaron mucho tiempo en cocinarse.
5. Medí mal la harina y mi torta salió como una piedra.
6. El pescado resultó demasiado salado.

3. The indicative or subjunctive in si-clauses

Simple si-clauses

A **si**-clause states a condition that must be met in order for something to occur. The verb in a simple **si**-clause is usually in the present indicative, while the verb in the result clause is in the present or future tense.

Si no sacas el helado del congelador ahora, **estará** muy duro cuando lo sirvas.	*If you don't take the ice cream out of the freezer now, it will be very hard when you serve it.*
Si quieres, comemos fresas de postre.	*If you want, we'll eat strawberries for dessert.*

Contrary-to-fact si-clauses

When a **si**-clause contains implausible or contrary-to-fact information, the imperfect subjunctive is used in the **si**-clause and the conditional is used in the result clause.

Si tuviera dinero, te **invitaría** a un café.	*If I had money, I would ask you out for a coffee.*
Enlataría los tomates **si** tú me **ayudaras**.	*I would can the tomatoes if you helped me.*

- Note that the conditional clause does not have a fixed position in the sentence; it may appear at the beginning or end of the sentence.

- When the **si**-clause containing contrary-to-fact information describes a past action, the pluperfect subjunctive is used in the **si**-clause, while the conditional perfect is used in the main clause.

Si **hubiera sabido** que te gustaba, te **habría hecho** el cordero a la parrilla.

If I had known that you liked it, I would have made you the lamb on the grill.

Si no **hubiéramos comprado** tantos alimentos, no **habríamos comido** tanto.

If we hadn't bought so much food, we wouldn't have eaten so much.

A que ya sabías...

- Comparative si-clauses introduced by **como si** (*as if*) refer to a hypothetical or contrary-to-fact situation and require either the imperfect or the pluperfect subjunctive. When used with the imperfect, the action coincides in time with the main verb; when used with the pluperfect, the action happens before the main verb.

Julián ha desayunado **como si** no **fuera** a comer más hoy.

Julián has eaten breakfast as if he were not going to eat anything else today.

Ana nos habló del menú **como si hubiera asistido** al almuerzo

Ana spoke to us about the menu as if she had attended the luncheon.

Aplicación

8-35 ¡Si hay amigos, hay fiesta! Completa estas frases de forma lógica.

1.___ Si no llueve,...

2.___ Si no pierdes el abrelatas,...

3.___ No habrá quejas...

4.___ Serviremos mariscos...

5.___ Llegaremos a tiempo...

6.___ No me preocuparé...

7.___ Si encendemos el horno,...

8.___ Si se acaba la comida,...

a. lo tendrás para abrir la lata de anchoas.

b. si los encontramos frescos en el mercado.

c. podremos tener la fiesta afuera.

d. si me llamas cuando llegues a casa.

e. si la comida está bien preparada.

f. podemos usarlo para calentar el pan.

g. si no hay demoras en el camino.

h. será el momento de irnos de la fiesta.

8-36 La buena nutrición. Completa el diálogo entre la nutricionista y su cliente con el condicional o el imperfecto del subjuntivo, según el contexto.

Don Ismael: No me siento bien, doctora. ¡Ay! Si (1. tener) _____ más energía.

Dra. Sánchez: Si (2. tomar) _____ estas vitaminas e (3. hacer) _____ más ejercicio, (4. sentirse) _____ mejor, don Ismael.

Don Ismael: Pero doctora, las vitaminas son caras. Si (5. tener) _____ el dinero para comprar pastillas y si no (6. tener) _____ que trabajar tanto, (7. sentirme) _____ mejor. Y hacer ejercicio es aburrido. Si (8. vivir) _____ más cerca del gimnasio, lo (9. hacer) _____, pero...

Dra. Sánchez: Entiendo que es difícil, don Ismael. Pero ¿qué (10. hacer) _____ su esposa si algo le (11. pasar) _____ a usted? Si (12. seguir) _____ mi consejo, (13. ser) _____ mucho más feliz y su esposa no (14. temer) _____ por su salud.

Don Ismael: Usted tiene razón. Ojalá (15. poder) _____ seguir sus consejos. Pero voy a tratar de hacerlo. Ay, si (16. ser) _____ más joven.

8-37 Ay, si... Desafortunadamente, sus cocinas no están muy bien equipadas. Digan qué harían si tuvieran estos utensilios.

MODELO: una batidora

　　　E1: *Si tuviera una batidora, te prepararía una bebida deliciosa.*

　　　E2: *¿Y qué le pondrías?*

　　　E1: *Le pondría limón, hielo y azúcar.*

1. una sartén
2. una olla
3. un horno
4. unas tazas
5. un sacacorchos
6. una cafetera
7. un abrelatas
8. una tostadora
9. un cuchillo

8-38 Mesón Rincón de la Cava. Este restaurante madrileño tiene fama por sus platos españoles bien preparados y presentados. ¿Qué comerían si lo visitaran? ¿Qué otros platos pondrían en su menú? ¿Qué bebidas incluirían? Escriban su propio menú para este restaurante.

Mesón Rincón de la Cava

Especialidad en

★ Pescados fritos

★ Tortilla española

★ Champiñón a la plancha

★ Gambas al ajillo

★ Jamón de Jabugo

★ Lomo

★ Chorizo

★ Queso

C/Cava de San Miguel, 17
Tel. 91–366–5830

Disponemos de cortijo y restaurantes
Para bodas y fiestas camperas
Reservas: tel. 91–859–4296

8-39 ¿Qué harían si pudieran abrir un restaurante? Hablen de la posibilidad de abrir un restaurante en su ciudad. ¿Cómo sería? ¿Qué servirían? ¿Quiénes serían sus clientes? ¿Cuántas mesas habría? ¿Qué tipo de comida sería la especialidad? ¿Tendrían música en vivo? ¿Cómo se llamaría? Creen un anuncio para la red que incluya esta información sobre el restaurante.

 8-40 Si fueran de la generación de sus abuelos. Hablen de las diferencias que habría en la comida que comerían y su preparación. ¿Qué comidas predominarían en la dieta y por qué? ¿Qué utensilios se utilizarían? ¿Quiénes estarían en una comida? ¿Cuánto tiempo pasarían en una comida familiar?

 8-41 A explorar: Historia de la comida mexicana. Visita el sitio de *Conexiones* en la red *www.PHSchool.com* e inserta el Web Code jpd-0008 para explorar la interesante historia de la comida mexicana.

8-42 «Fortaleza». Escucha el anuncio sobre un producto nuevo y completa las frases siguientes.

1. El producto es…
   a. una bebida
   b. una píldora
   c. una inyección
2. Es útil para aliviar…
   a. la diabetes
   b. la anemia
   c. el insomnio
3. El producto está lleno de…
   a. calorías
   b. carbohidratos
   c. vitaminas
4. Se garantiza que dentro de diez días la persona…
   a. podrá hacer mucho ejercicio.
   b. subirá de peso.
   c. encontrará trabajo.
5. Si pides la oferta especial, pagas…
   a. sólo diecinueve dólares.
   b. menos de cien dólares.
   c. seis mensualidades

Conexiones

③ Comida y cultura. Organícense en pequeños grupos en los que haya la mayor diversidad posible de herencia étnica y/o cultural. Conversen sobre los platos típicos que forman parte de la tradición culinaria de sus familias. ¿Hay comidas que sólo se coman en días especiales? ¿Cómo se caracterizan las diferentes dietas en términos del tipo y de la cantidad de carnes, verduras, condimentos, dulces, etc.? ¿Tienen sus diferentes dietas cosas en común? ¿Qué conexiones pueden identificar entre comida y cultura?

 Ritmos

Juan Luis Guerra y 4:40

Juan Luis Guerra y 4:40 forman uno de los grupos musicales contemporáneos más importantes de Hispanoamérica. Según Juan Luis Guerra, la canción «Ojalá que llueva café en el campo» tiene su origen en un poema anónimo que encontró en el pueblo de Santiago de los Caballeros, en la República Dominicana, probablemente escrito por algún campesino. El poema le pareció a Guerra una bella metáfora por lo que lo desarrolló y le puso música. El resultado es esta bella canción.

Antes de escuchar

8-43 Asociaciones. ¿Qué productos asocias con el bienestar de tu región o estado? ¿Son productos agrícolas o manufacturados? En el título de esta canción, ¿qué producto se menciona? Busca la República Dominicana en un mapa y describe las diferencias geográficas y climáticas entre tu región y la de esta canción.

A escuchar

Ojalá que llueva café en el campo

Ojalá que llueva café en el campo	
que caiga un aguacero° de yuca y té	mucha lluvia
del cielo una jarina° de queso blanco	*light rain (Dominican slang)*
y al sur una montaña de berro° y miel	*watercress*
oh, oh, oh-oh-oh, ojalá que llueva café.	
Ojalá que llueva café en el campo	
peinar un alto cerro° de trigo° y mapuey°	*hill / wheat / a tuber like*
bajar por la colina de arroz graneado	*potato but harder in*
y continuar el arado° con tu querer	*consistency*
oh, oh, oh-oh-oh.	*plough*

Ojalá el otoño en vez de hojas secas
vista mi cosecha de pitisalé°
sembrar una llanura° de batata° y fresas
ojalá que llueva café.

Pa' que en el conuco°
no se sufra tanto, ay ombe°

ojalá que llueva café en el campo
pa' que en Villa Vásquez° oigan este canto
ojalá que llueva café en el campo
ojalá que llueva,
ojalá que llueva, ay ombe

ojalá que llueva café en el campo
ojalá que llueva café.
Ojalá que llueva café en el campo
sembrar un alto cerro de trigo y mapuey
bajar por la colina de arroz graneado
y continuar el arado con tu querer
oh, oh, oh-oh-oh.

Ojalá el otoño en vez de hojas secas
vista mi cosecha de pitisalé
sembrar una llanura de batata y fresas
ojalá que llueva café.

Pa' que en el conuco
no se sufra tanto, oye
ojalá que llueva café en el campo
pa' que en Los Montones° oigan este canto

ojalá que llueva café en el campo
ojalá que llueva,
ojalá que llueva, ay ombe

ojalá que llueva café en el campo
ojalá que llueva café.

Pa' que todos los niños
canten en el campo
ojalá que llueva café en el campo
pa' que en La Romana° oigan este canto

ojalá que llueva café en el campo
ay, ojalá que llueva,
ojalá que llueva, ay ombe
ojalá que llueva café en el campo
ojalá que llueva café.

sundried and salted beef or pork (Dominican slang)
plain / sweet potatoes

small farm
hombre

Villa… un municipio en el noroeste de la República Dominicana

Los… un estado rural; parte del municipio de San José de Las Matas, cerca de la Cordillera Central

La… la tercera ciudad en tamaño de la República Dominicana

Después de escuchar

8-44 ¿Qué has escuchado? Contesta las siguientes preguntas.

1. ¿Cómo caracterizas el ritmo de esta canción? ¿La puedes comparar con otra canción caribeña que hayas oído?

2. ¿Qué instrumentos musicales predominan?

3. ¿Cómo es el tono? ¿Es optimista? ¿pesimista? ¿alegre? ¿triste?

4. ¿Qué representan el café y los otros productos para un campesino? Si Juan Luis Guerra te compusiera una canción, ¿qué productos incluirías?

5. Busca más información sobre el cantautor y su grupo los 4:40 en la red informática. ¿Todavía sigue actuando este conjunto?

8-45 ¡Ojalá! ¿Qué buenos deseos tienen para el futuro de su compañero?

MODELO: *¡Ojalá que siempre tengas pollo para poner en el arroz!*

Imágenes

Salvador Dalí (1904–1989)

Salvador Dalí, reconocido internacionalmente como uno de los artistas más importantes del siglo XX, nació en Figueras, un pueblo cerca de Barcelona. Junto con Pablo Picasso y Joan Miró, es producto de la rica cultura catalana. En París, Dalí conoció al círculo de poetas y pintores surrealistas cuya influencia se ve claramente en su obra. Con un estilo esmeradamente realista y preciso, Dalí coloca objetos familiares en espacios y paisajes que parecen ser el fruto de un sueño. Lo común se transforma así en imágenes tanto inquietantes como impresionantes. También influenciado por sus lecturas del famoso psicoanalista Sigmund Freud, Dalí investiga tanto lo oscuro como lo bello del inconsciente.

Salvador Dalí, *Nature Morte Vivante*, 1956, óleo s/tela

Perspectivas e impresiones

8-46 Observa el cuadro. Contesta las siguientes preguntas.

1. ¿Cuál es el estilo de esta pintura? ¿Impresionista? ¿Realista? ¿Surrealista?
2. El título parece ser una contradicción (*Still Life-Fast Moving*). ¿Cómo se diferencia de una naturaleza muerta tradicional?
3. ¿Qué comidas y bebidas puedes identificar en la pintura?
4. ¿Qué contraste percibes entre la manera en que Dalí pinta cada uno de los objetos individualmente y el efecto que produce el cuadro visto como un todo?
5. El cuchillo está en el centro del cuadro. ¿Qué podría significar esto?
6. Piensa en el simbolismo relacionado con algunos de los objetos de la pintura.
7. Si fueras a pintar una naturaleza muerta, ¿qué objetos y comidas incluirías?

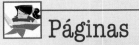 Páginas

Pablo Neruda (1904–1973)

El poeta chileno Pablo Neruda, uno de los poetas más importantes del siglo XX, recibió el Premio Nobel de Literatura en 1971. Escribió no sólo poemas de amor, sino también odas sencillas. Entre sus odas más conocidas destacan las que escribió a la cebolla, a la alcachofa (*artichoke*) y al pan. Ésta en particular está dedicada a la papa, una comida oriunda de Suramérica que después de la llegada de los españoles se difundió por todo el mundo.

Antes de leer

8-47 La papa en la cocina. Escribe una lista de platos que se acompañan con papas. ¿Cuáles prefieres comer y por qué?

8-48 Estrategias de la lectura. En su poesía, Neruda usaba mucho la personificación de los objetos, dándole su propia personalidad según sus características físicas. Lee la primera mitad (*half*) de la poesía y subraya todas las características humanas que se atribuyen al vegetal.

A leer

Oda a la papa

Papa,
te llamas,
papa
y no patata,
no naciste con barba°
no eres castellana°
eres oscura
como
nuestra piel,
somos americanos,
papa
somos indios.

°los indios no tienen barba
°como los europeos
de España

Profunda
y suave eres,
pulpa pura, purísima
rosa blanca
enterrada°   buried
floreces,
allá adentro
en la tierra,
en tu lluviosa
tierra
originaria
en las islas mojadas
de Chile tempestuoso,
en Chiloé° marino,   la isla de Chiloé que se
en medio de la esmeralda° que abre   conoce por su hermosura y
su luz verde   rico folclor
sobre el austral°   emerald
océano.   southern
Honrada eres
como
una mano
que trabaja en la tierra,
familiar
eres
como
una gallina°   hen
compacta como un queso
que la tierra elabora
en sus ubres°   udders
nutricias,
enemiga del hambre,
en todas
las naciones
se enterró tu bandera
vencedora
y pronto allí
en el frío o en la costa
quemada°   scalding
apareció
tu flor
anónima
anunciando la espesa°   thick
y suave
natalidad de tus raíces°.   roots
Universal delicia,
no esperabas
mi canto,
porque eres sorda°   deaf
y ciega°   blind
y enterrada.

Después de leer

8-49 La papa. ¿Cuáles de estas descripciones se aplican a la papa según la oda que lleva su nombre? Márcalo con una cruz.

1. ___ No puede ver
2. ___ Es de origen europeo
3. ___ Se afeita
4. ___ Tiene piel oscura
5. ___ Se conoce por todo el mundo

6. ___ El poeta se identifica con ella.
7. ___ Es humilde.
8. ___ Mata el hambre.
9. ___ Es como una flor
10. ___ Sólo crece en climas templados (*temperate*).

8-50 La comida y las relaciones sentimentales. Hablen de la relación entre la preparación y la presentación de la comida, y las relaciones personales y los eventos sociales. ¿Quiénes se encargan de la preparación de la comida en sus familias y entre sus conocidos? Incluyan en sus respuestas cómo la relación entre novios, esposos, padres e hijos, colegas y la familia extendida influye en la preparación de la comida. Puede ser una boda, un *bar mitzvah*, un bautismo, una fiesta de cumpleaños o de aniversario de bodas, un baile, etc.

MODELO: *En mi casa celebramos los cumpleaños con una parrillada.*

8-51 La música de la poesía. Lee la oda en voz alta, renglón por renglón (*line by line*), haciendo las pausas necesarias para sentir qué le simboliza la papa al poeta.

8-52 A explorar: Chiloé. Visita el sitio de *Conexiones* en la red *www.PHSchool.com* e inserta el Web Code jpd-0008 para ver imágenes de la isla de Chiloé. Escribe un párrafo en el que describas la isla y lo que ésta le ofrece al turista.

Taller

Una receta

Las recetas tienen un formato particular: una lista de ingredientes seguida de una explicación de cómo se prepara. Sigue estos pasos para escribir una receta de un plato que te guste. Finaliza con una explicación de cuándo preparas esta receta.

Antes de escribir

Idear. Piensa en un plato que te guste mucho. Debe tener alguna relación con un evento social.

A escribir

Presentar. Escribe un mínimo de cuatro oraciones para explicar el contexto social del plato. ¿Cuál es su origen? ¿Por qué es especial? Puedes inventar el origen si quieres.

Enlistar. Con el título de *Ingredientes,* haz una lista de los ingredientes y sus cantidades.

Explicar. Con el título *Manera de hacerse,* explica los pasos para la preparación del plato. Incluye consejos y sugerencias para ayudar al/a la cocinero/a.

Resumir y concluir. Escribe un resumen de un párrafo en el que expongas el contenido nutritivo, el valor social, la presentación del plato, etc. Puedes usar el condicional para las sugerencias (Se podría servir...). Incluye una foto o un dibujo del plato.

Después de escribir

Revisar. Revisa la secuencia de los ingredientes y de las instrucciones. ¿Está clara? ¿Es lógica? Luego, revisa los siguientes aspectos de la receta.

- ❏ ¿Has mantenido un solo estilo (formal o informal) de mandatos?
- ❏ ¿Has usado bien el subjuntivo y el condicional?
- ❏ ¿Has verificado la concordancia y la ortografía?

Intercambiar. Intercambia tu receta con la de un/a compañero/a. Mientras leen las recetas, hagan comentarios y sugerencias sobre el contenido, la estructura y la gramática.

Entregar. Pasa tu receta a limpio, incorporando las sugerencias de tu compañero/a y entrégasela a tu profesor/a.

9 Nuestra sociedad en crisis

Objetivos comunicativos

- Saying what might have been
- Discussing social problems and personal excesses
- Expressing ideas without attributing them to anyone

Contenido

Curiosidades

¿SABES?

- ¿Dónde y cuándo se empezó a usar la identificación por medio del ADN para resolver un delito *(crime)*?
  - **a.** en los Estados Unidos, 1991
  - **b.** en Inglaterra, 1985
  - **c.** en Francia, 1988
- ¿Cuántos actos violentos habrá visto por televisión un niño de trece años?
  - **a.** 100.000
  - **b.** 50.000
  - **c.** 150.000
- ¿En qué estado está la cárcel más segura de los Estados Unidos?
  - **a.** en Texas
  - **b.** en Michigan
  - **c.** en Colorado
- ¿Cuántos años más viven las personas que no fuman?
  - **a.** tres
  - **b.** ocho
  - **c.** cinco

¡Así es la vida!

DERMATÓLOGOS AYUDAN A LOS JÓVENES
A CORTAR CONEXIONES CON LAS PANDILLAS (gangs)

San Antonio, diciembre, 2004

El año pasado Arturo Sandoval cumplió 17 años. Años atrás había sido miembro de una pandilla y abandonado sus estudios. Ahora es padre de un bebé, Juan José.

Sandoval deseaba una vida nueva para él, su novia y su hijo. Buscaba trabajo y quería cambiar de vida. Pero era un hombre marcado.

A los quince años se dejó influenciar por sus amigos y usó drogas. Permitió que un amigo le tatuara (*tattooed*) el nombre de su pandilla en el cuello (*neck*) y que le pintara una serie de puntos en los nudillos (*knuckles*). Como una bandera roja, Sandoval era identificado por sus tatuajes (*tattoos*) con la vida de las pandillas. "Cuando solicitaba trabajo, yo trataba de esconder las manos", dijo Sandoval. "Nadie te quiere emplear si piensa que tienes un pasado de pandillero."

Hoy Sandoval tiene una vida diferente. Con la ayuda del Dr. Carlos Santamaría, un dermatólogo del Hospital de la Universidad de Baylor de Houston, Sandoval pudo liberarse de su pasado. El doctor empleó tecnología láser para quitar los tatuajes del cuerpo de Sandoval. Y lo

ha hecho sin cobrar (*at no charge*).

Toma más de una sesión para quitar el tatuaje. En la primera aplicación el láser envía alta energía al pigmento del tatuaje y éste explota en fragmentos microscópicos que el cuerpo puede absorber. La cantidad y el tipo de tinta de los tatuajes determina cuántas sesiones de láser se necesitan para sacar la tinta. Generalmente demanda de cuatro a ocho sesiones. Algunos tatuajes nunca se borran totalmente.

Aunque los chicos no pagan dinero para que les quiten los tatuajes, se les exige (*require*) que por cada sesión de láser que ellos reciban, dediquen diez horas de servicio a la comunidad. También es necesario que tengan un mentor, generalmente un maestro o una enfermera de escuela o un agente de vigilancia de delincuentes juveniles.

Los dermatólogos no reclutan (*recruit*) a los jóvenes, éstos piden que los médicos les quiten los tatuajes porque quieren liberarse de las pandillas. Hasta hoy, los dermatólogos han intervenido en la vida de 120 jóvenes y han tenido gran éxito con la mayoría. ∎

¡Así lo decimos! VOCABULARIO

Vocabulario primordial

la bomba
el crimen
el homicidio
el revólver
la seguridad

Gente de ley

el/la agente secreto/a
el/la guardaespaldas
el/la guardia de
seguridad

Contra la ley

el/la asesino/a
el/la contrabandista
el/la delincuente
el/la homicida
el ladrón/la ladrona
el/la traficante

Vocabulario clave

Verbos

cuidarse	to be careful
disparar	to fire (a gun)
embriagarse	to become intoxicated
estafar	to cheat
secuestrar	to kidnap
tatuar(se)	to (get a) tattoo

Sustantivos

el acoso	harassment
el delito	crime, offense
la pandilla	gang
el sospechoso	suspect
el tatuaje	tattoo

Ampliación

Verbos	Sustantivos	Adjetivos
abusar	el abuso	abusado/a
defraudar	el fraude	fraudulento/a
embriagarse	la embriaguez	embriagado/a
robar	el robo	robado/a
secuestrar	el secuestro	secuestrado/a
vandalizar	el vandalismo/ el vándalo (el cibervándalo)	vandalizado/a

¡Cuidado!

abusar de

- In Spanish the verb **abusar** is usually followed by **de** before naming the abused person.
- The abused (taken advantage of) is the object of the preposition **de**.

El hombre **abusó de** la generosidad de mi tío.	*The man took advantage of my uncle's generosity.*
Parece que los padres **abusaron de** los dos hijos.	*It seems the parents abused the two children.*

- Avoid **me abusa**, **lo abusa**, etc., which are ungrammatical.

matar, muerto/a

- In English, when reporting fatal incidents in the news, the passive voice is very common: *Three people were killed, The person was found dead,* etc.
- In Spanish, use the active voice with the verb **matar** *(to kill),* or the passive voice with the verb **morir** *(to die; to kill).* Note that the passive voice is not very common in everyday speech in Spanish.

Lo **mataron** los rebeldes.
Fue **muerto** por los rebeldes. ⎫
⎬   *He was killed by the rebels.*
⎭

Aplicación

9-1 Arturo Sandoval. Combina las frases para formar oraciones lógicas según lo que has leído en **¡Así es la vida!**

1. _____ A la edad de diecisiete años..
2. _____ El obstáculo más grande que enfrentó era...
3. _____ La solución fue...
4. _____ El tratamiento consistía en...
5. _____ A cambio del tratamiento, Arturo tuvo que...
6. _____ Los dermatólogos no reclutan a los jóvenes pandilleros...
7. _____ Los dermatólogos no han tenido éxito en todos los casos,...

a. que alguien se los quitara *(removed).*
b. prestar servicio a la comunidad y trabajar con un mentor.
c. decidió cambiar su vida por una mejor.
d. que sus tatuajes lo asociaban con una pandilla.
e. varias sesiones de láser.
f. pero han rescatado a más de cien jóvenes.
g. sino que responden a los que les piden ayuda.

9-2 ¡Cuidado! Completa estas frases de una manera lógica.

MODELO: *Un alcohólico abusa del alcohol.*

1. Un machista…
2. Un ladrón…
3. Un político que comete fraude electoral…
4. Una terrorista…
5. Un drogadicto…

9-3 Parejas «famosas». Combina a estas personas con sus asesinos para explicar quién las mató. Utiliza los verbos *matar* y *morir*.

MODELO: JFK: *JFK fue muerto por Lee Harvey Oswald. Lo mató Lee Harvey Oswald.*

1. Gandhi
2. Martin Luther King
3. John Lennon
4. Malcolm X
5. Salvador Allende

a. Mark David Chapman
b. las fuerzas militares derechistas
c. tres extremistas islámicos
d. James Earl Ray
e. un extremista hindú

9-4 En familia. Completa las siguientes oraciones usando una variación de cada palabra en itálica. Si necesitas ayuda, consulta la sección llamada **Ampliación**.

MODELO: Los estudiantes a veces *abusan* de sus profesores. Este **abuso** no los ayuda al final.

1. Los terroristas _____ a varios misioneros en Indonesia. Demandaron millones de dólares por la libertad de los *secuestrados*.
2. Nadie simpatiza con los jóvenes que *vandalizan*. El _____ no tiene sentido.
3. El político cometió *fraude* electoral. Quiso _____ al público.
4. El *robo* ocurrió ayer por la tarde. Los bandidos _____ una pieza del museo de arte.

9-5 Las pandillas. Contesten las siguientes preguntas y hablen con más detalles de cada tema.

1. ¿Por qué uno/a se hace miembro de una pandilla?
2. ¿Es posible abandonar una pandilla fácilmente?
3. ¿En qué ciudades hay muchas pandillas?
4. ¿Conocen a alguien que sea o que haya sido miembro de alguna pandilla?
5. ¿Cómo se puede identificar a los miembros de una pandilla?
6. ¿Conocen programas que ayuden a los jóvenes a abandonar las pandillas?

9-6 Los adornos corporales. Escribe un párrafo en respuesta a las preguntas de **9-5**. Usa expresiones como **aunque, pero, sino, por eso** y **por lo visto**. ¿Conoces a alguien que tenga algún tatuaje o que lleve un anillo en la nariz u otra parte del cuerpo? ¿En qué parte se tatuó o se puso el anillo? ¿Sabes por qué lo hizo? ¿Cómo reaccionaron los amigos y la familia de esa persona?

9-7 Un robo. Hablen de casos que conozcan o de los que hayan oído hablar, en que alquien haya sido (has been)robado.

9-8 Las armas y la violencia. De estas armas, ¿cuáles son las más comunes en su vecindario o ciudad? ¿Cuáles son los delitos *(crimes)* más comunes? ¿Qué hace la comunidad para controlar la delincuencia? ¿Han sido víctimas de algún delito o conocen a alguien que lo haya sido? ¿Qué le pasó? ¿Cómo reaccionó?

Armas	Delitos	Víctimas
la pistola	el asalto	los ancianos
el rifle	el homicidio	los jóvenes
la bomba	el robo	las mujeres
el revólver		los destituidos *(homeless)*

9-9 A explorar: La prevención del delito. Visita el sitio de *Conexiones* en la red *www.PHSchool.com* e iserta el Web Code jpd-0009 para descubrir las medidas que se deben tomar para prevenir el delito. Anota dos que sigues y cuatro que deberías seguir.

9-10 El delito. Hablen de casos recientes, que conozcan o de los que hayan oído hablar, en relación con los siguientes sucesos. Traten de dar detalles del caso.

MODELO: una bomba

Unos terroristas pusieron bombas en un tren de Madrid y murieron muchas personas. Pronto la policía arrestó a algunos sospechosos.

1. un incendio
2. un robo
3. un secuestro
4. un acto de vandalismo
5. un asesinato

9-11 ¡Cuídense! Aquí tienen consejos para su seguridad personal. ¿Cuáles de éstos siguen Uds. con regularidad? ¿Cuáles creen que deberían seguir?

-ATENCIÓN-

PRIMER PASO...

Esté atento a lo que pasa a su alrededor, no importa donde esté. No permita que nada lo tome por sorpresa. Demuestre confianza en sí mismo cuando camine. No demuestre miedo. Evite tener aspecto de víctima. Confíe en sus instintos. Si se siente incómodo en algún lugar o situación, márchese (*leave*) de inmediato y busque ayuda, de ser necesario.

CUANDO VAYA A CAMINAR...

Camine por calles donde haya mucha gente. No ande por sitios vacíos, callejones (*alleys*) u otras zonas desiertas. Por la noche, camine por zonas bien iluminadas siempre que sea posible. Vaya siempre acompañado de un amigo o vecino. Conozca bien su vecindario, sus vecinos y su lugar de trabajo. Conozca las tiendas y restaurantes que abren hasta tarde y memorice dónde se encuentran las estaciones de policía y bomberos más cercanas. Lleve su bolsa firmemente y manténgala cerca del cuerpo. Si lleva la billetera (*wallet*) en un bolsillo (*pocket*) interior de la chaqueta (*jacket*) o en el del frente del pantalón, será más difícil que la pierda.

9-12 Las armas. En los Estados Unidos es cada vez más común que la gente tenga armas para defenderse. Formen dos grupos para debatir a favor y en contra de la siguiente resolución: "Cualquier ciudadano tiene el derecho de llevar y usar armas para proteger su vida o su propiedad".

¡A repasar!

por/para

¡Por un vecindario más seguro!

Imagina que has fundado una asociación de vecinos contra el delito. Escribe un discurso (*speech*) invitando a toda tu comunidad a unirse a tu asociación. Utilizando las preposiciones **por** y **para**, expresa tus ideas y explica las tareas que tendrán los miembros de tu comunidad y los beneficios de estar unidos y vigilantes para prevenir el crimen.

MODELO:

- *¡Unámonos **para** tener una comunidad libre de delito!*
- *¡**Por** fin hemos creado el arma más poderosa contra el delito: un vecindario unido y vigilante!*
- *No podemos vivir con miedo **para** siempre.*
- *Tenemos que estar alerta y prevenir el crimen **por** el futuro de nuestros hijos.*

Recuerda: La explicación de los usos de *por* y *para* aparece en la Lección 7.
Reto: Trata de escribir más de ocho oraciones. Usa muchas palabras de **¡Así lo decimos!**

¡Así lo hacemos! ESTRUCTURAS

1. The pluperfect subjunctive

The pluperfect subjunctive has the same communicative function as the pluperfect indicative, which you reviewed in *Lección 5*. It is used to refer to an action or event occurring before another past action or event. However, while the pluperfect indicative describes actions that are real, definite, or factual, the pluperfect subjunctive is used in subordinate clauses that express attitudes, wishes, feelings, emotions, or doubts. See the sentences below the time line.

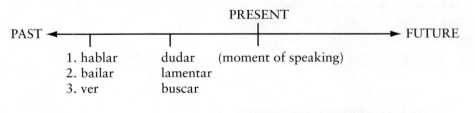

		PRESENT	
PAST ◄────	┬ ┬	┬ (moment of speaking)	────► FUTURE
	1. hablar dudar		
	2. bailar lamentar		
	3. ver buscar		

Dudaban que **hubiéramos hablado** con el policía.

They doubted that we had talked with the police officer.

La novia de Carlos lamentó que él se **hubiera ido** de la fiesta.

Carlos's girfriend was sorry that he had left the party.

● The pluperfect subjunctive is formed with the imperfect subjunctive of the auxiliary verb **haber** + *the past participle*.

	Imperfect subjunctive	Past participle
yo	hubiera	
tú	hubieras	
Ud., él, ella	hubiera	tomado
nosotros/as	hubiéramos	comido
vosotros/as	hubierais	vivido
Uds., ellos, ellas	hubieran	

- Compare the pluperfect indicative with the pluperfect subjunctive in the examples that follow.

Indicative

Dijo que el guardia **había gritado** al criminal.

He said that the guard had yelled at the criminal.

Subjunctive

Deseaba que el guardia no **hubiera gritado** al criminal.

He wished that the guard had not yelled at the criminal.

The first sentence, *Dijo que el guardia **había gritado** al criminal*, uses the indicative because the action in the subordinate clause is presented as a fact. The second sentence, *Deseaba que el guardia no **hubiera gritado** al criminal*, uses the subjunctive because the subordinate clause expresses a hypothetical action— what he wished had not happened, not what necessarily did happen.

Aplicación

9-13 ¡Ah, si hubiera sabido! Las siguientes acciones nunca habrían ocurrido si no hubiera sucedido algo previamente. Combina cada frase de una manera lógica.

MODELO: *No habría asistido hoy a clase si me hubiera dado cuenta de que era sábado.*

1. _____ No me habría hecho un tatuaje...
2. _____ Los jóvenes no se habrían unido a la pandilla...
3. _____ El delincuente nunca habría secuestrado al diplomático...
4. _____ El joven no *habría* faltado a la escuela
5. _____ El supervisor no habría acosado a su empleada...

a. si se hubiera dado cuenta de que la mujer grababa la conversación.
b. si lo hubieran protegido bien los guardaespaldas.
c. si hubiera sabido que me iba a causar una infección.
d. si se hubieran involucrado en una organización de su escuela.
e. si hubieran intervenido sus padres.

9-14 Expediente X. Lee las siguientes oraciones referidas a una serie de suspenso y complétalas con el pluscuamperfecto del indicativo o del subjuntivo, según el contexto.

1. No encontramos a nadie que (ver) _____ el incidente, pero había un señor que lo (oír) _____ todo desde su apartamento.

2. El joven insistió en que no (estar) _____ involucrado en el caso, pero sospechábamos que él (enterarse) _____ de algo. No le permitimos salir antes de que se nos (asegurar) _____ su inocencia.

3. El asesino (disparar) _____ el rifle cuando el camarógrafo lo filmó. Fue ridículo que nadie lo (ver) _____ antes.

4. Al terminar la Guerra Fría, el gobierno ya (identificar) _____ a muchos agentes encubiertos. A los soviéticos los ponía nerviosos que (descubrirse) _____ tanta información secreta.

9-15 Los sospechosos. Tienes que comentar el interrogatorio de unos presos *(inmates)* que se han declarado inocentes. Usa la expresión **como si** para expresar tus sospechas.

MODELO: El joven Miguel dice que no le robó la bolsa a la señora.

   Pero actúa como si se la hubiera robado.

1. Los hombres han jurado que no estuvieron donde ocurrió el incendio.
2. El policía declara que nunca aceptó un soborno *(bribe)*.
3. El hombre dice que no robó el banco.
4. El político juró que no vendió su voto.
5. La mujer declara que ella no maltrató a su marido.

9-16 ¡Ojalá...! Hagan una lista de las noticias recientes y coméntenlas usando ¡Ojalá...!

MODELO: **E1:** *Murieron muchas personas inocentes en Colombia.*

   E2: *¡Ojalá no hubieran muerto!*

9-17 Vándalos modernos. En este artículo, escucharás información sobre un tipo de vándalo moderno. Después de escuchar, completa cada frase de una manera lógica.

1. Estas personas vandalizan...

   a. la calle.   b. el teatro.   c. la Internet.

2. El perfil típico del vándalo es una persona...

   a. segura de sí misma.   b. joven.   c. femenina.

3. El motivo de su vandalismo es...

   a. la satisfacción personal.   b. destruir.   c. matar.

4. Un ejemplo particularmente dañino *(harmful)* fue...

   a. el virus«amor».   b. los graffiti.   c. ántrax.

5. La gente no pudo resistirse al mensaje porque...

   a. prometía cariño.   b. llevaba fotos.   c. daba dinero.

6. El próximo ataque...

   a. será pronto.   b. no se sabe cuándo ocurrirá.   c. será en Alemania.

9-18 A explorar: Contra el delito cibernético. Visita el sitio de *Conexiones* en la red *(www.PHSchool.com)* e inserta el Web Code jpd-0009 para averiguar más sobre el vandalismo cibernético. Describe un ejemplo de vandalismo y sus consecuencias. ¿Conoces a alguien que haya sido víctima de este vandalismo?

COMPARACIONES

9-19 En tu experiencia: Asociaciones de servicio comunitario. ¿Cuáles son algunas de la asociaciones de servicio comunitario en tu ciudad? ¿Eres miembro de alguna o conoces una persona que lo sea? ¿Cuáles son algunos de los proyectos de servicio social que tienen? Cuando leas el artículo sobre ASPIRA, identifica cuáles son sus metas y a quiénes da asistencia.

La Asociación ASPIRA: Liderazgo a través de la educación

ASPIRA, que deriva su nombre del verbo aspirar (*to aspire*), es una organización sin fines de lucro (*non-profit*) dedicada exclusivamente a la educación y al desarrollo de jóvenes puertorriqueños e hispanos. Desde 1961 ASPIRA ha continuado su misión de mejorar la comunidad hispana y su nivel de vida (*lifestyle*) a través de los jóvenes. Esta asociación cuenta con centros comunitarios en grandes ciudades de seis estados y en Puerto Rico. Sus 500 empleados ayudan a más de 25.000 jóvenes y a sus familiares a desarrollar su potencialidad. La meta (*goal*) es convertir a esos jóvenes en líderes educados y seguros de sí mismos (*self-confident*) capaces de beneficiar a su comunidad por medio de su trabajo. ASPIRA ha ayudado económicamente a más de un cuarto de millón de jóvenes que de otra manera habrían abandonado sus estudios. Muchos de los actuales líderes puertorriqueños fueron influenciados por ASPIRA durante su adolescencia.

Los Centros de Tecnología Comunitarios de ASPIRA tienen la meta de enseñar a los hispanos de escasos recursos (*low income*) a usar correctamente la computadora y otra tecnología necesaria para adquirir buenos empleos hoy en día.

Bienvenidos a **ASPIRA** *de Puerto Rico*

9-20 En su opinión. A continuación tienen una lista de algunas organizaciones de servicio comunitario que tienen intereses internacionales. Primero emparejen el nombre de la organización con el tipo de proyecto a que se dedica. ¿Con cuál les gustaría identificarse? ¿Por qué?

1. _____ la Cruz Roja
2. _____ los Leones
3. _____ los Shriner
4. _____ el Hábitat para la Humanidad
5. _____ el Ejército de Salvación
6. _____ ASPIRA

a. ayudar a los niños desamparados (*abandoned*)
b. organizar la construcción de viviendas gratuitas (*free*)
c. mejorar la educación y el desarrollo de los jóvenes hispanos
d. mejorar la vista y tratar las enfermedades visuales
e. promover la donación de sangre y la ayuda a los damnificados en desastres naturales.
f. proveer hospitales para quemaduras (*burns*) graves y para niños

SEGUNDA PARTE

¡Así es la vida!

¿Cómo afecta el alcohol al organismo?

Pedro Mondragón

Contrariamente a lo que mucha gente piensa, el alcohol actúa como depresor del sistema nervioso central, señala el doctor Simón Brailowsky. "Aquellas personas que sienten que pueden hacer mejor muchas cosas (hablar, bailar, manejar, etc.) después de haber ingerido algunos tragos (*drinks*), se equivocan". El doctor Brailowsky afirma que el alcoholismo afecta inicialmente el habla, el pensamiento, la cognición y el juicio (*judgment*). A medida que la concentración alcohólica aumenta en la sangre, se ven afectados la respiración y los reflejos (*reflexes*). El nivel de intoxicación alcohólica puede llegar a producir el estado de coma durante la borrachera. A largo plazo, el alcoholismo puede causar la pérdida de la memoria, irritación estomacal y gastritis, entre otros.

Efectos físicos y psicológicos del alcohol

núm. de tragos	alcohol en la sangre (%)	efectos
1	0,02–0,03	No hay efectos evidentes. Animación.
2	0,05–0,06	Relajación, calor, disminución del tiempo de reacción y de coordinación fina.
3	0,08–0,09	Pérdida ligera del equilibrio, del habla, la vista y el oído. Euforia y falta de coordinación motora fina.
5	0,14–0,15	Alteración mayor del control físico y mental: habla y visión disminuidas.
10	0,30	Intoxicación severa; mínimo control consciente.
17	0,50	Coma profundo.
20	0,60	Muerte por depresión respiratoria.

Estos efectos se han observado en personas no habituadas al alcohol. El intervalo entre trago y trago es de menos de 60 minutos y el equivalente a una cerveza o a una onza de whisky (28 ml).

¡Así lo decimos! VOCABULARIO

Vocabulario primordial

Vocabulario clave

Verbos

amenazar	*to threaten*
apostar (ue)	*to bet*
provenir (ie)	*to come from*

Sustantivos

la borrachera	*drunkenness*
el poder	*power*
la relajación	*relaxation*

Adjetivos

momentáneo/a	*momentary*

Otras palabras y expresiones

a largo plazo	*long term*
darle (a uno/a) risa	*to make one laugh*

Ampliación

Verbos	Sustantivos	Adjetivos
acusar	la acusación	acusado/a
amenazar	la amenaza	amenazado/a
interrogar	el interrogatorio	interrogado/a
jurar	el juramento	jurado/a
juzgar	la justicia/el juicio	juzgado/a
peligrar	el peligro	peligroso/a
prostituir(se)	la prostitución, el/la prostituido/a	prostituto/a

¡Cuidado!   actualmente, de hecho

- To say *currently* in Spanish, use **actualmente**.

  Actualmente hay menos delito en Nueva York.

  Currently there is less crime in New York.

- To say *actually* in Spanish, use **de hecho**.

  De hecho, se han empleado más policías y las calles son más seguras.

  Actually, more policemen have been hired, and the streets are safer.

Aplicación

9-21 Los efectos físicos y psicológicos del alcohol. Clasifica los siguientes efectos del consumo de alcohol como positivos o negativos.

1. relaja a las personas que beben
2. daña el hígado *(liver)*
3. puede beneficiar el corazón
4. dificulta la respiración
5. da la sensación de bienestar
6. dificulta el habla y la cognición
7. se pierde la coordinación motora
8. se siente que se pueden hacer mucho mejor las cosas
9. disminuye la inhibición

9-22 Los efectos del alcohol. De los efectos listados en **9-21** ¿cuál motiva a más gente a beber? ¿Cuál es el más dañino? ¿Bajo qué circunstancias y en qué contextos opinas que es aceptable tomar bebidas alcohólicas? Coloca el signo +, si son positivos y el signo −, si son negativos.

9-23 ¡Cuidado! Completa el párrafo con la expresión adecuada, **actual(mente)** o **de hecho.**

Según noticias 1. _____ publicadas por el Departamento de Salud, se ha reducido el uso de alcohol en las universidades. Se dice que menos del 50% de los estudiantes abusan 2. _____ del alcohol más de una vez al mes. 3. _____, la incidencia entre las mujeres ha disminuido aún más que entre los hombres.

9-24 En familia. Completa las siguientes oraciones usando una variación de cada palabra en itálica. Si necesitas ayuda, consulta la sección llamada **Ampliación**.

MODELO: Algunos opinan que *el vandalismo del Internet* no debe considerarse un delito porque no le hace daño a nadie. Otros opinan que los **vándalos** cometen un delito.

1. Si conduces sín cuidado, pones tu vida en *peligro*. Por favor, no hagas que _____ tu futuro.
2. La policía _____ al prisionero por más de cinco horas. El *interrogatorio* fue duro.
3. El joven *amenazó* a los policías con una pistola. Los policías _____ lo tomaron muy en serio.
4. Estás *acusado* de haber matado a dos personas. ¿Cómo respondes a esta _____?
5. El *juicio* del acusado duró tres días. Fue _____ por un jurado compuesto sólo de hombres.

9-25 La adicción: ¿enfermedad o debilidad personal? El alcoholismo, la drogadicción y otros tipos de adicción nos afectan a todos. ¿Conoces a alguien que sea adicto/a a algo? Explica su situación y cómo ha tratado de resolverla.

9-26 Otros escapes. ¿Qué hacen para relajarse o para aliviarse de las presiones de la vida académica y/o del trabajo? Hablen de los puntos positivos y negativos de otras vías de escape, como el ejercicio, la comida, el tabaco, la meditación, el juego, etc.

9-27 El uso del alcohol en otros países. Se dice que la prohibición del consumo de bebidas alcohólicas a menores de 21 años no ha disminuido el grado *(extent)* de alcoholismo en los Estados Unidos. ¿Qué opinan de esta situación? ¿Cómo se podría combatir? ¿Sería mejor reducir la edad de consumo permitida o eliminar la norma de una edad mínima? ¿Saben cómo es la situación en otros países?

9-28 El alcoholismo. La organización *Alcohólicos Anónimos* se fundó en 1935 y cuenta ahora con 100.000 grupos y dos millones de miembros. ¿Qué tipo de asistencia ofrece esta organización a los alcohólicos? ¿Qué otros grupos en su comunidad ofrecen programas de autoayuda *(self-help)*? ¿Qué recursos existen para las personas que no quieran afiliarse a un grupo formal?

9-29 A explorar: Organizaciones de autoayuda. Hay muchas organizaciones que ayudan a personas que abusan o sufren los abusos de otros. Visita el sitio de *Conexiones* en la red *www.PHSchool.com* e inserta el Web Code jpd-0009 para ver algunos ejemplos y describe los servicios de una de ellas.

9-30 ¿Un sueño imposible? Expliquen el dibujo que aparece a continuación. ¿Con cuál de los dos están de acuerdo? ¿Por qué? Nombren algunos esfuerzos que se han hecho contra los cárteles (drug cartels), los traficantes y el consumo de drogas. Hablen de los éxitos y fracasos de esta lucha.

¡A repasar!

El subjuntivo y el indicativo en las cláusulas adverbiales
El delito en mi comunidad

Escribe una columna para el periódico sobre algún tipo de crimen que preocupe a tu comunidad. Describe el problema, sus causas y efectos, y propón soluciones. En tu artículo, asegúrate de usar al menos cinco de las siguientes expresiones: *a menos que, antes de que, para que, en cuanto, con tal de que, cuando, tan pronto como, de manera que, aunque, donde, hasta que.* No olvides que debes usar el subjuntivo con algunas de ellas.

MODELO: [...] *Tenemos que unir nuestros esfuerzos **para que** nuestra comunidad esté libre de delito. Nuestros hijos no podrán jugar seguros **hasta que** se eliminen las pandillas en nuestro vecindario. No mejorará la situación **a menos que** todos cooperemos.* Etc.

Recuerda: Puedes encontrar explicaciones y ejemplos del uso del subjuntivo e indicativo en cláusulas adverbiales en la Lección 6.

Reto: Trata de usar todas las expresiones en tu artículo. Usa muchas palabras de **¡Así lo decimos!** de la Primera y de la Segunda parte.

¡Así lo hacemos! ESTRUCTURAS

2. Uses of *se*

The impersonal *se* to express "people, one, we, you, they"

En mi fraternidad se come más que aquí.

The pronoun **se** may be used with the third-person singular form of a verb to express an idea without attributing the idea to anyone in particular. These expressions are equivalent to English sentences that have impersonal subjects such as *people, one, you, we, they.*

Se dice que un hombre que no sabe callar es un tonto.	*They/People say that a man who doesn't know how to keep silent is a fool.*
Se puede rehabilitar a los alcohólicos con terapia y disciplina.	*One/You/We can rehabilitate alcoholics with therapy and discipline.*

● As in English, the third person plural of the verb may be used alone to express these impersonal subjects.

Dicen que la sentencia del joven no era justa.	*They say that the young man's sentence wasn't fair.*

The passive *se*

SE ABRE ESTE CAFÉ DE LAS 8:00 A.M. A LAS 11:00 P.M.

The pronoun **se** may also be used with the third-person singular or plural form of the verb as a substitute for the passive voice in Spanish. In such cases, the person who does the action is **not** mentioned.

● The verb that follows **se** is in the third person singular when the statement refers to a singular noun, and in the third person plural when the statement refers to a plural noun.

Se vende comida en las calles.	*Food is sold on the streets.*
Se venden revistas en esa tienda	*Magazines are sold in that store.*

● When the statement refers to a specific person or persons, the verb that follows **se** is in the third person singular and the personal **a** is used.

Se acepta a Juan porque ha dejado de mentir.

Juan is being accepted because he stopped lying.

Se apoya a los ex miembros de la pandilla aun después que dejan el programa.

The ex-gang members are supported even after they leave the program.

Aplicación

9-31 ¿Qué se dice? Combina las frases para formar oraciones lógicas.

MODELO: Se dice que va a hacer mucho calor hoy... *en el Amazonas.*

1. _____ Se cree que los jóvenes abusan menos...

   a. reciben sobornos (*bribes*) de los acusados.

2. _____ Se opina que los programas de autoayuda...

   b. en muchas de las fiestas de las fraternidades.

3. _____ Se sospecha que algunos oficiales de la policía...

   c. son mucho más severas en otros países.

4. _____ Se dice que las leyes contra el vandalismo...

   d. de la generosidad de sus padres hoy en día.

5. _____ Se roba

   e. jugando en los casinos.

6. _____ Se encuentra a gente de todos los niveles sociales...

   f. son beneficiosos para las familias de los adictos.

7. _____ Se trasnocha demasiado

   g. en los barrios ricos además de en los pobres.

8. _____ Se pierde mucho dinero...

   h. en las organizaciones de autoayuda.

9-32 En la corte. Éstos son comentarios que se oyen en la corte. Completa cada uno con la forma correcta del verbo y el *se* impersonal o el *se* pasivo.

MODELO: (Sentenciar) al delincuente.

   Se sentencia al delincuente.

1. (Decir) que las sentencias son más duras ahora que antes.
2. (Interrogar) a los sospechosos.
3. (Juzgar) culpable al inocente.
4. (Creer) que las víctimas tienen derechos también.
5. (Escuchar) comentarios de los abogados y del juez.
6. (Ver) muchos casos difíciles.
7. (Arrestar) a los miembros de la pandilla.
8. (Condenar) a muerte al asesino.

9-33 Portavoz presidencial. Usa estas expresiones y otras para comentar lo que se anuncia en el periódico.

se dice	se opina	se duda	se afirma
se cree	se teme	se anuncia	se niega

MODELO: Los miembros de la ETA quieren negociar con el gobierno español.

   Se dice que los miembros de la ETA quieren negociar con el gobierno español.

1. El índice de delincuencia en esta ciudad ha bajado este año.
2. El índice de vandalismo en la juventud sigue igual.
3. Hay un plan nuevo para manejar el problema del cibervandalismo entre los jóvenes.
4. Se abre un hogar para proteger a niños y a mujeres víctimas de abuso.
5. Van a investigar si la pena de muerte *(death penalty)* reduce el índice de la delincuencia.
6. Un comité del Senado va a investigar si es posible rehabilitar a alguien que cometa un homicidio.

9-34 ¿Dónde? Conversen entre Uds. para contestar estas preguntas.

1. ¿Dónde se cometen más crímenes violentos?
2. ¿Dónde se sentencia al mayor número de personas a la pena de muerte?
3. ¿Dónde se rehabilita a los delincuentes?
4. ¿Dónde no se denuncia el terrorismo?
5. ¿Dónde se persigue a los inocentes?
6. ¿Dónde se arresta a los que practican el cibervandalismo?

9-35 Una campaña importante. Hagan una lista de problemas sociales y monten una campaña para combatir uno de ellos. Usen expresiones impersonales para explicar sus motivos, propósitos y metas.

MODELO: el delito juvenil

   Se opina que el delito juvenil es uno de los problemas más graves de nuestra sociedad. Con nuestra campaña se espera atraer a los jóvenes a actividades más sanas y seguras.

3. Indefinite and negative expressions

Afirmativo		Negativo	
algo	*something, anything*	nada	*nothing, not anything*
alguien	*someone, anyone*	nadie	*nobody, no one*
algún, alguno/a(s)	*any, some*	ningún, ninguno/a	*none, not any*
siempre	*always*	nunca, jamás	*never*
también	*also, too*	tampoco	*neither, not either*
o…o	*either…or*	ni… ni	*neither…nor*

● In Spanish, the adverb **no** can be used with a second negative expression to form a double negative. **No** must precede the verb, and the second negative (e.g., **nada, nadie, ningún**) will either immediately follow the verb or be placed at the end of the sentence.

No apuesto **nunca.**	*I never bet.*
No le hablo del escándalo a **nadie.**	*I don't talk about the scandal to anyone.*

● When the negative expression precedes the verb, **no** is omitted.

Nunca apuesto.	*I never bet.*
A **nadie** le hablo del escándalo.	*I don't talk about the scandal to anyone.*

● Because **nadie** and **alguien** refer only to persons, the personal **a** is required when they appear as direct objects of the verb.

¿Se arrestó **a alguien** esta noche?	*Did they arrest anyone tonight?*
No, no se arrestó **a nadie.**	*No, they didn't arrest anyone.*

● The adjectives **alguno** and **ninguno** drop the -o before a masculine singular noun in the same way that the number **uno** shortens to **un.** Note the written accent on the resulting forms.

Ningún ladrón vino esta tarde.	*No thief came this afternoon.*
Tengo que entrevistar a **algún** juez.	*I have to interview a judge.*

● In a negative sentence, all indefinite words are negative.

El policía **no** interroga a **nadie tampoco.**	*The policeman doesn't interrogate anybody either.*

Aplicación

9-36 Una sesión de la corte. Combina las preguntas y respuestas de una manera lógica para representar una escena en la corte.

1. _____ ¿Hay alguien aquí que represente al acusado?

2. _____ Señor, ¿tiene Ud. dinero para pagar la multa?

3. _____ Señor Juez, ¿no tiene Ud. ninguna compasión?

4. _____ Señor, o se calla o va a la cárcel.

5. _____ ¿Alguna vez ha sido detenido por la policía?

6. _____ ¿Está listo para confesar?

a. Sí, tengo, pero la reservo para los inocentes.

b. ¡Jamás confesaré!

c. No hay ningún abogado que lo represente en este momento.

d. ¡No hay nadie que merezca (deserves) ser condenado por decir la verdad!

e. Lo siento, señor Juez. No tengo ni trabajo ni dinero.

f. Esta es la primera vez que me detienen. ¡Se lo juro!

9-37 Una escena callejera. Completa el diálogo entre el policía y algunos jóvenes que se encuentran en la calle muy tarde por la noche. Elige entre los expresiones siguientes.

algo	alguien	siempre	algún/alguna/algunos/algunos
nada	nadie	nunca/jamás	ningún/ningunos

Policía: Buenas noches. ¿Han visto a (1) _____ sospechoso por aquí? Hubo un robo en una tienda y se escapó con (2) _____ de mucho valor.

Manolo: No, no hemos visto a (3) _____ sospechoso. Y siempre estamos aquí a estas horas. La verdad es que (4) _____ le hacemos caso a la gente que pasa por aquí.

Policía: Bueno. Buscamos a (5) _____ que lleva una chaqueta (6) _____ azul oscura (7) _____ negra.

Pancho: No hemos visto a (8) _____ ni con chaqueta ni con abrigo. ¿Tiene Ud. más detalles?

Policía: No, esto es todo por ahora, pero si escuchan (9) _____ información o ven (10) _____ sospechoso, aquí tienen mi número de teléfono. ¿De acuerdo?

Pancho: Claro que sí, pero por ahora, no tenemos (11) _____ que informar.

9-38 ¡No seas tan negativo! Respondan a los siguientes comentarios y ofrezcan razones que justifiquen su opinión.

MODELO: No hay ninguna oportunidad para los jóvenes que no tienen título universitario.

E1: *Sí, hay algunas oportunidades, especialmente en los campos tecnológicos.*

E2: *Y si sabes un segundo idioma, hay muchas oportunidades en el comercio.*

1. Siempre maltratan a los prisioneros en las cárceles.
2. El juez nunca es imparcial.
3. La policía tampoco captura a los ladrones.
4. Hay algo sospechoso en este caso.
5. Los políticos son delincuentes o los delincuentes son políticos.
6. Los abogados siempre son deshonestos.
7. Hay algunos escándalos en el gobierno.
8. No hay nada que se pueda hacer para combatir el problema de los secuestros.

9-39 ¡Jamás! ¿Qué no harían jamás y por qué?

MODELO: E1: *¡Jamás fumaría!*
E2: *¡Ni yo tampoco!*

9-40 Sus opiniones. Hablen de las siguientes cosas y den su opiniones.

MODELO: algo que les disguste

Algo que me disgusta es el vandalismo. Me molesta la falta de respeto a la propiedad de otros.

1. algo que admiren
2. algo que les moleste
3. algún acontecimiento que les sorprenda
4. algo que les fascine
5. alguna persona que admiren
6. algo que les dé risa

9-41 Un anuncio de un servicio público. Completa las frases según el anuncio que vas a escuchar.

1. El anuncio ofrece consejos para..
   a. bajar de peso.
   b. dejar de fumar.
   c. aliviar la depresión.
2. Las personas adictas son más propensas a morir de…
   a. enfermedad coronaria.
   b. diabetes.
   c. suicidio.
3. Además del adicto, sufren…
   a. los familiares, especialmente los niños.
   b. los compañeros de trabajo.
   c. los supervisores en el trabajo.
4. Para tener éxito, hay que…
   a. consultar a un psicólogo.
   b. seguir una dieta estricta.
   c. seguir cinco pasos esenciales.
5. Durante el tratamiento, es común sufrir…
   a. una recaída *(relapse)*.
   b. un ataque cardiaco.
   c. una crisis psicológica.
6. Lo más importante es…
   a. juntarse con un grupo de apoyo.
   b. leer libros de autoayuda.
   c. seguir tratando de dejar el vicio.

9-42 En su opinión. Conversen sobre su experiencia y den su opinión sobre el vicio de fumar.

1. ¿Qué opinan del hábito de fumar?
2. ¿Conocen a alguien que haya usado algún producto para dejar de fumar?
3. ¿Ha tenido éxito? ¿Por qué?
4. ¿Qué opinan de los casos judiciales entre los estados y las compañías de tabaco?

9-43 A explorar: ¿Qué es la adicción a las drogas? Visita el sitio de *Conexiones* en la red *www.PHSchool.com* e inserta el Web Code jpd-0009 para ver cómo se define la "drogadicción". Escribe su definición y da ejemplos de cómo se manifiesta.

Conexiones

3 **Las drogas y la delincuencia.** ¿Cuál es la relación entre la droga y la delincuencia? ¿Es tan simple como parece, es decir, a más droga mayor delincuencia? ¿Cuáles son los delitos más frecuentemente asociados con la compra y venta de droga? ¿Hay algunos narcóticos que aparentemente causen más delincuencia que otros? Con dos o tres compañeros/as, discutan el problema y propongan algunas medidas que se podrían tomar para resolverlo. ¿Debe legalizarse alguna droga? ¿Debe eliminarse la posibilidad de poner a los convictos de delitos asociados con el narcotráfico en libertad bajo palabra *(parole)*? ¿Está la solución en otra parte que no sea la corte?

 Ritmos

Ramón Orlando

Ramón Orlando es un conocido cantautor dominicano. La canción «Esto fue lo que vi» trata de los problemas que preocupan a la sociedad y pertenece a su álbum *América sin queja*. Escucha la canción y piensa si estás de acuerdo con lo que describe el compositor.

Antes de escuchar

9-44 Un paseo por la ciudad. Imagina que das un paseo por una gran ciudad. Apunta lo que ves y relaciónalo con los siguientes conceptos.

- la violencia
- la crueldad
- la avaricia
- la indiferencia
- la tragedia
- la necesidad

A escuchar

Esto fue lo que vi

Coro: Abre los ojos
que hay que ver

Salí a pasear un día
un domingo por la tarde
y para sorpresa mía

Coro
mira, esto fue lo que vi

Un tipo y un machete
que a otro perseguía
Na'°, pana°, pana, pana, panal   nada / *buddy*
la gente los miraba
pero nadie se metía°   *got involved*
Coro
y con pena los veía
Coro
Na pana, panal
seguía caminando
y esto fue lo que vi
Una guagua° y un camión   autobús
en la calle Duarte chocan
Coro
Na' pana, pana, pana, panal
los choferes se apean°   se... *get off the bus*
y a palos° se destrozan   a... *beat themselves up*
Coro
los que iban en la guagua
asustaos° se desmontan   asustados
Coro
Na' pana, panal
Esto fue lo que vi

Seguí mi paseo del día
del domingo por la tarde
y para sorpresa mía
mira, esto fue lo que vi
Una flaca y una gorda
por la calle caminando
Coro
Na' pana, pana, pana, panal
a la flaca piropean°   *cat-call*
a la gorda no hacen caso°   hacen... *pay attention*
Na' pana, panal
y esto fue lo que vi

Y no me atrevo a contarlo
porque era muy serio
salí a pasear un día,
un domingo en la tarde
y para sorpresa mía
Coro
mira, esto fue lo que vi
Coro
Na' pana, pana, pana, panal

Una señora feliz
un hijo en el extranjero°   en... *abroad*
está muy contenta
le manda mucho dinero

Coro
Na' pana, pana, pana, panal
pero ha tenido que ir a verlo al cementerio
Coro
Na' pana, panal
Esto fue lo que vi

Una chica que llevaba
una lata en la cabeza
Coro
Na' pana, pana, pana, panal
hace tiempo que en el barrio
una gota° de agua no llega   *drop*
Coro
Na' pana, pana, pana, panal
una llave rodeada°   *surrounded*
de poncheras° y cubetas°   *bowls / buckets*
Coro
Na' panal
esto fue lo que vi

Un político promete
que al llegar las elecciones
Na' pana, pana, pana, panal
cuando llegue al poder
acabarán los apagones°   *blackouts*
Coro
Na' pana, pana, pana, panal
otro promete lo mismo
y hay basura por montones°   hay...*there's a lot of trash*
Coro
Na' pana, panal
esto fue lo que vi

Y no me atrevo a contarlo (bis)
porque era muy serio el caso
dese una vueltecita°   dese... *take a stroll*
y usted verá lo que se ve

¿Qué es lo que se ve? Droga
¿Qué es lo que se ve? Tigueraje°   *Delinquency*
¿Qué es lo que se ve?
¡Déjelo policía! Es inocente

¿Qué es lo que se ve? Delito
¿Qué es lo que se ve? Delincuente
¿Qué es lo que se ve?
El tipo de la yipeta° es buena gente°.   *jeep* / buena...*nice; good person*

Después de escuchar

9-45 Lo que ven los demás. Según el cantautor, ¿qué hacen estas personas?

- los políticos
- los burócratas
- los cantantes
- los ricos
- los clérigos
- los pobres
- los profesores
- los médicos

9-46 El lado bueno. ¿Pueden Uds. ver el lado positivo de lo que se ve diariamente en las calles de nuestras ciudades? ¿Qué ven? Hagan una lista y a continuación compartan la información con otros grupos.

 Imágenes

Camilo Egas (1889–1962)

Camilo Egas fue uno de los pintores ecuatorianos más importantes e influyentes de la primera mitad del siglo XX. Sus obras muestran la realidad humana tanto interna como externa. Aunque promovió el arte indígena en Ecuador, Egas también presentó en sus pinturas la condición del ser humano en la sociedad moderna. *Estación de la calle 14* es una obra que creó mientras vivía en Nueva York.

Camilo Egas, *Estación de la calle 14*, Casa de la Cultura, Quito, Ecuador

Perspectivas e impresiones

 9-47 ¿Conocen a este señor? Especulen sobre quién será el hombre de la pintura. ¿Por qué se encuentra en la calle? ¿Quiénes serán sus amigos, su familia? ¿Trabaja? ¿Dónde? ¿En qué estará pensando? ¿Dónde pasará la noche?

 9-48 Pónganse en la escena. ¿Cómo se sienten al ver a este señor? ¿Harían algo para ayudarlo? ¿Creen que podrían encontrarse en una posición semejante *(similar)*? Si sufrieran tal desgracia, ¿qué harían?

9-49 A explorar: Vivir en la calle. Visita el sitio de *Conexiones* en la red *www.PHSchool.com* e inserta el Web Code jpd-0009 para descubrir cómo es realmente la vida de las personas que no tienen hogar. Diseña un folleto en el que incluyas por lo menos tres causas, tres efectos y tres posibles soluciones del problema.

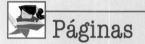

Páginas

Soraya Izquierdo

Soraya Izquierdo de Vega nació en Villanueva de la Serena, un pequeño pueblo extremeño de España, el 22 de junio de 1987. Actualmente estudia, trabaja y es actriz de teatro. A su corta edad, ha escrito textos para obras teatrales y cortometrajes, y ha ganado ya numerosos premios literarios. Su trabajo es aplaudido por muchos y promete ser una escritora de calidad en el futuro.

Antes de leer

9-50 El lugar donde naciste. ¿Cómo ha cambiado el lugar donde naciste? ¿Ha mejorado *(improved)* o empeorado *(worsened)*? Da dos o tres ejemplos específicos.

MODELO: *El lugar donde nací ha mejorado bastante. Las calles están más limpias ahora que hace cinco años, las escuelas son más modernas y el centro tiene más actividad. Pero ahora hay más delincuencia.*

9-51 Estrategias de la lectura. La narración en primera persona, refleja el punto de vista del narrador. Al leer este relato, anota cuáles son sus impresiones según estas tres categorías.

1. su experiencia en el pueblo
2. lo que espera encontrar al volver a su pueblo
3. su reacción

A leer

Un pueblo sin drogas

Estaba emocionado. Por fin volvería a ver la ciudad que me vio nacer. Me habían
dicho que ha llegado un nuevo alcalde° al servicio municipal, que ha contribuido a
la mejora de la ciudad en todos los aspectos. Me paro° a pensar en cómo era antes
de marcharme a la Argentina para trabajar. La recuerdo con un hermoso parque
lleno de árboles y jardines, y con gente encantadora que te saludaba aunque nunca
hubieras hablado con ella.

   El avión aterrizó. Cogí mis maletas y llamé un taxi. Desde la ventanilla veía el
paisaje de mi tierra; las verdes encinas° vigilaban la autovía° desde lo alto del monte
majestuosamente, los toros° pastaban ingenuos° a su futuro tan desagradable, nada
había cambiado. El conductor me preguntó si era de fuera° al ver lo ensimismado°
que estaba viendo a través de la ventanilla. Yo contesté que no, pero por mi acento
argentino, que había adoptado después de cuatro años, y la cara de niño viendo
una caja de colores que seguramente se me puso°, me pareció que no me creyó.

   Faltaba poco para llegar. Me pregunté si seguiría habiendo drogadictos a punto
de morir por una sobredosis tirados por° mi calle o en el parque con las jeringuillas°
a un lado, o pidiéndote dinero con una navaja° en la mano temblando como si
tuviesen parkinson. Pero mi pregunta pronto tuvo repuesta. El lugar favorito de los
"drogatas", en el que se juntaban todos, era precisamente el portal de mi casa. Ya
no había cajas de cartón tiradas por el suelo ni bolsitas de plástico, donde
guardaban las pastillas, en su lugar estaba un imponente macetero° de piedra con
plantas de plástico. Pero si el macetero había costado mucho o poco, o si eran de
verdad o no las plantas daba igual°, lo importante era que el aspecto, no sólo del
edificio sino del barrio, había cambiado. Porque ahora no tendríamos que
quedarnos en casa cada vez que lloviera y nos hiciese falta alguna cosa que
pudiéramos comprar en la tienda de abajo, por no tener que pasar entre la
aglomeración de drogadictos que "habitaban" el portal°. Ni tendríamos que cruzar
de acera° cuando viéramos a uno apoyado° en una pared (que era constantemente).

   Subí a mi casa y observé que no tenían tanto polvo los muebles como pensaba.
Me apetecía° un cigarrillo, sería el primero en mi hogar°. No encontré la cajetilla°,

mayor
I stop

oaks, highway
bulls, pastaban... grazed
   innocently / a foreigner /
   pensive

la cara... I blushed

strewn about / syringes
knife

flowerpot

it made no difference

doorway
to the other sidewalk /
   leaning
I longed for / house / pack

face / clerk
former Spanish currency /
* surprised*

doubt

1 duro=5 pesetas

I refused

30 así que decidí bajar a la tienda para comprarlos y de paso el periódico y unas cajas de leche.

Habían puesto un letrero de colores y una puerta más amplia. Me sorprendí al ver el rostro° del dependiente°, se parecía mucho a aquel muchacho que me robó 5.000 pesetas° a punta de navaja. Él también parecía asombrado°, y, alegremente,
35 me dijo un ¡hola! que era de esos que te dicen los amigos cuando hace mucho tiempo que no te ven. Yo le respondí con otro ¡hola! muy alegre pero que escondía la duda°. El muchacho me dijo que gracias al dinero que me robó pudo entrar en un centro de
40 toxicómanos y que ya estaba totalmente rehabilitado. En el fondo me alegré de que mis 1.000 duros° habieran servido de algo mejor que para comprar unas pastillas. Me prometió que cuando tuviera suficiente me las devolvería, pero yo,
45 como persona honesta que soy, rechacé° la propuesta inmediatamente. Y pensé, que era buen momento para dejar de fumar.

Después de leer

9-52 ¿Ahora o antes? Identifica si estas frases describen el pueblo de antes o el pueblo de ahora.

	Ahora	Antes
1. Hay drogadictos en la calle.		
2. Hay ganado (*cattle*) en los campos.		
3. Hay un hermoso parque.		
4. La casa parece más limpia.		
5. Hay un alcalde nuevo.		
6. Hay mucha delincuencia.		
7. Hay criminales rehabilitados.		
8. Hay razón para dejar de fumar.		
9. Es víctima de un delito.		
10. Hay flores de plástico en el portal de su casa.		

9-53 Las experiencias del narrador. Refiérete a tus apuntes para la actividad 9-50. ¿Cuáles de las experiencias del narrador has tenido tú o un conocido tuyo?

MODELO: *El narrador ha vivido lejos de su casa. Yo nunca he salido de mi pueblo.*

9-54 La entrevista. Recreen una entrevista entre el/la narrador/a del cuento y un/a periodista para saber más de la historia del pueblo y por qué lo dejó.

MODELO: **E1:** *¿Por qué dejó su pueblo?*

           E2: *No quería vivir donde había tanto delito.*

 Taller

Un relato en primera persona

El relato anterior se narra en primera persona e interpreta las acciones y pensamientos de los demás. Se permite especular y dejar entrar cierto tono inquietante y misterioso. Escribe un relato siguiendo los pasos a continuación.

Antes de escribir

Idear. Piensa en un acontecimiento o incidente en que hayas participado o que hayas imaginado. Escribe unas frases para indicar la secuencia de la acción.

Crear la escena. Escribe algunas oraciones para crear la escena. Incluye elementos psicológicos tanto como físicos.

A escribir

Introducir la acción. Escribe unas diez oraciones en las que des una cronología del incidente y en las que añadas otros detalles. Especula sobre los pensamientos de los personajes en función de sus gestos, palabras y acciones. Incluye tus propias reacciones y estado psicológico.

Aumentar la tensión. Aumenta la tensión dramática añadiendo dos o más intentos para resolver el problema.

Resolver. Escribe dos oraciones para indicar tu salida del incidente, pero siempre dejando un aire de misterio sobre su resolución.

Después de escribir

Revisar. Revisa tu relato para ver si tiene una secuencia lógica. Luego revisa los siguientes aspectos.

- ❑ ¿Has incluido una variedad de vocabulario?
- ❑ ¿Has empleado algunas expresiones indefinidas o negativas?
- ❑ ¿Has incluido el uso del **se** impersonal o pasivo?
- ❑ ¿Has usado el pluscuamperfecto del subjuntivo (*si hubiera sabido…*)?
- ❑ ¿Has verificado la ortografía y la concordancia?

Intercambiar. Intercambia tu relato con el de un/a compañero/a. Mientras leen sus trabajos, hagan comentarios y sugerencias sobre el contenido, la estructura y la gramática.

Entregar. Pasa tu relato a limpio, incorporando las sugerencias de tu compañero/a y entrégaselo a tu profesor/a.

10

El empleo y la economía

Objetivos comunicativos

- Reading classifieds and looking for jobs; interviewing for a job
- Debating national and international economic issues
- Clarifying information

Contenido

Curiosidades

¿SABES?

- ¿De dónde viene el signo de dólar ($)?
  - **a.** de Grecia
  - **b.** de Gran Bretaña
  - **c.** de España
- ¿Qué usaban los aztecas como dinero?
  - **a.** polvo de oro y caracoles
  - **b.** granitos de cacao y plumas de aves
  - **c.** piedras preciosas y plata
- ¿En dónde se originó el billete?
  - **a.** en la India
  - **b.** en la China
  - **c.** en Mesopotamia
- ¿Cuál es el origen de la palabra *dollar*?
  - **a.** España, durante el periodo de la colonización de América
  - **b.** Francia, durante el período del reinado de Luis XV
  - **c.** Holanda, a finales del siglo XVIII

Go Online
PHSchool.com

For: *Fondo cultural* reading
Visit: PHSchool.com
Web code: jpd-0010

¡Así es la vida!

EMPLEOS

SE OFRECEN

excelentes oportunidades a ingenieros/as mecánicos/as en empresa progresiva ubicada en Buenos Aires. Se ofrece salario competitivo y todos los beneficios de una compañía multinacional del siglo XXI. Envíe currículum vitae y foto a Oficina de Personal, Mecanosur, Apartado Postal 8800, Buenos Aires, AR.

DISEÑADOR/A DE SITIOS WEB

para hacer trabajo como consultor/a (*freelance*). Enviar resumé, ejemplos de su trabajo y referencias a UltraNet.com. Debe estar disponible para empezar a trabajar inmediatamente.

EXCELENTE COMPAÑÍA

de productos de belleza solicita personal T/C o T/P para ocupar posiciones de *Directoras*Supervisoras y *Demostradoras para impulsar sus productos. Debe ser dinámica y dispuesta a ganar mucho dinero. Salario y comisión. Interesadas llamar a Dolores al (201) 555-9891.

PROGRAMADORES

para crear juegos infantiles y de acción. Se ofrecen buen salario y bonificación después de un año. Comuníquese con MANZANA, San José, CA.

MADRES, TRABAJEN EN CASA

armando trabajos manuales muy fáciles de hacer, para fábricas en todo el país. Garantizado. Llame al 215-555-886. Gratis al 1-800-555-7817.

ASESORES

Se necesitan urgentemente titulados en artes liberales como asesores para empresas nacionales e internacionales. Tres meses de entrenamiento pagados, salario mínimo de $30,000, seguro médico y retiro. Llamar al 1-800-555-8465.

BUSCAMOS PERSONAS

de ambos sexos, para trabajar en promociones hoteleras e inversiones. Para más información, comuníquese con la Srta. Madeira llamando al (718) 555-8244. Debe estar dispuesto/a a trabajar los fines de semana y el turno de noche.

PROFESORES

de español y japonés. Se exige título B.A. y experiencia. Salario mínimo $40,000. Escuelas privadas exclusivas. Enviar CV y referencias a BUSCA-PROFE, Apdo. Postal 21000, NY, NY 20298.

MÚSICOS PARA CONJUNTO JAZZ

Guitarristas, trompetistas, saxofonistas, etc. para tocar todos los sábados en Greenwich Village. Llamar a Willy al (210) 555-4876.

ACTORES Y MODELOS

Necesitamos a niños y adultos. No se requiere experiencia (212) 555-1017.

CONTADOR/A

con experiencia en impuestos personales o comerciales. Tiempo parcial o completo. Llamar al teléfono (718) 555-6300.

¡URGENTE! SE NECESITAN

profesionales retirados. Expertos en comercio, diplomacia, turismo y desarrollo económico e industrial en Latinoamérica. También se necesitan personas de ambos sexos y de cualquier edad, con conocimientos de idiomas, relaciones públicas y planificación de eventos sociales, culturales y artísticos. Forme parte de una organización sin fines de lucro (*non-profit*) de gran alcance, la primera que busca el desarrollo de los hispanos en los EE.UU. y en Latinoamérica. Envíe sus datos personales incluyendo número de teléfono a PARA NUESTRA LATINOAMÉRICA, 120 Borderline Ave., Union City, NJ.

ENFERMEROS/AS Y OTRO PERSONAL MÉDICO

Excelentes oportunidades T/C o T/P. Hospital San Juan de Dios, Ponce, PR.

¡Así lo decimos! VOCABULARIO

Vocabulario primordial

el/la arquitecto/a	el/la jefe/a
el/la asistente	la licencia
el beneficio	el/la empresario/a
el comercio	el/la ingeniero/a
la comisión	el/la modelo
el/la ejecutivo/a	el personal
el/la enfermero/a	el retiro
gratis	

Vocabulario clave

Verbos

armar	to assemble
jubilarse	to retire
presentarse	to show up
solicitar	to apply (for a job, at university, etc.)

Sustantivos

las acciones	stocks
el adelanto	advance; loan
el ascenso	promotion
los bienes raíces	real estate
la contabilidad	accounting
el/la empresario/a	business man/woman
el impuesto	tax
la póliza	(insurance) policy; voucher; certificate
el puesto	position (job)
el sueldo	wages

Adjetivos

disponible	available
dispuesto/a	willing
mensual	monthly
semanal	weekly

Profesiones y oficios

el/la asesor/a	consultant, advisor
el/la cajero/a	cashier
el/la contador/a; el/la contable (Spain)	accountant
el/la corredor/a de bolsa	stockbroker
el/la gerente	manager
el/la vendedor/a	salesman/woman

Otras palabras y expresiones

en ventas	in sales
tiempo completo (TC)	full time
tiempo parcial (TP)	part time

Ampliación

Verbos	Sustantivos	Adjetivos
administrar	el/la administrador/a	administrado/a
ascender (ie)	el ascenso	ascendido/a
consultar	el consultorio	consultado/a
(des)emplear	el (des)empleo	(des)empleado/a
entrenar	el entrenamiento	entrenado/a
entrevistar	la entrevista	entrevistado/a
solicitar	la solicitud	solicitado/a
supervisar	el/la supervisor/a	supervisado/a

¡Cuidado!

funcionar, servir, trabajar

- To express *to work* in Spanish, use **funcionar**, **servir**, or **trabajar**, depending on the context.

- These verbs are not interchangeable; their usage depends on context.

- **Funcionar** refers to mechanical, electric, or electronic devices.

  Esta radio no **funciona**.　　　　*This radio doesn't work.*

- **Servir** refers to non-mechanical devices.

  Esta pluma ya no **sirve**.　　　　*This pen doesn't work anymore.*

- **Trabajar** is related to human labor, only referring to a person working.

  Pablo **trabaja** en el banco.　　　　*Pablo works at the bank.*

asistir, atender

- **Asistir** and **atender** are false cognates.

- **asistir**: *to attend; to help*

  Manuel no **asistió** a la reunión　　　*Manuel didn't attend the*
  de la compañía ayer.　　　　　　　　*company's meeting yesterday.*

  La enfermera **asistió** al cirujano　　*The nurse assisted the surgeon*
  durante la operación.　　　　　　　*during the operation.*

- **atender**: *to pay attention; to take care of something or someone; to heed*

  No puedo ir a trabajar porque　　　*I can't go to work because I have to*
  tengo que **atender** a mi hijo　　　*take care of my son who is sick.*
  que está enfermo.

  Necesitamos **atender** este caso　　*We need to pay attention to (tend to)*
  inmediatamente.　　　　　　　　　*this case immediately.*

- **Atiende** mis consejos.　　　　　*Heed my advice.*

Aplicación

10-1 ¿Qué anuncio? Busca títulos de anuncios clasificados en ¡Así es la vida! que les podrían interesar a las siguientes personas.

MODELO: a personas que tengan título en contabilidad

　　　　contador/a

1. a gente con título de ingeniero/a
2. a personas jubiladas
3. a alguien guapo y fotogénico
4. a una persona que hable más de un idioma
5. a uno/a que tenga una personalidad dinámica

6. a una persona que quiera trabajar desde su casa

7. a uno/a con entrenamiento médico

8. a una persona que tenga poca experiencia

9. a uno/a con habilidad artística

10. a alguien que necesite seguro médico

11. a personas bilingües

12. a gente que quiera trabajar a tiempo parcial

13. a personas que toquen un instrumento musical

10-2 ¿Qué profesión u oficio asocias con...? Asocia las profesiones u oficios, con un lugar y un producto.

MODELO: el artista

el artista—el estudio—la pintura

La profesión o el oficio	El lugar	El producto
1. el mecánico	una compañía de *software*	las acciones
2. el banquero	un almacén	la campaña publicitaria
3. el analista de sistemas	la bolsa del NYSE	los discos DVD
4. la agente	una gasolinera	los artículos de ropa
5. el corredor de bolsa	una agencia de bienes raíces	los cheques
6. la diseñadora	un banco	la casa
7. la vendedora	una agencia de publicidad	los automóviles

10-3 Ventajas y desventajas. Haz una lista de ventajas y desventajas de seis profesiones u oficios.

MODELO: el/la agricultor/a

Ventajas	Desventajas
Pasa mucho tiempo al aire libre.	*Tiene que madrugar.*
Lleva una vida muy sana.	*Trabaja largas horas.*
Por lo general come comida muy fresca.	*Muchas veces gana muy poco por sus esfuerzos.*

10-4 ¡Cuidado! Completa el párrafo con la forma correcta de *asistir, atender, funcionar, servir* o *trabajar.*

Los empleados que (1) _____ en la empresa CompuSur siempre se quejan cuando no (2) _____ bien sus computadoras. Por eso, han contratado a un técnico en computadoras que les (3) _____ cuando tienen problemas. Ricardo es muy bueno porque (4) _____ a tres clases avanzadas de computación y tiene varios años de experiencia arreglando sistemas. Siempre trata de arreglar la computadora, pero cuando se da cuenta de que una ya no (5) _____ , les recomienda que compren otra más moderna.

10-5 En familia. Completa las siguientes oraciones usando una variación de cada palabra en itálica. Si necesitas ayuda, consulta la sección llamada **Ampliación**.

MODELO: Pase usted al *consultorio* donde puede hablar con la directora de personal. Ella va a **consultar** su calendario para darle una cita para la entrevista.

1. ¡Felicitaciones! La vamos a contratar como _____. Su labor será *administrar* el departamento de ventas de la compañía.
2. Necesitamos _____ al médico antes de firmar este contrato. El médico no ha sido *entrenado* todavía.
3. La joven en cuentas corrientes consiguió *ascender* a supervisora. Después del _____, la oficina le dio una fiesta.
4. Hemos recibido más de cien _____ para este puesto. Varios ingenieros de otros países lo *solicitaron*.
5. No podemos *entrevistar* a todos los candidatos. Vamos a considerar a los diez candidatos ya _____ .
6. Se dice que hay buena *supervisión* cuando uno tiene una relación constructiva con su _____ .

 10-6 El trabajo de... Expliquen las obligaciones y el entrenamiento necesario de una persona en estas profesiones u oficios.

MODELO: un/a banquero/a

Trabaja en un banco. Es un trabajo que requiere una persona honesta y que sepa contabilidad. Es normal que tenga que supervisar a muchos cajeros.

1. un/a veterinario/a
2. un/a restaurador/a de arte
3. un/a dueño/a de bienes raíces
4. un/a gerente
5. un/a supervisor/a de ventas
6. un/a arqueólogo/a
7. un/a cirujano/a
8. un/a abogado/a

10-7 Anunciamos. Ustedes manejan un servicio de empleos que pone en contacto a candidatos con compañías que los necesitan. Inventen algunos requisitos y detalles para cada uno de los siguientes puestos y escriban un anuncio para atraer solicitudes.

MODELO: Un contador/a

Buscamos un contador. Tiene que ser una persona responsable y honesta. Debe tener experiencia con páginas electrónicas.

1. un/a publicista
2. un/a traductor/a
3. un/a violinista
4. un/a taxista
5. un/a ingeniero/a ambiental
6. un/a corredor/a de bolsa
7. un/a programador/a
8. un/a científico/a

10-8 ¿Cuáles son sus sueños? Describan la profesión para la que se van a preparar en la universidad. Expliquen por qué eligieron esa profesión, cuáles son sus requisitos y cuáles son algunos de los beneficios del trabajo.

10-9 A explorar: ¡Consejos para una entrevista exitosa! Visita el sitio de *Conexiones* en la red *www.PHSchool.com* e inserta el Web Code jpd-0010 para encontrar consejos sobre cómo conseguir trabajo y para que tu entrevista de trabajo sea todo un éxito. Escribe tres de los consejos que te parezcan más valiosos y explica por qué lo son.

10-10 Una entrevista para un trabajo. Uno/a es candidato/a y el/la otro/a lo/la entrevista para un puesto en su empresa. Sigan y amplíen los pasos a continuación.

1. presentarse
2. entrevistador/a: explicar los requisitos y las responsabilidades del trabajo
3. candidato/a: presentar su *currículum vitae* (*résumé*) y explicar por qué se considera calificado/a
4. entrevistador/a: explicar quién seleccionará al candidato y cuándo
5. candidato/a: agradecerle su tiempo al/a la entrevistador/a
6. despedirse

A repasar

Oraciones con *si*
Erradicar la pobreza

Escribe un discurso en el que propongas soluciones para erradicar la pobreza mundial o de algún país específico. Incluye al menos cinco frases con si (*if*).

MODELO: *Si gano las elecciones, terminaré con la pobreza de este país.*

*Aseguraré un trabajo digno para todos **si** votan por mí.*

***Si** yo fuera presidente, estimularía la economía por medio de la agricultura.*

*Construiría un puente económico entre este país y otros países **si** tuviera el apoyo de todos los ciudadanos.*

Recuerda: Para releer la explicación de la cláusulas con *si*, consulta la Lección 8.
Reto: Trata de incorporar más de cinco cláusulas con ***si*** en tu discurso. Usa muchas palabras de **¡Así lo decimos!**

¡Así lo hacemos! ESTRUCTURAS

Indirect speech

Le dije al director que cumplíamos con todos los requisitos para trabajar en su oficina.

In indirect speech, one person reports what is said, thought, or asked by another. The indirect quote is introduced by a verb of communication such as **anunciar, asegurar, contestar, decir, declarar, informar, preguntar**, etc., and the connector **que**.

Original statement	Reported statement
Anita: «Voy a mandar mi *currículum* a la agencia de empleos.»	Anita dice que va a mandar su *currículum* a la agencia de empleos.
"I'm going to send my résumé to the employment agency."	*Anita says she's going to send her résumé to the employment agency.*
José: «El artista ha sido siempre su propio jefe.»	José me explica que el artista ha sido siempre su propio jefe.
"The artist has always been his own boss."	*José explains to me that the artist has always been his own boss.*

- When the verb of communication in the reported statement is in the past (preterit or imperfect), the following changes occur in the verb tense of the indirect quote.

Original statement		Reported statement
present	⟶	imperfect
future	⟶	conditional
preterit	⟶	past perfect
present perfect	⟶	past perfect

Anita: «**Voy** a la entrevista por la tarde.»
"I'm going to the interview in the afternoon."

Anita **dijo** que **iba** a la entrevista por la tarde.
Anita said she was going to the interview in the afternoon.

Anita: «**Iré** a la entrevista por la tarde.»
"I'll go to the interview in the afternoon."

Anita **dijo** que **iría** a la entrevista por la tarde.
Anita said she would go to the interview in the afternoon.

Anita: «**Fui** a la entrevista por la tarde.»
"I went to the interview in the afternoon."

Anita **dijo** que **había ido** a la entrevista por la tarde.
Anita said she had gone to the interview in the afternoon.

Anita: «**¡He tenido** muchas entrevistas!»
"I've had lots of interviews!"

Anita dijo que **había tenido** muchas entrevistas.
Anita said she had had lots of interviews.

● Questions can be indirectly introduced by verbs like **preguntar**. Yes/no questions are connected to the reporting verb with **si**. Information questions are connected with the original question word.

Nos preguntan: «¿**Están** interesados en el puesto?»
They ask us: "Are you interested in the position?"

Nos preguntan **si** estamos interesados en el puesto.
They ask us if we are interested in the position.

Siempre me pregunta: «¿**Cómo** te cae el candidato?»
He always asks me: "How do you feel about the candidate?"

Siempre me pregunta **cómo** me cae el candidato.
He always asks me how I feel about the candidate.

Aplicación

10-11 Según… Combina las frases de una manera lógica para indicar qué dicen o dijeron las personas indicadas.

1. _____ En la agencia de bienes raíces la agente nos informó…
2. _____ El gerente de la fábrica nos explicó…
3. _____ En el almacén, el cajero me preguntó…
4. _____ La doctora nos dice…
5. _____ La corredora de bolsa nos informa…
6. _____ Los asesores financieros nos aseguran…

a. que tu condición no es grave.
b. que debemos invertir nuestros ahorros ahora.
c. que podremos jubilarnos a la edad de 67 años.
d. que la casa iba a costar más de lo que podíamos pagar.
e. que las partes para los automóviles se fabricaban en México.
f. si quería pagar en efectivo.

10-12 Un artículo en la sección de finanzas. Éste es un artículo sobre la compañía de teléfonos móviles "Telecelular". Completa el artículo con el imperfecto, el presente o el futuro del verbo entre paréntesis, según el contexto.

Según los pronósticos, el mercado para los teléfonos móviles va a crecer mucho para el año 2007. Los dueños de "Telecelular" dijeron que (1. ir) _____ a contratar a 500 trabajadores en su fábrica de San Antonio, Texas. Afirmaron que (2. necesitar) _____ ese personal para responder a la demanda de los años próximos. Entretanto (*meanwhile*), la Comisión Federal de Comunicaciones dijo que el gran número de teléfonos móviles (3. ir) _____ a complicar el sistema de números de teléfono. Afirma que pronto no (4. quedar) _____ suficientes códigos para los números de teléfono. Explican que para el año que viene todo el mundo (5. tener) _____ que marcar por lo menos diez dígitos para comunicarse con el número deseado.

10-13 Anuncios del mundo de los negocios. Tu jefe/a no tiene tiempo para leer las noticias y tú tienes que resumírselas todos los días. Comunícale la información usando el discurso indirecto. Usa expresiones como *se dice que…, se cree que…, se informa que…*

MODELO: La Internet va a ser un recurso indispensable en los negocios.

Se informó que la Internet iba a ser un recurso indispensable en los negocios.

1. Hay más necesidad de gente bilingüe.
2. Es urgente entrenarse en la tecnología.
3. Hoy en día hay más mujeres interesadas en las finanzas que hace diez años.
4. El mundo de las finanzas va a sufrir otros retrasos.
5. Hay muchas oportunidades para los que quieren ser asesores financieros.

10-14 Otras noticias importantes. Individualmente, hagan listas de noticias y de información importante que hayan oído recientemente. Luego, comuníquenselas usando el discurso indirecto.

10-15 A escuchar: Envíos monetarios de los Estados Unidos a América Latina. Escucha este informe económico y completa las oraciones siguientes basadas en esa información.

1. El informe procede de…
   a. México   b. Centroamérica   c. los Estados Unidos
2. Se informa sobre el movimiento de dinero entre…
   a. México y Colombia   b. el norte y el sur   c. el Canadá y los Estados Unidos
3. Según las estadísticas, la mayoría del dinero procede de…
   a. gente pobre   b. los estados tradicionales   c. el tráfico de drogas
4. Los que son más propensos (*likely*) a enviar dinero son los…
   a. recién llegados   b. más ricos   c. que tienen trabajos en hoteles

COMPARACIONES

10-16 En tu experiencia. ¿Qué artículos de ropa usas que se hayan fabricado en otro país? ¿Dónde crees que se ensambló tu coche? ¿Cuáles son las ventajas y desventajas del llamado *"outsourcing"* cuando algunos trabajos se hacen en otros países?

El Tratado de Libre Comercio (TLC [*NAFTA*]) y el Mercado Común del Sur (Mercosur)

El TLC se implementó el 1º de enero de 1994. Por este tratado se han eliminado las tasas arancelarias (*customs fees*) sobre los bienes (*goods*) originarios de México, el Canadá y los Estados Unidos. Para determinar qué bienes pueden recibir trato preferencial se han establecido una serie de reglas de origen. En otras palabras, las ventajas (*advantages*) del TLC se han otorgado (*granted*) sólo a los bienes producidos en la región de América del Norte. Los bienes producidos total o mayormente (*largely*) en otros países no tendrán esos beneficios.

El TLC fue diseñado para aumentar el comercio y la inversión entre sus miembros. El tratado establece fechas específicas para la eliminación de las tarifas y la reducción de otras barreras que impiden el libre comercio. También incluye estipulaciones amplias (*comprehensive*) sobre la ética comercial en la zona de libre comercio. Estas estipulaciones incluyen ciertos tipos de inversiones, servicios, propiedad intelectual (*copyrights*), y el trabajo temporal de empresarios y empresarias.

Chile y otras naciones hispanoamericanas continúan interesadas en ser parte del TLC. Obviamente estas naciones piensan que corren menores riesgos como miembros del TLC que en un potencial acuerdo de comercio libre entre todas las naciones americanas.

Por otro lado Mercosur comenzó con el Tratado de Asunción firmado por la Argentina, el Brasil, el Paraguay y el Uruguay el 26 de marzo de 1991. Se formó con la idea de constituir un mercado común para la libre circulación de bienes, servicios y factores productivos entre estos cuatro países. Desde entonces, Mercosur ha negociado acuerdos (*agreements*) con la Unión Europea (1995), Chile (1996), Bolivia (1997) y con el Mercado Común Centroamericano (1998). Actualmente Mercosur negocia con otros treinta países del hemisferio la creación de un área de libre comercio en las Américas (ALCA), que se implementaría a partir de 2005.

10-17 En su opinión. Formen equipos de tres o cuatro personas para tomar posiciones a favor y en contra de una de las siguientes declaraciones.

- Habrá que disolver el Tratado de Libre Comercio (TLC).
- Los hijos de inmigrantes indocumentados deberían tener acceso a la educación y los servicios médicos.
- Hay que dejar de apoyar la economía de naciones que están en crisis económica.
- La idea de establecer un área de libre comercio en las Américas (ALCA) es excelente.

SEGUNDA PARTE

¡Así es la vida!

EL ROBO DE IDENTIDAD

Su buen nombre y crédito se usan hoy más que nunca para juzgarle como consumidor. Eso significa que su buen nombre y crédito nunca han estado más en peligro. El robo de identidad consiste en que otra persona use de forma fraudulenta su nombre y los datos que le identifican para obtener crédito, mercancía o servicios. Este delito provocó alrededor de (*about*) siete millones de víctimas en los EE.UU. durante el año pasado. Hoy en día éste es el delito comercial que más aumenta. A continuación, tienen algunos datos importantes:

- Las víctimas pierden un promedio de 800 dólares y se pasan dos años tratando de "limpiar" su nombre.
- Los seguros contra el robo de identidad no valen la pena (*are not worthwhile*).
- El gobierno y los comerciantes podrían hacer mucho más por proteger su crédito y su identidad invirtiendo en sistemas de seguridad y adoptando leyes más estrictas.

CÓMO COMBATIR EL ROBO DE IDENTIDAD

El robo de identidad es un delito basado en la oportunidad. Además de vigilar su correo, de revisar sus asuntos financieros regularmente y de pedir informes anuales de su historia de crédito, los siguientes consejos le ayudarán a reducir el riesgo (*risk*) de convertirse en víctima del robo de identidad.

- Sea prudente con su información. Nunca divulgue su número de Seguro Social, su fecha de nacimiento o el apellido de soltera (*maiden name*) de su madre a menos que (*unless*) usted haya iniciado la transacción en cuestión.
- Simplemente diga "no". Ejerza su derecho de prohibir que sus instituciones financieras compartan su información personal con otros.
- Triture (*shred*) y destruya. Antes de desechar archivos que contengan su número de Seguro Social, números de cuentas bancarias y fechas de nacimiento, destrúyalos en una trituradora (*shredder*).
- Tenga cuidado con los cajeros automáticos. Evite (*avoid*) usar cajeros automáticos privados o que no le parezcan normales, ya que podrían estar diseñados para copiar los datos de la cinta magnética de su tarjeta.

¡Así lo decimos! VOCABULARIO

Vocabulario primordial

el billete	los fondos
la caja fuerte	la moneda
el cajero automático	el oro
la cuenta corriente	la plata
la cuenta de ahorros	el tanto por ciento/el porcentaje
el dinero en efectivo	la tarjeta de crédito

Vocabulario clave

Verbos

ahorrar	to save
esclarecer	to clear
prestar	to lend
sacar	to take, pull out
sobregirar	to overdraw

Sustantivos

las acciones	stocks
la bolsa	stock exchange
el bono	bond; bonus
la factura	invoice
la hipoteca	mortgage
los impuestos	taxes
el ingreso	income
el pago	payment
el presupuesto	budget
la quiebra/bancarrota	bankruptcy
el saldo	balance
la tasa	rate

Otras palabras y expresiones

el estado de cuentas	(financial) statement
el talonario (de cheques)	checkbook

Ampliación

Verbos	Sustantivos	Adjetivos
ahorrar	el ahorro	ahorrado/a
alquilar	el alquiler	alquilado/a
depositar	el depósito	depositado/a
endeudar(se)	la deuda	endeudado/a
financiar	el financiamiento	financiado/a
	el/la financiero/a	
gastar	el gasto	gastado/a
invertir	la inversión	invertido/a
prestar	el préstamo	prestado/a
sobregirar	el sobregiro	sobregirado/a

¡Cuidado!

May I have …?, I had…

- *May I have …?* cannot be translated literally into Spanish because ¿**Puedo tener**…? means *May I own …?* To ask someone for something, say ¿**Puede(s) darme (traerme, prestarme)…?**

  ¿**Puede traerme** una Coca-Cola, por favor?   *May I have a Coke, please?*

  ¿**Puede darle** el cambio, por favor?   *May she have her change, please?*

- To state that you had something to eat or drink, avoid **tuve** unless you are talking about receiving something. Use **pedir, comer, tomar**, etc.

  Anoche para la cena **comí** un pedazo de   *For dinner last night I had a slice of* pizza y **bebí** un vaso de leche.   *pizza and I had a glass of milk.*

- To talk about someone having a baby, use the expression **dar a luz**.

  Marta **dio a luz** la semana pasada.   *Marta had a baby last week.* ¡Fue una niña!   *It was a girl!*

¡Extra!
Regionalismos

In American English there are many slang words for *money* (green, bucks, dough, bread, etc.). In Spanish many words are used to say *money,* depending on the country or region. These words are widely used among friends and family or in just about any situation that is not strictly formal. Here are some of them.

la plata (South America)	¡No tengo **plata**!
el chavo (Puerto Rico)	Necesito **chavos** para ir a Nueva York.
el chele (Dominican Republic)	No puedo ir al cine; no tengo ni un **chele**.
las pelas (Spain)	Estoy sin **pelas** ahora, cobro (*I get paid*) la semana próxima.
el bolo (Venezuela)	Esa casa debe costar muchísimos **bolos**.
la lana (Mexico)	Hace falta mucha **lana** para tener un negocio propio.
el cuarto (Dominican Republic)	Ya tengo los **cuartos** para comprar una casa en Santo Domingo.
el quilo (Cuba, Puerto Rico)	¡Ese carro ya no vale ni tres **quilos**!

To express that someone is *out of money* or *broke* you might hear the following.

pelado/a (Puerto Rico, DominicanRepublic)	Estoy tan **pelada** que no puedo comprar ni un chicle.
lavado/a (Bolivia)	Estamos totalmente **lavados**. Esta semana no podemos ir a bailar.
arrancado/a (Cuba)	No te puedo dar más dinero porque estoy **arrancado** esta semana.

Aplicación

10-18 El robo de identidad. ¿Cuáles de estas medidas (*actions*) te ayudan a evitar que te roben la identidad?

1. _____ Triturar los documentos que llevan el número de Seguro Social.
2. _____ Usar el número de Seguro Social para identificarse.
3. _____ Usar un cajero automático conocido.
4. _____ Permitir que el banco comparta datos personales de uno.
5. _____ Comprar un seguro para protegerse.
6. _____ Presionar al gobierno para que adopte leyes más estrictas.

10-19 ¡Socorro! Combina las frases para formar oraciones lógicas, según el contexto.

1. _____ El banco me ha informado que...
2. _____ Quise sacar dinero con mi tarjeta pero no pude porque...
3. _____ El problema es que mis ingresos...
4. _____ Mi tarjeta de crédito impone un límite de 1.000 dólares porque...
5. _____ Necesito un aumento de mi salario para...
6. _____ Lo que necesito más que nada es establecer...
7. _____ En el banco, ofrecen un servicio gratis...
8. _____ Si no salgo de esto voy a tener que...

a. un presupuesto que me ayude a manejar mis finanzas.
b. he sobregirado mi cuenta por 500 dólares.
c. no gano lo suficiente.
d. declararme en bancarrota.
e. que puedo consultar.
f. no cubren mis gastos.
g. poder pagar mis deudas.
h. ¡tenía un saldo negativo!

10-20 Tus finanzas. ¿Cuáles de estos recursos financieros has recibido/pagado o piensas recibir/pagar pronto? Explica las condiciones.

MODELO: un préstamo

Pedí un préstamo cuando compré mi coche. La tasa de interés es del 8 por ciento. Hago un pago mensual de 200 dólares durante 48 meses.

1. una cuenta de ahorros
2. una cuenta corriente
3. impuestos
4. una hipoteca
5. unas acciones

10-21 ¡Cuidado! Completa las oraciones con la forma apropiada de estos verbos.

comer	dar (a luz)	pedir	prestar	tener	tomar	traer

Charo: Manuel, ¿me (1)_____ cinco dólares? Quiero (2)_____ un sándwich.

Manuel: Lo siento, Charo, pero no (3)_____ plata. Ayer mi hermana (4)_____ a un niño y (5)_____ que llevarle flores.

Charo: ¡Enhorabuena! ¿Me puedes (6)_____ su dirección para enviarle una tarjeta?

Manuel: Sí, aquí la (7)_____.

Charo: Ahora vamos a (8)_____ un café para celebrarlo. Te invito.

10-22 En familia. Completa las siguientes oraciones usando una variación de cada palabra en itálica. Si necesitas ayuda, consulta la sección llamada **Ampliación**.

MODELO: Hace un mes abrí una cuenta de *ahorros*. Espero **ahorrar** suficiente dinero para comprar un coche.

1. Según mi talonario, *deposité* el cheque el día 2 de este mes, pero según el banco, el _____ nunca ocurrió.

2. El banco me *ha prestado* el dinero para comprar una casa. El tipo de interés del _____ será del 8 por ciento.

3. ¡Ten cuidado con tus *deudas*! La persona _____ nunca tiene paz.

4. ¡*Gastamos* mil dólares mensuales en comida! Los _____ de ropa son aún mayores.

5. No sé si quiero seguir *alquilando* mi apartamento o comprar una casa. El _____ es un gasto considerable.

6. Si *inviertes* una parte de tu salario ahora que eres joven, podrás jubilarte cuando tengas 50 años. Es una _____ que podrás recuperar cuando seas viejo.

 10-23 A explorar: Consejos para ahorrar dinero. Visita el sitio de *Conexiones* en la red *www.PHSchool.com* e inserta el Web Code jpd-0010 para ver consejos sobre múltiples maneras de ahorrar dinero. Anota cinco que te parezcan factibles *(feasible)* en tu vida y explica cómo piensas aplicarlos.

 10-24 El dinero de plástico. Hagan una lista de las ventajas y desventajas de tener y usar una tarjeta de crédito. ¿Cuándo usan Uds. la tarjeta de crédito? ¿Han sido víctimas de fraude alguna vez? ¿Preferirían no tener tarjetas de crédito? ¿Creen que las empresas dan las tarjetas de crédito con demasiada *(excessive)* facilidad?

10-25 El capítulo 7. Discutan las razones por las cuales querrían o no querrían nunca declararse en bancarrota.

¿Te preocupan tus deudas?

¿Te sientes angustiado o frustrado porque te persiguen tus acreedores? Estas dos opciones son una puerta de escape de tus pesadillas:

1. trabaja con tus acreedores para negociar un plan de pagos
2. si no hay otra salida, declárate en bancarrota

El Capítulo 7 del código de bancarrota te ayuda a eliminar completamente las deudas, incluyendo tarjetas de crédito y préstamos bancarios. Lo mejor es que puedes quedarte con tu casa, tu coche, tus cuentas bancarias, y con una o más tarjetas de crédito. Además, no cambia ni tu condición legal en este país ni tu situación de empleo.

Si quieres una consulta gratis para averiguar tus opciones, llámanos al 1-888-555-2240, «Ramírez e hijos», los abogados del futuro. Pregunta por Juan Ramírez o Esmeralda Gómez.

También puedes visitarnos en:

555 Biscayne Blvd.
Miami, FL 32606

NO ESPERES, NOSOTROS TE ESTAMOS ESPERANDO

10-26 Pedir un préstamo. Basándose en este anuncio que apareció en el periódico, hagan el papel de una persona que pide un préstamo y del dueño/a de una agencia que lo presta.

Excelentes noticias para dueños de casa o personas interesadas en comprar un hogar...

Nunca más le negarán a Ud. un préstamo por falta de respaldo (*support*) financiero. Si Ud. es dueño de una casa, puede obtener un préstamo de hasta un 150% del valor de su casa o 60.000 dólares para arreglos o para consolidar deudas.

Éstas son las condiciones:
- [x] usted es dueño/a de una casa o apartamento
- [x] usted paga sus deudas a tiempo
- [x] usted quisiera arreglar su casa o apartamento
- [x] usted quisiera consolidar todas sus deudas bajo un solo préstamo

Sin obligación y en una hora, *Préstamos Sin Límite* le puede prestar dinero si tiene mal crédito, quiere comprar una casa o apartamento, y sobre todo , si desea consolidar sus deudas. Para más información, llame gratis al Sr. Julio Mestre al 1-888-555-9876.

¡Hablamos su idioma!

10-27 Las mejores condiciones para comprar. Conversen sobre las condiciones bajo las que tienden a gastar más dinero. ¿Tiene que ver con su estado psicológico, el tiempo que hace, la hora del día, si tienen hambre o no, los estímulos visuales o aromáticos?

Olores que le vacían el bolsillo

¿Sabía usted que, según un reciente estudio, los olores en las tiendas tienen un efecto muy peculiar en el consumidor? En las tiendas que huelen a aromas de frutas como la manzana, la naranja o el limón, a talco, a loción de bebé o a especias como la canela (*cinnamon*) o el clavo (*cloves*), se multiplican las ventas. Por esa razón cada vez más las tiendas "huelen (*smell*) bien": estas fragancias hacen que el consumidor compre más. Recuerde, si entra en una de estas tiendas y no quiere gastar mucho dinero ¡tápese la nariz!

¡A repasar!

Expresiones negativas e indefinidas
Un nuevo cliente para el banco nuevo.

Escribe un diálogo entre un empleado del Banco Nuevo y una persona interesada en abrir dos cuentas (una de ahorros y otra de cheques) y en solicitar cualquier otro de los servicios del banco (préstamos, cheques de viajero, cambio de moneda, hipotecas, etc.). Utiliza al menos cuatro de las siguientes expresiones en tu diálogo: *nadie, nada, algo, alguien, algunos/as, ni, nunca, algún, alguno/a.*

MODELO: **Cliente:** *¿Hay **alguien** que me pueda ayudar?*

Empleado: *Sí, yo puedo ayudarlo. ¿Necesita información sobre **algo** en particular?*

Cliente: *Sí. Tengo **algún** dinero ahorrado y quiero ponerlo en el banco. Quiero abrir una cuenta de cheques.*

Recuerda: Consulta en la Lección 8 la explicación de los usos de las expresiones indefinidas y negativas.
Reto: Trata de usar más de cinco expresiones. Usa muchas palabras de **¡Así lo decimos!** de la Primera y de la Segunda parte.

¡Así lo hacemos! ESTRUCTURAS

2. The relative pronouns *que*, *quien*, and *lo que*, and the relative adjective *cuyo*

Lo que te pido es que sólo uses la tarjeta de crédito para una emergencia.

Relative pronouns are used to join two sentences that share a noun or a pronoun. Relative pronouns refer to a preceding word, called an antecedent.

Existe un tratado.	*There exists a treaty.*
El tratado será modificado pronto.	*The treaty will be modified soon.*
Existe un tratado **que** será modificado pronto.	*There exists a treaty that will be modified soon.*

The relative pronouns *que*, *quien*, and *lo que*

- The relative pronoun **que**, meaning *that*, *which*, *who*, and *whom*, is used for both persons and objects.

El talonario de cheques **que** te di está en la mesa.	*The checkbook (that) I gave you is on the table.*
El hombre **que** conociste trabaja para el Banco Norteamericano de Desarrollo.	*The man (that) you met works for the North American Development Bank.*

- The relative pronoun **quien(es)**, meaning *who* and *whom*, refers only to persons and is most commonly used after prepositions.

Ésos son los diplomáticos **con quienes** me reuní para tratar de disminuir el tráfico de drogas.	*Those are the diplomats with whom I met in order to try to reduce drug traffic.*
Ése es el banquero **a quien** entrevistaste.	*That is the banker whom you interviewed.*

- The relative pronoun **lo que**, meaning *what* and *that which*, is a neutral form, referring to an idea or to a previous event or situation.

No me gustó **lo que** hicieron con las tasas de interés.	*I didn't like what they did with the interest rates.*
¿Entiendes **lo que** implica el tratado?	*Do you understand what the treaty implies?*

- Unlike *that* in English, the use of the relative pronoun **que** in Spanish is never optional.

Las quejas **que** me contaste son increíbles.	*The complaints (that) you related to me are incredible.*
Estamos interrogando a los trabajadores mexicanos **que** cruzaron la frontera.	*We are interrogating the Mexican workers who crossed the border.*

The relative adjective *cuyo*

El sobre, cuya carta no encuentro, dice que el remitente es el Fondo Monetario Internacional.

- **Cuyo/a(s)** means *whose, of whom, of which* and is a relative possessive adjective. It agrees in gender and number with the noun it precedes.

Los cheques, **cuyas** firmas revisaste, fueron depositados en la cuenta de ahorros.	*The checks, whose signatures you checked, were deposited in the savings account.*
El representante, **cuyo** país no pudo firmar el tratado, está enojado.	*The representative, whose country was not able to sign the treaty, is upset.*

- **Cuyo/a(s)** is always repeated before nouns of different genders and agrees with each one.

El vicepresidente, **cuya** iniciativa y **cuyo** empuje lograron la transacción, fue ascendido a presidente del banco.	*The vice president, whose initiative and enterprise achieved the transaction, was promoted to president of the bank.*

- Do not forget that **de quién(es)** corresponds to the English interrogative *whose*.

¿**De quiénes** son estas cuentas?	*Whose accounts are these?*
No sabemos **de quién** es esa factura.	*We don't know whose invoice that is.*

Aplicación

10-28 El robo de mi identidad. Combina las frases para formar oraciones completas.

1. _____ Hace dos semanas me llamó el gerente del banco...

2. _____ Me informó que había sobregirado mi cuenta corriente, ...

3. _____ Lo que más me frustró fue...

4. _____ El culpable fue uno con...

5. _____ El hombre, cuya cara se parecía mucho a la mía,...

6. _____ El policía a...

a. había usado mi nombre y mi número de Seguro Social para comprar muchas cosas.

b. que maneja mis cuentas.

c. el tener que llamar a todos mis acreedores (*creditors*).

d. lo que me sorprendió mucho.

e. quien consulté me informó que el robo de identidad es cada vez más común.

f. quien yo había trabajado el año pasado.

10-29 Consejos de un padre sobre cuestiones financieras a su hijo universitario. Completa el monólogo **con que, lo que, quien/es** o **cuyo/a(s)**.

Aquí tienes la tarjeta de crédito (1)_____ recibí esta mañana. Es una tarjeta (2)_____ también puedes usar en el cajero automático, (3)_____ te ayudará cuando tengas alguna emergencia. (4)_____ no quiero es que la utilices para comprar comida. Creo que tienes suficiente dinero en efectivo (5)_____ puedes usar. El joven con (6)_____ compartes el apartamento debe contribuir algo a los gastos también. Él recibe un sueldo (7)_____ es mucho mayor que el tuyo, así que no dudes en decírselo. Si necesitas más dinero, (8)_____ dudo, siempre me puedes llamar y te enviaré un giro postal (9)_____ puedes cobrar en cualquier banco. El Banco Atlántico, (10)_____ sucursales se encuentran por todas partes, tiene cuentas especiales para estudiantes. Hay una cuenta corriente (11)_____ cobra muy poco y (12)_____ sólo requiere un saldo mínimo de 200 dólares. No debes llevar el talonario (13)_____ cheques llevan tu nombre y dirección, a menos que quieras comprar algo costoso. (14)_____ necesito enfatizar es que ¡bajo ninguna circunstancia sobregires tu cuenta! En ese caso el banco te cobrará una comisión (15)_____ puede llegar a los 25 dólares, (16)_____ sería mucho para ti.

10-30 En la sección de asuntos internacionales. Completa las oraciones con la frase más adecuada de la lista y la forma apropiada de **cuyo/a, cuyos/as**.

MODELO: *El saldo, cuyo mínimo es 500 dólares, ha bajado a menos de 100.*

1. La tasa de interés, cuy-_____, no es muy favorable en este momento.

2. El seguro de vida, cuy-_____, es de 500.000 dólares.

3. Este año puedo cobrar un bono, cuy- _____.

4. Las acciones de las empresas tecnológicas, cuy-_____, se venden por más de lo que valen.

5. Los empresarios, cuy-_____, también reciben bonos de acciones.

a. póliza nos mostró el agente

b. máximo es el 5 por ciento

c. riesgo es bastante alto

d. valor es 10.000 dólares

e. salarios sobrepasan un millón de dólares

10-31 Lo que busco... Completa estas frases de una manera original. Utiliza diferentes verbos, como **buscar, preferir, querer, gustar**, etc.

MODELO: *en un banco*

Lo que busco en un banco son todos los servicios y gente amable.

1. en una tarjeta de crédito
2. en una póliza de seguros
3. en una inversión
4. en una hipoteca
5. en una cuenta de ahorros
6. en una cuenta corriente
7. en un préstamo
8. en un trabajo

10-32 ¿Quiénes serán? Pregúntense quiénes serán estas personas que entran y salen del Banco Universal.

MODELO: el hombre vestido de negro

E1: *¿Quién será ese hombre vestido de negro?*

E2: *¿El señor con quien está conversando la mujer vestida de azul?*

E1: *Sí, el mismo.*

E2: *Creo que es el hombre que donó un millón de dólares a los pobres.*

1. la mujer que habla con el hombre vestido de negro
2. las personas con maletines
3. la señora mal vestida
4. el señor alto, con barba y gafas
5. los niños
6. la señorita vestida elegantemente
7. el perrito que lleva un collar de diamantes
8. el joven con el sombrero

10-33 Una solicitud de una beca. Escribe una carta a una fundación pidiéndole una beca para seguir tus estudios. Usa pronombres y adjetivos relativos.

MODELO: *(fecha, ciudad) A quien pueda interesar: Mi nombre es Raquel Mejías, soy estudiante de tercer año del Colegio Monterrey. Me gustaría asistir a la universidad, donde pienso estudiar relaciones internacionales e inglés. Solicito la beca que ustedes ofrecen a estudiantes para seguir estudios en un programa cuya especialidad son los idiomas. Lo que más me interesa… Atentamente, Raquel Mejías Gutiérrez*

3. The relative pronouns *el/la cual* and *los/las cuales*

Éste es el presupuesto de la casa, el cual traigo para que lo examine.

- In order to avoid ambiguity **el/la cual** and **los/las cuales** (*that, which, who, and whom*) are used to identify which of two antecedents of different genders is being talked about.

Le expliqué el procedimiento a la cajera del banco, **la cual** es extremadamente competente.	*I explained the procedure to the bank teller, who is extremely competent.*
Acabo de encontrar el pago de la cliente, **el cual** se había perdido.	*I have just found the client's payment, which had been lost.*

- **El/La cual** and **los/las cuales** are also used after prepositions to refer to things or persons.

Olvidamos las facturas **sin las cuales** no podemos hacer los cheques.	*We forgot the invoices without which we cannot write the checks.*
Usted es la empleada **en la cual** deposito mi confianza.	*You are the employee in whom I put my trust.*

Aplicación

10-34 Esta tarjeta te abrirá puertas. Lee este anuncio de una tarjeta de crédito y subraya todos los pronombres relativos que encuentres.

Usted es una persona que merece una tarjeta especial. Ésta es una tarjeta con la cual usted pronto verá grandes ahorros y premios. Con esta tarjeta, la cual proviene de una de las organizaciones financieras más importantes del mundo, usted ganará millas en su aerolínea preferida, recibirá premios (como vacaciones a bajo costo) y tendrá seguro de vida. ¿Y qué espera usted? Ésta es una oportunidad que no

debe perder. Por sólo 135 dólares al año podrá recibir esta tarjeta de platino, la cual le abrirá puertas.

10-35 ¿Cómo es esta tarjeta? Ahora contesta las preguntas basadas en el anuncio.

1. ¿Qué recibes con esta tarjeta?
2. ¿Cuál es su costo anual?
3. ¿Qué tipo de persona se interesará en esta tarjeta?
4. ¿Te interesa a ti? ¿Por qué sí o no?

10-36 En la Bolsa de Nueva York. Combina las frases con **el/la cual** o **los/las cuales** para describir las actividades de la Bolsa de Nueva York.

MODELO: *Estos mensajeros llevan las facturas, las cuales llevan la información sobre el cliente.*

1. Los operadores llegan a la Bolsa a las siete en punto, _____ no se abre oficialmente hasta las diez.
2. Todo el mundo tiene por lo menos dos teléfonos, _____ están siempre al oído de los operadores.
3. A las diez en punto todos oyen el timbre de apertura, sin _____ se prohíbe empezar la compra y venta de acciones.
4. Ahora no se permite que los operadores coman en la Bolsa, _____ tienen que ir a comer fuera.

5. Los operadores sufren de grandes tensiones, _____ les acorta la vida a muchos.

6. Éstas son algunas acciones de empresas internacionales, _____ se venden por más de su valor.

7. Estas malas noticias sobre la economía van a bajar el valor total del mercado, _____ ha caído bastante durante los últimos días.

8. La situación económica de otros países, _____ puede empeorar, también perjudica a la Bolsa de Nueva York.

10-37 Las noticias financieras. Busca noticias en la sección financiera del periódico o en alguna página en la red y explícaselas a la clase usando cláusulas que aclaren la ambigüedad.

MODELO: *El Fondo Monetario Internacional les ha ofrecido consejo financiero a los países en vías de desarrollo, el cual podrán recibir gratis.*

10-38 A explorar: CNN en español: economía y finanzas. Visita el sitio de *Conexiones* en la red *www.PHSchool.com* e inserta el Web Code jpd-0010 para aprender más sobre la situación actual de las finanzas y la economía mundial. Haz un resumen de tres noticias de esa sección para presentarlas en clase.

10-39 Su presupuesto. Escriban un presupuesto mensual de gastos para las siguientes personas. Incluyan éstas y otras consideraciones y justifiquen sus decisiones.

ahorros	comida	gas y electricidad	préstamos
alquiler/hipoteca	diversión	impuestos	retiro
automóviles	educación	inversiones	vestuario

1. Los Muñoz son una joven pareja profesional sin hijos. Él gana 1.500 dólares al mes (después de los impuestos) en su trabajo de ingeniero. Ella gana 2.000 dólares en relaciones públicas.

2. Nora Rodríguez es una madre soltera con dos hijos pequeños. Gana 1.400 dólares al mes como asistente de la maestra en una escuela pública.

3. Isabel Abascal es una joven que acaba de graduarse en medicina y tiene deudas de 50.000 dólares. Empieza su práctica profesional en un hospital de Nueva York donde ganará 1.200 dólares al mes.

4. Alonso Cáceres es un señor jubilado que recibe 1.000 dólares al mes del Seguro Social y otros 1.000 dólares de un plan de jubilación.

10-40 ¡Fraude! A continuación vas a escuchar un informe sobre un fraude que amenaza a muchos de nosotros. Completa las frases basadas en el informe.

1. El fraude tiene lugar en…
   a. la red informática.
   b. las oficinas de Seguro Social.
   c. la oficina postal.

2. Los documentos que se falsifican son…
   a. tarjetas de crédito.
   b. tarjetas de residencia permanente.
   c. documentos de identificación.

3. Se usan estos documentos para…
   a. comprar coches y artículos de lujo.
   b. comprar boletos en avión.
   c. robar la identidad de otra persona.

4. El número de víctimas de este fraude cada año sobrepasa…
   a. 900.000.
   b. 1.000.000.
   c. 750.000.

5. En años anteriores se encontraba la información…
   a. en la oficina.
   b. en la basura.
   c. en el correo.

6. Ahora se encuentra…
   a. en la oficina del médico.
   b. en el banco.
   c. en la red.

7. Puedes evitar este tipo de fraude …
   a. no divulgando información personal.
   b. usando sólo la red para comprar.
   c. insistiendo en ver la cara de la persona que quiere la información.

Conexiones

El trabajo y el tiempo libre. ¿Cuánto tiempo trabaja a la semana el norteamericano típico? ¿Cuánto tiempo pasa divirtiéndose con amigos, con su pareja o con la familia? En grupos pequeños, hablen del equilibrio entre el trabajo y el tiempo libre en sus familias. ¿Qué saben del tema en otros países? ¿Los norteamericanos trabajan más o menos que otros pueblos? Discutan la siguiente idea: mientras más trabajamos, más dinero ganamos y mientras más dinero ganamos, más podemos disfrutar del tiempo libre.

Ritmos

Juan Luis Guerra

En la sección **Ritmos** de la Lección 8 conociste a Juan Luis Guerra. La siguiente canción de Guerra pertenece a un álbum que salió en 1992, llamado *Areito*. En él se incluyen canciones con cierta (*certain*) crítica social. "El costo de la vida" trata con tono irónico y sarcástico la situación económica de estos momentos en la República Dominicana, su patria *(homeland)*. Es como si con esta canción Guerra recogiera (*collected*) las quejas (*complaints*) del pueblo y las uniera para hacer una denuncia "cantada" con la esperanza *(hope)* de mejorar las condiciones de vida de su gente.

Antes de escuchar

10-41 ¿Cuánto cuesta? ¿Han vivido alguna vez en otro pueblo, ciudad o país? ¿En alguna otra región de los EE.UU.? ¿Cómo era el costo de vida? ¿Cómo es el costo de la vida donde vives ahora?

A escuchar

El costo de la vida

El costo de la vida sube otra vez
el peso que baja ya ni se ve
y las habichuelas no se pueden comer
¡ni una libra de arroz ni una cuarta° de café!   una... 250 gramos
a nadie le importa lo que piensa usted
será porque aquí no hablamos inglés
ah, ah, es verdad (repite)
do you understand?
do you, do you?
Y la gasolina sube otra vez

el peso que baja ya ni se ve
y la democracia no puede crecer
si la corrupción juega ajedrez
a nadie le importa qué piensa usted
será porque aquí no hablamos francés
ah, ah, vouz parlez? (repite)
ah, ah, non monsieur.
Somos un agujero° en medio del mar y el cielo   *hole*
quinientos años después
una raza encendida°   *burning*
negra, blanca y taína°   *native Indians of the*
pero, ¿quién descubrió a quién?   *Caribbean islands*
um, es verdad (repite)
¡Ay! y el costo de la vida
pa'arriba° tú ves   *pa'… para arriba*
y el peso que baja
pobre, ni se ve
y la medicina
camina al revés°   *al… backwards*
aquí no se cura
ni un callo° en el pie   callus, *corn*
ai-qui-i-qui-i-qui
ai-qui-i-qui-e
y ahora el desempleo
me mordió° también   *me… bit me*
a nadie le importa,
pues no hablamos inglés
ni a la Mitsubishi
ni a la Chevrolet.
La corrupción pa'rriba
pa'rriba tú ves
y el peso que baja
pobre, ni se ve
y la delincuencia
me pilló° esta vez   *me… caught me*
aquí no se cura
ni un callo en el pie
ai-qui-i-qui-i-qui
ai-qui-i-qui-e
y ahora el desempleo
me pilló esta vez
a nadie le importa
pues no hablamos inglés
ni a la Mitsubishi
ni a la Chevrolet
um, es verdad (repite)
La recesión pa'rriba
pa'rriba tú ves
y el peso que baja
pobre, ni se ve

y la medicina
camina al revés
aquí no se cura
ni un callo en el pie
ai-qui-i-qui-i-qui
ai-qui-i-qui-e
y ahora el desempleo
me mordió esta vez
a nadie le importa,
ni a la Mitsubishi
ni a la Chevrolet.

Después de escuchar

10-42 El costo de la vida. Subraya los gastos cotidianos que se mencionan en esta canción. ¿Cuáles son importantes para ti también?

10-43 La crisis económica. Según la canción, ¿a qué o a quiénes se debe la crisis económica? ¿Cómo podrán salir de ella? ¿Te parece optimista o pesimista el futuro de la isla?

Imágenes

Melesio Casas

Melesio Casas nació en 1929 en El Paso, Texas. Sirvió en las fuerzas armadas de los Estados Unidos y fue herido en el conflicto coreano. Tras estudiar en Texas y luego en la Universidad de las Américas en México, D.F., Casas enseñó en San Antonio College por unos treinta años. En *Paisajes humanos nº 65*, Casas retrata a trabajadores méxicoamericanos en un campo estadounidense con el logotipo de la *United Farm Workers* (el águila en el fondo). El pintor chicano ha ganado varios premios, ha logrado exponer su obra en galerías por todos los Estados Unidos y ha sido muy activo en el producción de arte chicano y latino en este país.

Melesio Casas, Paisajes humanos nº 65, Acrílico, 72 x 96 pulo, Colección de Jim y Ann Harithas, New York

Perspectivas e impresiones

10-44 El águila. El logotipo del sindicato *United Farm Workers* (UFW) es el águila, que es también un símbolo importante en la historia de México. La capital azteca fue fundada en el lugar donde encontraron un águila sentada en un nopal (*prickly pear*) devorando una serpiente. Escribe un párrafo donde expliques qué simboliza el águila para ti. Compáralo con lo que creas que el ave (*bird*) simboliza para los trabajadores del UFW.

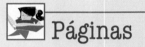 **10-45 A explorar: César Chávez y el boicot de las uvas.** El UFW organizó el boicot de las uvas en el estado de California en la década de los setenta. En esa época, las condiciones de trabajo y el salario de los trabajadores inmigrantes eran pésimos (muy malos). Muchas veces los niños trabajaban al lado de sus padres y sólo asistían a la escuela cuando no tenían que trabajar en el campo. Visita el sitio de *Conexiones* en la red *www.PHSchool.com* e inserta el Web Code jpd-0010 para ver información sobre ese boicot y sobre César Chávez, el líder del UFW. Escribe cinco preguntas y sus respuestas basándote en esta lectura.

Páginas

Orlando Sánchez

Orlando Sánchez es un seudónimo que adoptó el profesor José O. Álvarez en su antología cibernética de cuentos *El micro-cuento inesperado*. El profesor Álvarez nació en Colombia. Como Jefe de Divulgación Cultural de su país realizó una amplia labor de desarrollo, promoción y ejecución de talleres de creación literaria, plástica, escénica y acústica. Actualmente José Álvarez dirige la revista cultural *Espiral* y es profesor de español en la Universidad de Miami.

Antes de leer

10-46 Un sueño imposible. ¿Han soñado alguna vez con conseguir algo imposible? Explíquense qué hicieron para lograrlo (*reach*) aunque supieran en el fondo (*deep down*) que era poco probable.

MODELO: *Un año soñé con que me regalaran un caballo para Navidad. Le escribí varias cartas a Santa Claus, pero no les dije nada a mis padres.*

A leer

Fiebre de lotto

Los 160 trabajadores del Banco de Ahorros y Préstamos acordaron gastar todos sus ahorros para comprar conjuntamente medio millón de dólares en números de la lotería de la Florida que subía su pozo acumulado° minuto a minuto. Las enormes carteleras regadas° a lo largo y a lo ancho del estado hacían ascender la cifra hasta llegar a los 100 millones. Ponían todas sus esperanzas en el premio gordo para combatir así los rumores de que en pocas semanas iban a ser absorbidos por el Banco Interamericano y posiblemente quedarían en la calle°.

Para tal efecto contrataron a un experto en combinaciones numéricas el cual había sido expulsado de la Lotería Estatal por negociar con los secretos que dicha entidad maneja° en cuestiones de sorteos°.

Este señor les cobró una cantidad exagerada que no se pudo revelar por aquello de los impuestos. Antes de mandar al mensajero a comprar los números, por escrito acordaron unas reglas que debían cumplirse al pie de la letra° para evitar estropear° la suerte. Ninguno podía comprar por su cuenta° la lotería; no se podía hablar con nadie acerca de lo mismo hasta el lunes siguiente a las ocho de la mañana, luego de abrir un sobre con los datos que cada cual encontraría en su escritorio; todos tenían que dedicar una oración y encender velitas° a los innumerables santos de su preferencia para que seleccionara uno de los números comprados por ellos.

Una fila° que le daba vueltas a la manzana° le armó una trifulca° al mensajero por demorarse obteniendo los números. Lo salvaron otros mensajeros de otras entidades que estaban haciendo la misma diligencia°.

A medida que pasaba la semana, la atención iba desmejorando° progresivamente hasta llegar a la completa ineficiencia del jueves y viernes. En estos días atendieron con tal desgana° que muchos clientes optaron por retirarse maldiciendo°.

Glosas marginales:

pozo... *jackpot*
signs spread out

quedarían... perderían
  su trabajo

handles / sweepstakes

al... *word for word* / arruinar
por... *on their own*

small candles

line / le... *went around the
  block* / armó... *a riot began*
doing the same
worsening

reluctance / cursing

pawned 25

a… in great quantities / orgy

insultos

ni… en ningún lugar 30

ruin / to be blamed for
dragging

run over 35

delays
dared
faintings
as if stricken by lightning- 40
clutching

sonrisa
fired

El viernes hicieron una fiesta de despedida y muchos empeñaron° lo poco que les quedaba para comprar bebidas y comidas a granel°. La fiesta terminó en una bacanal° como de final de año. La policía tuvo que intervenir porque la mayoría salió a la calle a gritar pestes° contra el banco, protestando por los salarios de hambre que les pagaban, contando dinero a montones que no era de ellos, y que ahora sí no los iban a ver ni en las curvas° porque se iban a dar la gran vida como se la daban los dueños del banco.

Ese fin de semana se convirtió en una tortura. Ninguno se atrevió a violar el pacto por temor a echar a perder° la suerte del grupo. Nadie quería cargar con la culpa° de seguir arrastrando° una vida mediocre y sin sentido. El lunes todos se vistieron con sus mejores ropas. No querían demostrar que eran unos miserables que la fortuna los había atropellado°. El corazón les latía aceleradamente. Hasta los que siempre llegaban con retraso, ese día se levantaron con tiempo para evitar el tráfico al que le echaban la culpa de sus demoras°.

El sobre estaba sobre la mesa. La emoción los paralizó. Nadie se atrevía a° dar el primer paso. Poco a poco se empezaron a sentir gritos, desmayos°, llantos. Varios caían fulminados° agarrándose° el pecho. Varios elevaban los brazos a lo alto mientras decían «¡Dios mío!» «¡Dios mío!». Al ver los ojos inconmensurablemente abiertos de otros, y un rictus° de sorpresa en los demás, lentamente los últimos abrieron el sobre para enterarse que habían sido despedidos° y que el pozo acumulado para la próxima semana sería de 200 millones de dólares.

Después de leer

10-47 Resumir. Escribe dos o tres frases para resumir el contenido de cada parte del cuento que hayas identificado.

 10-48 El defecto fatal. Los empleados del banco quisieron hacer todo lo posible para asegurar su éxito en el sorteo. Hagan una lista de lo que hicieron. ¿Hay algo que falte?

 10-49 La lotomanía. La afición a la lotería llega a ser casi una adicción para muchas personas. Discutan las razones por las que uno/a compra boletos de lotería y los beneficios y las desventajas de jugar.

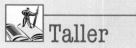 Taller

Un relato irónico

Se podría decir que el cuento anterior termina irónicamente. Sin embargo, es una ironía que se esperaba. Sigue los siguientes pasos para escribir un relato que tenga un desenlace (_outcome_) irónico.

Antes de escribir

Idear. Piensa en una experiencia tuya o de otra persona que tuvo una resolución diferente de lo que se esperaba. Escribe un breve resumen de los acontecimientos.

A escribir

Presentar el contexto. Abre el cuento con una frase introductoria que capte *(attracts)* la imaginación del lector.

Explicar los motivos. Añade las razones del comportamiento *(behavior)* del personaje o de los personajes principales.

Crear expectativas. Añade otros detalles para crear suspenso en el lector. Si quieres, puedes incluir un pequeño defecto del/de los personaje/s.

Revelar la desilusión o la ironía. En una o dos frases, revela la desilusión y cierra el relato.

Después de escribir

Revisar. Revisa tu relato para ver si has creado suspenso hasta final. Luego revisa los siguientes aspectos.

- ❏ ¿Has incluido una variedad de vocabulario?
- ❏ ¿Has usado discurso indirecto alguna vez?
- ❏ ¿Has empleado oraciones con cláusulas relativas?
- ❏ ¿Has verificado la ortografía y la concordancia?

Compartir. Intercambia tu relato con el de un/a compañero/a. Mientras leen los relatos, hagan comentarios y sugerencias sobre el contenido, la estructura y la gramática.

Entregar. Pasa tu relato a limpio, incorporando las sugerencias de tu compañero/a y entrégaselo a tu profesor/a.

11

El tiempo libre

Objetivos comunicativos

- Talking about outdoor activities and sports
- Planning for a summer break or job
- Talking about games

Contenido

Curiosidades

¿SABES?

- ¿Quiénes eran ávidos jugadores de billar (*pool*)?

  a. William Shakespeare, Napoleón I y María, reina de Escocia

  b. George Washington, Mao T'se Tung y la reina Isabel la Católica

  c. Michael Gorvachov, Edgar Allan Poe y Don Quijote

- ¿Cómo se usaban las fichas de dominó antes de convertirse en un juego?

  a. como una manera de llevar inventario de las ganancias de la aldea

  b. como un oráculo al que se le consultaba el futuro y al que se le pedía consejo

  c. como letras que formaban un complejo sistema de escritura

- ¿Quién creó el Monopolio?

  a. un ingeniero desempleado

  b. un negociante de bienes raíces

  c. un economista retirado

- ¿Dónde se originó el boliche (*bowling*)?

  a. En la Gran Bretaña

  b. En Egipto

  c. En los Himalayas

For: *Fondo cultural* reading
Visit: PHSchool.com
Web code: jpd-0011

¡Así es la vida!

Verano borinqueño

¡Descubre la isla!
Explora la selva y las cavernas.
Acampa en las playas.
Observa las aguas fosforescentes.
¡Descubre la naturaleza!
Bucea en las aguas verde-azules.
Haz excursiones a caballo.
Rema en los lagos en canoas primitivas.

¡Descubre tus límites!
Esquía sobre nuestras olas caribeñas. Escala nuestras montañas.
Lánzate en paracaídas.
¡Descubre Puerto Rico!

Ofrecemos una variedad de programas:

Los deportistas
Participarán en un deporte de equipo y en un deporte individual. Juegos de pelota, baloncesto, voleibol y fútbol. Sesiones de tenis, esgrima, gimnasia, boxeo, arco y flecha y natación.

Los exploradores
Aprenderán a montar tiendas de campaña, encender, usar y controlar una fogata y preparar comidas al aire libre. Visitarán el Yunque.

Los marineros
Aprenderán a remar en canoas, navegar veleros y hacer *windsurf*. Pasarán un día de pesca en alta mar.

Los aventureros (*Los participantes se harán un examen físico previo a la inscripción.*)
Aprenderán a escalar montañas, hacer *banyi* y paracaidismo. Harán dos excursiones de montañismo.

Para mayor información:

Campamento de Verano Borinquen
Herrera 523
San Juan, PR
(787) 555-4322
(787) 555-4300 (fax)
camp@borinq.prcom

(Para solicitar un puesto de consejero, remita una carta de solicitud y un currículum vitae a la dirección indicada).

¡Así lo decimos! VOCABULARIO

Vocabulario primordial

el/la aficionado/a	ir de camping
el/la consejero/a	el lago

Juegos competitivos y pasatiempos

el culturismo	el patinaje sobre ruedas
levantar pesas	la pesca
la natación	el remo
el paracaidismo	el torneo
el patinaje sobre hielo	el voleibol

Sustantivos

el arco y la flecha	bow and arrow
el campamento	campsite, camp
la cancha	court
la carrera	race
la competencia	contest (sports)
las damas (chinas)	Chinese checkers
la equitación	horseback riding
la fogata	bonfire
el/la jinete	horseman/horsewoman
el montañismo	mountaineering; mountain biking
la tienda de campaña	camping tent

Otras expresiones

hacer windsurf	to windsurf
montar una tienda de campaña	to pitch a tent

Vocabulario clave

Verbos

acampar	to camp
animar	to encourage
aventajar	to take advantage
bucear	to scuba dive
escalar	to climb (a mountain)
navegar a vela/en velero	to sail
remar	to row
sudar	to sweat

Ampliación

Verbos	Sustantivos	Adjetivos
aventajar	la ventaja	aventajado/a
clasificar(se)	la clasificación	clasificado/a
descalificar	la descalificación	descalificado/a
fracturar(se)	la fractura	fracturado/a
penalizar	la penalización, la pena	penalizado/a
sudar	el sudor	sudado/a

¡Cuidado!

aburrido/a

- **estar aburrido/a:** to be bored
- **ser aburrido/a:** to be boring

Estoy aburrida con el partido de fútbol.	I am bored with the soccer game.
Para mi esposo, el golf **es aburrido.**	For my husband, golf is boring.

divertirse, pasarlo bien

- To say to have fun or to have a good time use **divertirse.** However, colloquially, many use the phrase **pasarlo bien.**

¡Pásalo bien! ¡Que lo pases bien! ¡Diviértete!	Have a good time!
Anoche **lo pasé muy bien (me divertí)** en el partido de fútbol.	Last night I had a great time at the soccer game.
Lo pasaremos muy bien en las montañas este verano.	We will have a great time in the mountains this summer.

Aplicación

11-1 ¿Quién eres tú? ¿En qué programa de los descritos en **¡Así es la vida!** te gustaría participar? Señala a qué programa pertenecen las siguientes actividades.

1. ___ la pesca	6. ___ el buceo
2. ___ la natación	7. ___ el fútbol
3. ___ el montañismo	8. ___ el tenis
4. ___ el paracaidismo	9. ___ el remo
5. ___ la acampada	10. ___ el hacer windsurf

11-2 La gente activa. Combina los deportistas con lo que necesitan para practicar el deporte.

MODELO: un/a futbolista

Necesita diez compañeros o compañeras y un balón.

1. _____ un/a automovilista	a. el hielo
2. _____ un/a jinete	b. el agua
3. _____ un/a nadador/a	c. un caballo
4. _____ un/a paracaidista	d. buenos zapatos
5. _____ un/a patinador/a	e. unas montañas altas
6. _____ un/a corredor/a	f. un coche rápido
7. _____ un/a voleibolista	g. una cancha con red
8. _____ un/a alpinista	h. un avión

11-3 ¡Cuidado! Completa el diálogo con la forma apropiada de las siguientes expresiones.

divertirse, pasarlo (bien/mal)	estar aburrido, ser aburrido

Eduardo: ¿Cómo (1)_____ en tus vacaciones?

Dulce: (2)_____ mucho. Fui a Puerto Rico y buceé todos los días.

Eduardo: ¿No (3)_____ estar siempre en el agua?

Dulce: No, la verdad es que hay tanto que ver que nunca (4)_____.

Eduardo: Mañana salgo para San Juan. Tal vez bucee también.

Dulce: ¡Qué suerte! (5)¡_____!

11-4 En familia. Completa las siguientes oraciones usando una variación de cada palabra en itálica. Si necesitas ayuda, consulta la sección llamada **Ampliación**.

MODELO: El corredor de Sudáfrica *aventajó* a todos los demás. Ahora tiene la **ventaja** en la carrera.

1. El equipo tuvo que jugar tres partidos antes de *clasificar* en el torneo. Ahora tiene la _____ que esperaba.

2. El árbitro *descalificó* a algunos deportistas por pelearse con el otro equipo. Los _____ ya no pueden competir en los finales.

3. La patinadora pasó todo el partido *penalizada* por su comportamiento al principio. El jurado la _____ por su exceso de agresividad.

4. La esquiadora *se fracturó* el tobillo en la última carrera. _____ era bastante grave.

5. Los atletas llegaron al vestuario todos *sudados*, pero dijeron que era _____ de la victoria.

11-5 En nuestra sociedad. Hagan una lista de seis a ocho personas que en su opinión son las más admiradas de la sociedad de hoy. ¿Participan en algún deporte o pasatiempo al aire libre?

11-6 Los deportes, los pasatiempos y la salud. Expliquen las ventajas y las desventajas de varios deportes y pasatiempos, tanto para la salud como para el aspecto económico.

MODELO: *El tenis es un deporte que tiene muchos beneficios. Para jugarlo se necesitan una raqueta, una pelota y un par de tenis. Sin embargo, es caro ser miembro de un club de tenis y por eso es costoso practicarlo en el invierno en ciertas partes del país.*

11-7 El tiempo libre. Miren el gráfico y comparen las cifras para el tiempo libre que tienen esos países. En su opinión, ¿qué factores contribuyen a estas diferencias entre países? ¿Qué tienen en común los países con más días de ocio? ¿Cómo creen ustedes que pasan su tiempo libre en Finlandia? ¿en México? ¿en los Estados Unidos?

LOS QUE MÁS DESCANSAN

Los españoles tenían la fama de tener muchos días de tiempo libre, pero este gráfico demuestra que los que tienen más días libres son los finlandeses. México ni siquiera aparece en la estadística por su peculiar calendario laboral.

País	Días de Vacaciones	Días Festivos
Finlandia	37.5	6
Italia	35	7
Países Bajos	32.5	6.3
Alemania (ex RFA)	30	8.7
España	24.5	14
Luxemburgo	27	10
Austria	26.5	10.5
Portugal	22	14
Alemania (ex RDA)	28	7
Francia	25	10
Suiza	24.1	9
Gran Bretaña	25	8
Dinamarca	25	7
Suecia	25	7
Grecia	22	9
Bélgica	20	11
Irlanda	21	9
Noruega	21	7
Japón	11	14
Estados Unidos	12	11

11-8 Una solicitud para el campamento. Vuelve a la sección **¡Así es la vida!** y escribe una carta solicitando el puesto de consejero/a para el Campamento de Verano Borinquen. Incluye las actividades que te gusta hacer y menciona si tienes alguna certificación especial.

11-9 Una entrevista. Uno/a toma el papel de solicitante para un puesto de consejero/a y el/la otro/a lo/la entrevista.

MODELO: **Solicitante:** *Buenas tardes. Soy… y me interesa el puesto de consejero/a para el Campamento de Verano Borinquen.*

Entrevistador/a: *Bienvenido/a. Siéntese, por favor.*

¡A repasar!

Por / para
¿Cómo se juega?

Explica las instrucciones o las reglas de tu juego o deporte favorito. Describe las cosas u objetos que se necesitan para jugar y el objeto del juego o deporte. En tu explicación y descripción, utiliza las preposiciones *por* y *para* al menos cuatro veces cada una.

Recuerda: Encontrarás la descripción de los usos de las preposiciones *por* y *para* en la Lección 7.

Reto: Trata de incluir seis frases con la preposición *por* y seis con *para.* Usa muchas palabras de **¡Así lo decimos!** de la Primera y de la Segunda parte.

¡Así lo hacemos! ESTRUCTURAS

1. Sequence of tenses with the subjunctive

Espero que asistas a la carrera el próximo fin de semana...

The following chart lists the sequence of tenses used with the subjunctive.

MAIN CLAUSE	DEPENDENT CLAUSE
present indicative future indicative present perfect indicative future perfect indicative command	present subjunctive or present perfect subjunctive
preterit indicative imperfect indicative conditional pluperfect indicative conditional perfect	imperfect subjunctive or pluperfect subjunctive

- When the verb in the main clause is in the present, future, present perfect, future perfect, or is a command, the verb in the dependent clause should be in the present subjunctive or present perfect subjunctive, depending on the context.

Hijo, **queremos** que lo **pases** bien en tu viaje de esquí.	*Son, we want you to have a good time on your ski trip.*
Le **he recomendado** que **solicite** el puesto de consejero.	*I have recommended to him that he apply for the counselor's position.*
Preferirán que **pasemos** las vacaciones explorando el Amazonas.	*They will prefer that we spend our vacation exploring the Amazon.*
Carlos les **habrá sugerido** que no **buceen** en esas aguas.	*Carlos has probably suggested to them not to scuba dive in those waters.*
Dígales que **practiquen** más la natación.	*Tell them to practice swimming more.*
Es bueno que **hayas aprendido** a bailar la cumbia.	*It is good that you have learned how to dance the cumbia.*

- When the main-clause verb is in the preterit, imperfect, conditional, pluperfect, or conditional perfect, the verb in the dependent clause will usually be in the imperfect subjunctive. However, the pluperfect subjunctive is used to refer to actions that precede a past action in the main clause.

Dudé que **estuviera** navegando a vela.	*I doubted that he was sailing.*
No **había** nadie que **pudiera** bucear como ella.	*There was no one who could scuba dive like her.*
Nos **gustaría** que **calificaras** para ser instructor de pesca.	*We would like you to become qualified to be a fishing instructor.*
Nos **habría molestado** que José Luis no **viniera** a acampar con nosotros.	*It would have bothered us if José Luis didn't come camping with us.*
Me **alegré** de que Carmen **hubiera encendido** la fogata.	*I was glad that Carmen had lit the campfire.*

- At times, when the main-clause verb is in the present, the imperfect subjunctive may be used in the dependent clause to refer to an action that has already occurred.

Siento que no **pudieras** jugar al básquetbol.	*I am sorry that you were not able to play basketball.*
No **creen** que Marta **fuera** tan buena instructora de baile.	*They don't believe that Marta was such a good dancing instructor.*

Aplicación

11-10 La Copa Mundial del fútbol. Lee este artículo de *La Opinión* que apareció hace poco. Subraya todos los verbos en el subjuntivo e indica por qué se usa el presente o el imperfecto en cada caso.

MODELO: *Los jugadores insistieron en que los árbitros **fueran** justos.*

(Imperfecto de subjuntivo porque *insistieron* está en el pretérito.)

Berlín, Alemania, 2 de junio de 2005

Sólo falta un año para el comienzo de los partidos de la Copa Mundial 2006 en Alemania, pero se especula sobre qué equipos serán los favoritos en esta competencia tan emocionante. Para empezar, los brasileños esperan que su equipo quede en primer lugar, pero todo dependerá de que sus jugadores no se lastimen ese año. Los venezolanos decidieron que sus jugadores no participaran en los Juegos Panamericanos porque no creen que sean tan importantes como los de la Copa Mundial. Ayer en una conferencia de prensa, el entrenador del equipo alemán se molestó de que hubiera rumores de que algunos jugadores de su equipo tomaban hormonas. Finalmente, los italianos están muy orgullosos de que sus jugadores sigan teniendo éxito este año. Pero sabemos que todo puede cambiar en los doce meses que nos quedan hasta el comienzo de la Copa Mundial. ¡Ojalá que este año la Copa sea tan emocionante como en 2002!

11-11 ¿Cómo es? Contesta las preguntas basadas en el artículo anterior.

1. ¿Cómo es la Copa Mundial para los aficionados del fútbol?
2. ¿Dónde se juega la Copa en 2006? ¿Cuándo se jugó la Copa Mundial anterior?
3. ¿Cuáles son algunos de los mejores equipos?
4. ¿Eres aficionado/a al fútbol? ¿Has visto algún partido de la Copa Mundial?
5. Si pudieras asistir a una competencia de los Juegos Olímpicos o de la Copa Mundial, ¿a cuál irías y por qué?

11-12 A explorar: La Copa Mundial. Visita el sitio de *Conexiones* en la red *www.PHSchool.com* e inserta el Web Code jpd-0011 para leer más sobre la Copa Mundial. Escribe cinco esperanzas, dudas o emociones que tengas sobre los equipos y los jugadores.

MODELO: *Me alegro de que el equipo español haya ganado muchos partidos.*

> **Dudo que…**
>
> **Es (fue) bueno/increíble/importante/triste que…**
>
> **Esperaba que…**
>
> **Me alegro de que…**
>
> **Me gustó que…**
>
> **Temía que…**
>
> **¡Es una lástima que…!**

11-13 En el Campamento de Verano Borinquen. José Luis, un consejero del Campamento Borinquen, les escribe a sus padres. Completa la carta con la forma correcta del verbo entre paréntesis.

> Campamento Borinquen, Puerto Rico
> 8 de agosto de 2005
>
> Mis queridos padres:
>
> ¡Qué gusto recibir la carta de ustedes! Me alegro de que (1. divertirse) _____ durante su viaje a Miami la semana pasada. Fue magnífico que (2. asistir) _____ al baile cubano y que (3. conocer) _____ a tanta gente interesante. Espero que me (4. mostrar) _____ las fotos cuando las (5. tener) _____ reveladas. Lamento que todavía no (6. visitar) _____ Tampa, pero tal vez lo (7. hacer) _____ en el próximo viaje.
>
> Aquí todo va bastante bien, aunque la semana pasada estuve un poco enfermo después de pasar todo el día al sol. Julián me advirtió que me (8. poner) _____ más loción protectora, pero yo no lo escuché. El médico me recomendó que (9. acostarse) _____ temprano y al otro día estaba perfectamente bien.
>
> Esta semana vamos a bucear con los jóvenes del campamento. Esperamos que (10. hacer) _____ buen tiempo y que el agua (11. estar) _____ muy clara para que los jóvenes (12. ver) _____ bien los peces. Voy a buscar una máscara que (13. quedarme) _____ mejor porque la mía deja entrar el agua. Camila dice que hay una buena selección en una tienda cerca del campamento donde seguramente encontraré una que me (14. gustar) _____. Bueno, ya me buscan para salir. Los extraño mucho y los veré pronto.
>
> Reciban un fuerte abrazo de su hijo, José Luis

11-14 En un mundo ideal. Completa cada una de las siguientes frases para formar una oración original.

MODELO: Lo que necesitamos es un consejero que...
sepa trabajar con jóvenes activos y que esté en buena forma.

1. Lo que no hay es un atleta que...
2. Busco un campamento que...
3. No hay canchas de tenis que...
4. Durante la competencia no había corredor que...
5. Durante las fogatas no hay nadie que...
6. Quería una actividad que...

11-15 Te escribo para animarte a que... Escribe cinco o más consejos que le puedas dar a un/a amigo/a que todavía no tenga planes para el verano.

MODELO: *Te escribo para animarte a que solicites un puesto como consejero. Dudo que vayas a encontrar un puesto en tu campo por sólo dos meses, pero es importante que ganes algún dinero este verano.*

11-16 Este verano. ¿Qué les gustaría que pasara este verano? Usen las frases **quisiera que...** o **me gustaría que...** para explicar lo que quieren hacer este verano.

MODELO: *Quisiera que mis padres hicieran un viaje a España, pero no creo que lo vayan a hacer.*

11-17 Las fiestas de San Fermín concluyen sin heridos. Este artículo se publicó después de la celebración de las fiestas de San Fermín en Pamplona, España. Completa las frases de la manera más lógica según lo que escuches.

1. Las fiestas se celebran todos los años en...
   a. Pamplona
   b. Bilbao
   c. Granada
2. Los jóvenes que corren delante de los toros reciben...
   a. pocas heridas
   b. poca atención
   c. poco dinero
3. El correr peligro hace que el organismo segregue (*secrete*)...
   a. estrógeno
   b. testosterona
   c. adrenalina

4. El efecto de correr peligro es la estimulación de los centros de...

   a. miedo.

   b. placer.

   c. hambre.

5. Los encierros se han celebrado todos los años desde...

   a. 1842

   b. 1824

   c. 1924

6. Han muerto...

   a. mayormente norteamericanos.

   b. menos de quince personas.

   c. tantas mujeres como hombres.

11-18 A explorar: ¿Amantes del peligro? Los clavadistas de Acapulco.
Visita el sitio de *Conexiones* en la red *www.PHSchool.com* e inserta el Web Code
jpd-0011 para saber más sobre uno de los pasatiempos más insólitos (*unusual*) del
mundo hispano. Escribe cinco frases con tu opinión sobre este deporte y sus
practicantes. Usa expresiones como *dudo que, temo que, espero que, es cierto
que*, etc.

COMPARACIONES

11-19 En tu experiencia. ¿Te interesan los deportes? ¿Por qué? ¿Cuál es tu deporte favorito? ¿Por qué? ¿Qué eventos te gusta ver en la televisión durante los Juegos Olímpicos? ¿Qué tipo de nacionalismo puede existir en los deportes? ¿Has sentido orgullo *(pride)* nacional durante alguna competencia deportiva? ¿Por qué?

La pelota vasca

El juego de la pelota vasca, también conocido como Jai Alai, se inventó hace más de dos siglos en la provincia de Guipúzcoa, España. Los jugadores o pelotaris, compiten en una cancha o frontón de 100 metros de largo, con un muro *(wall)* lateral y otro al frente llamado **frontis**.

Se compite individualmente o en equipos de hasta cuatro personas. Los pelotaris usan una ligera cesta *(light basket)* de mimbre *(wicker)* curvada y una pelota dura *(hard)* similar a la de golf. La pelota se lanza con la cesta rápidamente hacia el frontis y cuando rebota *(bounces)*, el otro pelotaris recoge la bola con su cesta y la devuelve al muro a gran velocidad. Así se juega hasta que uno de los pelotaris no logra capturar la pelota. La pelota vasca se considera el deporte más rápido que existe.

La inmigración vasca trajo a América este deporte y debido a *(because of)* su popularidad en México y en Cuba, los deportistas estadounidenses pronto se interesaron por él. Desde 1926 en la ciudad de Miami existe un magnífico frontón llamado "Bizkayne Jai Alai". El público que asiste a estos partidos de pelota vasca apuesta *(bets)* por su equipo o pelotaris favorito.

11-20 En su opinión. Consideren las siguientes actividades y sus características y clasifíquenlas según sean actividades deportivas, artísticas o pasatiempos. Justifiquen su respuesta.

MODELO: *En mi opinión, la pesca es un pasatiempo. No es un deporte porque puedes estar sentado todo el día. No es un arte, porque no tienes que crear nada.*

	DEPORTE	ARTE	PASATIEMPO
el rugby			
el patinaje			
la equitación			
el boxeo			
la gimnasia			
el remo			
el toreo			

11-21 A explorar: ¿Cómo se originaron? Visita el sitio de *Conexiones* en la red *www.PHSchool.com* e inserta el Web Code jpd-0011 para descubrir la historia del juego de ajedrez, del fútbol o del béisbol. Escribe un párrafo en que incluyas algo que no supieras antes sobre uno de estos populares juegos.

¡Así es la vida!

Del ajedrez al baloncesto... ¡A que no sabías esto!

¡El juego de billar se popularizó en Francia con Luis XIV, quien comenzó a jugarlo bajo la recomendación de sus médicos para aliviarse de sus problemas digestivos!

¡Durante la revolución francesa el rey, la reina y la sota en las cartas fueron reemplazados por libertad (reina), naturaleza (rey) y virtud (la sota)!

¡Benjamín Franklin fue uno de los pioneros en la fabricación de cartas en América!

¡Los presidentes George Washington, Thomas Jefferson y John Adams eran ávidos jugadores de canicas. Durante este período histórico las canicas eran tan populares entre los adultos como entre los niños!

¡En la cultura maya existía un juego parecido al baloncesto en el que se mataba al capitán del equipo ganador!

¡Las cartas modernas se derivan de las cartas del tarot!

¡Coleccionar estampillas es el pasatiempo más popular del mundo!

¡El juego de canasta proviene del juego chino *mah jongg,* el cual se juega hace más de mil años!

¡Hay 170.000.000.000.000.000.000.000.000 diferentes maneras de hacer las diez primeras jugadas en un juego de ajedrez!

¡Los lados opuestos de un dado siempre suman siete!

¡En Irlanda del Norte hay más bicicletas que automóviles!

¡El juego de dominó fue inventado por monjes franceses! Su nombre se deriva de una frase en los servicios vespertinos: *Dixit Dominus Domineo Meo.*

¡Hay corridas de toros en Detroit doce veces al año! Muchos de los mejores toreros españoles, mexicanos y algunos norteamericanos entrenados en España torean allí, aunque no se permite matar al toro.

¡En India las cartas son redondas en vez de rectangulares!

¡El país de Tonga una vez hizo una estampilla en forma de plátano!

¡Antes de 1930 las bolas de golf se hacían de cuero rellenas con plumas!

¡Así lo decimos! VOCABULARIO

Vocabulario primordial

el concursante
entretenido/a
el juego de azar
la máquina tragamonedas

el parchís
el recreo
el turno
las veintiuna

Vocabulario clave

Verbos

bordar	*to embroider*
coleccionar	*to collect (only for objects, not money)*
exponer	*to exhibit; to display*
torear	*to bullfight*
trasnochar	*to stay out all night*

Sustantivos

la apuesta	*bet*
el "banyi"	*bungee jumping*
las canicas	*marbles*
las cartas, los naipes	*playing cards*
los dados	*dice*
la estampilla, el sello	*postage stamp*
la jugada	*play, move (in a game)*
la trampa	*deceit/ trick*

Adjetivos

diestro/a	*skillful; cunning*

Otras palabras y expresiones

cara o cruz	*heads or tails*
correr la voz	*to pass the word*
salir de juerga/de parranda	*to go out on the town*

Ampliación

Verbos	Sustantivos	Adjetivos
aficionar(se)	la afición	aficionado/a
apostar	la apuesta	apostado/a
coleccionar	la colección	coleccionado/a
exhibir	la exhibición	exhibido/a
hacer trampa	la trampa	tramposo/a
torear	el toro, el/la torero/a	taurino/a

LOS NAIPES/LAS CARTAS

el rey de diamantes

la sota de tréboles

la reina de corazones

el as de espadas

¡Cuidado!

retar, atreverse

● Use **retar a** when you dare someone else to do something. **Atreverse a** expresses daring yourself to do something.

Te **reto a** jugar al ajedrez conmigo.	*I dare you to play chess with me.*
Marta **retó a** Manuel a bailar toda la noche.	*Marta dared Manuel to dance all night long.*
Me atrevo a escalar una montaña solo.	*I dare to climb a mountain all by myself.*
¿**Te atreves a** pasear en moto?	*Do you dare to take a ride on a motorcycle?*

cine, película

● **Cine** refers to the place where a movie is showing or to the art or field of filmmaking. **Película** means *movie* (which has a title, plot, actors, etc.) or the actual film on which it is shot.

Anoche fui al **cine** a ver una **película** de horror.	*Last night I went to the movies to see a horror movie (film).*
Estudio **cine**.	*I am a film major.*

Aplicación

11-22 ¿Qué no sabías? De toda la información en **¡Así es la vida!**, ¿cuál te parece la más interesante? ¿Cuál ya sabías? ¿Conoces el origen de algún juego que no se haya mencionado? ¿Cual?

11-23 ¿Sabías esto? Combina las dos columnas según la información que leíste en **¡Así es la vida!**

1. _____ Es el pasatiempo más popular del mundo.
2. _____ El ganador pierde su vida.
3. _____ Lo que no se permite hacer en Detroit.
4. _____ Tiene un origen religioso.
5. _____ Era aficionado a las canicas.
6. _____ Tiene millones y millones de jugadas.

a. el juego de pelota maya
b. el dominó
c. el ajedrez
d. coleccionar estampillas
e. el primer presidente de los EE.UU.
f. matar al toro en la corrida

11-24 Los juegos de mesa. Completa el cuadro con la información apropiada.

	CON QUIÉN/ES	¿SE APUESTA?
1. el bingo		
2. el monopolio		
3. el póquer		
4. las damas		
5. el dominó		
6. el solitario	*solo*	*no*
7. los corazones		
8. la ruleta		

11-25 ¡Cuidado! Completa el diálogo con la forma apropiada de estas expresiones.

retar, atreverse	cine, película

Manolo: Luisa, hay (1)_____ esta noche en (2)_____ Rialto. Es *Grito 4*. Te (3)_____ a verla conmigo.

Luisa: ¡Cómo no! La última vez que vimos (4)_____ de horror, fuiste tú el que se aterrorizó. Yo, en cambio, pude ver toda (5)_____ sin cerrar los ojos.

Manolo: Bueno, es verdad que me asusté, pero esta vez (6)_____ a verla entera sin cerrar los ojos ni gritar. Pero me alegro de que me acompañes, por si acaso.

Luisa: Está bien. Salgamos para (7)_____ a las 8:00.

11-26 En familia. Completa las siguientes oraciones usando una variación de cada palabra en itálica. Si necesitas ayuda, consulta la sección llamada **Ampliación**.

MODELO: En mi familia todos tenemos *afición* por las cartas. Todos somos **aficionados** al póquer.

1. Las monedas antiguas están en una *colección* especial del Banco de Comercio. El banco las recibió de varias personas que las _____ por años.

2. La señora vestida de negro *apostó* mil dólares al número 6. Con esta _____ ganó otros cinco mil.

3. En la corrida que vimos en Sevilla, el *toro* fue el que ganó. Se llevaron herido al _____ de la plaza.

4. Sospechamos que el jugador de las veintiuna es *tramposo*. Se dice que regularmente _____.

11-27 Colecciones. Muchas personas pasan tiempo coleccionando algo como estampillas. Hagan una lista de cosas que se coleccionan y hablen de lo que coleccionaban de niños/as y de lo que coleccionan ahora. Comparen sus colecciones. ¿Qué saben de las colecciones de sus padres o de sus abuelos?

11-28 "Salir de juerga". En España es común que los jóvenes "salgan de juerga" y trasnochen. Salen con sus amigos a conversar, bailar, cenar y divertirse, y muchas veces no vuelven a casa hasta la madrugada *(dawn)*. ¿Cómo se compara esta costumbre con su experiencia? ¿Qué hacen ustedes cuando salen de juerga?

11-29 La televisión: ¿Instrumento educativo, distracción o pérdida de tiempo? Comparen el tiempo que ven televisión en otros países con el tiempo que la ven ustedes. ¿Qué programas suelen ver? ¿Son mayormente educacionales o de entretenimiento? ¿Creen ustedes que la televisión tiene una responsabilidad social y educativa?

Turquía		219
Gran Bretaña		216
Italia		215
España		211
Hungría	195	
Grecia	194	
Irlanda	188	
Bélgica	184	
Francia	181	
Alemania	174	

Minutos al día por habitante

Tiempo dedicado a ver la TV

Según un estudio europeo, los turcos pasan más de 200 minutos frente al televisor. En esta afición están a la cabeza junto con Gran Bretaña e Italia.

Segunda parte ■ 391

11-30 Debate. Divídanse en dos grupos, uno a favor y otro en contra, para discutir las siguientes resoluciones.

- la semana laboral de 30 horas
- participación obligatoria en los deportes y las artes en las escuelas
- abolición del toreo por ser cruel con los animales

¡A repasar!

Pretérito e imperfecto
¡Nunca lo olvidaré!

En una página, narra la historia de la vez en que participaste en la actividad, deporte o juego más divertido/a , más atrevido/a, o más emocionante de tu vida. Luego compártela en clase con tus compañeros.

Recuerda: Para escribir tu historia debes utilizar el pretérito y el imperfecto, que puedes repasar en la Lección 1.
Reto: Escribe sobre más de una actividad. Usa muchas palabras de **¡Así lo decimos!**

¡Así lo hacemos! ESTRUCTURAS

2. Uses of definite and indefinite articles

El monopolio es mi juego favorito.

The definite article

In Spanish as in English, the definite article (**el, la, los, las**) is used with nouns that are specific or known to the speaker. However, the use of the definite article is different in Spanish and in English. In Spanish, definite articles are also used:

● before nouns or nominalized adjectives used in a general sense, as well as with nouns dealing with concepts and abstractions.

Me gusta jugar a **las** cartas.	*I like to play cards.*
A los estadounidenses les encanta **el** béisbol.	*Americans love baseball.*
El tiempo libre es importantísimo para mí.	*Free time is very important to me.*
Los toreros tienen que ser valientes.	*Bullfighters have to be brave.*

● with days of the week (except after **ser**), seasons, meals, hours, and dates.

El lunes vamos al museo.	*On Monday we're going to the museum.*
Hoy es miércoles.	*Today is Wednesday.*
En **la** primavera tendré más tiempo para jugar al ajedrez.	*In the spring, I will have more time to play chess.*
En España **el** almuerzo es **la** comida más importante.	*In Spain lunch is the most important meal.*
La corrida de toros comienza a **las** siete de la tarde.	*The bullfight begins at 7:00 P.M.*
El 15 de septiembre de 1997, el Servicio Postal de los Estados Unidos sacó un sello de 0,32 dólares honrando al Padre Félix Varela Morales.	*On September 15, 1997, the U.S. Postal Service issued a 32-cent stamp honoring Father Félix Varela Morales.*

- with the names of languages (except after **hablar** and verbs of learning) or the prepositions **de** or **en**.

  El español es mi idioma favorito. / *Spanish is my favorite language.*
  ¿Estudias vietnamita también? / *Do you also study Vietnamese?*
  Los estudiantes están hablando portugués pero estudian inglés. / *The students are speaking Portuguese, but they study English.*
  El poema original está escrito en catalán. / *The original poem is written in Catalan.*

- with titles (except when speaking directly to the person or before **don, doña, fray, sor, san(to), santa**).

  La profesora Pedroso colecciona obras de pintores colombianos. / *Professor Pedroso collects works of Colombian painters.*
  Profesora Pedroso, ¿por qué no trae la pintura de Botero a la clase? / *Professor Pedroso, why don't you bring the Botero painting to class?*
  Vi a don Pablo jugando al billar. / *I saw Don Pablo playing billiards.*

- before certain geographical names (although they're often omitted in the press and in colloquial speech).

(la) América Latina	(la) Florida
(la) América del Norte	(la) Gran Bretaña
(la) América del Sur	La Habana
(la) Argentina	(el) Japón
Los Ángeles	La Paz
(el) Brasil	(el) Paraguay
(el) Canadá	(el) Perú
(el) Ecuador	(la) República Dominicana
(la) China	El Salvador
(los) Estados Unidos	(el) Uruguay

- with articles of clothing and parts of the body when ownership is established by the subject.

  ¿Dónde dejé **la** gorra? / *Where did I leave my cap?*
  Levanten **la** mano si saben la repuesta / *Raise your hand if you know the answer.*

The indefinite article

The indefinite article (**un, una, unos, unas**) is used less in Spanish than in English. It is only used:

- before a noun that has not been identified previously.

  Hubo **un** presidente que era aficionado a las canicas. / *There was a president who was fond of playing marbles.*
  Unas señoras miraban el juego de damas. / *Some ladies were watching the game of checkers.*

- before a noun that is modified.

  Los mayas tuvieron **una** civilización impresionante. / *The Mayans had an impressive civilization.*

The indefinite article is omitted in the following situations:

- after the verb **ser** when referring to an unmodified noun that identifies professions, occupations, nationalities, ranks, and affiliations.

El Dr. Ceffalo **es profesor** de italiano.	*Dr. Ceffalo is a teacher of Italian.*
La Srta. Juárez **es coleccionista** de sellos.	*Miss Juárez is a stamp collector.*
La Sra. Gómez **es argentina.**	*Mrs. Gómez is Argentine.*
El padre de Jorge **es coronel** del ejército español.	*Jorge's father is a colonel in the Spanish army.*
Mi abuela Irma **es católica.**	*My grandmother Irma is Catholic.*

- before **cien, ciento** (*a/one hundred*), **mil** (*a/one thousand*), and **cierto/a** (*a certain*).

Hay **cien** jugadas posibles.	*There are a hundred possible moves.*
En el Prado hay más de **mil** obras españolas.	*At the Prado there are more than a thousand Spanish art pieces.*
Hay **cierto** juego de cartas que prefiero.	*There is a certain card game that I prefer.*

- after **medio/a** (*half a*), **tal** (*such a*), and **¡qué...!** (*what a ...!*).

El acomodador sólo me dio **medio** billete.	*The usher only gave me half a ticket.*
Jamás he visto **tal** competición.	*I've never seen such a competition.*
¡Qué película más emocionante!	*What an exciting film!*

Aplicación

11-31 Pasarlo bien. Combina las preguntas con las respuestas más lógicas.

1. _____ ¿Cuándo sales de juerga?
2. _____ ¿A quiénes les gusta mucho salir de juerga?
3. _____ ¿Cuál es el deporte más popular entre los europeos?
4. _____ ¿Dónde es popular el juego del dominó?
5. _____ ¿Quién es esa pareja que está jugando a los naipes?
6. _____ ¿Quiénes practicaban el sacrificio humano en sus juegos?
7. _____ ¿Cuántas jugadas posibles hay en el póquer?
8. _____ ¿Cuánto dinero ganaste en el verano?

a. Los Martínez
b. Más de cien dólares
c. Seguramente a los jóvenes españoles
d. Por todo el Caribe
e. Sólo los sábados porque trabajo los viernes
f. Los mayas tenían esa costumbre
g. Depende de las cartas
h. Tiene que ser el fútbol

11-32 Los viernes por la noche. Completa el párrafo con el artículo definido o indefinido según se necesite o no.

Todos (1) _____ viernes a (2) _____ nueve de (3) _____ noche, nos reunimos en (4) _____ apartamento de mi compañero José. (5) _____ Don José, como lo llaman todos, es (6) _____ aficionado a (7) _____ juegos de mesa, especialmente le gusta (8) _____ dominó. Es un juego que siempre jugaba cuando vivía en (9) _____ Cuba, y ahora que vive en Miami, sigue la tradición. En Cuba era campeón de dominó y lo jugaba todos (10) _____ domingos en un parque de La Habana. Creo que ha jugado por lo menos (11) _____ mil veces y dice que hay más de (12) _____ cien maneras de ganar el juego. Cuando llegamos a su apartamento, nos quitamos (13) _____ chaqueta y nos sentamos a la mesa que tiene en la sala. Después de (14) _____ media hora, se hace evidente que él va a ganar el juego. ¡Qué (15) _____ jugador!

11-33 Los títulos En los países de habla española, es común referirse a las personas usando sus títulos. Hablen de personas que conocen y relaciónenlas con los títulos profesiones siguientes.

MODELO: profesor/a

El profesor Ramírez enseña español. Sé que es aficionado al béisbol porque todos los lunes nos pregunta sobre los juegos del fin de semana.

1. profesor/a
2. director
3. doctor/a
4. ingeniero/a
5. maestro/a
6. presidente/a
7. don/doña
8. senador/a

11-34 ¿A qué son aficionados/as ustedes? Expliquen a qué pasatiempos y deportes son aficionados/as, y cuáles no les interesan para nada.

MODELO: *Soy muy aficionado/a al esquí porque me gusta estar al aire libre en el invierno. No me interesa para nada el boxeo porque me parece muy violento.*

11-35 ¡Qué película más emocionante! Crea un contexto apropiado para estas frases exclamativas.

MODELO: ¡Qué película más melodramática!

Anoche vi la película La mala educación *de Pedro Almodóvar. Como en todas las películas de Almodóvar, hay humor y melodrama. ¡Qué película más melodramática!*

1. ¡Qué hombre más rico!
2. ¡Qué ciudad más bonita!
3. ¡Qué historia más cómica!
4. ¡Qué libro más interesante!
5. ¡Qué pasatiempo más aburrido!
6. ¡Qué viaje más largo!
7. ¡Qué juego más divertido!

11-36 A explorar: ¡Vámonos de viaje! Visita el sitio de *Conexiones* en la red *www.PHSchool.com* e inserta el Web Code jpd-0011 para leer varias sugerencias para planear el viaje perfecto. Anota tres o cuatro sugerencias que te parezcan útiles.

3. Uses of the gerund and the infinitive

In English the gerund *(-ing)* has several functions. Spanish counterparts for these functions vary. The following categories can help you distinguish the uses.

As a noun	
English: gerund	**Spanish: infinitive**
Watching a soccer game can be exciting.	**mirar** un partido de fútbol puede ser emocionante.
Embroidering every day is boring.	**Bordar** todos los días es aburrido.
No smoking.	No **fumar.**
As an adjective	
English: gerund	**Spanish: adjective**
It was an entertaining contest.	Fue un certamen **entretenido.**
Bingo is a thrilling game of chance.	El bingo es un juego de azar **emocionante.**
As an adverb	
English: gerund	**Spanish: gerund**
We did the tour walking.	Hicimos la gira **caminando.**
She answered the question smiling.	Contestaba la pregunta **sonriendo.**

Aplicación

11-37 Avisos. Combina los avisos con los contextos y explica la razón del aviso.

MODELO: en un avión
No fumar. Las aerolíneas prohíben fumar durante los vuelos domésticos por el llamado humo de segunda mano.

Contexto	Aviso	Razón
1. En una piscina	**no comer uvas**	a. Hay agua en el piso.
2. En la escuela	**no pelearse**	b. No es una buena manera de resolver los conflictos.
3. En un partido hockey	**no correr**	c. Puede chocar con una persona que está caminando y lastimarla.
4. En un centro comercial	**llevar zapatos y camisa**	d. Ensucia y puede lastimar a los jugadores.
5. En la puerta de una discoteca	**no patinar**	e. Quieren que la gente esté bien vestida.
6. En un supermercado	**no tirar basura**	f. Nadie las querrá comprar.
7. En una biblioteca	**mostrar pasaporte y pasaje**	g. Molesta a las personas que están leyendo.
8. En un aeropuerto	**no hablar en voz alta**	h. Es parte del sistema de seguridad.

11-38 ¿Cómo lo hacen? Vuelve a escribir las siguientes oraciones, dándoles un contexto más completo. Trata de incorporar verbos de la lista.

MODELO: El jugador de fútbol salió del estadio.
El jugador de fútbol salió corriendo del estadio después de perder el partido.

esperar	conversar	jugar	sonreír
bailar	correr	llorar	temblar
coleccionar	gritar	reírse	

1. Los jóvenes trasnocharon.
2. Los aficionados se levantaron.
3. La pareja pasó unas horas en la discoteca.
4. Los jugadores de canasta miraban sus cartas.
5. El niño pasó la tarde con su abuelo.
6. El torero observó el toro.
7. La mujer esperó el resultado del jurado.
8. Las concursantes entraron al salón.
9. Los ancianos jugaban al bingo.
10. La señora puso una moneda de un dólar en la máquina tragamonedas.

11-39 ¿Qué opinan? Den sus opiniones sobre las siguientes actividades.

MODELO: jugar a las cartas

Jugar a las cartas es divertido, especialmente cuando gano. Juego a todo tipo de cartas, pero prefiero jugar a la canasta.

1. jugar al monopolio
2. jugar al dominó
3. torear
4. coleccionar estampillas
5. hacer trampa
6. ver certámenes de belleza *(beauty contests)*
7. ver el golf en la televisión
8. coleccionar tarjetas postales

11-40 Un pasatiempo popular. Escucha el artículo sobre este popular pasatiempo y completa las frases de forma lógica.

1. Se habla del pasatiempo de…
   a. jugar a naipes.
   b. ver películas de horror.
   c. jugar con videojuegos.
2. Los niños que lo practican…
   a. tienden a ser obesos.
   b. tienen mejor visión espacial.
   c. saben más de lo que está pasando en el mundo.
3. Se investigó particularmente a niños que…
   a. practicaban deportes en la escuela.
   b. tenían padres solteros.
   c. vivían en lugares superpoblados.
4. Entre las pruebas que se hicieron estaba la…
   a. del índice de masa corporal.
   b. de la inteligencia verbal.
   c. de la habilidad manual.
5. Se concluyó que en las zonas superpobladas…
   a. los padres están preocupados por la seguridad de los niños.
   b. no se estudia a suficientes niños.
   c. no hubo gran variación entre los diferentes instrumentos que se usaron.

Conexiones

El tiempo libre y la tecnología. ¿Cómo ha influido la tecnología en nuestro tiempo libre? ¿Qué diversiones hay ahora que no había hace diez años? En grupos pequeños, hablen de los efectos de la tecnología sobre la forma en que el/la norteamericano/a típico/a pasa su tiempo libre. ¿Piensan que la tecnología ha tenido la misma influencia en otros países? ¿En cuáles? ¿Quiénes aprovechan más la tecnología, los jóvenes o las personas mayores?

 Ritmos

Los hermanos Rosario

La orquesta de los hermanos Rosario (Rafa, Luis y Tony) se formó en 1978 en la ciudad de Higüey, República Dominicana. Después de su primera gira internacional en Estados Unidos, han tenido innumerables triunfos en muchos países. Algunos de sus éxitos incluyen «Bomba mi hermano», «Insuperables», «Los dueños del swing» y «Bomba 2000». La canción «Fin de semana» forma parte de su CD llamado *Y es fácil* (1996), la cual trata de las actividades de un dominicano durante el fin de semana.

Antes de escuchar

11-41 ¿Y tu fin de semana? ¿Qué haces los fines de semana? ¿Sales con tus amigos? ¿Haces deporte? ¿Vas a un restaurante o a fiestas con tus amigos? ¿Te gusta hacer siempre lo mismo o algo diferente?

A escuchar

Fin de semana

En el fin de semana
quiero bailar
en el fin de semana
quiero gozar°   *to have fun*
Jayyyyy
Vámonos°   *Let's go*
Después de una semana
buscándome la vida
yo me voy pa'° la esquina°   *para / the corner*

porque quiero gozar
Me monto en mi carrito
y me voy al *Car Wash*
lo pongo brillosito°   *shiny*
pa' salir a figurear° (bis)°   *salir… to go cruising (R.D.) / repeat*
Luego regreso a casa
y le digo a mi vieja°   *old lady; i.e., mother*
prepárame la ropa
que mejor me queda
Voy al telefonito
y llamo a mi negrita°   *mi novia*
paso por ti° a las ocho,   *I'll pick you up*
mi morenita
Ya junto a mi negrita
sin pensar en mañana
vacilamos° la noche   *nos divertimos*
y to'° el fin de semana   *todo*
Y es que esta vida, hermano
es la misma rutina
descansar en la noche
y en el día la fatiga
Y pa' hacer lo que quiero
y ser libre, mi pana°   *amigo*
tan solo tengo un chance
y es el fin de semana
En el fin de semana
quiero bailar
en el fin de semana
quiero gozar (bis)
En el fin de semana
quiero bailar
en el fin de semana
quiero vacilar°   *to party*
En el fin de semana…
Yo bebo mi cerveza
bebo mi ron
me voy, pa' Boca Chica°   *Boca… playa cercana a Santo Domingo, la capital del país*
y el Malecón°   *the waterfront walk in Santo Domingo*
En el fin de semana…
Uh, uh, uh, uh
Jayyyyy
¡Rosario!
En el fin de semana…
El viernes por la noche
voy a la discoteca

el sábado yo sigo
de rumba y fiesta
En el fin de semana…
Y el domingo, mi pana
me levantan a las dos
me doy el super bomba°   *super…* expresión merenguera
y un dominó   con la que se identifican los
En el fin de semana…   hermanos Rosario
Yo me voy a la playa
con mi mamá
me llevo a mi jevita°   novia
y a mi papá
Je, je,
René Solís°   compositor de esta canción y
pa' Higuey°   administrador del grupo
Maravilla,   región este del país de donde son
bomba°   los hermanos Rosario
Si te fatigas mucho   *great time*
de tanto trabajar
los fines de semana
tú mereces° gozar   *deserve*
tú mereces gozar
tú mereces vacilar
los fines de semana
tú mereces gozar (bis)
Los fines de semana
entra en rumba
olvídate del *beeper*,
del celular
de los problemas
desconéctate
vámonos de rumba°   *vámonos…;* i.e., de fiesta
con este swing-swing
pasó eh…

Después de escuchar

11-42 Describe la acción. ¿Qué colores, sonidos y olores asocias con los fines de semana? Vuelve a escuchar la canción y trata de visualizar la escena.

11-43 ¿Los conoces? ¿Conocen a gente como la de la canción? ¿Son serios? ¿Cuál es su profesión? ¿Qué esperanzas y metas tienen?

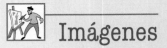

Imágenes

Jaime Antonio González Colson (1901–1975)

Jaime Antonio González Colson nació en la ciudad de Puerto Plata, República Dominicana en 1901. Desde niño mostró un obvio interés por las artes. Siendo aún muy joven realizó estudios de arte en Barcelona y Madrid. Posteriormente, vivió en México y Francia, donde expuso su obra con un éxito extraordinario, en ocasiones junto a Picasso, Braque y Dalí, entre otros. Colson ganó muchos premios importantes por su gran talento artístico. Su pintura se caracteriza por el realismo dramático y la energía gráfica. Sus temas casi siempre son sociales, los cuales recrea desde perspectivas geométricas y una poderosa luminosidad. Fue un gran observador y enamorado del pueblo caribeño y su cultura, sin embargo su obra es de factura *(nature)* universal. Hoy en día es considerado uno de los más grandes exponentes de las artes plásticas en la República Dominicana, puesto que abrió las puertas a la modernidad en la pintura de ese país.

Jaime González Colson, *Merengue,* **1937.**

Perspectivas e impresiones

11-44 ¿Qué observas? ¿Qué te imaginas? Primero haz una descripción objetiva de este cuadro. Luego dale cuerpo *(give it some shape)* dándoles nombres a los personajes, describiendo sus profesiones, sus intereses, etc.

11-45 El ritmo del merengue. Busca un ejemplo de música merengue y compara el sonido con el cuadro. ¿Tienen un estilo similar?

11-46 A explorar: El merengue. Visita el sitio de *Conexiones* en la red *www.PHSchool.com* e inserta el Web Code jpd-0011 para descubrir la historia del merengue. Escribe un párrafo donde incluyas información sobre el "dónde, cuándo, quiénes y cómo" del merengue.

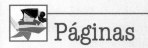

Páginas

Alina Romero

Alina Romero nació en Cuba en 1952. Se graduó como ingeniera geofísica de la Universidad de La Habana en 1976. En 1995 se mudó a España con sus hijos, donde ejerció la profesión de vendedora de bienes raíces *(real estate agent)*. Hoy Alina Romero vive en Nueva York, donde está completando una maestría en literatura hispana. Ahora también se dedica a escribir, su ocupación preferida.

Antes de leer

11-47 Estrategias de la lectura: Los recuerdos. Los recuerdos de una persona representan lo que conserva en la memoria de un tiempo pasado. La narración de recuerdos suele ser en primera persona, e incluye las impresiones más vívidas del/de la narrador/a. En *El doble seis*, lee el recuerdo que tiene una joven de su tía. Mientras se desarrolla el cuento, aprecia cómo el comportamiento de ésta cambia. Trata de descubrir la razón de este cambio.

11-48 Las adicciones. De las siguientes adicciones, ¿cuáles les parecen más peligrosas? ¿Por qué? ¿Cuáles son las más obvias? ¿Qué cambios de personalidad o de comportamiento se notan en una persona adicta?

- el alcohol
- el cigarrillo
- el juego *(gambling)*
- las drogas

A leer

El doble seis

it controlled her / raising
to include
twin / she became a widow

si... if my memory doesn't
  fail me
to be friendly

to collect / godfather
she resigned
for certain

con...with her heart in her
  mouth / gestures / vulgar
  expressions / shocking
suddenly / le... she hit
  (mother's) shoulder /
  suddenly told her

le... chided her

what do you know?

astonished
godmother / I was crazy
about her / spoiler
give me your blessing / olía...
she smelled funny / little devil

se... she burst out laughing

no... they hadn't noticed that
  her skirt was inside out /
  disturbed / lock

key

A Mary le gustaba el juego de dominó: ¡la dominó!°, decía mi padre, alzando° un dedo como un político como para abarcar° todo el universo alrededor de nosotros. Mary era su hermana gemela° y desde que enviudó°, cosa que ocurrió prematuramente, comenzó a reunirse con un grupo de señoras de más edad y una vez a la semana, si mal no recuerdo°, los jueves por la tarde, jugaban dominó.

Todos en la familia veían con buenos ojos que mi tía querida saliera a excursiones y alternara° con sus nuevas amistades. Aún no había cumplido los cuarenta y se conservaba bella, por lo que era absolutamente necesario que continuara viviendo, incluso, secretamente soñábamos con que encontrara de nuevo el amor.

Meses después de su tragedia, pudo cobrar° el seguro de vida de mi padrino° y pidió la renuncia° en la oficina para la que trabajaba desde muy joven. No sabíamos a ciencia cierta° cuán grande era la cantidad de dinero que había entrado en su cuenta, porque ya por entonces sus contactos con nosotros se habían espaciado y los encuentros entre ella y mi padre dejaban a mamá con el credo en la boca°: tía Mary, una mujer alta y elegante, siempre perfumada, de voz dulce y ademanes° suaves, se nos aparecía con unos dicharachos°, que en su boca resultaban chocantes°. Recuerdo que en una de sus visitas le contó a mi madre de un amigo que había muerto de repente° y al terminar, le golpeó el hombro° y en voz alta le espetó°:

— "La vida es una basura, por eso yo vivo el presente, mañana ya veremos..." Miré a mi mamá y sus ojos expresaban más que asombro, angustia.

Papá le hizo una reconvención°:

— "Mary, por Dios, qué frases son ésas..."–.

— "Es la verdad, pero qué vas a saber tú° que además de viejo, eres aburrido... por eso no vengo por aquí: en esta casa hace falta ¡ALEGRÍA!"—y se encaminó a la salida.

Todos estábamos helados°. Me colgué de su brazo y la acompañé hasta la puerta. Era mi madrina° y tenía delirio con ella° porque había sido mi principal consentidora°:

— "Hasta mañana, tía. Dame tu bendición°". —le dije abrazándola...olía raro°.

— "Dios te haga una diablita°, porque los angelitos van al cielo y de diabla puedes ir a todas partes: como tu tía". — Dicho esto se echó a reír a carcajadas°, golpeando el suelo con el pie, y así salió a la calle. De regreso al comedor pude escuchar a mis padres decididos a acercarse más a ella... los pobres, no habían reparado en que andaba con la falda al revés°. A los dos días entró papá por la puerta demudado° y nos dijo:

— "Imagínense que cambió la cerradura° de la puerta de la que yo tenía llave°".

Pronto descubrimos el motivo de su alejamiento: el juego de dominó. Participaba en campeonatos que se celebraran en cualquier parte del país. Ella y sus

amigas alquilaban un autobús y no escatimaban° distancia ni las detenía el estado
del tiempo. Para ellas no existían Navidades ni celebraciones. El golpe de gracia°
fue que olvidó mi cumpleaños y cuando le reclamé° llorando, me respondió
45 molesta°:

    — "Estás muy zángana para esa bobería°, pero vas a ver en un par de semanas
la nave espacial que te voy a parquear delante de la casa: ¡un be eme
dobleuve!,° plateado, para que vayas a la universidad, eso, si el viejo San
Lazarito Pérez° me da una manita…"— me guiñó un ojo° y siguió su camino.

50   Pero pasó un año y cuando volví a ver a mi tía Mary, casi no podía reconocerla:
su voz se había vuelto ronca°, sus maneras bruscas, fumaba como una chimenea y
bebía como un cosaco; el pelo, a fuerza de° no peinarse, era un nido° de gallinas
atado° con un cordón de zapatos. Había que ver a la que fue la mujer más fina y
delicada de mi mundo, virándose con° el doble blanco y gritando:

55   — "¡Ahí tienes pa'que me respetes…!".°

    Así la encontramos en una esquina de la Calle 8 de Miami, porque un amigo
común nos contó que la había visto merodeando° por allí:

    — "Sucia°, sentada en la acera con una botella de ron peleón° entre las
piernas, esperando su turno para entrar en el juego de dominó…"

60   La reconocí por su sonrisa, pero no quiso volver a casa.

....

    La joven sacudió° la cabeza como para ahuyentar° algún pensamiento, miró el
reloj, iban a dar las cuatro de la madrugada; se volcó de nuevo sobre el plano°
al que daba los toques finales. Era su primer trabajo como arquitecta, el proyecto de
un panteón cuya puerta era una inmensa masa de mármol blanco y negro
65 simulando la ficha del doble seis.

they didn't skimp on
the final blow
I complained
annoyed

Estás…*You're too big for such foolishness*
BMW
san Lázaro, santería saint /
she winked
hoarse

as a result of / nest
tied

playing
There you have it! So that you respect me!
prowling
dirty, cheap rum

shook / to scare away
the blueprint

Después de leer

11-49 ¿Pasó o no? ¿Cuáles de estos eventos ocurren en la historia?

1. _____ Se murió el esposo de Mary.
2. _____ Cobró el seguro de vida de su esposo.
3. _____ Le apasionaba el dominó a Mary.
4. _____ Se enloqueció *(she went crazy)* por jugar.
5. _____ Se hizo adicta al alcohol.
6. _____ Se volvió muy malhablada.
7. _____ Entró en un hospital para rehabilitarse.
8. _____ Se curó de su adicción al final del cuento.
9. _____ Su sobrina le diseñó una ficha de dominó *(a domino tile)* para su panteón.
10. _____ Ganó un coche de lujo que le regaló a su sobrina.

11-50 Reportero/a. Uno/a de ustedes toma el papel de Mary y los demás la entrevistan para un artículo del periódico.

MODELO: **Reportero/a:** *Mary, ¿dónde le gustaba jugar al dominó?*

   Mary: *En el parque.*

11-51 Juegos saludables. Hagan una lista de juegos que consideren saludables por razones físicas o intelectuales. Luego, indiquen cuáles juegan o quisieran aprender a jugar. Expliquen sus razones.

MODELO: *El voleibol es un juego físico. Me gustaría jugarlo mejor porque me divierto mucho.*

Juego	Físico	Intelectual
el voleibol	√	

Taller

Un recuerdo

En el relato anterior, se narran los recuerdos de una joven cuya tía era una persona importante en su vida. La tía Mary había causado una gran impresión en la joven pero la llegó a confundir con su comportamiento. Sigue los siguientes pasos para escribir un relato en primera persona en que cuentes algo que recuerdes de tu juventud.

Antes de escribir

Idear. Piensa en una persona que te impresionó cuando eras más joven. Escribe frases describiéndola, tanto físicamente como por su manera de ser.

Presentar el contexto. Comienza el relato con una frase introductoria que señale el contexto de lo que va a seguir, por ejemplo: *Cuando tenía 15 años, admiraba a mi tío Luis porque....*

A escribir

Agregar detalles. Añade varias frases en las que describas las características de la persona: cómo era, qué hacía, qué relación había entre él/ella y tú.

Crear una complicación. Presenta una complicación: un evento que cause un cambio de personalidad y los esfuerzos que hacía esa persona *(o tú)* para resolver la complicación.

Revelar la resolución. En una o dos oraciones, resuelve la complicación y cierra el relato. ¿Es algo que se esperaba o algo irónico?

Después de escribir

Revisar. Revisa tu relato para ver si has dado suficientes detalles para desarrollar la fantasía. Luego revisa los siguientes aspectos.
- ❏ ¿Has incluido una variedad de vocabulario?
- ❏ ¿Has verificado los usos de los artículos definidos e indefinidos?
- ❏ ¿Has empleado bien el pretérito y el imperfecto?
- ❏ ¿Has seguido la concordancia de tiempos para el subjuntivo?
- ❏ ¿Has verificado la ortografía y la concordancia?

Compartir. Intercambia tu relato con el de un/a compañero/a. Mientras leen los relatos, hagan comentarios y sugerencias sobre el contenido, la estructura y la gramática.

Entregar. Pasa tu relato a limpio, incorporando las sugerencias de tu compañero/a y entrégaselo a tu profesor/a.

El siglo XXI: Así será

Curiosidades

¿SABES?

- ¿Cada cuánto tiempo duplican los microprocesadores su potencia y capacidad?
  - **a.** cada 18 meses
  - **b.** cada década
  - **c.** cada tres años
- ¿A qué distancia en el cosmos ha llegado un objeto hecho por los humanos?
  - **a.** ha traspasado nuestro sistema solar
  - **b.** hasta la órbita del planeta Plutón
  - **c.** está aproximándose al planeta Neptuno
- ¿Cuál es más rápida, la gravedad o la luz?
  - **a.** la gravedad
  - **b.** la luz
  - **c.** su velocidad es la misma
- ¿Dónde está el primer hospital virtual de Europa que permite hacer diagnósticos a larga distancia?
  - **a.** En París, Francia
  - **b.** En Munich, Alemania
  - **c.** En Barcelona, España
- ¿Dónde se anunció el descubrimiento del ADN?
  - **a.** en un pub
  - **b.** en un barco
  - **c.** en un teatro

Go Online
PHSchool.com

For: *Fondo cultural* reading
Visit: PHSchool.com
Web code: jpd-0012

¡Así es la vida!

★★★ Los autómatas del siglo XXI ★★★

La guerra de los robots ya está en marcha. Pero las batallas no tienen lugar en las calles, sino en los laboratorios de las universidades y las fábricas, cada vez más grandes y carentes de (*lacking*) presencia humana. La revolución nos tocará a todos: en las fábricas, los hospitales, los mares, las oficinas, hasta en la casa. Está previsto que las primeras fábricas totalmente robotizadas comiencen a funcionar en el año 2010. Un año después, según un estudio elaborado por el Instituto de Robótica de la Universidad de Carnegie Mellon, se pondrán a la venta (*for sale*) los primeros robots antropomórficos

capaces de atender al público en las oficinas. Los barcos de carga (*freight ships*) navegarán solos de un puerto a otro, sin ningún marinero (*sailor*) a bordo, guiados (*piloted*) por robots. Los capitanes y la tripulación (*crew*) sólo existirán en los barcos de pasajeros y su papel (*role*) será mínimo. En el año 2012 habrán desaparecido los bomberos (*firefighters*) para combatir el fuego y rescatar a personas en los incendios (*fires*). En el año 2016 les llegará el turno a los hospitales: el personal de limpieza será sustituido por numerosos robots que

limpiarán los pisos, desinfectarán los quirófanos (*operating rooms*), les servirán la comida a los enfermos, llevarán radiografías (*X-rays*) de un lado para otro, extraerán nuestra sangre, dosificarán los medicamentos y ayudarán a los médicos en el 80 por ciento de las tareas auxiliares.

Según la revista *Nature*, uno de los mayores avances científicos en el campo de la inteligencia artificial ha sido la creación de robots

capaces de fabricar otros sin la intervención del ser humano. Esta computadora, creada por los científicos Hod Lipson y Jordan Pollack, inicia un nuevo debate sobre el límite de la nueva tecnología al mismo tiempo que despierta el temor (*fear*) ante la posibilidad de la existencia de máquinas con vida propia que podrían llegar a dominar al ser humano.

¡Así lo decimos! VOCABULARIO

Vocabulario primordial

atender   el microprocesador
el chip electrónico   la radiografía
el fuego

Vocabulario clave

Verbos

rescatar   to rescue

Sustantivos

el autómata   robot
el incendio   fire
el/la marinero/a   sailor
el puerto   port

Adjetivos

antropomórfico/a   anthropomorphic (of human form)

Otras palabras y expresiones

a bordo   on board
estar en marcha   to be in progress

Ampliación

Verbos	Sustantivos	Adjetivos
adaptarse	la adaptación	adaptado/a
explorar	la exploración	explorado/a
funcionar	la función/ el funcionamiento	funcionado/a
imitar	la imitación	imitado/a
operar	la operación	operado/a

¡Cuidado!

The superlative de

● In the superlative structure the preposition *in*—for example, *in Latin America* or … *in the world*—is expressed with **de** in Spanish.

Ese nuevo microprocesador es el más pequeño **del** mundo.   *That microprocessor is the smallest in the world.*

Los trabajadores experimentados son los más productivos **de** la fábrica.   *The experienced workers are the most productive ones in the factory.*

Aplicación

12-1 Los autómatas... Combina las frases para ilustrar el papel de los robots del futuro.

1. _____ En el comercio marino,   a. dominarán el mundo.
2. _____ En los quirófanos,   b. limpiarán la cocina.
3. _____ En casa,   c. rescatarán a víctimas.
4. _____ En las fábricas,   d. guiarán los barcos.
5. _____ En los incendios,   e. ensamblarán automóviles.
6. _____ En los hospitales,   f. desarmarán bombas.
7. _____ En una película de ciencia ficción,   g. extraerán sangre de los pacientes.
8. _____ En una guerra,   h. asistirán a los médicos.

 12-2 En su opinión. Conversen sobre la utilidad de los autómatas. ¿Qué aplicaciones les parecen las más importantes y por qué?

12-3 En familia. Completa las siguientes oraciones usando una variación de cada palabra en itálica. Si necesitas ayuda, consulta la sección llamada **Ampliación**.

MODELO: ¿Cuál es la *función* de las torres de microondas que se ven por las carreteras? Las torres **funcionan** para transmitir llamadas por teléfonos móviles.

1. Se tuvo que *operar* al joven después del accidente. _____ fue en el hospital San Francisco.
2. *Imitaron* nuestros planes para la fabricación del robot. _____ fue muy mala.
3. El Polo Norte fue *explorado* varias veces durante el siglo pasado. _____ costó no sólo dinero sino también la vida de algunos de los exploradores.
4. *Adaptarse* a clases sin maestros humanos no será tan fácil como se piensa. Sin embargo, con los avances de la tecnología, esta _____ será más fácil en el futuro.

 12-4 ¡Cuidado! Combinen estos lugares, personas y cosas para crear descripciones superlativas. Si no están de acuerdo, den otra opción.

MODELO: una ciudad hermosa: San Francisco

    E1: *San Francisco es la ciudad más hermosa del mundo.*

    E2: *No es verdad. Nueva Orleans es la más hermosa del mundo.*

1. _____ un avance científico crucial   a. *La matriz II*
2. _____ una fábrica grande de automóviles   b. nosotros/as
3. _____ una novela de ciencia ficción intrigante   c. la asistencia de robots en la cirugía
4. _____ una clase buena
5. _____ un campo de investigación importante   d. Yosemite
6. _____ unos estudiantes motivados   e. ésta
7. _____ una película emocionante   f. *Alfa Centauro* de Isaac Asimov
8. _____ un parque nacional hermoso   g. el encontrar una cura para el SIDA
                                              h. la de Detroit

12-5 ¿Qué implica esta invasión robótica? Según el artículo, los robots van a estar presentes en muchas áreas. Conversen sobre las implicaciones económicas, políticas y sociales de una "invasión robótica" tanto para los países industrializados como para los no industrializados. A continuación, tienen algunas áreas. ¿Saben de otras?

LAS FÁBRICAS

LOS HOSPITALES

LAS MINAS DE MINERALES

LOS CAMPOS DE BATALLA

LA NAVEGACIÓN

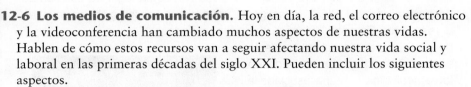

12-6 Los medios de comunicación. Hoy en día, la red, el correo electrónico y la videoconferencia han cambiado muchos aspectos de nuestras vidas. Hablen de cómo estos recursos van a seguir afectando nuestra vida social y laboral en las primeras décadas del siglo XXI. Pueden incluir los siguientes aspectos.

- la comunicación
- el tiempo libre
- la economía
- la seguridad
- la privacidad
- la creatividad

12-7 La terapia genética. ¿Han leído sobre casos en que la terapia genética haya ayudado a una persona con una enfermedad hereditaria? ¿Cuáles son las cuestiones económicas, sociales y personales relacionadas con este tipo de investigación?

Terapia genética, el futuro de la medicina

La mayoría de las enfermedades que sufrimos está ligada a una deficiencia en nuestros genes. Hasta la fecha, los investigadores han descubierto ya cerca de 1.000 enfermedades de origen genético. Se sabe que, por ejemplo, la hemofilia, las miopatías, algún tipo de sordera y hasta el cáncer del seno están en esta categoría. Pero, ¿podrán curarse? Éste es el gran desafío.

La terapia genética consiste en reemplazar los genes defectuosos por genes en buen estado. A pesar de que se tienen grandes esperanzas en este campo, aún estamos hablando del futuro.

12-8 A explorar: Avances tecnológicos en la medicina. Visita el sitio de *Conexiones* en la red *www.PHSchool.com* e inserta el Web Code jpd-0012 para investigar el impacto de las nuevas tecnologías en el mundo de la medicina.

 12-9 La sangre artificial. Lean el siguiente artículo y túrnense para contestar las preguntas.

Hacia la sangre artificial

Como las transfusiones sanguíneas, si bien pueden salvar la vida de un paciente, también son un vehículo de transmisión del SIDA, investigadores de los Estados Unidos tratan de perfeccionar un substituto de la sangre. Se trata de un derivado de la hemoglobina humana asociada a un derivado de la aspirina. Esta sangre semiartificial es capaz de circular dentro del cuerpo y de transportar el oxígeno a los tejidos (*tissues*), pero además puede ser administrada a cualquier paciente rápidamente ya que es compatible con todos los grupos sanguíneos. Además este producto puede conservarse hasta doce meses en lugar de sólo los 28 días que duran los glóbulos rojos almacenados.

1. ¿Cuáles son las ventajas de usar sangre artificial?
2. ¿La sangre a que se refiere el artículo es totalmente artificial?
3. ¿Creen que hay grupos que no acepten este producto por razones religiosas? ¿Cuáles?
4. Si por razones médicas fuera necesario hacerles una transfusión, ¿preferirían esta sangre o la natural?

 12-10 El objeto. Inventen un robot que tenga un uso práctico para el futuro. Describan sus componentes, su utilidad y su costo.

MODELO: *Vamos a inventar un… que pueda…*

¡A repasar!

El discurso indirecto
¿Qué dijeron?

Lee las siguientes citas sobre la realidad virtual. Luego imagina que eres un/a reportero/a en la sección de ciencia y tecnología del noticiero local. Debes reportar todo lo que dijeron estas personas sin citarlas (*without quoting them*) directamente, es decir, debes usar el discurso indirecto. Puedes usar frases como: dijo que, preguntó si, afirmó que, añadió que, etc.

MODELO: **Prof. Torres:** La realidad virtual es una simulación de la realidad en tres dimensiones que puede llegar a estimular todos los sentidos.

*El Prof. Torres **dijo** que la realidad virtual **era** una simulación de la realidad en tres dimensiones que **podía** llegar a estimular todos los sentidos.*

Los expertos hablan sobre la realidad virtual

Dra. Palau: La realidad virtual se inventó en el siglo XX, pero en el XXI se convertirá en tecnología clave en el desarrollo del conocimiento humano. Sin duda, tendrá un gran impacto en la medicina, la arqueología, la astrofísica y en muchas otras áreas de investigación.

Director Pedro Fuentes: Una de las nuevas tecnologías que revolucionarán el mundo del entretenimiento es la realidad virtual. Es un escape total.

Sargento: La realidad virtual facilita el entrenamiento de pilotos.

Ingeniera: La realidad virtual ofrece muchas opciones a los diseñadores.

Isabel: A los arquitectos y a los decoradores. Les ahorrará mucho tiempo y dinero.

Recuerda: El tiempo de los verbos en las citas originales suele cambiar al transformarlas en *discurso indirecto*. Repasa estos cambios en la Lección 10.

Reto: Usa muchas palabras de **¡Así lo decimos!**

¡Así lo hacemos! ESTRUCTURAS

1. *Se* for unplanned events

Se me olvidó tu contraseña; ¿me la puedes dar?

In order to describe an unexpected or unplanned event, Spanish frequently uses **se** in conjunction with the third person singular or plural of the verb. In such cases, the action is not viewed as being *carried out* by someone, but rather as *happening* to someone. Hence, the indirect object is used.

Se le perdió la billetera al marinero.	*The sailor lost his wallet.*
¿**Se le cayeron** los paquetes al autómata?	*Did the robot drop the packages?*
Se nos olvidó analizar el factor económico.	*We forgot to analyze the economic factor.*

- Possession is implied by the indirect object pronoun, therefore Spanish uses the definite article, not the possessive adjective as in English. The prepositional phrase **a** + *noun/pronoun* may be added for clarity or emphasis.

A ti se te cayó el radio.	*You dropped your radio.*
Al bombero se le ocurrió ir al puerto.	*It occurred to the fireman to go to the port.*

Aplicación

12-11 Viaje a Marte. Lee la transmisión que ocurrió entre Misión Control y la astronave que iba a aterrizar en Marte en el año 2050. Subraya todos los **se**.

Misión Control: Buenos días, capitán Valiente. ¿Cuál es su posición en este momento?

Capitán Valiente: Ya hemos llegado al momento del descenso a la superficie del planeta Marte. Diez, nueve, ocho… uno, ¡fuego! ¡Misión Control! Se nos perdió el cohete principal que nos iba a llevar hasta Marte. Se nos ha roto una parte esencial de la navegación. El radar se nos ha perdido en el espacio mientras que íbamos acercándonos a la superficie del planeta. ¡Temo que la nave espacial haya quedado inutilizada *(disabled)*!

Misión Control: No se desespere. Pronto llegará otra nave que los evacuará del planeta.

Capitán Valiente: Mil gracias. Se me había olvidado que pronto llegaba otra misión a Marte.

12-12 ¿Una misión desastrosa? Haz una lista de los problemas de la misión a Marte.

MODELO: *Se les perdió…*

12-13 Un incendio. Completa el diálogo con la forma apropiada de las expresiones de la lista. Una de ellas se debe usar dos veces.

| caerse | ocurrirse | perderse | romperse |
| morirse | olvidarse | quedarse | |

Dra. Salinas: Dr. Romero, ¿tiene usted los planos para el aparato?

Dr. Romero: Disculpe, Dra. Salinas, (1)_____ en casa.

Dra. Salinas: No entiendo. ¿Por qué se los llevó a casa? Parece que usted está muy distraído.

Dr. Romero: Es verdad. Ha sido una semana pésima para mí. El domingo salí con mi familia para dar un paseo y a mi esposa (2)_____ apagar el horno. Cuando llegamos a casa, me di cuenta de que (3)_____ las llaves de casa y no podíamos entrar. Vimos que la casa estaba llena de humo y sabíamos que los gatos estarían muy asustados. Quería llamar a los bomberos, pero estaba tan histérico que (4)_____ el número de teléfono. Por fin, los llamó un vecino y cuando llegaron, me pudieron salvar la casa. Sin embargo, (5)_____ un gatito a mi hija menor. Y al entrar en la casa, (6)_____ una lámpara antigua a mi esposa y (7)_____ en mil pedazos. ¡Fue todo un desastre!

Dra. Salinas: ¡Lo siento mucho, Dr. Romero! Especialmente la muerte del gatito. Pero me alegro de que nadie se haya lastimado. Pero (8)_____ una solución. Tengo una familia de gatitos recién nacidos en casa. Les regalo uno.

Dr. Romero: Es usted muy amable. Mi esposa le va a estar muy agradecida.

12-14 Desastres en la oficina. ¿Has tenido problemas en tu trabajo alguna vez? ¿Has tenido que dar excusas? Lee las siguientes situaciones y da excusas para explicarlas.

MODELO: No tienes el informe preparado para la reunión de directores.

Disculpen. Iba a repartirles a todos una copia del informe, pero se nos estropeó la fotocopiadora esta mañana.

1. Hay muchos errores en el informe que has preparado para tu supervisora.
2. Hubo un pequeño incendio en tu escritorio.
3. Llega la policía a la oficina durante la fiesta de jubilación (*retirement*) de tu jefe.
4. Una planta exótica de tu jefe está amarilla y moribunda (*dying*).
5. Hay una mancha oscura en los planos (*blueprints*) para la fábrica nueva.
6. No has terminado el análisis del mercado laboral.
7. Tu jefe tuvo que usar la escalera para subir diez pisos esta mañana.
8. Ya no hay café en la cafetera.

 12-15 Un día desastroso. Describan experiencias en las que todo salió muy mal. Luego, cuéntenle a la clase lo que le pasó al/la compañero/a.

MODELO: **E1:** *Un día se me quedó la tarea en casa y no pude entregarla a tiempo.*

E2: *A Carlos un día se le quedó la tarea en casa y no pudo entregarla a tiempo.*

 12-16 Una mascota (*pet*) para el siglo XXI. ¿Qué tipo de mascota preferirías tener, una real o una electrónica? ¿Por qué? ¿Cuáles son para ti las ventajas y desventajas de cada una? Escucha el informe sobre una mascota muy especial. Completa las frases con esa información.

1. Este robot fue construido en 1999 en...
   a. los Estados Unidos
   b. el Japón
   c. Alemania
2. El robot nuevo es...
   a. un humanoide
   b. un animal
   c. un monstruo
3. Este robot puede...
   a. caminar, jugar, bailar y dormir
   b. pelear con otros robots-mascotas similares
   c. comprender varias palabras y frases simples
4. Esta nueva mascota cuesta alrededor de...
   a. trescientos a quinientos dólares
   b. tres mil dólares
   c. mil quinientos dólares
5. Lo más asombroso (*amazing*) de este robot es que...
   a. expresa emociones, recuerda, "aprende", y se carga (*charges*) a sí mismo
   b. emite sonidos específicos, "percibe" una voz que no reconoce
   c. enciende las luces y se mueve en diferentes direcciones cuando "ve" a un humano "conocido".

COMPARACIONES

12-17 En tu experiencia. Antes de los avances tecnológicos y en las telecomunicaciones, ¿cómo se llevaba a cabo la educación a distancia? ¿Tiene tu colegio cursos sobre la red? ¿Qué opinas de ellos? ¿En qué partes del mundo piensas que son particularmente beneficiosos estos cursos? ¿Por qué?

El Tec de Monterrey: La universidad virtual

El Tecnológico de Monterrey, México, estableció en 1996 una Universidad Virtual (UV). El Sistema de Educación Interactiva por Satélite (SEIS) constituyó el inicio de este esfuerzo al comenzar en 1989 la transmisión y recepción de educación a distancia en el Tecnológico de Monterrey. Pocos años después, internacionalizaron su servicio al ofrecer programación académica en sedes (*centers*) externas a la institución. Hoy en día, la UV cuenta con más de 80 mil estudiantes anuales que "asisten" a programas académicos que cubren desde cursos de profesionales, maestrías, doctorados hasta programas de alfabetización en línea para miembros de las comunidades más marginadas del país. Todos los cursos de la UV tienen un sitio en la red que incluye toda la información necesaria para el desarrollo del aprendizaje. Lo único que se necesita es tener acceso a una computadora con conexión a la Internet. El alumno puede tener su propia computadora o utilizar los centros de aprendizaje de las sedes para realizar las actividades de los cursos.

En este programa de educación a distancia, los profesores y alumnos se encuentran en lugares geográficos distintos durante las sesiones de clase, rompiendo de este modo con las barreras de tiempo y espacio, ya que el proceso de enseñanza no se lleva a cabo mediante interacción directa, sino a través de diversas tecnologías de telecomunicación, redes electrónicas y multimedia. Los alumnos reciben estas transmisiones en salones especialmente equipados, y pueden comunicarse con sus profesores en vivo durante la sesión de satélite a través de teléfono, fax o correo electrónico.

La Universidad Virtual se ha convertido en una enorme red telemática compuesta de bibliotecas y redes electrónicas así como de laboratorios virtuales que interconectan áreas geográficas distantes generando mayor calidad y motivando el aprendizaje a distancia.

La UV es reconocida a nivel mundial por su liderazgo educativo, y se ha convertido en una referencia obligatoria cuando se analiza el potencial de la tecnología en el desarrollo de la educación.

12-18 En su opinión. Hoy en día es más y más común tomar clases a distancia. ¿Creen que son más fáciles o más difíciles las clases a distancia? ¿Por qué? ¿Cuáles son las ventajas tanto económicas como académicas de tomar clases a distancia? ¿Cuáles les interesarían y por qué?

- contabilidad
- idiomas
- literatura
- arte

- economía
- ciencias
- informática
- sociología

12-19 A explorar: Lo último en las ciencias y la tecnología. Visita el sitio de *Conexiones* en la red *www.PHSchool.com* e inserta el Web Code jpd-0012 para enterarte de las últimas noticias sobre el mundo de la ciencia y la tecnología. Describe una innovación que te interese y explica por qué.

SEGUNDA PARTE

¡Así es la vida!

¿Qué pasaría si cayera un cometa en la Tierra?

En 1993, los astrónomos Gene y Carolyn Shoemaker observaron la trayectoria de un gigantesco cometa, luego llamado "Shoemaker". A primera vista les pareció (*it seemed to them*) un objeto grande y extraño. Después les pareció algo similar a una cadena de perlas. Desde el descubrimiento de este formidable cometa, se ha conjeturado qué pasaría si éste u algún otro astro chocara (*collided*) con la Tierra. Las observaciones telescópicas preliminares indican que "pueden existir miles de asteroides cerca de la Tierra, es decir, cruzando la órbita terrestre". En las últimas décadas los geólogos han descubierto más de 100 cráteres sobre la superficie del planeta, todos formados por meteoros o asteroides durante miles de millones de años. Los expertos calculan que la probabilidad de colisión hacia el año 2126 es del 5 por ciento.

Pero, ¿cómo se puede evitar la catástrofe que supondría tal colisión? Hay varias propuestas que circulan por el mundo científico.

* Algunos científicos proponen disparar bombas nucleares contra los asteroides y cometas que se acerquen a la Tierra. Afirman que las explosiones podrían desviar (*divert*) un asteroide letal antes de que diera con el planeta. Pero este plan ha sido criticado por el renombrado científico Carl Sagan, quien ha advertido (*warned*) sobre los riesgos de hacer un mal uso de dicha tecnología; por ejemplo, un "loco" podría guiar deliberadamente un asteroide contra un país enemigo.

* Otros opinan que sería más seguro detonar una bomba nuclear cerca del asteroide para que la radiación lo desviara de su ruta. Por el contrario, detonar la bomba en el mismo asteroide podría fragmentarlo en varios trozos (*pieces*) sin alterar su movimiento.

Entre las soluciones no nucleares se incluyen:

* Envolver una gigantesca sustancia reflectora como el *mylar*, sobre el asteroide. La radiación del Sol y el haz (*beam*) continuo de partículas solares —el viento solar—cambiarían la dirección del cuerpo celeste.

* Disparar algunas toneladas de acero (*steel*) al espacio, estrellarlas (*crash them*) contra el asteroide y dejar que la energía generada por el impacto desviara el cuerpo celeste, como una bola de billar.

* Colocar cohetes (*rockets*) en el asteroide, impulsados por energía nuclear, capaces de acelerarlo gradualmente hasta una nueva órbita.

* O bien, construir sobre el asteroide conductores de masa electromagnéticos que lanzaran (*shooting*) al espacio fragmentos de su superficie. Debido a que —como dijo Isaac Newton hace tres siglos— cada acción produce una reacción igual en sentido contrario, el asteroide sería impulsado (*driven*) en la dirección opuesta a la de los fragmentos arrojados.

Al comienzo de este siglo, la astronave NEAR logró aterrizar (*land*) sobre Eros, una roca espacial de 34 km. (21 millas) de largo. Esto representa un paso importante en el desarrollo de la tecnología que nos permitiría destruir un asteroide antes de que llegara a la Tierra.

¡Así lo decimos! VOCABULARIO

Vocabulario primordial

acelerar	expandir
celeste	la órbita
el cometa	el planeta
desintegrar	el sistema solar

Las unidades

la decena	la centena	miles	millones
la onza	la libra	la tonelada	
la pulgada	el pie	la yarda	la milla
el mililitro	el centilitro	el litro	
el centímetro	el metro	el kilómetro	
el miligramo	el centigramo	el gramo	el kilogramo

Sustantivos

la propuesta	*proposal*
la superficie	*surface*
la trayectoria	*trajectory*
el trozo	*piece*

Adjetivos

opuesto/a	*opposite*

Otras expresiones

debido a	*due to*
el sentido contrario	*the opposite way*

Vocabulario clave

Verbos

alterar	*to alter*
arrojar	*to hurl*
colocar	*to place*
desviar	*to deflect*
disparar	*to fire*
envolver (ue)	*to envelop*
especular	*to speculate*
evitar	*to avoid*
golpear	*to hit*
lanzar	*to hurl*

Ampliación

Verbos	Sustantivos	Adjetivos
chocar	el choque	chocante
desviar	la desviación, el desvío	desviado/a
envolver (ue)	la envoltura	envuelto/a
expandir	la expansión	expandido/a
golpear	el golpe	golpeado/a
quemar	la quemadura	quemado/a

Los planetas

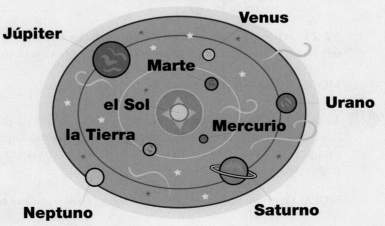

¡Cuidado!

desde, puesto que

● The English word *since* refers to time, distance, and can also be used to mean *because* (*of*) or *due to*. However, the Spanish word **desde** only refers to time and distance; it never means *since* in the sense of *because* (*of*) or *as a result of*. Use **puesto que** for the latter.

Los científicos encontraron restos del meteorito en un área que se extiende **desde** Phoenix hasta Mesa.	*Scientists found the remains of the meteorite in an area extending from Phoenix to Mesa.*
Los aeronautas de la NASA han trabajado en el diseño del cohete **desde** 1988.	*The NASA astronauts have worked on the design of the rocket since 1988.*
Puesto que los agujeros negros nunca han sido observados, no hay prueba definitiva de su existencia.	*Since (Because) black holes have never been observed, there is no definite proof of their existence.*

Aplicación

12-20 Cómo desviar un asteroide. De acuerdo con el artículo, ¿cuáles de estas soluciones se mencionan para desviar un asteroide?

1. _____ desviarlo con una bomba nuclear
2. _____ detonar una bomba nuclear cerca del asteroide
3. _____ lanzar una misión suicida
4. _____ dispararle unas toneladas de acero
5. _____ desviarlo con rayos láser
6. _____ envolverlo con material que refleje la luz del sol
7. _____ usar conductores electromagnéticos sobre el asteroide
8. _____ lanzar un cohete grande armado de imanes (*magnets*) para que el asteroide lo siga

12-21 ¿Qué pasaría si cayera un cometa sobre la Tierra? Haz una lista de seis o más consecuencias que habría si un cometa cayera sobre la Tierra.

MODELO: *Se destruiría toda una ciudad…*

 12-22 ¿Qué harían en ese caso? Si supieran con un día de anticipación que iba a caer un cometa en la Tierra, ¿qué harían? ¿cómo se prepararían? Hagan una lista por orden de importancia de las ocho a diez cosas que harían y justifiquen su respuesta.

MODELO: *Primero, sacaríamos dinero del banco porque tendríamos que comprar comida…*

12-23 En familia. Completa las siguientes oraciones con una variación de cada palabra en itálica. Si necesitas ayuda, consulta la sección llamada **Ampliación**.

MODELO: La *expansión* del programa de robótica ya no tendrá lugar hasta el año 2010. Los empresarios esperan **expandir** el programa con una subvención *(grant)* del gobierno.

1. El meteorito *chocó* con la Tierra. _____ causó un cráter grande.

2. Después del incendio toda la maquinaria de la fábrica estaba *quemada*. El incendio _____ todo el inventario también.

3. El tráfico alrededor de la fábrica fue *desviado* por el estallido. La policía tuvo que _____ el tráfico por varias horas.

4. Nos encontramos totalmente *envueltos* en una conspiración tras otra. No quiero que Uds. me _____ en otra.

5. Los terroristas secuestraron *(kidnapped)* al general y lo *golpearon*. Afortunadamente, _____ no resultaron en heridas graves.

12-24 ¡Cuidado! Completa las oraciones con **desde** o **puesto que** según el contexto.

Hace muchos siglos un meteorito chocó con la Tierra al norte de la provincia de Ontario. El cráter formado por el meteorito se extiende (1)_____ el norte hasta el sur del condado en que se sitúa la ciudad de Sudbury. (2)_____ el siglo XIX, se ha sabido que el meteorito sería importante para la economía de la región. Hoy en día se mina níquel en ese lugar, (3)_____ el meteorito contenía gran cantidad de ese metal. Si visitas la ciudad, vas a notar que el aire está lleno de azufre *(sulphur)*, (4)_____ todavía se extrae el níquel de la roca. Se cree que muchos meteoritos han chocado con la Tierra, (5)_____ hay cráteres (6)_____ el extremo norte al extremo sur del planeta.

12-25 Hay grandes cantidades. Explica cuántas unidades hay de cada categoría.

MODELO: peces en el mar
Hay millones de peces en el mar y miles de especies.

1. gramos de café en una libra
2. peatones *(pedestrians)* en la ciudad de Nueva York
3. onzas de refresco en una botella
4. kilogramos de azúcar en cinco libras
5. miligramos de aspirina en una pastilla
6. metros en un kilómetro
7. kilómetros desde Nueva York hasta San Francisco
8. estrellas en el cielo
9. meteoritos que han caído a la Tierra
10. novelas de ciencia ficción

12-26 Las armas nucleares. ¿Bajo qué circunstancias se deberían usar armas nucleares contra una amenaza terrestre o celeste? Discutan los pros y los contras.

12-27 Una trama de ciencia ficción. En grupos de tres o cuatro, piensen en una novela que hayan leído o una película que hayan visto en que aparezca un cometa o un asteroide. Trabajen juntos para preparar el relato y después preséntenselo a la clase.

- ¿Cuándo y dónde ocurrió?
- ¿Cómo era?
- ¿Qué hizo la gente?
- ¿Quién fue el héroe o la heroína?
- ¿Cuál fue la conclusión?

12-28 La bioingeniería. Ahora es más y más común encontrar productos que son el resultados de la bioingeniería. Conversen sobre estos productos agrícolas: ¿Comen alimentos de este tipo? ¿Por qué? ¿Cuáles? ¿Cuáles son las ventajas y desventajas?

el maíz	el algodón	los tomates
las fresas	la soja (soya)	las papas

12-29 La bioingeniería. Escucha el informe que recién publicó una revista científica y completa las frases siguientes.

1. La bioingeniería beneficia más que nada a…
   a. gente en países en vías de desarrollo.
   b. los Estados Unidos.
   c. los pobres del mundo.

2. La situación es crítica por…
   a. el aumento de la población.
   b. la escasez de petróleo.
   c. la pobreza del mundo.

3. Entre los productos que han recibido la mayor inversión de recursos están…
   a. el arroz y la mandioca.
   b. el algodón y la soja.
   c. la fresa y el trigo (*wheat*).

4. Entre los países que apoyan el desarrollo de la ingeniería genética se incluyen los Estados Unidos,…
   a. la India y Chile.
   b. la Argentina y la China.
   c. España y Suecia.

5. La reacción de la Unión Europea ha sido…
   a. mandar más productos agrícolas a los países que los necesitan.
   b. imponer impuestos *(taxes)* especiales a los productos genéticamente modificados.
   c. no permitir la importación de productos genéticamente modificados.

12-30 La bioingeniería. ¿Qué opinan Uds. en cuanto a la ingeniería genética? Justifiquen sus respuestas.

1. La ingeniería genética puede solucionar el problema del hambre en el mundo.
2. La bioingeniería es peligrosa; es mejor comer sólo productos naturales.
3. La bioingeniería que combina los pesticidas o los antibióticos con las plantas puede cambiar el ecosistema.
4. Hoy las plantas, mañana los bebés.

¡A repasar!

Subjuntivo e indicativo
Tecnología casera

Imagina que en un mes vas a mudarte a una casa totalmente computerizada. Debes ayudar a diseñar los últimos detalles a tu gusto. Escribe una lista de especificaciones sobre tus preferencias y necesidades personales: ¿cómo quieres que sean los aparatos (*appliances*) domésticos? ¿qué quieres que haga el "robot familar"? En tu descripción utiliza al menos seis de las siguientes frases:

Me encanta que mi nueva casa…

Sueño con un refrigerador que…

No creo que mi perro…

Pienso que el control de las luces…

Busco una cama de un material que…

Prefiero un supertelevisor que…

Quiero que nuestro robot…

Creo que los cables (wires)…

Necesito una lavadora que…

Tendré un mando a distancia para que la comida…

Sé que el baño…

Tan pronto como…

Recuerda: Debes completar estas frases con un verbo en el subjuntivo o en el indicativo. Para repasar estos modos consulta las Lecciones 2, 3, 4 y 6.

Reto: ¡Trata de usar todas las frases! Usa muchas palabras de ¡Así lo decimos! de la Primera y de la Segunda parte

¡Así lo hacemos! ESTRUCTURAS

2. The passive voice

El asteroide fue desviado por la detonación de una bomba nuclear.

In both Spanish and English, the active voice expresses an action in which the subject is active, that is, the subject performs the action. In the passive voice, the recipient of the action is emphasized and becomes the grammatical subject. The agent who performed the action can be introduced by the preposition **por.**

Los científicos diseñaron la bomba.	*The scientists designed the bomb.*
La bomba fue diseñada **por** los científicos.	*The bomb was designed by the scientists.*
El geólogo descubrió el cráter.	*The geologist discovered the crater.*
El cráter fue descubierto **por** el geólogo.	*The crater was discovered by the geologist.*

● The passive voice is formed with the verb **ser** + *past participle*. The past participle agrees in gender and number with the subject because it is used as an adjective.

La tecnología para destruir el meteoro **fue explicada** por la experta.	*The technology to destroy the meteor was explained by the expert.*
La distancia entre el cometa y la Tierra **fue calculada** por los físicos.	*The distance between the comet and Earth was calculated by the physicists.*

● In Spanish, the passive voice can also be expressed with the pronoun **se.** The reflexive **se** as a substitute for the passive voice is more common, but can only be used when the agent of the action is not mentioned.

Se explicaron los pasos para proteger la Tierra.	*The steps to protect Earth were explained.*
El cráter **se** abrió como atracción turística.	*The crater was opened as a tourist attraction.*

● To describe the effect of a previous action, use **estar** + *past participle*.

El observatorio **está** cerrado.	*The observatory is closed.*
Las computadoras **estaban** apagadas.	*The computers were turned off.*

Aplicación

12-31 Grandes descubrimientos e invenciones. Contesta las preguntas con la información de la lista. Usa la voz pasiva.

MODELO: ¿Quién inventó la bombilla eléctrica?

Fue inventada por Thomas Edison.

1. _____ ¿Quién explicó la fuerza de gravedad?
2. _____ ¿Quién confirmó la teoría de Copérnico que dice que los planetas giran alrededor del Sol?
3. _____ ¿Quién inventó el teléfono?
4. _____ ¿Quién formuló la teoría de la relatividad?
5. _____ ¿Quién describió el sistema de circulación de la sangre?
6. _____ ¿Quién explicó los muchos usos posibles del cacahuate (*peanut*)?
7. _____ ¿Quién fundó la Cruz Roja?
8. _____ ¿Quiénes inventaron el avión moderno?
9. _____ ¿Quién describió el primer helicóptero?
10. _____ ¿Quiénes perfeccionaron el sistema de irrigación en España?

a. los árabes
b. Galileo
c. Clara Barton
d. Wilbur y Orville Wright
e. Alexander Graham Bell
f. William Harvey
g. Leonardo da Vinci
h. Albert Einstein
i. Sir Isaac Newton
j. George Washington Carver

12-32 ¿Cómo se explican estas acciones y condiciones? Forma frases en voz pasiva que expresen el agente de la acción.

MODELO: el planeta Marte / explorar / Rover

El planeta Marte fue explorado por el Rover en 2004.

1. el cometa Hale-Bopp / descubrir / Alan Hale y Thomas Bopp
2. la nave *Titanic* / hundir / un iceberg
3. las lunas de Júpiter / estudiar / NASA
4. el primer satélite / lanzar / los soviéticos
5. el chip electrónico / perfeccionar / Intel
6. la energía solar / utilizar / los españoles en sus edificios y casas
7. el mejoramiento de la economía / prever / los economistas
8. la energía atómica / utilizar / muchos países

12-33 No sé quién lo hizo. Vuelve a expresar las frases de la actividad **12-32** quitando el agente y usando el **se** impersonal. Trata de adivinar el año o la década en que ocurren estos eventos.

MODELO: El planeta Marte fue explorado por el *Rover* en 2004.

El planeta Marte se exploró en 2004.

12-34 Una invención o un descubrimiento. Describe y explica una invención o descubrimiento que conozcas. Utiliza la voz pasiva y el **se** impersonal. Puedes usar la información sobre inventos de la Lección 1.

MODELO: —*Según las teorías actuales, las tierras que ahora se conocen como las Américas fueron primeramente habitadas por varias tribus asiáticas…*

—*La televisión a color se creó in México en 1940 y consistía en un sistema de tres colores.*

12-35 A explorar: Contacto con las estrellas: El radiotelescopio de Arecibo, Puerto Rico. Visita el sitio de *Conexiones* en la red *www.PHSchool.com* e inserta el Web Code jpd-0012 para aprender sobre el radiotelescopio más grande del mundo y sobre los esfuerzos que se han hecho y se siguen haciendo para encontrar vida inteligente en el cosmos. Escribe un párrafo que describa este telescopio.

3. Diminutives and augmentatives

El planeta Marte es pequeñito comparado con la Tierra.

In Spanish, diminutive and augmentative suffixes are added to nouns to express smallness or bigness. These endings may also express endearment, contempt, ridicule, or pity.

● The most common Spanish diminutive endings follow.

-ito/a, -illo/a added to nouns ending in -o, -a, -l

La trama de la nove**lita** era la Guerra Fría.	*The plot of the short novel was the Cold War.*
El astrono**millo** era un hombre muy agradable.	*The (nice) little astronomer was a very pleasant man.*

-(e)cito/a, -(e)cillo/a added to nouns with endings other than -o, -a, -l

El hombre**cito** era un químico distinguido.	*The (cute) little man was a distinguished chemist.*
Para una mujer**cita,** es una científica muy experta.	*For a young woman, she's a very accomplished scientist.*
El profesor**cillo** era muy egoísta.	*The (lousy) little professor was very egotistical.*

● These are the most common Spanish augmentatives.

-aco/a, azo/a, -ón/ona, -ote/a

El lib**raco** de física era pesadísimo.   *The huge physics book was very heavy.*
¿Viste ese cohe**tazo**? Yo ayudé a   *Did you see that big rocket? I helped*
  construirlo.   *build it.*
¿Viste la mansión? ¡Qué cas**ona**!   *Did you see the mansion? What a*
                                                 huge house!

Tu amig**ote** no me cae bien.   *I don't like your big (vulgar) friend.*

Aplicación

12-36 Una conversación entre dos científicos. Lee la conversación entre los dos astrónomos y subraya todos los diminutivos y aumentativos.

Dra. Paulín: Dr. Paulín, ¡mire este objetazo por el telescopio! Luce como un melonzote gigantesco.

Dr. Ramos: Lo veo, Dra. Paulín, pero no es tan grande. Me parece más bien una bolita de nieve. Tiene una colita blanca y le salen chispitas verdes.

Dra. Paulín: Dr. Ramos, con todo respeto, creo que está equivocado. Lo que veo yo no es una bolita sino un balonzote. Tiene cráteres enormes y montañotas altas. Parece que va a caer sobre la Tierra.

Dr. Ramos: Bueno, lo dudo. Todavía está a unas millitas de distancia de la Tierra. Vamos a ver si lo podemos desviar con unos cohetecillos.

Dra. Paulín: Pero, Dr. Ramos, ¡ya está llegando ahorita!...

12-37 Las exageraciones de los astrónomos. Escribe los diminutivos y aumentativos de la actividad anterior.

MODELO: un objeto grande — *un objetazo*

1. ahora mismo _____
2. un balón grande _____
3. una bola (*ball*) pequeña _____
4. unas chispas (*sparks*) pequeñas _____
5. unos cohetes pequeños _____

6. una cola (*tail*) pequeña _____
7. un melón grande _____
8. unas millas cortas _____
9. unas montañas grandes _____
10. un objeto grande _____

12-38 Los diminutivos. Primero, escribe los sustantivos de los que se derivan estos diminutivos y después úsalos en oraciones originales.

MODELO: cosita - *cosa*

Hay una cosita que me preocupa sobre la cuestión de los cometas. ¿Cuánto tiempo vamos a tener para evacuar la ciudad?

1. emisioncita
2. dinerito
3. pequeñito
4. mujercita
5. hombrecillo

6. lunita
7. robotcillo
8. navecita
9. problemita
10. estrellita

 12-39 Es una exageración. Formen oraciones con la forma aumentativa de cada una de las siguientes palabras. Luego díganselas a su compañero/a para que contradiga la idea.

MODELO: el perro

E1: *Ayer el perrazo de mi vecino destruyó todas las plantas de mi jardín.*

E2: *¡No exageres! No era un perrazo sino un perrito.*

1. el asteroide
2. el telescopio
3. el accidente
4. la catástrofe
5. el incendio

 12-40 ¿Qué observan? Túrnense para explicar lo que se ve en estos contextos. Usen diminutivos y aumentativos lógicos.

MODELO: en el centro de computadoras

Se ven unas maquinotas, papelitos por todas partes y muchos estudiantes frustrados por sus trabajitos.

1. en una nave espacial
2. en un laboratorio
3. en un observatorio

4. en una selva tropical
5. en otro planeta
6. en una universidad virtual

12-41 A explorar: ¿Clonar o no clonar? Visita el sitio de *Conexiones* en la red *www.PHSchool.com* e inserta el Web Code jpd-0012 para descubrir los posibles efectos de la clonación. Escribe un párrafo donde expliques uno de sus efectos positivos y otro párrafo en el que expliques un posible efecto negativo.

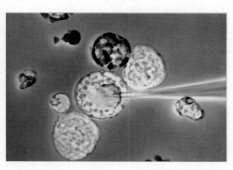

Conexiones

3 **Un paso adelante ¿y un paso atrás?** Una de las áreas de la medicina que ha avanzado más en los últimos años es la genética. Hoy es posible obtener bastante información sobre un ser humano antes de que nazca *(before birth)*. ¿Cuáles son las implicaciones éticas relacionadas con este fenómeno? En grupos pequeños, discutan las ventajas y las desventajas de los avances de la genética. ¿En qué debe invertirse más, en la cura de enfermedades o en la investigación de sus posibles causas genéticas?

 Ritmos

Millo Torres

Ya conoces al talentoso compositor y cantante Millo Torres (Lección 3). Esta canción refleja su preocupación por los efectos del progreso en su tierra natal, Puerto Rico.

Antes de escuchar

2 **12-42 En su opinión.** Discutan el siguiente tema para compartir su opinión. La ciencia y la tecnología: ¿ayudan a la preservación de nuestro planeta o más bien contribuyen a su destrucción? Ilustren sus respuestas con ejemplos.

MODELO: *En mi opinión, los avances científicos son esenciales, por ejemplo en el área de la salud... (etc.)*

A escuchar

Tierra adentro

¡Eh! Puerto Rico,
¿Cuándo el cambio vendrá?
Hay muchos que dicen,
Lo que será.°   *what will be*
Miro hacia el monte°   *toward the hill(s)*
Y el horizonte fiel°   *faithful*
Desaparece por el cemento aquel.
Tierra adentro,° yo no encuentro.   *inland*
Tierra adentro, yo no encuentro.
Nanananana

Era un jardín florido°,	*flower garden*
De mágico esplendor*	
Lo han destruido,	
Silenciando el ruiseñor.°	*by silencing the nightingale*
El cambio llegó,	
No tengan más calma,	
Escúchenlo en su alma.° (repite)	*soul*
Tierra adentro, yo no encuentro.	
Tierra adentro, yo no encuentro.	
¡Bomba!°	tipo de ritmo y baile típico de la
Campo° yo vivo triste,	cultura africana en Puerto Rico
Cada día sufriendo más.	*countryside*
Ay Dios, ¿qué será de mí?,	
Si no bailo esta bomba	
Prefiero morir.	
Campo yo vivo triste, campo yo vivo triste…..	

Después de escuchar

12-43 El punto de vista del cantautor. Contesta ahora las siguintes preguntas:

1. ¿A qué cambio se refiere el cantante?
2. ¿Por qué está desapareciendo el horizonte? ¿Qué se ve en el monte?
3. ¿Qué piensas que no puede encontrar el cantante?
4. ¿Por qué el ruiseñor ha dejado de cantar?
5. ¿Qué nos pide el cantante?
6. ¿Qué le dice el cantante al campo?
7. ¿Por qué el cantante pregunta qué será de él?

 12-44 ¿Están de acuerdo? Reaccionen a favor o en contra de estas declaraciones sobre el futuro. Expliquen su opinión. En cincuenta años...

1. el gobierno no permitirá que se destruyan los bosques.
2. el horizonte estará lleno de edificios.
3. la contaminación será intolerable.
4. nuestros hijos no podrán jugar afuera.
5. seremos todos mucho más conscientes de la necesidad de proteger el medio ambiente.

---

*These two lines refer to part of the lyrics of the Puerto Rican national anthem: "*Es un jardín florido de mágico primor*". However, notice that the singer refers to this garden in the past tense *(era)*.

 Imágenes

Miguel Alandia Pantoja (1914–1975)

A Miguel Alandia Pantoja se le considera el muralista más importante de Bolivia. Su obra tiene gran influencia del muralista mexicano Orozco, pero la obra de Alandia es más suave y sencilla. Alandia Pantoja pintó murales para la Unión de Mineros en Cataví, Bolivia, pero no fue hasta la revolución socialista de 1952 que su obra fue objeto de mayor demanda por su potencial propagandístico. El mural *Medicina boliviana* se encuentra en el auditorio del Hospital Obrero de La Paz, Bolivia. En este mural, Alandia Pantoja utiliza imágenes de flores y animales naturales de Bolivia, de prácticas medicinales indígenas y de su particular visión de la medicina moderna. Su mural se lee de izquierda a derecha como una historia con un fuerte comentario social.

Miguel Alandia Pantoja, *Medicina boliviana*, 1957, Mural, Hospital Obrero de La Paz, Bolivia

Perspectivas e impresiones

12-45 Ponlo en palabras. Cuenta la historia de la medicina según el mural.

12-46 Los remedios tradicionales. Este mural elogia el pasado tanto como el futuro. ¿Qué remedios tradicionales conoces? ¿Has tenido o conoces a alguien que haya usado alguno?

Páginas

Marco Denevi (1922–1998)

Marco Denevi, quien nació en Buenos Aires, Argentina, es autor de la novela *Rosaura a las diez* (1955), la cual se llevó al cine y fue protagonizada por Elizabeth Taylor. Denevi también tiene fama por sus excelentes cuentos. Su obra se conoce por su estilo juguetón, ingenioso e irónico, y por sus temas fantásticos y universales. Su originalidad y extraordinario dominio del lenguaje le han otorgado un lugar importante en las letras hispanas. Durante sus últimos años practicó el periodismo político, profesión que le dio grandes satisfacciones.

Antes de leer

12-47 Estrategias de lectura. Como aprendiste en la Lección 4, varios elementos de una lectura pueden facilitar su comprensión: las imágenes, el género, el primer párrafo y sobre todo, el título, que es la portada (*doorway*) de la lectura. Antes de empezar una lectura, puede ser útil analizar primero el título. ¿Qué te sugiere?

12-48 El título. Denevi titula de forma sugerente los siguientes fragmentos. Apunta todo lo que cada uno te sugiera. Piensa en su uso histórico y en su sentido metafórico, y luego haz una predicción sobre el contenido de estas dos piezas. Averigua al leer si tus predicciones son acertadas (*true*).

A leer

Génesis (adaptado)

Con la última guerra atómica, la humanidad y la civilización desaparecen. Toda la tierra es como un desierto calcinado°. En cierta región de oriente sobrevive un niño, hijo del piloto de una nave espacial. El niño come hierbas y duerme en una caverna. Durante mucho tiempo, aturdido° por el horror del desastre, sólo sabe llorar y llamar a su padre. Después, sus recuerdos oscurecen, se vuelven arbitrarios y cambiantes como un sueño, su horror se transforma en un vago miedo. A veces recuerda la figura de su padre, que le sonríe o lo amonesta° o asciende a su nave espacial, envuelta en fuego y en ruido, y se pierde entre las nubes. Entonces, loco de soledad, cae de rodillas y le ruega° que vuelva. Mientras tanto, la tierra se cubre nuevamente de vegetación; las plantas se llenan de flores; los árboles, de fruto. El niño, convertido en un muchacho, comienza a explorar el país. Un día ve un pájaro. Otro día ve un lobo. Otro día, inesperadamente, encuentra a una joven de su edad que, lo mismo que él, ha sobrevivido los horrores de la guerra atómica.

—¿Cómo te llamas? —le pregunta.

—Eva —contesta la joven.

—¿Y tú?

—Adán.

quemado

confundido

admonish

begs

5

10

15

Apocalipsis

El fin de la humanidad no será esa fantasmagoría° ideada por San Juan en Salmos°. | *ghostly picture* / el Apocalipsis
Ni ángeles con trompetas, ni monstruos, ni batallas en el cielo y en la tierra. El fin | de San Juan de la Biblia
de la humanidad será lento, gradual, sin ruido, sin patetismo°: una agonía | *pathos*
progresiva. Los hombres se extinguirán uno a uno. Los aniquilarán° las cosas, la | *will annihilate*

5 rebelión de las cosas, la resistencia, la desobediencia de las cosas. Las cosas,
después de desalojar° a los animales y a las plantas e instalarse en todos los sitios y | *evict*
ocupar todo el espacio disponible, comenzarán a mostrarse arrogantes, despóticas,
volubles°, de humor caprichoso°. Su funcionamiento no se ajustará a las | *unstable* / *whimsical*
instrucciones de los manuales. Modificarán por sí solas sus mecanismos. Luego

10 funcionarán cuando se les antoje°. Por último se insubordinarán, se declararán en | se... *quieran*
franca rebeldía, se desmandarán°, harán caso omiso° de las órdenes del hombre. El | se... *will go wild* / harán... *no*
hombre querrá que una máquina sume°, y la máquina restará°. El hombre intentará | seguirán / *add* / *subtract*
poner en marcha un motor, y el motor se negará. Operaciones simples y
cotidianas° como encender la televisión o conducir un automóvil se convertirán en | *daily*

15 maniobras complicadísimas, costosas, plagadas° de sorpresas y de riesgos. Y no sólo | *full of*
las máquinas y los motores se amotinarán°: también los simples objetos. El hombre | se... *will riot*
no podrá sostener ningún objeto entre las manos porque se le escapará, se le caerá
al suelo, se esconderá en un rincón donde nunca lo encuentre. Las cerraduras° se | *locks*
trabarán°. Los cajones se aferrarán a los montantes° y nadie logrará° abrirlos. | *will get stuck* / Los... *the*

20 Modestas tijeras° mantendrán el pico tenazmente apretado°. Y los cuchillos y | drawers will grab their frame
tenedores, en lugar de cortar la comida, cortarán los dedos que los manejen. No | and stick tight / be able to
hablemos de los relojes: señalarán cualquier hora. No hablemos de los grandes | Modestas... *Humble scissors* /
aparatos electrónicos: provocarán catástrofes. Pero hasta el bisturí° se deslizará°, sin | *tenaciously tight* / *scalpel* / *slide*
que los cirujanos puedan impedirlo, hacia cualquier parte, y el enfermo morirá con

25 sus órganos desgarrados°. La humanidad languidecerá° entre las cosas hostiles, | *torn* / *languish*
indóciles, subversivas. El constante forcejeo° con las cosas irá minando° sus fuerzas. | lucha / *wearing out*
Y el exterminio de la raza de los hombres sobrevendrá° a consecuencia del triunfo | *result*
de las cosas. Cuando el último hombre desaparezca, las cosas frías, bruñidas°, | *polished*
relucientes, duras, metálicas, sordas, mudas, insensibles, seguirán brillando a la luz

30 del sol, a la luz de la luna, por toda la eternidad.

© Denevi, Marco: *Falsificaciones*, Buenos Aires, Corregidor, 1999.

Después de leer

12-49 ¿Génesis o Apocalipsis? Indica si estas frases describen «Génesis» (G) o «Apocalipsis»(A):

1. ___ Hay una guerra.
2. ___ La niña se llama Eva.
3. ___ Las cosas dominan a los animales y las plantas.
4. ___ El niño está desesperado.
5. ___ El hombre es víctima de la tecnología.
6. ___ Hay una nave espacial.
7. ___ La tierra vuelve a ponerse verde.
8. ___ La eternidad brilla fríamente.

12-50 ¿Cómo lo interpretas? Contesta las preguntas sobre los cuentos según el propio texto o tu interpretación personal.

1. En «Génesis», ¿qué simboliza la nave espacial? ¿Encuentras otros símbolos o metáforas en este relato?
2. En «Apocalipsis», ¿cómo termina el mundo? ¿Cómo se diferencia este fin del que se describe en la Biblia?
3. ¿Qué o quién sobrevive a la destrucción del mundo?
4. ¿Qué simbolizan para ti estas cosas?
5. En tu opinión, ¿qué viene antes: el génesis o el apocalipsis? Explica.

12-51 El peligro de nuestras creaciones. En «Apocalipsis» los objetos creados por el hombre se vuelven animados y controlan a sus creadores. Piensen en escenarios fantásticos para ilustrar esta pesadilla *(nightmare)*.

MODELO: *Mi reloj me controla. No puedo resistir el sonido de su timbre por la mañana. Me obliga a levantarme y a apresurarme para salir para el colegio. Obedezco el tic tac de su marcha, sea lenta o sea rápida. No puedo escaparme de su influencia.*

 Taller

Un ensayo editorial

En el relato anterior, Denevi da su visión de cómo será el fin del mundo. Es un relato que podría publicarse en un periódico en la plana editorial. Piensa en otro escenario y escribe un ensayo editorial sobre una situación global. Puede tratarse de una situación del pasado o de una que se anticipa para este milenio.

Antes de escribir

Idear. Piensa en una situación que te parezca peligrosa o que pueda tener resultados desastrosos, por ejemplo, el déficit, la guerra en el Oriente Medio o un atentado terrorista.

A escribir

Presentar el tema. Presenta el problema como lo veas en una oración. Da un ejemplo negativo, luego otro positivo.

Detallar. En un párrafo de ocho a diez oraciones, explica las consecuencias de este problema.

Resumir. Con una o dos oraciones, resume el problema y las consecuencias. La última consecuencia puede tener algún toque irónico, tal como en «Apocalipsis».

Después de escribir

Revisar. Revisa tu relato para ver si has dado suficientes detalles para desarrollar la fantasía. Luego revisa los siguientes aspectos.

- ❏ ¿Has incluido variedad de vocabulario?
- ❏ ¿Has verificado los usos de la voz pasiva, los diminutivos y aumentativos?
- ❏ ¿Has seguido la secuencia de tiempos para el subjuntivo?
- ❏ ¿Has verificado la ortografía y la concordancia?

Intercambiar. Intercambia tu ensayo con el de un/a compañero/a. Mientras leen los ensayos, hagan comentarios y sugerencias sobre el contenido, la estructura y la gramática.

Entregar. Pasa tu ensayo a limpio, incorporando las sugerencias de tu compañero/a y entrégaselo a tu profesor/a.

Verb Charts

Regular Verbs: Simple Tenses

Infinitive Present Participle Past Participle	Indicative					Subjunctive		Imperative
	Present	Imperfect	Preterit	Future	Conditional	Present	Imperfect	
hablar hablando hablado	hablo hablas habla hablamos habláis hablan	hablaba hablabas hablaba hablábamos hablabais hablaban	hablé hablaste habló hablamos hablasteis hablaron	hablaré hablarás hablará hablaremos hablaréis hablarán	hablaría hablarías hablaría hablaríamos hablaríais hablarían	hable hables hable hablemos habléis hablen	hablara hablaras hablara habláramos hablarais hablaran	habla tú, no hables hable usted hablemos hablen Uds.
comer comiendo comido	como comes come comemos coméis comen	comía comías comía comíamos comíais comían	comí comiste comió comimos comisteis comieron	comeré comerás comerá comeremos comeréis comerán	comería comerías comería comeríamos comeríais comerían	coma comas coma comamos comáis coman	comiera comieras comiera comiéramos comierais comieran	come tú, no comas coma usted comamos coman Uds.
vivir viviendo vivido	vivo vives vive vivimos vivís viven	vivía vivías vivía vivíamos vivíais vivían	viví viviste vivió vivimos vivisteis vivieron	viviré vivirás vivirá viviremos viviréis vivirán	viviría vivirías viviría viviríamos viviríais vivirían	viva vivas viva vivamos viváis vivan	viviera vivieras viviera viviéramos vivierais vivieran	vive tú, no vivas viva usted vivamos vivan Uds.

Vosotros Commands

hablar	comer	vivir
hablad, no habléis	comed, no comáis	vivid, no viváis

Regular Verbs: Perfect Tense

	Indicative					Subjunctive	
	Present Perfect	Past Perfect	Preterit Perfect	Future Perfect	Conditional Perfect	Present Perfect	Past Perfect
	he	había	hube	habré	habría	haya	hubiera
	has	habías	hubiste	habrás	habrías	hayas	hubieras
	ha	había	hubo	habrá	habría	haya	hubiera
	hemos	habíamos	hubimos	habremos	habríamos	hayamos	hubiéramos
	habéis	habíais	hubisteis	habréis	habríais	hayáis	hubierais
	han	habían	hubieron	habrán	habrían	hayan	hubieran
	hablado comido vivido	hablado comido vivido	hablado comido vivido	hablado comido vivido	hablado comido vivido	hablado comido vivido	hablado comido vivido

Irregular Verbs

Infinitive / Present Participle / Past Participle	Indicative					Subjunctive		Imperative
	Present	Imperfect	Preterit	Future	Conditional	Present	Imperfect	
andar andando andado	ando andas anda andamos andáis andan	andaba andabas andaba andábamos andabais andaban	anduve anduviste anduvo anduvimos anduvisteis anduvieron	andaré andarás andará andaremos andaréis andarán	andaría andarías andaría andaríamos andaríais andarían	ande andes ande andemos andéis anden	anduviera anduvieras anduviera anduviéramos anduvierais anduvieran	anda tú, no andes ande usted andemos anden Uds.
caer cayendo caído	caigo caes cae caemos caéis caen	caía caías caía caíamos caíais caían	caí caíste cayó caímos caísteis cayeron	caeré caerás caerá caeremos caeréis caerán	caería caerías caería caeríamos caeríais caerían	caiga caigas caiga caigamos caigáis caigan	cayera cayeras cayera cayéramos cayerais cayeran	cae tú, no caigas caiga usted caigamos caigan Uds.
dar dando dado	doy das da damos dais dan	daba dabas daba dábamos dabais daban	di diste dio dimos disteis dieron	daré darás dará daremos daréis darán	daría darías daría daríamos daríais darían	dé des dé demos deis den	diera dieras diera diéramos dierais dieran	da tú, no des dé usted demos den Uds.

Irregular Verbs (continued)

Infinitive / Present Participle / Past Participle	Indicative Present	Indicative Imperfect	Indicative Preterit	Indicative Future	Conditional	Subjunctive Present	Subjunctive Imperfect	Imperative
decir / diciendo / dicho	digo / dices / dice / decimos / decís / dicen	decía / decías / decía / decíamos / decíais / decían	dije / dijiste / dijo / dijimos / dijisteis / dijeron	diré / dirás / dirá / diremos / diréis / dirán	diría / dirías / diría / diríamos / diríais / dirían	diga / digas / diga / digamos / digáis / digan	dijera / dijeras / dijera / dijéramos / dijerais / dijeran	di tú, no digas usted / diga usted / digamos / decid vosotros, no digáis / digan Uds.
estar / estando / estado	estoy / estás / está / estamos / estáis / están	estaba / estabas / estaba / estábamos / estabais / estaban	estuve / estuviste / estuvo / estuvimos / estuvisteis / estuvieron	estaré / estarás / estará / estaremos / estaréis / estarán	estaría / estarías / estaría / estaríamos / estaríais / estarian	esté / estés / esté / estemos / estéis / estén	estuviera / estuvieras / estuviera / estuviéramos / estuvierais / estuvieran	está tú, no estés / esté usted / estemos / estad vosotros, no estéis / estén Uds.
haber / habiendo / habido	he / has / ha / hemos / habéis / han	había / habías / había / habíamos / habíais / habían	hube / hubiste / hubo / hubimos / hubisteis / hubieron	habré / habrás / habrá / habremos / habréis / habrán	habría / habrías / habría / habríamos / habríais / habrían	haya / hayas / haya / hayamos / hayáis / hayan	hubiera / hubieras / hubiera / hubiéramos / hubierais / hubieran	
hacer / haciendo / hecho	hago / haces / hace / hacemos / hacéis / hacen	hacía / hacías / hacía / hacíamos / hacíais / hacían	hice / hiciste / hizo / hicimos / hicisteis / hicieron	haré / harás / hará / haremos / haréis / harán	haría / harías / haría / haríamos / haríais / harian	haga / hagas / haga / hagamos / hagáis / hagan	hiciera / hicieras / hiciera / hiciéramos / hicierais / hicieran	haz tú, no hagas / haga usted / hagamos / haced vosotros, no hagáis / hagan Uds.
ir / yendo / ido	voy / vas / va / vamos / vais / van	iba / ibas / iba / íbamos / ibais / iban	fui / fuiste / fue / fuimos / fuisteis / fueron	iré / irás / irá / iremos / iréis / irán	iría / irías / iría / iríamos / iríais / irían	vaya / vayas / vaya / vayamos / vayáis / vayan	fuera / fueras / fuera / fuéramos / fuerais / fueran	ve tú, no vayas / vaya usted / vamos, no vayamos / id vosotros, no vayáis / vayan Uds.

Irregular Verbs (continued)

Infinitive / Present Participle / Past Participle	Indicative					Subjunctive		Imperative
	Present	**Imperfect**	**Preterit**	**Future**	**Conditional**	**Present**	**Imperfect**	
oír oyendo oído	oigo oyes oye oímos oís oyen	oía oías oía oíamos oíais oían	oí oíste oyó oímos oísteis oyeron	oiré oirás oirá oiremos oiréis oirán	oiría oirías oiría oiríamos oiríais oirían	oiga oigas oiga oigamos oigáis oigan	oyera oyeras oyera oyéramos oyerais oyeran	oye tú, no oigas oiga usted oigamos oigan Uds.
poder pudiendo podido	puedo puedes puede podemos podéis pueden	podía podías podía podíamos podíais podían	pude pudiste pudo pudimos pudisteis pudieron	podré podrás podrá podremos podréis podrán	podría podrías podría podríamos podríais podrían	pueda puedas pueda podamos podáis puedan	pudiera pudieras pudiera pudiéramos pudierais pudieran	
poner poniendo puesto	pongo pones pone ponemos ponéis ponen	ponía ponías ponía poníamos poníais ponían	puse pusiste puso pusimos pusisteis pusieron	pondré pondrás pondrá pondremos pondréis pondrán	pondría pondrías pondría pondríamos pondríais pondrían	ponga pongas ponga pongamos pongáis pongan	pusiera pusieras pusiera pusiéramos pusierais pusieran	pon tú, no pongas ponga usted pongamos pongan Uds.
querer queriendo querido	quiero quieres quiere queremos queréis quieren	quería querías quería queríamos queríais querían	quise quisiste quiso quisimos quisisteis quisieron	querré querrás querrá querremos querréis querrán	querría querrías querría querríamos querríais querrían	quiera quieras quiera queramos queráis quieran	quisiera quisieras quisiera quisiéramos quisierais quisieran	quiere tú, no quieras quiera usted queramos quieran Uds.
saber sabiendo sabido	sé sabes sabe sabemos sabéis saben	sabía sabías sabía sabíamos sabíais sabían	supe supiste supo supimos supisteis supieron	sabré sabrás sabrá sabremos sabréis sabrán	sabría sabrías sabría sabríamos sabríais sabrían	sepa sepas sepa sepamos sepáis sepan	supiera supieras supiera supiéramos supierais supieran	sabe tú, no sepas sepa usted sepamos sepan Uds.
salir saliendo salido	salgo sales sale salimos salís salen	salía salías salía salíamos salíais salían	salí saliste salió salimos salisteis salieron	saldré saldrás saldrá saldremos saldréis saldrán	saldría saldrías saldría saldríamos saldríais saldrían	salga salgas salga salgamos salgáis salgan	saliera salieras saliera saliéramos salierais salieran	sal tú, no salgas salga usted salgamos salgan Uds.

Irregular Verbs (continued)

Infinitive / Present Participle / Past Participle	Indicative Present	Indicative Imperfect	Indicative Preterit	Indicative Future	Indicative Conditional	Subjunctive Present	Subjunctive Imperfect	Imperative
ser / siendo / sido	soy / eres / es / somos / sois / son	era / eras / era / éramos / erais / eran	fui / fuiste / fue / fuimos / fuisteis / fueron	seré / serás / será / seremos / seréis / serán	sería / serías / sería / seríamos / seríais / serían	sea / seas / sea / seamos / seáis / sean	fuera / fueras / fuera / fuéramos / fuerais / fueran	sé tú, no seas / sea usted / seamos / sed vosotros, no seáis / sean Uds.
tener / teniendo / tenido	tengo / tienes / tiene / tenemos / tenéis / tienen	tenía / tenías / tenía / teníamos / teníais / tenían	tuve / tuviste / tuvo / tuvimos / tuvisteis / tuvieron	tendré / tendrás / tendrá / tendremos / tendréis / tendrán	tendría / tendrías / tendría / tendríamos / tendríais / tendrían	tenga / tengas / tenga / tengamos / tengáis / tengan	tuviera / tuvieras / tuviera / tuviéramos / tuvierais / tuvieran	ten tú, no tengas / tenga usted / tengamos / tened vosotros, no tengáis / tengan Uds.
traer / trayendo / traído	traigo / traes / trae / traemos / traéis / traen	traía / traías / traía / traíamos / traíais / traían	traje / trajiste / trajo / trajimos / trajisteis / trajeron	traeré / traerás / traerá / traeremos / traeréis / traerán	traería / traerías / traería / traeríamos / traeríais / traerían	traiga / traigas / traiga / traigamos / traigáis / traigan	trajera / trajeras / trajera / trajéramos / trajerais / trajeran	trae tú, no traigas / traiga usted / traigamos / traed vosotros, no traigáis / traigan Uds.
venir / viniendo / venido	vengo / vienes / viene / venimos / venís / vienen	venía / venías / venía / veníamos / veníais / venían	vine / viniste / vino / vinimos / vinisteis / vinieron	vendré / vendrás / vendrá / vendremos / vendréis / vendrán	vendría / vendrías / vendría / vendríamos / vendríais / vendrían	venga / vengas / venga / vengamos / vengáis / vengan	viniera / vinieras / viniera / viniéramos / vinierais / vinieran	ven tú, no vengas / venga usted / vengamos / venid vosotros, no vengáis / vengan Uds.
ver / viendo / visto	veo / ves / ve / vemos / véis / ven	veía / veías / veía / veíamos / veíais / veían	vi / viste / vio / vimos / visteis / vieron	veré / verás / verá / veremos / veréis / verán	vería / verías / vería / veríamos / veríais / verían	vea / veas / vea / veamos / veáis / vean	viera / vieras / viera / viéramos / vierais / vieran	ve tú, no veas / vea usted / veamos / ved vosotros, no veáis / vean Uds.

Stem-Changing and Orthographic-Changing Verbs

Infinitive Present Participle Past Participle	Indicative					Subjunctive		Imperative
	Present	Imperfect	Preterit	Future	Conditional	Present	Imperfect	
dormir (ue, u) durmiendo dormido	duermo duermes duerme dormimos dormís duermen	dormía dormías dormía dormíamos dormíais dormían	dormí dormiste durmió dormimos dormisteis durmieron	dormiré dormirás dormirá dormiremos dormiréis dormirán	dormiría dormirías dormiría dormiríamos dormiríais dormirían	duerma duermas duerma durmamos durmáis duerman	durmiera durmieras durmiera durmiéramos durmierais durmieran	duerme tú, no duermas duerma usted durmamos dormid vosotros, no durmáis duerman Uds.
incluir (y) incluyendo incluido	incluyo incluyes incluye incluimos incluís incluyen	incluía incluías incluía incluíamos incluíais incluían	incluí incluiste incluyó incluimos incluisteis incluyeron	incluiré incluirás incluirá incluiremos incluiréis incluirán	incluiría incluirías incluiría incluiríamos incluiríais incluirían	incluya incluyas incluya incluyamos incluyáis incluyan	incluyera incluyeras incluyera incluyéramos incluyerais incluyeran	incluye tú, no incluyas incluya usted incluyamos incluid vosotros, no incluyáis incluyan Uds.
pedir (i, i) pidiendo pedido	pido pides pide pedimos pedís piden	pedía pedías pedía pedíamos pedíais pedían	pedí pediste pidió pedimos pedisteis pidieron	pediré pedirás pedirá pediremos pediréis pedirán	pediría pedirías pediría pediríamos pediríais pedirían	pida pidas pida pidamos pidáis pidan	pidiera pidieras pidiera pidiéramos pidierais pidieran	pide tú, no pidas pida usted pidamos pedid vosotros, no pidáis pidan Uds.
pensar (ie) pensando pensado	pienso piensas piensa pensamos pensáis piensan	pensaba pensabas pensaba pensábamos pensabais pensaban	pensé pensaste pensó pensamos pensasteis pensaron	pensaré pensarás pensará pensaremos pensaréis pensarán	pensaría pensarías pensaría pensaríamos pensaríais pensarían	piense pienses piense pensemos penséis piensen	pensara pensaras pensara pensáramos pensarais pensaran	piensa tú, no pienses piense usted pensemos pensad vosotros, no penséis piensen Uds.

Stem-Changing and Orthographic-Changing Verbs (continued)

Infinitive Present Participle Past Participle	Present	Imperfect	Preterit	Future	Conditional	Present	Imperfect	Imperative
		Indicative				**Subjunctive**		
producir (zc) produciendo producido	produzco produces produce producimos producís producen	producía producías producía producíamos producíais producían	produje produjiste produjo produjimos produjisteis produjeron	produciré producirás producirá produciremos produciréis producirán	produciría producirías produciría produciríamos produciríais producirían	produzca produzcas produzca produzcamos produzcáis produzcan	produjera produjeras produjera produjéramos produjerais produjeran	produce tú, no produzcas produzca usted produzcamos pruducid vosotros, no produzcáis produzcan Uds.
reír (i, i) riendo reído	río ríes ríe reímos reís ríen	reía reías reía reíamos reíais reían	reí reíste rio reímos reísteis rieron	reiré reirás reirá reiremos reiréis reirán	reiría reirías reiría reiríamos reiríais reirían	ría rías ría riamos riáis rían	riera rieras riera riéramos rierais rieran	ríe tú, no rías ría usted riamos reíd vosotros, no riáis rían Uds.
seguir (i, i) (ga) siguiendo seguido	sigo sigues sigue seguimos seguís siguen	seguía seguías seguía seguíamos seguíais seguían	seguí seguiste siguió seguimos seguisteis siguieron	seguiré seguirás seguirá seguiremos seguiréis seguirán	seguiría seguirías seguiría seguiríamos seguiríais seguirían	siga sigas siga sigamos sigáis sigan	siguiera siguieras siguiera siguiéramos siguierais siguieran	sigue tú, no sigas siga usted sigamos seguid vosotros, no sigáis sigan Uds.
sentir (ie, i) sintiendo sentido	siento sientes siente sentimos sentís sienten	sentía sentías sentía sentíamos sentíais sentían	sentí sentiste sintió sentimos sentisteis sintieron	sentiré sentirás sentirá sentiremos sentiréis sentirán	sentiría sentirías sentiría sentiríamos sentiríais sentirían	sienta sientas sienta sintamos sintáis sientan	sintiera sintieras sintiera sintiéramos sintierais sintieran	siente tú, no sientas sienta usted sintamos sentid vosotros, no sintáis sientan Uds.
volver (ue) volviendo vuelto	vuelvo vuelves vuelve volvemos volvéis vuelven	volvía volvias volvia volviamos volvíais volvían	volví volviste volvió volvimos volvisteis volvieron	volveré volverás volverá volveremos volveréis volverán	volvería volverías volvería volveríamos volveríais volverían	vuelva vuelvas vuelva volvamos volváis vuelvan	volviera volvieras volviera volviéramos volvierais volvieran	vuelve tú, no vuelvas vuelva usted volvamos volved vosotros, no volváis vuelvan Uds.

Spanish-to-English Glossary

This glossary contains the active and receptive vocabulary found throughout the text. Many exact cognates with predictable spelling differences, regular past participles, proper nouns, or words readily familiar to upper-level students have been omitted. The gender of nouns is given except for masculine nouns ending in -o and -or, and feminine nouns ending in -a, -dad, -tad, -tud, or -ión. For nouns referring to people, such as those denoting nationality, occupation, or profession, only the masculine form appears in the glossary unless the feminine form follows an atypical pattern. Abbreviations are limited to the following: *adj.* (**adjetivo**), *sus.* (**sustantivo**), *m.* (**masculino**), *f.* (**femenino**), and *pl.* (**plural**).

The number following the entry indicates the chapter where a word first appears. A boldface number indicates that the word is active vocabulary; light-face type indicates that it was presented receptively. If the word appears first as receptive vocabulary and later as active vocabulary, the first reference is in lightface type.

A

a bordo on board **12**
a diario daily **7**
a la brasa charcoal grilled **8**
a la parrilla charcoal grilled **8**
al acecho on the lookout 6
a largo plazo long term **9**
a mediados half-way through **2**
a menudo often 1, **5**
a pesar de in spite of 2, **4**
a través through 1
abarcar to cover 6
abolir to abolish 3
aborrecer to detest 6
abrazar to embrace, hug **5**
abrelatas *m.* (*pl.* abrelatas) can opener **8**
abrigo coat **5**
abusar de to abuse **9**
acampar to camp **11**
acciones *f. pl.* stocks **10**
aceituna olive **8**
acelerar to accelerate **12**
acero steel **2**
acercar(se) to approach 1, **2**
acomodador usher **11**
acomplejado/a with a complex (often inferiority) **4**
acontecimiento event **1**
acortar to shorten 1
acoso harassment **9**
acoso sexual sexual harassment 7
acostumbrar(se) a to get used to 1, **4**

acreedor creditor 10
actualizar to bring…up to date **9**
actualmente nowadays 1
acumular to amass 6
adelanto progress 7; advance; loan 10
adelgazar to get thin **8**
aderezo salad dressing **8**
adivinar to guess 1
admirador admirer 5
ADN *m.* DNA **2**
adobo dressing for cooking or seasoning **8**
advertir to warn **11**
aeronave *f.* airship 1
afeitar(se) to shave **4**
afición love, liking **11**
aficionado/a fan **11**
afinar to tune 6
afligido/a upset **4**
afortunado/a fortunate **4**
afueras *f. pl.* outskirts **2**
agilidad agility 5
agradecer (zc) to thank **5**
agradecimiento gratitude **3**
agresivo/a aggressive **4**
agrio/a sour **8**
agudizar to sharpen 12
agujero hole 2
agujero negro black hole **12**
ahorrar to save **10**
ahumar to smoke **8**
aislado/a isolated **4**
aislamiento isolation **4**

ajedrez *m.* chess **11**
ají *m.* green pepper **8**
ajo garlic **8**
al alcance de within reach of 1
al horno baked **8**
al vapor steamed **8**
albóndiga meatball **8**
alcalde *m.* mayor 6
alegrar(se) de to cheer up **4**
alejar(se) de to move away from; to be far from 7
alentador/a uplifting 7
alfiler *m.* pin 1
alimentación food, diet 3
alimento food **8**
aliviar to lighten **5**
almacenado/a stored 12
almacenar to store **1**
almorzar to have lunch 1
alpinista *m. f.* (mountain) climber **11**
alquiler *sus. m.* rent **4**
alrededor around 3
alterar to alter **12**
alumbrar to light 1
alunizaje *m.* landing on the moon 1
alunizar to land on the moon **1**
ama de casa housewife 1
ámbito environment; area 7
amenazar to threaten 7, **9**
amistad friendship **3**
amor propio self-respect **4**
anciano/a *sus. & adj.* elderly (person) **2**

angustia anguish 5
angustiado/a distressed 10
anemia anemia 8
anillo ring 5
animar to encourage 3, **11**
ánimo mood 3, 5
aniquilar to annihilate 12
antepasados *m. pl.* ancestors P
anteriormente previously 7
antigüedad antiquity 5
antropomórfico/a anthropomorphic (of human form) 12
anuncio advertisement 3
apagar to turn off 2
aparato device 2
aparecer to appear 1
apasionado/a passionate 4
apasionar(se) to be passionate about 4
apenas hardly 4
apertura opening 10
aplicación use 8
aplicar to apply 3
apodo nickname 6
aportar to contribute 8
aporte *sus. m.* contribution 8
apostar (ue) to bet 9
apoyar to support 4
apoyo support 1
aprobar to approve (of) 6
apuesta *sus.* bet 11
apuntes *m. pl.* notes 3
árbitro referee 11
arco bow 11
arena sand 1
arma weapon 12
armar to assemble 10
arpillera quilt 3
arrasar to raze 3
arrastrar to drag 1
arreglar to arrange 4
arrepentirse to be sorry 5
arriesgado/a risky 11
arrojar to hurl 12
arroz *m.* rice 8
asaltar to rob; to attack 3
asar to roast 8
ascendencia descent 7
ascendido/a promoted 10

ascenso promotion 10
asegurar to assure 3
asesinato assassination 3
asesor consultant, advisor 10
asilo (political) asylum 3
asimismo likewise 7
asistir to attend (a meeting, a conference) 10, 11
asombro amazement 1
astilla splinter 1
astuto/a astute 4
asueto time off 11
asumir to take on 4
asustar(se) to (become) frighten(ed) 1
atender to pay attention; to take care of something or someone; to heed 10
aterrizar to land 1
aterrorizar to terrorize 11
atraso mental mental retardation 2
atrever(se) to dare 5
atribuir attribute 8
aturdido/a confused 12
audaz *adj. m. f.* 11
auditorio auditorium 7
aullar to howl 1
aumentar to increase 4
auspiciar to sponsor 2
autoestima self-esteem 4
autómata *sus. m. f.* robot 12
avance *sus. m.* advance 1
avanzar to advance 2
aventajar to take advantage 11
aventajado/a outstanding 11
avergonzado/a ashamed; embarrassed 4
averiguar to find out 1
ávido/a eager 5
azafrán *sus. m.* saffron 8
azar *m.* chance 11

B

bacalao codfish 8
bajar de peso to lose weight 8
balón *m.* ball 11
bancarrota bankruptcy 10
banyi *sus. m.* bungee jumping 11
barrera barrier 10
basura trash 2

batido shake 1
batidora blender 8
beca scholarship P
belleza beauty 3
beneficioso/a beneficial 2
berenjena eggplant 8
beso kiss 3
biblioteca library 1
bien *sus. m.* good deed 5
bienes raíces *m. pl.* real estate 10
bienestar *m.* well-being 3
bienvenido/a welcome 3
billar *m.* billiards, pool 11
billete *m.* bill 10
billetera wallet 12
bistec *m.* steak 8
bolígrafo ballpoint pen 1
bolsa stock exchange 10
bomba bomb 9
bombilla light bulb 1
bombón *sus. m.* chocolate candy; sweet 5
bondad kindness 5
bondadoso/a good-natured 4
bonificación bonus 10
bono bond P, bonus 10
bordar to embroider 11
borrachera drunkenness 9
bosque *m.* forest 2
botín *m.* booty 1
brillo glow 6
bucear to scuba dive 11
bueno well 1
bufete *m.* law office 4
burbujeante *adj. m. f.* bubbly 5
burlar(se) to make fun of something/somebody 1
burro donkey 8
butaca seat 6

C

cacerola sauce pan 8
cadena network 6
caer bien/mal to like/dislike somebody or something 3
caer(se) to fall down 1
cafetera coffee pot 8
caja fuerte safe, strongbox 10
cajero cashier 10
cajero automático automatic teller 10

caldo broth 8
calentar to warm up 2
calidad (measure) quality 2
callado/a quiet 5
calmar(se) to calm down 5
calumniar to slander 5
camarógrafo camera person 6
camarón *m.* shrimp 8
camerino dressing room 6
camión *m.* truck 2
camioneta station wagon 3
campamento campsite, camp 11
cancha court 11
canicas *f. pl.* marbles 11
cansado/a tired 1
cantante *sus. m. f.* singer 6
cantautor *sus.* singer-songwriter 1
capa de ozono *f.* ozone layer 2
capacidad ability 1
capaz *adj. m. f.* capable 9
caprichoso/a whimsical 12
captar to grasp, capture 5
cara o cruz heads or tails 11
carácter *m.* personality 4
caramelo candy 5
carbón *m.* coal 2
cargar to carry in one's arms 3
cariñoso/a affectionate 4
carne de res (molida) *f.* (ground) beef 8
carrera race 1, 11; career 6
carretera highway 3
cartas *f. pl.* cards 11
cartel *m.* poster 3; cartel, drug cartel 9
castigo punishment 4
cazuela stew pot 8
celeste *adj.* heavenly 12
celos *m. pl.* jealousy 5
cementerio cemetery 1
censura criticism 3
centena hundred 12
centro de capacitación *sus. m.* work training center 3
centro naturista *sus. m.* health store 8
cercanía proximity 3
cerdo pork 8
cerillo match 2
certamen *m.* contest 6

certeza certainty 6
certidumbre *f.* certainty 2
cesar to stop 6
champiñón *m.* mushroom 8
charlar to chat 1
cheque de viajero *sus. m.* traveler's check 10
chisme *m.* gossip 5
chismorrear to gossip 5
chismoso/a gossipy 5
chispa spark 12
chocar to hit; to collide 12
chorizo sausage 8
churrasco steak 8
cineasta *sus. m. f.* filmmaker 7
cirujano surgeon 10
citación summons 7
ciudadano citizen 3
clandestinamente clandestinely 7
cocer to cook 8
cochinillo suckling pig 8
cocido *adj.* cooked 8
cocinar to cook 8
cocinero cook 6
código code 1
cohete *m.* rocket 12
col *f.* cabbage 8
coleccionar to collect (only for objects, not money) 11
colesterol *m.* cholesterol 8
colocar to place 12
colonia housing development 3
combustible *m.* fuel 2
comerciante *sus. m. f.* business person P
compartir to share 6
competencia competition 6; contest (sports) 11
comportamiento behavior 5
comprobar to verify 1
compromiso engagement; promise 4, 5
concienciar to make people aware 3
concurrencia audience 6
concursante *m. f.* contestant 11
condado county P
condenar to sentence 9
conducta behavior 4
conductor driver; conductor 1, 6
conferencia lecture P

confianza confidence 4, 5
confiar to confide 5
congelar to freeze 8
conjunto *sus.* band; ensemble 6
conmover (ue) to move (emotionally) 6
consejero counselor; advisor 5, 11
consejo advise 3
consentido/a spoiled 5
conservar to save 2
construido/a built 2
consumidor consumer 12
consumo consumption 9
contabilidad accounting 10, 12
contador accountant 10
contagiar to pass on 2
contaminar to pollute 2
contrabandista *m. f.* smuggler 9
contraseña password 12
convenio agreement 1
convertir(se) to turn into 1
convicto/a convicted 5
convidar to invite, offer 6
corazón *m.* heart 1
corbata tie 5
cordero lamb 8
cornada thrust (with the horns) 11
corneta loudspeaker 1
corral *m.* stockyard 11
correr la voz to pass the word 11
corredor de bolsa *sus. m.* stockbroker 10
corresponder (a) to return 5
corrida bullfight 11
cortina curtain 6
costo de vida *m.* cost of living 10
costoso/a expensive 11
cotilleo (Spain) gossip 5
cotizado/a very popular 6
creer to believe 1
creencia belief 3
crear to create 5
creciente *adj. m. f.* increasing 11
crema cream 8
criar to raise 3, 7
crimen *m.* serious crime 9
crocante *adj. m. f.* crunchy 8
cruce *sus. m.* crossing 1
crueldad cruelty 9
cualidad (characteristic) quality 2

cuchara spoon 8
cuchillo knife 8
cuenta corriente checking account 10
cuenta de ahorros savings account 10
cuestión matter 1
cuidar(se) to take care (of oneself) 9
culminar to end 3
culpar to blame 3
cuñada sister-in-law 3

D

dados *m. pl.* dice 11
damas (chinas) (Chinese) checkers 11
damnificado victim 3
dañar to damage 2
dañino/a damaging 2
dar el primer paso to take the first step 5
dar por sentado to take for granted 5
dar un abrazo to hug 3
darle (a uno/a) risa to make one laugh 9
darse cuenta de to realize 1
darse de baja to drop (a course) P
de hecho actually, in fact 9
de repente suddenly 1
debido a due to 12
debilidad weakness 9
decano dean P
decena ten, a group of ten 12
declararse (a) to propose (to); to confess one's love 5
defecto defect 7
defectuoso/a faulty, defective 12
defensa defense 7
defraudar to defraud 3
deleite *m.* delight 5
delincuente *m. f.* criminal 3, 9
delito crime 3, 9
demorar(se) to take very long 6
denunciar to denounce 3
deprimido/a depressed 2
derecho right 3
derrame *sus. m.* spillage 2
desafío challenge 1, 12
desagradable *adj. m. f.* unpleasant 5

desanimar to discourage 1
desaparecer to disappear 2
desarrollar to develop 3
desarrollar(se) to develop 4
desastroso/a disastrous 12
desayunar to have breakfast 1
descalificado/a disqualified 11
descenso descent 12
desconcierto uncertainty, confusion 7
desconsolado/a heartbroken 6
desechable *adj. m. f.* disposable 2
desechar to throw away 1, 2
desechos *m. pl.* waste 1
desempleado/a unemployed 11
desenvuelto/a outgoing 4
desequilibrado/a unbalanced 8
desesperante *adj. m. f.* exasperating 5
desgraciadamente unfortunately 5
desigualdad inequality 7
desilucionar to disappoint 4
desintegrar to disintegrate 12
despedir to dismiss 7
despegar to take off 1
despierto/a awake 8
despreocupado/a carefree 4
destacar(se) to stand out 1
desterrar to exile 3
destinatario addressee 5
destreza skill P
destruir to destroy 2
desviar to deflect, divert 12
detener to stop 1, 3
deuda debt 10
dibujos animados *m. pl.* cartoons 6
dichoso/a happy 4
dictadura dictatorship 1
diestro/a skillful; cunning 11
dietético/a dietary 8
difundir to disseminate 3
dinero en efectivo cash 10
discutir to argue 5
diseñar to design 3
disfrazar(se) to dress up 1
disfrutar to enjoy 3
disparar to fire (a gun) 6, 9, 12
disponer de to have 12
disponible *adj. m. f.* available 10

dispuesto/a willing 10
distraído/a absentminded 12
divertir(se) to have fun 1
divulgar to spread, circulate 10
divorciar(se) to divorce somebody 5
doblar to dub 6
documental *m.* documentary 6
doloroso/a painful 5
domicilio home address 2
dominante domineering 5
dominar to control 5
donante *m.* donor 7
dorar to brown 8
dramaturgo playwright 2
duchar(se) to take a shower 4
duda doubt 1
dueño owner 1
dulce *m.* candy 5
duradero/a lasting 5
durar to last 1
durazno peach 8

E

echar a perder to spoil 8
efecto invernadero *m.* greenhouse effect 2
eficiente *adj. m. f.* efficient 8
egoísta *adj. m. f.* egotistical 4
ejecución performance 6
ejecutar to execute 3
ejecutivo executive 10
ejemplar *m.* copy (of book or periodical) 1
ejercer to practice 7
el qué dirán what people will say 4
electrodoméstico electrical appliance 2
embarazada *adj.* pregnant 9
embolia embolism 9
embotellado/a bottled 8
embriagarse to become intoxicated 9
embrión *sus. m.* embryo 7
emisora radio station 6
emocionante *adj. m. f.* exciting 6
emocionar(se) to get excited; to be touched or moved 4
empanada turnover 8
empezar to start 1

empresario/a *sus.* business man/woman **10**
empuje *sus. m.* determination **10**
en mi opinión in my opinion **1**
enseguida immediately **1**
en ventas in sales **10**
enajenado/a alienated, absent **4**
enamorar(se) de to fall in love with **5**
enano/a *sus.* dwarf **2**
encabezar to lead **4**
encarcelar to jail **3**
encender to turn on **1, 2**
encierro *sus.* lock-up **11**
encrucijada crossroads **1**
encuesta survey **1**
endeudar(se) to get (oneself) into debt **10**
enfadar(se) to get angry **5**
enfermedad illness **2**
enfermero/a *sus.* nurse **10**
enfermo/a sick **5**
enfrentar to face **9**
engañar to deceive **4**
engordar to get fat **8**
engrosar to swell **7**
enhorabuena congratulations! **10**
enlatado/a canned **8**
enlatar to can **8**
enlistar(se) to join up **3**
enojar(se) to get angry **4**
ensayar to rehearse **6**
ensayo *sus.* rehearsal **6**
enseñar to teach **6**
ensuciar to get dirty **2**
enterar(se) to find out **7**
entreabierto/a half-open **7**
entregar(se) to devote oneself **4**
entrenador coach **11**
entrenamiento training **10**
entretener (ie) to entertain **6**
entretenido/a entertaining **11**
entrevistador interviewer **6**
entristecer to sadden **7**
envase *m.* bottle, can **2**
envejecido/a old-looking **6**
envejecimiento aging process **8**
enviar to send **5**
envidia envy **6**
envío *sus.* remittance **10**

envoltura wrapping **12**
envolver (ue) to envelop, wrap **12**
equilibrado/a balanced **1**
equipo equipment **1**; team **11**
equitación horseback riding **11**
era de esperar it was to be expected **1**
es imprescindible que... it's essential that... **7**
escalar to climb (a mountain) **11**
escándalo scandal **9**
escandaloso/a shocking, disgraceful **4**
escena scene **6**
escenario stage **1**
esclarecer to clarify **7, 10**
esclavitud slavery **3**
escoger to choose **3**
escondido/a hidden **6**
escultor sculptor **5**
esfuerzo *m.* effort **5**
espárragos *m. pl.* asparagus **8**
espátula spatula **8**
especia spice **8**
especie *f.* species **2**
espectáculo show (business) **6**
especular to speculate **11**
esperanza hope **1**
espiar to spy **6**
espinacas *f. pl.* spinach **8**
estadio stadium **6**
estado de ánimo mood **4**
estado de cuentas *m.* (financial) statement **10**
estafar to cheat **9**
estampilla postage stamp **11**
estar en forma to be in shape **1**
estar en marcha to be in progress **12**
estrago havoc **7**
estrenar to premier **6**
estreno premier **6**
estricto/a strict **9**
estropear to damage **12**
estufa stove **8**
etapa stage **7**
etnicidad ethnicity **7**
evitar to avoid **4, 12**
excitante *adj. m. f.* stimulating **6**
exhibir to exhibit; to display **11**

exigir to demand **3**
éxito success **1**
exitoso/a successful **4**
expandir to expand **12**
expatriar(se) to leave one's country **5**
experimentar to experience **4**
exponer to exhibit; to display **11**
extinto/a extinct **2**
extraterrestre *sus., adj. m. f.* extraterrestrial **1**

F

fábrica factory **2**
fabricar to manufacture **1, 8**
factible *adj. m. f.* feasible **2**
factura invoice **10**
falsificar to forge, counterfeit **10**
fantasma *m.* ghost **1**
fastidiar to bother **4**
fidelidad faithfulness **5**
fideo noodle **8**
fielmente faithfully, exactly **1**
figurar to be represented **7**
fijar(se) to notice **5**
filete de res *m.* beef steak **8**
fin *m.* end **1**
finalizar to come to a close **5**
financiero/a financial **3**
firmar to sign **1**
físico physicist **12**
flecha arrow **11**
fobia phobia **5**
fogata bonfire, campfire **11**
fondos *m. pl.* money **3, 10**
fortalecer to strengthen, make stronger **8**
fósforo match **2**
fraude *sus. m.* fraud **8**
frazada blanket **5**
freír (i, i) to fry **8**
fresa strawberry **8**
frijol *m.* bean **8**
frito/a fried **8**
frontera border **3**
fuente *f.* source **2**
fuertemente vigorously **3**
función show, performance **6**
funcionar to work (as in electronic devices) **10**

fundar to found 6
fusionar to merge 6

G

gafas *f. pl* glasses 6
galleta cookie; cracker 8
ganancia profit 6
gasolinera gas station 10
gasto expense 10
gemelo/a *sus.* twin 7
genética genetics 7
gerente *sus. m. f.* manager 10
gesto gesture 5
gira tour 6
girar to spin 1
giro postal *m.* money order 10
golpear to hit, pound 12
grabación recording 1, 6
grabador engraver 3
gramo gram 8
grasa fat, grease 8
gratis free of charge 10
gratuito/a free of charge 3
grave serious 2
gripe *f.* flu, influenza 8
grosero/a nasty, vulgar, rude 4, 5
guapo/a good-looking 2
guardaespaldas *m. f.* bodyguard 6, 9
guardia de seguridad *m. f.* security guard 9
guayaba guava 8
guión *m.* script 6
guisantes *m. pl.* peas 8
gusto taste 5

H

hacer las paces to make peace 5
hacer trampa to cheat 11
hacer windsurf to windsurf 11
hallarse to be in a certain place or condition 7
hambriento/a hungry 1
harina flour 8
hazaña exploit 1
helado ice cream 8
heredar to inherit 5
herir (ie, i) to wound, hurt 5
héroe *m.* hero 1
hervir (ie, i) to boil 8

hielo ice 11
hipoteca mortgage 10
histérico/a hysterical 12
hogar *m.* home 3
hojear to glance through 7
homicida *m. f.* murderer 9
homicidio murder 9
hongo mushroom 8
honrado/a honest 3, 4
hornear to bake 8
horno oven 1, 8
huevo egg 8
humilde *adj. m. f.* humble 3
humillación humiliation 5
humillante *adj. m. f.* humiliating 5
humo smoke 2
humorista *m. f.* humorist 5

I

ilegítimo/a illegitimate 5
imitar to imitate 12
implicar to mean, to be equivalent to 10
importar to care 5
impresora printer 2
impuesto tax 10
inaugurar to inaugurate 3
incansable *adj. m. f.* tireless 4
incapaz *adj. m. f.* incapable 8
incauto/a unsuspecting, unwary 10
incendio fire 12
incertidumbre *f.* uncertainty 6
inconmesurablemente vastly, immensely 10
inconsciente *adj. m. f.* unconscious 2
inculcar to instill 4
incursionar to make incursions into something 6
indigente *m. f.* destitute 5
índole *f.* kind, nature 1
inesperado/a unexpected 1
influir to influence 4
informático/a computer specialist 2
informe *m.* report 3
infundir to inspire 6
ingeniero engineer 10
ingerir (ie, i) to ingest 8
ingrato/a ungrateful 4
ingresar to join P

ingreso admission 1, income 10
innovador/a innovative 6
inscribir(se) to sign up P
inseguridad insecurity 5
inseguro/a insecure 4
insólito/a unusual 11
inspirar(se) to draw inspiration from something 6
insuperable *adj. m. f.* unbeatable 6
intercambiable *adj. m. f.* interchangeable 1
interpretar to perform, play (a role) 6
interrogante *sus. m.* question 7
interrogatorio interrogation 9
intimidad intimacy 5
intrigante *adj. m. f.* intriguing 6
inventario inventory 12
invento invention 1
inversión investment 10
invertir to invest 10
investigador researcher 7
invitado guest 1
involucrar(se) to get involved 9

J

jabón *m.* soap 1
jactarse to brag, boast 7
jefe *m.* boss 10
jinete *m. f.* horseman/horsewoman 11
jornada laboral workday 2
jubilar(se) to retire 6, 10
jugada play, move (in a game) 11
jugo juice 8
juguetón/a playful 12
judías verdes *f. pl.* green beans 8
juicio trial; judgement 3, 9
jurado jury 3
jurar to swear 9
juventud youth 1

L

labor *f.* work 3
ladrón *m.* thief 9
lago lake 11
lágrima tear 3
lancha boat 2
langosta lobster 8
lanzar to launch 1, to hurl 12

lástima pity 11
lastimar(se) to hurt oneself 1
lata can 2, 8
lavadora washing machine 1
lavaplatos dishwasher 5
legalizar(se) to legalize 9
lejano/a far away 1
lema *m.* motto 2
lentejuela sequin 6
lentes *m. pl.* glasses 1
levantar to lift 1
levantar(se) to wake up 1
leucemia leukemia 7
leyenda legend 1
liderazgo leadership 9
libertad freedom 3
libra pound 8
librería book store 1
libreto script 6
ligado/a linked 12
lirio lily 5
litro liter 8
llevar a cabo to carry out P
locutor (radio/TV) announcer 6
logro achievement 1
luchar to fight 4
luna moon 1

M
madera wood 1, 2
madrugar to get up early 1
maestría master's degree P
maíz *m.* corn 1
majestuoso/a majestic 4
mayoría majority 7
malcriado/a spoiled 5
maldad malice 6
maleta suitcase 12
maletín *m.* briefcase 10
malhablado/a foul-mouthed 4
malhumorado/a bad-tempered 4
maltratado/a mistreated 3
maltrato mistreatment 7
malvado/a evil 4
manada herd 11
manejar to drive (a car) 7
maniático/a compulsive 4
manifestación demonstration 7
mantener(se) en forma to keep in
    shape 1

maquiladora assembly plant 2
maquillar(se) to put one's makeup
    on 4
máquina tragamonedas *f.* slot
    machine 11
maravillar(se) to marvel 1
marinero sailor 12
marginado/a *adj.* alienated 7
marisco(s) *pl.* seafood 2, 8
más que nada more than anything
    7
más que todo/sobre todo above all
    7
materia course P
matricular(se) to register P
matrimonio marriage 1
medida *f.* measurement 1
medio ambiente *m.* environment 2
medir (i, i) to measure 8
mejilla cheek P
mejorar to improve 3
melocotón *m.* peach 8
memoria memory; capacity to
    remember 4
mensual *adj. m. f.* monthly 10
mentir to lie 1
mentiroso/a liar 4
mercadeo marketing P, 10
mercado de pulgas flea market 5
merecer to deserve 9
meta goal, aim 2, **4**
meter to put in 1
microonda microwave 12
miedo fear 1
minoritario/a minority 7
minusválido/a physically
    handicapped, disabled 7
mito myth 8
moler (ue) to grind 8
molestia bother 5
molesto/a upset 5
moldear to give shape 8
molino de viento windmill 2
mojado/a wet 11
momentáneo/a momentary 9
moneda coin 10
monja nun 2
monótono/a monotonous 6
montañismo mountaineering;
    mountain biking 11

montar una tienda de campaña to
    pitch a tent 11
morir to die 1
mortificar to torture 6
mortificado/a upset 8
mostrar to show 3
motivar to motivate 12
motor engine 5
mudar(se) to move 1
muelle *m.* pier 12
muestra sample 1
mulato/a of mixed race 7
multa fine 3, 9
muñeca doll 5
muro wall 1

N
nadie nobody 5
naipes *m. pl.* playing cards 11
natación swimming 11
navegar a vela/en velero to sail 11
negar(se) to refuse 7
ni siquiera not even 7
nivel de vida *m.* standard of life 3
noticiero newscast 6
novio boyfriend 6

O
obedecer to obey 12
obstáculo obstacle 7
ochentero/a of the eighties 5
ocio leisure time 2
oculto/a secret 1
odiar to hate 7
ofrenda offering 6
olvidadizo/a forgetful 4
olla pot 8
onda (radio) wave 2
onza ounce 8
oprimido/a oppressed 3
opuesto/a opposite 12
órbita orbit 12
ordenador computer 2
oriundo/a native 8
oro gold 10
oscuro/a dark 1

P
pago payment 10
palmada pat P

palo stick 1
palomitas de maíz *f. pl.* popcorn 6
palpitar to beat 4
pancarta banner 7
pandilla gang 9
pantalla screen 6
pañoleta shawl 3
papa potato 8
papel *m.* role 6
papeleta ballot 2
paracaidismo parachuting 11
paradoja paradox 6
pareja couple 5
parrillada barbecue 8
pasaje *m.* ticket 11
pase *sus. m.* ticket 6
pastel *m.* pastry, pie 8
pasto grass 2
pastor shepherd 3
patata potato 8
patinaje *m.* skating 11
patrocinar to sponsor 3
patrocinio sponsorship 3
pechuga breast (of fowl) 8
peinar(se) to comb one's hair 4
pelar to peel 8
pelea fight 3
película movie 1
peluquería hair salon 8
pena penalty 11
pera pear 8
perder(se) to be lost 1
perejil *m.* parsley 8
perenne *adj. m. f.* perennial 4
perjudicar to be detrimental 2, 10
perjudicial harmful 2
perseguido/a persecuted 3
personal *m.* personnel 10
perturbador/a disturbing 1
pesa weight 1
pesadilla nightmare 10
pésame *m.* condolences 6
pesca fishing 11
pescado fish 8
pésimo/a terrible 12
picar to be (spicy) hot 8
pie (measure) *sus. m.* foot 12
piedra stone 1
piel *f.* skin 8
pimentón *m.* paprika 8

pimienta pepper (seasoning) 8
pimiento pepper (vegetable) 8
piña pineapple 8
piropear to compliment; to flatter based on physical qualities/appearance 7
piropo compliment 7
pisar to step on 1
piso floor 5
placer *m.* pleasure 4
plata silver 10
plátano banana, plantain 8
pleito lawsuit 7
plomo lead 2
pobreza poverty 5
poder *m.* power 9
poder adquisitivo *m.* purchasing power P
política policy; politics 7
póliza (insurance) policy; voucher; certificate 10
pollera chicken coop 8
pomelo grapefruit 8
por medio through 1
por un lado,... on the one hand,... 7
por otro lado,... on the other hand,... 7
por sí mismo/a by himself/herself; on his/her own 7
porcentaje *m.* percent 10
portarse bien/mal to behave/misbehave 4
poseer to possess 5
posgrado postgraduate course/degree P
posibilitar to make possible 1
posteriormente subsequently 11
potable *adj. m. f.* safe to drink 2
predecir to predict 2
predicción prediction 2
predicho/a foretold 2
prendedor brooch; pin 1
presa dam 2
presagiar to presage 6
presentador/a host/hostess 3
presentar(se) to show up 10
presionar to put pressure on 10
preso/a imprisoned 3
préstamo loan 10

prestar to lend 10
presumido/a presumptuous 4
presupuesto budget 1, 10
prevenir to prevent 2
prever to foresee P
primera dama first lady 3
privar to deprive 3
privilegio privilege 4
profundamente deeply 5
prohibir to ban 4
proletario/a proletarian 5
promedio average 5, 7
promover to promote 3
propio/a own 3
propuesta proposal 3, 12
proteger to protect 5
proteína protein 8
proveedor supplier, purveyor 10
provenir (ie) to come from 9
provocar to cause 7
próximo/a next 1
prudencia care 3
pueblo nation; people 6
puerto port 12
puesto position (job) 10
pulgada inch 12
puñado handful 7
purificar to purify 2

Q

quedar to remain; to be located, become 3
quedar(se) to stay (in a place) 3
quehaceres *m. pl.* household chores 2
quejar(se) to complain 4
quemar to burn 2
queso cheese 1
quiebra bankruptcy 10
quiero señalar que... I wish to point out that... 7
quitar to remove 2

R

racimo bunch 8
radioyente *m. f.* radio listener 6
ramo bouquet 5
rayo beam; ray 1
realizar to fulfill 1
rebanar to slice 8

rebelar(se) to rebel **4**
recaída relapse **9**
recaudar to collect **3**
recién casado/a *sus.* newly-wed **6**
rechazo rejection **7**
reciclaje *m.* recycling **2**
reclutar to recruit **7**
reconocer (zc) to acknowledge; to recognize **1, 5**
reconocido/a reknown **6**
recreo recreation **11**
recuerdo memory, as in remembrance **4**
rechazar to reject **7**
red informática *f.* internet **P**
reeditar to reprint **6**
reemplazar to replace **12**
reflexionar to meditate, to reflect **7**
refrán *m.* saying **4**
refresco soft drink **1**
refugiado refugee **3**
regalar to give as a present **3**
regresar to return **3**
rehabilitar to rehabilitate **9**
relajación relaxation **9**
remar to row **11**
remunerado/a paid **7**
rencor *m.* hard feeling **6**
rendimiento performance **8**
reparar to fix **1**
repartir to hand out **3**
repentino/a sudden **6**
represalia retaliation **3**
reprimido/a repressed **4**
rescatar to rescue, to save **2, 9, 12**
resignado/a resigned **4**
respaldo backing **10**
respeto respect **5**
restringido/a restricted **7**
retar to dare (someone) **11**
retardar to delay **8**
retirado/a retired **11**
retiro retirement **10**
reto challenge **1**
retoñar to sprout, spring up **3**
retraso delay **10**
retratar to portray, depict **10**
reunión meeting **6**
revelado/a developed **11**
revelar to reveal **4**

rico/a rich (person) **1**
riesgo risk **7**
rincón *m.* corner **2**
rocío dew **11**
rodilla knee **2**
rudo/a rough **4**
rueda wheel **11**
ruleta roulette **11**

S

sabor *m.* flavor **8**
sabroso/a tasty **1**
sacacorchos *m. pl.* corkscrew **8**
sacar to take, to withdraw, to pull out **10**
saco jacket **5**
sacrificar to sacrifice **6**
sal *f.* salt **8**
salado/a salty **8**
salchicha sausage **8**
saldo balance **10**
salir de juerga to go out on the town **11**
salir de parranda to go out on the town **11**
salsa sauce **8**
salud *f.* health **3**
sartén *f.* frying pan **8**
sazón *sus. f.* seasoning **8**
secuestrar to kidnap **9**
seda silk **5**
segregacionista *sus. m. f.* segregationist **7**
segregar to secrete **11**
seguir to follow **1**
según una encuesta according to a survey **1**
seguridad security **9**
selva jungle **2**
sello postage stamp **11**
semanal *adj. m. f.* weekly **10**
sencillo *sus.* single (record) **6**
sensible *adj. m. f.* sensitive **4**
sentido contrario the opposite way **12**
sentir to feel **1**
señalar to point out, make known **7**
sequía drought **2**
serio/a serious **4**
sexo gender **7**

sinvergüenza *sus. m. f.* scoundrel, shameless **4, 5**
soborno bribe **9**
sobras *f. pl.* leftovers **8**
sobregirar to overdraw **10**
sobrepasar to exceed **10**
soledad solitude **1**
solicitar to apply for **5, 9, 10**
solidario/a supportive **3**
sólo only **1**
solo/a alone **1**
solomillo sirloin **8**
sonrojarse to blush **4**
soportar to put up with, tolerate **4**
sordera deafness **12**
sorprenderse to be surprised **3**
sospechar to suspect **5**
sospechoso/a *sus.* suspect **9**
subir de peso to gain weight **8**
subrayar to underscore **4**
subsuelo subsoil **2**
subterráneo/a underground **2**
suceso event; occurrence **1**
sucursal *f.* (commercial) branch, office **10**
sudar to sweat **11**
sudor sweat **11**
sueldo wages **10**
suelo soil **1**
sueño dream **1**
sufragio universal universal suffrage **3**
sufrido/a long-suffering, uncomplaining **3**
sugerir (ie, i) to suggest **1, 5**
sumamente extremely **5**
sumiso/a submissive **4**
superar(se) to excel, to overcome **4, 5**; to surpass **7**
superficie *f.* surface **12**

T

tacaño/a stingy **5**
talonario (de cheques) checkbook **10**
tambor drum **1**
tanto por ciento *m.* percentage **10**
tapar to cover **1**
tapar(se) to cover oneself **10**
tarjeta de crédito *f.* credit card **10**

tasa rate 10
tasa de interés interest rate 10
tatuaje *m.* tattoo 9
tatuar(se) to (get a) tattoo 9
taza cup 8
telón *m.* curtain, backdrop 6
tempestad storm 1
temporada season 6
temprano early 1
tenaz *adj. m. f.* tenacious 4
tenedor *m.* fork 8
tener valor to have courage 4
terapeuta *m. f.* therapist 5
tercermundista *adj. m. f.* third-world 2
terco/a stubborn 4
terremoto earthquake 1
testamento will 3
testigo witness 3
tiburón *m.* shark 9
tiempo completo (TC) full-time 10
tiempo parcial (TP) part-time 10
tienda de campaña camping tent 11
timbre *m.* bell 10
tintorería dry cleaning store 6
tirano tyrant 3
tirar to throw 5
tobillo ankle 11
tomar conciencia to become aware 3
torear to bullfight 11
torero bullfighter 11
torneo tournament 11
toro bull 11
toronja grapefruit 8
tortilla omelet 1

tortuga turtle 2
trago drink 5
traje *sus. m.* suit 1
trama plot 6
trampa deceit, trick, trap 11
tranquilamente calmly, peacefully 4
tranquilo/a calm 1
transbordador shuttle 1
transcribir to transcribe 5
trasladar(se) to move 6
trasnochar to stay out all night 11
trastorno upset (mental or physical) 4
trato treatment 3
travesía journey 1
trayectoria path, trajectory 6, 12
traficante *m. f.* trafficker 9
trigo wheat 8
tripulante *m. f.* crew member 1
tristeza sadness 7
triunfal *adj. m. f.* triumphal 6
trozo piece 12
truco trick 12
turno turn 11

U

ubicación location 5
urgente *adj. m. f.* urgent 10
útil *adj. m. f.* useful 1

V

vaciar to empty, drain 10
valer to be worth 6
valiente *adj. m. f.* courageous 4
valor *sus. m.* value 7

valores morales *m. pl.* morals 4
vanidoso/a conceited 4
varón *m.* male 7
vecindario neighborhood 9
vejez *f.* old age 3
velocidad speed 1
veloz *adj. m. f.* fast, quick 1
vendedor/a *sus.* salesman/woman 10
ventaja advantage P
veraneo summer time 2
verdadero/a real, true 1
verduras *f. pl.* vegetables 8
vergüenza embarrassment 4
verja gate 1
vestuario locker room 11
vicio vice, bad habit 4
vicioso/a depraved (has bad habits/vices) 4
violar to rape; to violate, break (a law) 3
viudo widower 5
voleibol *m.* volleyball 11

Y

ya lo sabía I already knew it 1
yogur *m.* yogurt 8

Z

zanahoria carrot 8
zumo juice 8

Credits

1974 – 160 x 105 cm. Ruth Benzacar Galería de Arte; **page 81 (bottom):**Grupo Anaya.

Pages 86-87: AP Wide World Photos; **page 96:** Spots on the Spot; **page 97 (top):** Rafael Wollmann, Getty Images, Inc.—Liaison; **page 97 (bottom):** From Private Collection of Marjorie Agosin; **page 98:** Keith Dannemiller, Corbis/SABA Press Photos Inc.; **page 115:** Eric Laguna; **page 117 (top):** Fotoscopio; **page 17 (middle):** Manos anónimas, 1982, acrylic on canvas, painting by Carlos Alonso, Argentine painter; **page 117 (bottom):** AP World Wide Photos; **page 119:** Courtesy of Fundación Cultural Miguel Hernández.

Pages 122-123: David Mendelsohn/Masterfile USA Corporation; **page 124 (right):** Lionel Cironneau, AP World Wide Photos; **page 124 (left):** Kathy Willens, AP World Wide Photos; **page 128:** Reprinted by permission of *Cosmopolitan en español/Editorial Televisa, S.A.;* **page 135:** V.C.L., Getty Images, Inc.—Taxi; **page 136 (top, left):** Pearson Education/PH College; **page 136 (top, right):** Mike Shepherd © Dorling Kindersley; **page 136 (bottom, right):** © Dorling Kindersley; **page 150:** Phillip Dvorak, Getty Images, Inc.—Artville LLC; **page 151:** Jack Vartoogian; **page 153 (top):** Nickolas Muray, The Granger Collection; **page 153 (bottom):** Frida Kahlo, "Las dos Fridas," 1939. Oil on canvas. 173 x 173 cm. Museo de Arte Moderno, México D.F. Photo by Bob Schalkwijk. Art Resource, N.Y. © 2004 Banco de México Diego Rivera & Frida Kahlo Museums Trust. Av. Cinco de Mayo No. 2, Col. Centro, Del. Cuauhtemoc 06059, México, DF. Reproduction authorized by the Instituto Nacional de Bellas Artes y Literatura; **page 154:** The Pura Belpré Papers. Centro de Estudios Puertorriqueños, Hunter College, CUNY.

Pages 158-159: N. Frank, The Viesti Collection, Inc.; **page 167:** Spots on the Spot; **page 168:** Stockbyte; **page 170:** Stockbyte; **page 184:** Luis Morais, Elefant Record; **page 185 (top):** L'lllustration, Corbis/Sygma; **page 185 (bottom):** "Mother and Son," Pablo Picasso (1881-1973), Spanish Art Institute of Chicago, Illinois/A.K.G., Berlin/Superstock. © 2004 Estate of Pablo Picasso/Artists Rights Society (ARS), New York; **page 186 (top):** Courtesy of Throckmorton Fine Art, New York; **page 186 (bottom):** María Izquierdo, "Madre proletaria," 1944. Oleo sobre tela, 75 x 105 cms. Col. particular, Christie's Images Inc., New York; **page 187:** Michael Marsland/Yale University.

Pages 192-193: Marcos Brindicci/Corbis/Reuters America LLC; **page 194:** The Image Works; **page 199:** Europa Press Reportajes, S.A.; **page 205:** Carlos Goldin/Latin Stock, Corbis/Bettmann; **page 206 (top, left):** © Rufus F. Folkks/CORBIS; **page 206 (bottom, right):** © Reuters NewMedia, Inc./CORBIS; **page 206 (top, right):** APWide World Photos; **page 206 (middle, right):** © Agence France Presse/Getty Images, Inc.; **page 206 (bottom, left):** © AFP/CORBIS; **page 212:** © AFP/CORBIS; **page 224:** Photograph courtesy of Luar Music; **page 226 (top):** Ldalijiza Liz-Lepiorz Photography; **page 226 (bottom, left):** Amalia Mesa-Bains, "An Ofrenda for Dolores del Río," 1990-1993. Detail, Mixed media installation, Collection of National Museum of American Art. Smithsonian Institution, Washington, D.C.; **page 226 (bottom, right):** Amalia Mesa-Bains, "An Ofrenda for Dolores del Río," 1990-1993. Detail, Mixed media installation, Collection of National Museum of American Art. Smithsonian Institution, Washington, D.C.; **page 227:** AP Wide World Photos; **page 230:** Spots on the Spot.

Pages 232-233: Mary Steinbacher, PhotoEdit; **page 241:** Courtesy of Susan M. Bacon; **page 247:** Julio Donoso, Corbis/Sygma; **page 248:** Digital Vision Ltd.; **page 251:** © Morton Beebe/CORBIS; **page 262:** Rick Kopstein; **page 267 (top):** José Clemente Orozco © Orozco Valladares Family; **page 267 (bottom):** José Clemente Orozco "La mesa de la hermandad". © Clemente V. Orozco. Reproduction authorized by the Instituto Nacional de Bellas Artes; **page 268:** Editorial Atlántida S.A.; **page 270:** Europa Press Reportajes, S.A..

Page 275: Andrea Pistolesi, Getty Images, Inc.—Image Bank; **page 276 (top, left):** Clive Streeter, © Dorling Kindersley; **page 276 (bottom, left):** © Stuart Cohen/The Image Works; **page 276 (top, right):** © Daniel Aubry/Odyssey/Chicago; **page 276 (middle, right):** Ian O'Leary, © Dorling Kindersley; **page 276 (bottom, right):** Dorota and Mariusz Jarymowicz © Dorling Kindersley; **page 285:** Lois Ellen Frank, Corbis/Bettmann; **page 286 (top):** Silver Burdett Ginn; **page 286 (bottom):** Stockbyte; **page 289:** Max Whitaker, Panos Pictures; **page 297:** Neil Lukas © Dorling Kindersley; **page 299:** © Roberto Schmidt/Agence France Presse/Getty Images, Inc.; **page 301 (top):** John Tyson, Getty Images, Inc.; **page 301 (bottom):** Salvador Dalí "Nature Morte Vivante" Oil on canvas, 1956. © 1998 Demart Pro Arte (R), Geneva/Artists Rights Society (ARS), New York; **page 302**: Sergio Larrain, Magnum Photos, Inc.; **page 303**: Jorgen Schytte, Peter Arnold, Inc.

Pages 306-307: Paolini, Corbis/Sygma; **page 308**: Jack Parsons, Omni-Photo Communications, Inc.; **page 311**: AP Wide World Photos; **page 313**: Carey B. VanLoon; **page 316**: Spots on the Spot; **page 330**: Karen Publishing Company; **page 333 (top)**: Luis G. Mejía C. Periodista Gráfico, Inc.; **page 333 (bottom)**: Luis G. Mejía C. Periodista Gráfico, Inc.; **page 334**: Photograph courtesy of Soraya Izquierdo de Vega; **page 335 (top)**: Doug Scott; AGE Fotostock America, Inc.; **page 336**: Peter Weber, Getty Images, Inc.—tone Allstock.

Pages 338-339: Stockbyte; **page 340**: Frank La Bua, Pearson Education/PH College; **page 349**: Lisa Knouse Braiman/Business Week; **page 350**: Photolibrary.Com; **page 359**: Stephen Simpson, Getty Images, Inc.—Taxi; **page 362**: Robert Cattan, Index Stock Imagery, Inc.; **page 365**: Joe Viesti, The Viesti Collection, Inc.; **page 367 (top)**: Mel Casas; **page 367 (bottom)**: "Humanscape 65", Mel Casas, Acrylic, 72" x 96", Collection of Jim & Ann Harithas, New York, New York.

Pages 372-373: John P. Kelly, Getty Images, Inc.—Image Bank; **page 374**: David R. Frazier Photolibrary, Inc.; **page 376**: Fotopic, Omni-Photo Communications, Inc.; **page 381**: © Patricio Crooker/fotosbolivia/The Image Works; **page 383**: AP Wide World Photos; **page 385**: Getty Images, Inc.—Hulton Archive Photos; **page 388**: Jochen Tack/Das Fotoarchivl, Peter Arnold, Inc.; **page 399**: Karen Publishing Company; **page 402 (top)**: Museo Bellapart, Dominican Republic; **page 402 (bottom)**: Museo Bellapart, Dominican Republic; **page 403**: Photograph courtesy of Alina Romero; **page 405**: Ben Killen Rosenberg, Getty Images, Inc.—Photodisc.

Pages 408-409: Alan Thornton, Getty Images, Inc.—Stone Allstock; **page 410 (top)**: Charles Bennett, AP Wide World Photos; **page 410 (bottom)**: Jilly Wendell, Getty Images, Inc.—Stone Allstock; **page 420**: Mt. Stromlo and Siding Spring Observatories, Australian National University/Science Photo Library/Photo Researchers, Inc.; **page 430**: Courtesy of Bayer AG, Leverkusen, Germany; **page 433 (left)**: Hospital Obrero de la Paz; **page 433 (right)**: Hospital Obrero de la Paz; **page 433 (bottom)**: Editorial Atlántida S.A.

Index

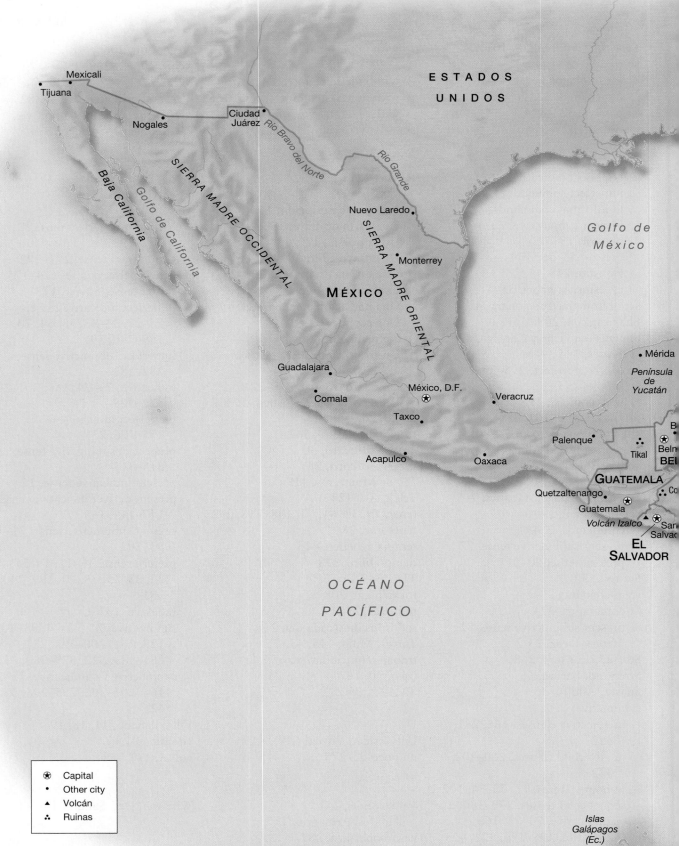

México, América Central y el Caribe

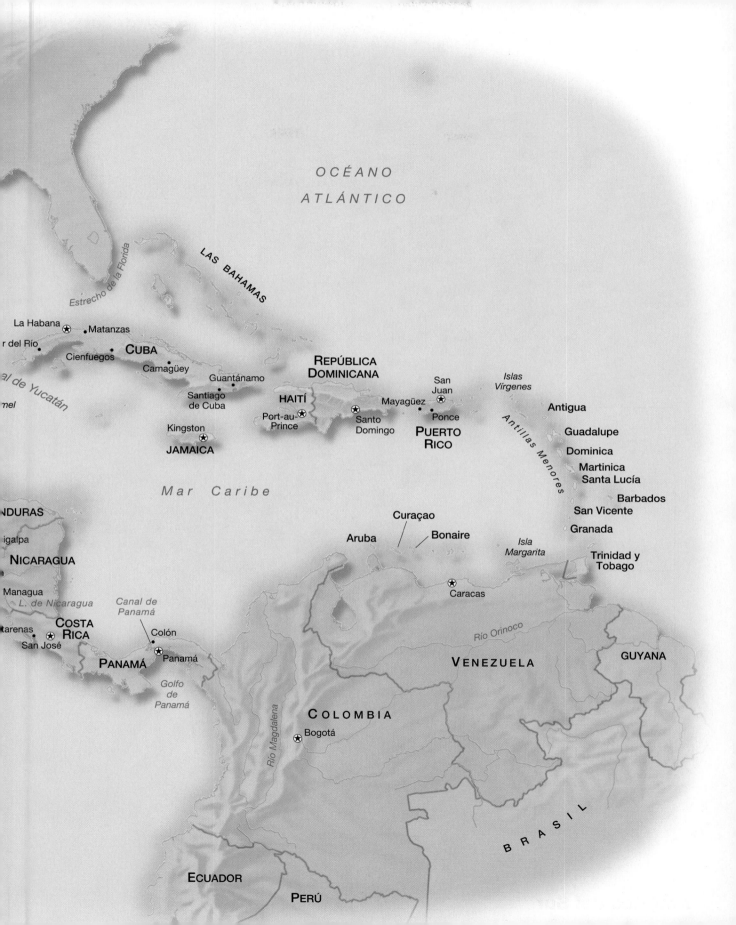

OCÉANO

ATLÁNTICO

Estrecho de la Florida

LAS BAHAMAS

La Habana ⊛ • Matanzas
r del Río •
Cienfuegos **CUBA**
• Camagüey
• Guantánamo
Santiago •
de Cuba ⊛

Kingston ⊛
JAMAICA

**REPÚBLICA
DOMINICANA**

HAITÍ
Port-au- ⊛
Prince Santo
Domingo ⊛

San
Juan
Mayagüez • ⊛
• Ponce
**PUERTO
RICO**

*Islas
Vírgenes*

Antigua

Guadalupe

Dominica

Martinica
Santa Lucía

Barbados
San Vicente

Granada

**Trinidad y
Tobago**

al de Yucatán

mel

Mar   Caribe

Antillas Menores

NDURAS

igalpa

NICARAGUA

Managua •
L. de Nicaragua

arenas •
⊛ **COSTA
RICA**
San José •

PANAMÁ

*Canal de
Panamá*

• Colón
⊛ • Panamá

*Golfo
de
Panamá*

Río Magdalena

Aruba

Curaçao

Bonaire

*Isla
Margarita*

Caracas ⊛

Río Orinoco

VENEZUELA

GUYANA

COLOMBIA

⊛ • Bogotá

ECUADOR

PERÚ

BRASIL

América del Sur

Mar Caribe

OCÉANO
ATLÁNTICO

Barranquilla
Cartagena
Maracaibo
Caracas
Barquisimeto
Río. Orinoco
VENEZUELA
Georgetown
Paramaribo
Cayenne
GUYANA
SURINAM
GUAYANA
FRANCESA
(Francia)
Medellín
Manizales
Salto -
Ángel
Cali
Bogotá
COLOMBIA
Quito
Ecuador
ECUADOR
Río Amazonas
Belém
Guayaquil
Cuenca
Manaus
Iquitos
Islas
Galápagos
(Ec.)
Fortaleza
Cajamarca
Río Madeira
B R A S I L
Trujillo
Río Branco
Recife
PERÚ
Machu
Picchu
Lima
Cuzco
BOLIVIA
Salvador
OCÉANO
PACÍFICO
I. Pinta
I. Marchena
I. Fernandina
I. San Salvador
I. Isabela
Santa Cruz
I. Santa Cruz
Puerto
Ayora
Puerto
Villamil
I. San
Cristóbal
Puerto
Baquerizo
Moreno
ISLAS GALÁPAGOS
(ECUADOR)
Ayacucho
Arequipa
Lago
Titicaca
La Paz
Cochabamba
Santa Cruz
Brasília
Arica
Sucre
Belo
Horizonte
Iquique
Potosí
PARAGUAY
São Paulo
Río de Janeiro
Antofagasta
Santos
Trópico de Capricornio
Salta
Asunción
Salto
Iguazú
CHILE
San Miguel
de Tucumán
Pôrto Alegre
OCÉANO
PACÍFICO
Cabo Norte
Volcán
Katiki
Hanga Roa
Cabo
Cumming
Mataveri
ISLA DE PASCUA
(CHILE)
Coquimbo
ARGENTINA
Córdoba
Rosario
Rivera
URUGUAY
Valparaíso
Mendoza
Santiago
Buenos Aires
La Plata
Montevideo
Río de la Plata
OCÉANO
ATLÁNTICO
Concepción
Bahía Blanca
Puerto Montt
Estrecho de
Magallanes
Islas
Malvinas
(Br.)
Punta Arenas
TIERRA DEL FUEGO
Cabo de Hornos
Desierto de Atacama
CORDILLERA DE LOS ANDES
Río Paraná
Río Uruguay

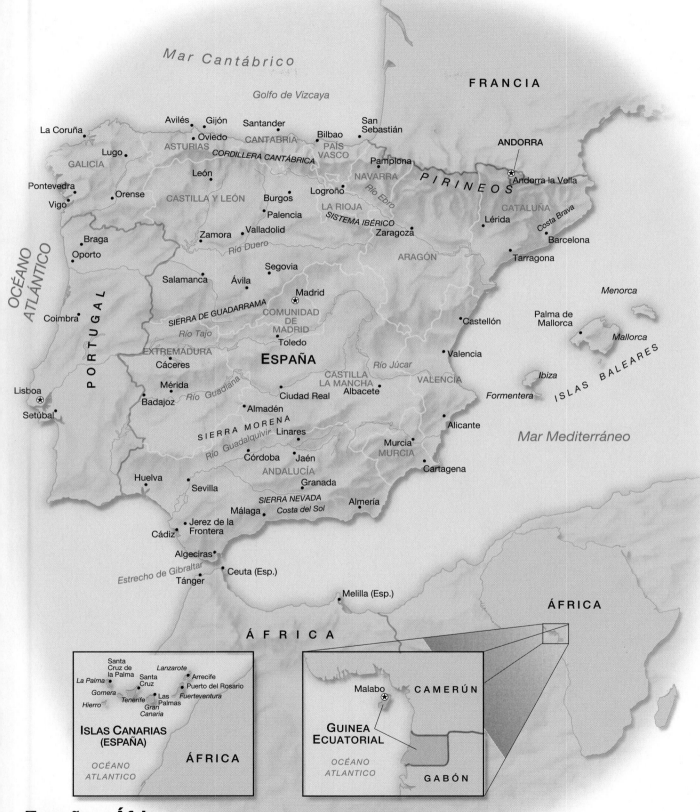

Mar Cantábrico

Golfo de Vizcaya

FRANCIA

La Coruña
Avilés   Gijón   Santander   San
                                    Sebastián
        Oviedo
ASTURIAS   CANTABRIA   Bilbao
GALICIA   CORDILLERA CANTÁBRICA   PAÍS
Lugo   VASCO
                                    Pamplona
ANDORRA

León
NAVARRA   Andorra la Vella
Pontevedra   Logroño   PIRINEOS
Vigo   Orense   CASTILLA Y LEÓN   Burgos   Río Ebro
                Zamora   Palencia   LA RIOJA   CATALUÑA
                                    SISTEMA IBÉRICO   Lérida   Costa Brava
Braga   Valladolid   Zaragoza   Barcelona
Oporto   Río Duero   ARAGÓN   Tarragona
                Segovia

Salamanca   Ávila   Madrid   Menorca

Coimbra   SIERRA DE GUADARRAMA   COMUNIDAD
                                DE
OCÉANO   PORTUGAL   Río Tajo   MADRID   Castellón   Palma de   Mallorca
ATLÁNTICO   Toledo   Mallorca
        EXTREMADURA   ESPAÑA   Valencia   ISLAS BALEARES
        Cáceres   Río Júcar
                            CASTILLA   VALENCIA   Ibiza
Lisboa   Mérida   Río Guadiana   LA MANCHA   Formentera
        Badajoz   Ciudad Real   Albacete
Setúbal   Almadén
                            Alicante
        SIERRA MORENA   Linares
        Río Guadalquivir   Murcia   Mar Mediterráneo
            Córdoba   Jaén   MURCIA
            ANDALUCÍA   Cartagena
Huelva   Granada
        Sevilla   SIERRA NEVADA   Almería
                Málaga   Costa del Sol
        Jerez de la
Cádiz   Frontera
Algeciras   Ceuta (Esp.)
Estrecho de Gibraltar
        Tánger

                Melilla (Esp.)   ÁFRICA

            ÁFRICA

Santa
Cruz de   Lanzarote
La Palma   la Palma   Santa   Arrecife
        Cruz   Puerto del Rosario   Malabo   CAMERÚN
Gomera   Tenerife   Las   Fuerteventura
Hierro   Gran   Palmas   GUINEA
            Canaria   ECUATORIAL
ISLAS CANARIAS
(ESPAÑA)   ÁFRICA   GABÓN
OCÉANO   OCÉANO
ATLÁNTICO   ATLÁNTICO

España y África